개혁교회 질서 해설

도르트 교회 질서

허 순 길

개혁교회 질서 해설
도르트 교회 질서

An Explanation of the Church Order of the Reformed Churches
BY SOON GIL HUR, TH. D
SEMPER REFORMANDA
ⓒ Semper Reformanda 2017

초판 인쇄 / 2017년 4월 1일
초판 발행 / 2017년 4월 15일

저　자 / 허순길
발행인 / 박병준
발행처 / 셈페르 레포르만다
주　소 / 광주광역시 북구 서강로 156, 302동 406호
전　화 / 061-514-7579 / 070-7591-7579 / 010-4734-6570
등록번호 / 제 2014-000007호
등록일 / 2014.8.18.

총　판 / 비전북 / 031-907-3927
주　소 / 경기도 고양시 일산서구 송산로 499-10(덕이동)

도서보급처
광주개혁교회 / 010-8026-9868 / 광주광역시 북구 오치동 966-17번지
옥산개혁교회 / 010-5406-1536 / 경북 경산시 경산로 44길 25(지층)

ⓒ 셈페르 레포르만다 2017
정가 20,000원
ISBN 979-11-953608-4-0　03230

셈페르 레포르만다는 Ecclesia reformata semper est reformanda(개혁된 교회는 항상 개혁한다) 라틴어의 일부 semper´reformanda에서 가져왔으며, 세 일치 신조(벨기에 신앙고백서, 하이델베르크 교리문답, 도르트 신조)와 도르트 교회 질서를 채택한 한국개혁교회(Reformed Churches in Korea) 회원들이 개혁신앙과 생활의 증진을 위해서 만든 출판사입니다.

　　국립중앙도서관 출판예정도서목록(CIP)
　　개혁교회 질서 해설 = An explanation of the church order of the reformed churches : 도르트 교회 질서 /
　　저자: 허순길.
　　광주 : 셈페르 레포르만다, 2017
　　502p. ; 134*214 cm
　　권말부록: 동의 서명 양식서 ; 저자소개
　　참고문헌 수록
　　ISBN　979-11-953608-9-5　03230 : ￦20,000
　　개혁 교회[改革敎會]
　　238.5-KDC6
　　285-DDC23　　　　　　　　　　CIP2017007606

개혁교회 질서 해설

도르트 교회 질서

허 순 길

개혁교회 질서 해설을 내면서

현재 한국 장로교회는 일반적으로 반교권, 반교권체제의 개혁주의 정치원리를 벗어나 교권, 교권체제로 회귀하고 있다. 하지만 이에 대해 염려를 하거나 관심이 있는 분이 거의 없다. 16세기 교회개혁 시대에 유럽대륙(제네바, 프랑스, 네덜란드)에 정착된 개혁교회와 스코틀랜드를 중심으로 하여 영연방에 정착된 장로교회는 교회 정치 원리와 직분관에 있어서 제네바의 칼뱅에 뿌리를 두었다. 칼뱅의 교회 정치의 핵심은 비성경적 감독 제도와 교권체제를 전적으로 폐기하고 장로들의 회(딤전 4:14)에 의한 정치를 도입하는 것이었다. 목사들 사이의 동등권이 보장되고 장로들 간의 동등권도 보장되었다. 목사도 기본적으로 장로로 이해되었다. 그러므로 교회의 치리는 목사와 장로로 구성된 장로회(당회)의 사명이었다. 제네바시 안에 봉사하는 목사들 사이에는 상호 동등권이 유지되었다. 제네바 칼뱅의 정치적 원리를 좇는 전통적인 개혁교회와 장로교회는 이 원리를 오랫동안 유지해 왔다.

하지만 오늘 한국장로교회의 현실은 급하게 변해가고 있다. 내적으로 이 원리를 차츰 벗어나 실질적으로 감독제도와 교권체제로 되돌아가고 있다. 목사들 사이의 동등권은 거의 무시되고 있다. 대 교회의 체제가 이를 더욱 촉진하고 있다. 대형교회의 담임 목사와 그 아래 봉사하는 여러 부목사의 관계는 교권체제 아래서의 감독과 그의 지배를 받는 일반사제의 관계와 유사하게 되었다. 부목사도 담임 목사와 꼭 같은 목사지만 동등권이 전혀 인정되지 않고 조사(助師)의 위치로 전락하고 있다. 여기에는 한국적인 윤리 문화(長幼有序)의 영향이 크다고 하겠다. 하지만 교회는 말씀과 성령으로 새로 지음을 받은 자들의 새 공동체로 세속적 문화의 영향을 경계하고 이 세상의 공동체와는 본질적으로 다름을 보여주어야 한다. 교회가 세상 속에 있지만, 세상에 속한 공동체의 모습을 닮아가서는 안 된다.

개혁주의 교회 선진들은 로마 교회처럼 사람을 교회의 머리로 세우는 것을 크게 경계하고 그리스도만을 '교회의 머리와 왕'으로 섬기기를 원했다. 이것이 교권체제 도입의 위험을 초래할 수 있기 때문이었다. 결과 총회를 임시회로 보고 총회가 일을 마치고 폐회하면 파회가 되게 함으로 총회 의장의 일도 끝나게 되었다. 이 규정이 현재도 교회 정치 조문에 그대로 남아 있다. 그러나 현실은 총회가 폐회되어도 총회를 사회한 의장은 다음 총회가 모일 때까지 '총회장'(總會長)이란 이름으로 자리를 지키고 있다. 그를 교단장(敎團長)이라고 부르고 있는 것이 일반화되어 있다. 그러니 많은 목사가 총회장으로 선출되는 것을 큰 영광으로 알고 이를 위해 갖은 책략을 쓰기도 한다. 총회장으로 선출되면 총회 후에 축하의 모임도 한다. 이런 현상은 한국 장로교회에서만 볼 수 있는 기이한 현상이다. 한국 장로교회는 감독체제에 유사한 교권체제로 회귀하고 있음이 분명하다.

  하지만 개혁교회의 현실은 장로교회와 전혀 다르다. 현재도 개혁교회는 지난 4백 년 이상 지켜오던 목사들의 동등권을 그대로 지킴으로 교권을 배제하고, 당회 이외의 모든 교회회의(지역회=노회, 총회)를 임시회로 간주하여 회의 업무가 끝나면 파회가 되어 의장(혹 會長)이라는 말이 밖에서 사용되는 일이 없다. 교권이란 말 자체가 혐오의 대상이 되어 있고, 현재도 교권과 교권 체제에 대한 경계를 조금도 늦추지 않고 있다. 1618~1619년 도르트 총회(Dordrecht)에서 받은 이 교회 정치원리를 담은 개혁교회 질서를 본질적으로 그대로 유지하고 성실하게 지켜가고 있다. 이 개혁교회 질서 해설은 현재 개혁교회에서 일반적으로 사용하고 있는 도르트 교회 질서를 해설한 것이다. 이 교회 질서 해설서가 교권과 교권체제를 억제하고 그리스도만을 교회의 유일한 머리와 왕으로 받들어 섬기는 참된 한국교회 개혁주의 교회 건설에 조금이라도 도움이 될 수 있기를 바라는 마음에서 펴내게 된다.

2016년 겨울

허순길

개혁교회 질서 해설
도르트 교회 질서

목차

개혁교회 질서 해설을 내면서   5

제 1 편 개혁주의 교회질서의 역사적 개관
1. 제네바의 칼뱅과 교회 질서   17
2. 프랑스 개혁교회와 교회 질서   24
3. 독일의 개혁교회   27
4. 영국과 스코틀랜드의 장로교회 질서   31
5. 네덜란드 개혁교회와 교회 질서   39

제 2 편 교회 정치 질서의 다양한 형태와 특징
A. 교회 정치 질서의 다양한 형태   47
1. 감독 정치체제(Episcopal Form of Church Government)   47
2. 영토 중심의(혹은 국교회) 교회 정치 형태
 (Territorial Form of Church Government)   48
3. 회중교회 정치형태 (Congregational Form of Church Government)   50
4. 장로회 정치형태 (Presbyterial Form of Church Government)   52
B. 개혁교회 질서의 특성   55

제 3 편 개혁교회 질서
서론   61
Ⅰ. 교회의 직분
A. 일반적 규정   61
B. 말씀봉사자   63
Ⅱ. 교회의 회의들
A. 일반적 조항   74
B. 당 회   77
C. 지역회   79

D. 총회	81
Ⅲ. 교회의 책무와 활동	
A. 예배	84
B. 성례	86
C. 목자적 보살핌	88
Ⅳ. 교회의 권징	
A. 일반적 항목	91
B. 교회회원의 충고와 권징	92
C. 직분자들의 충고와 권징	94
결론적 조항	97

제4편 개혁교회 질서 해설

서론

제1조 교회 질서의 기반과 분류	100

Ⅰ. 교회의 직분

A. 일반적 규정

제2조 직분들	105
제3조 직분으로 부름을 받을 자의 자격	122
제4조 직분으로 부름 받는 과정	132
제5조 신앙고백 동의 서명 양식서에 서명	144

B. 말씀봉사자

제6조 말씀봉사자 자격	150
제7조 말씀봉사자의 임직과 취임	157
제8조 말씀봉사자가 한 교회에 소속할 의무	166

제 9 조 자매교회 밖에서 오는 목사의 수용   169
제 10 조 목사의 이동   172
제 11 조 적당한 생활비   174
제 12 조 해임   179
제 13 조 목사의 종신의무   183
제 14 조 목사의 은퇴   186
제 15 조 다른 곳에서의 설교   190
제 16 조 말씀봉사자의 직무   191
제 17 조 교회 직분자들 간의 의무의 동등성   197
제 18 조 선교사의 의무   201
제 19 조 목사 후보자 양성   204
제 20 조 신학생들   208
제 21 조 교훈적인 말씀   210
제 22 조 장로의 직무   213
제 23 조 집사의 직무   223
제 24 조 장로와 집사 직분의 임기   233
제 25 조 거짓 교리   237

II. 교회의 회의들

A. 일반적 조항

제 26 조 교회회의들   238
제 27 조 각 회의의 권위의 특성   246
제 28 조 교회회의의 안건   257
제 29 조 교회회의 결정의 구속력   265
제 30 조 항소권   269
제 31 조 결의된 것에 대한 수정 청원   275
제 32 조 신임장   278
제 33 조 회의 진행과 과업   280

B. 당회

제 34 조 일반 당회와 제한 당회	292
제 35 조 당회의 모임	298
제 36 조 회중의 모임	302
제 37 조 예배소와 당회의 구성	306

C. 지역회

제 38 조 지역회의 구역	309
제 39 조 지역회 대표, 모임의 빈도, 사회	313
제 40 조 의장의 물음	319
제 41 조 목사 공석인 교회를 위한 자문 목사	323
제 42 조 교회 방문 위원회	325

D. 총회

제 43 조 총회의 구성	332
제 44 조 총회의 업무	337
제 45 조 총회의 대리위원들	343
제 46 조 외국 교회와의 관계	346
제 47 조 선교	348
제 48 조 공문서	350

III. 교회의 책무와 활동

A. 예배

제 49 조 예배	352
제 50 조 예배와 당회	359
제 51 조 예배 인도	364
제 52 조 설교	368

제 53 조 시편 찬송　　　　　　　　　　　　　374

B. 성례

제 54 조 성례　　　　　　　　　　　　　　　375
제 55 조 유아 세례　　　　　　　　　　　　381
제 56 조 성인세례　　　　　　　　　　　　　387
제 57 조 주의 만찬　　　　　　　　　　　　392
제 58 조 주의 만찬에 참여할 수 있는 자　　　398

C. 목자적 보살핌

제 59 조 교회의 교리 교육　　　　　　　　　407
제 60 조 기독교 학교 교육　　　　　　　　　413
제 61 조 클럽활동　　　　　　　　　　　　　416
제 62 조 회원 증명서　　　　　　　　　　　　419
제 63 조 혼인　　　　　　　　　　　　　　　422
제 64 조 교적부　　　　　　　　　　　　　　425
제 65 조 장례　　　　　　　　　　　　　　　428

IV. 교회의 권징

A. 일반적 항목

제 66 조 교회 권징의 성격과 신자들의 책임　　431
제 67 조 교회 권징의 목적　　　　　　　　　436
제 68 조 교회 권징의 대상　　　　　　　　　439
제 69 조 교회 권징의 대상인 죄　　　　　　　443

B. 교회회원의 충고와 권징

제 70 조 유아세례를 받은 자의 제명과 재영입 … 450
제 71 조 수찬 회원들에 대한 권징 … 452
제 72 조 권징을 받은 자의 교회 회원권 제한 … 454
제 73 조 출교의 절차 … 460
제 74 조 출교된 자의 화해 … 467

C. 직분자들의 충고와 권징

제 75 조 직분자에 대한 특별한 권징 … 471
제 76 조 직분자들의 권징 대상인 죄 … 473
제 77 조 말씀봉사자들에 대한 권징 과정 … 476
제 78 조 장로와 집사들에 대한 권징의 과정 … 479
제 79 조 직분자의 해벌 … 482
제 80 조 직분자의 복직 … 484

결론적 조항

제 81 조 지배의 금지 … 488
제 82 조 교회 질서의 준수와 수정 … 492

부록

동의 서명 양식서 … 495
참고문헌 … 499
저자소개 … 500

이 책에서 인용된 성경은 개역개정 성경입니다.

제 1 편
개혁주의 교회질서의 역사적 개관

1. 제네바의 칼뱅과 교회 질서

성경의 교훈을 따라 교회에 그리스도 통치의 원리를 발전시키고 시행하기 위해 노력한 분이 제네바의 칼뱅이었다. 그는 16세기 교회 개혁 시대에 마지막으로 등장한 개혁자로서 그의 선배들인 루터, 츠빙글리, 부처, 파렐 등의 사상을 취합할 수 있는 유익을 가졌다. 칼뱅이 창의적인 분이라기보다 조직적인 분이었다는 것이 사실이다. 하지만 그가 단순히 선배들의 사상을 넘겨받은 것은 아니었다. 그는 그들의 사상의 유익한 점을 물려받아 스스로 생각하고 보충하여 자기 자신의 독특하고 완전한 체제를 창의적으로 만들어 냈다.

칼뱅의 신학사상은 처음부터 루터와 밀접하게 연관되었다. 구원의 확신, 원죄의 교리, 인간의 전적 부패, 그리스도를 믿음으로 얻는 의의 교리에 관해서는 두 분 사이에 어떤 큰 차이가 없었다. 이렇게 루터와 밀접한 관계를 맺었지만, 그는 특별한 관점에서 자기 자신의 원리를 계발하고, 자기 자신의 체계를 이루어 냈다.

특별히 교회관에서 두 사람의 차이가 밝히 드러난다. 루터는 교회가 그 본질에서는 볼 수 없는 것이지만, 복음이 바로 전해지고 성례가 집행되는 성도들의 교제라는 점에서는 볼 수 있는 것이라고 생각했다. 그래서 루터에게 있어서 보이는 교회는 단순히 말씀과 성례의 신앙적 공동체일 뿐이었다. 이와 달리 칼뱅에게 있어서 교회는 그리스도인들의 하나의 생활공동체요, 사회적 유기체였다.

칼뱅의 교회 교리는 그의 신학의 중심사상과 밀접하게 관련되어 있다. 그의 전 인생관과 세계관의 근본원리는 하나님의 절대주권이다. 천지의 절대 주권자이신 하나님은 모든 피조물들에게 질서와 법을 주시고, 그들이 그의 위대함을 높이고 송축하기를 요구하신다. 역사는 하나님 경륜의 전개이다. 피조물은 모든 면에서 하나님께 의존적이다. 역사의 종말은 하나님의 지혜의 위대함에 대한 송영이다. "이는 만물이 주에게서 나오고 주로 말미암고 주에게로 돌아감이라 그에게 영광이 세세에 있"기 때문이다(롬 11:36).

칼뱅에게 하나님의 경륜의 교리는 철학적 사색의 결과가 아니고, 성경에서 배운 것이었다. 칼뱅은 항상 하나님 앞에서(Coram Deo)와 그의 임재 가운데 걸었다. 그의 삶의 욕구는 그의 불붙는 마음을 주님께 제물로 드리는 것이었다.

칼뱅의 이런 입장은 교회와 교회 조직에 관한 그의 교리와 밀접한 관계를 가지고 있다. 물론 당시 그가 처한 생활환경의 문화가 그의 교회의 장로회 정치를 재발견하고 도입하는 데 영향을 주었던 것은 사실이다. 당시 당당한 시민 신분을 행사하는 스위스 자유도시들의 공화정 체제가 그의 사고에 도움을 주었다고 볼 수 있다.

하지만 칼뱅의 교회관에는 루터에게 없었던 주관적인 요소가 있었다. 루터의 교회관은 하나님의 객관적 은사인 말씀과 성례를 중심에 두었지만, 칼뱅은 교회는 믿는 자들, 성도들의 모임이라는 주관적인 면을 강조했다. 이는 당시의 재세례파가 강조하는 점이기도 했지만 이에 관하여 칼뱅은 재세례파와는 매우 달랐다. 그는 교회란 선택자들의 모임이라는 것을 주장함으로 재세례파와의 구별을 분명하게 했다. 재세례파는 성도들(거룩하고 완전하게 된 자들)만의 교회를 강조했지만, 칼뱅은 하나님만 누가 그의 백성인지를 아신다고 함으로 재세례파의 배타적 교회관을 비판하고 물리쳤다. 이런 칼뱅의 교회관은 스트라스부르의 부처로부터 받은 영향이 컸다. 칼뱅은 교회관에 있어서 이런 주관적인 면을 강조하면서 말씀이 바로 전해지고 성례가 바로 시행되는 곳에 참된 신자들의 교회가 있다는 루터의 사상을 수용했다.

동시에 칼뱅은 루터와 함께 이 참된 교회의 객관적 표지에만 머무르지 않고, 신자들은 자기 속에 그리스도의 몸으로 하나의 공동체로 연합할 열망을 가진다는 사회적 요소를 발견하고, 이를 교회관에 나타내고 처음으로 이를 실천에 옮겼다. 칼뱅에 의하면 교회는 하나님의 백성으로 어디에서나 어느 때든지 그들의 신앙고백과 거룩한 생활을 통해 자신들의 정체성을 알리는 신자들의 조직된 공동체였다.

칼뱅에 의하면 교회는 그리스도 안에서 구원을 소유한 신자들의 교제일 뿐 아니라, 볼 수 있게 조직된 공동체이다. 칼뱅은 교회라는 기관을 표현하기 위해 '어머니'라는 말을 즐겨 사용했다. 교회는 우리를 거듭나게 하여 새 생명을 주고, 양육하고, 아버지의 나라에 들어갈 때까지 우리를 돌보는 어머니라는 것이다. 교회는 모든 믿는 자들의 어머니요, 하나님은 아버지시다.[1] 이 세상에서 교회를 어머니로

---

1) John Calvin, Institutes of the Christian Religion, vol. Ⅳ, 1:4, 5, 19

갖지 않는 사람은 하늘의 아버지를 뵐 수 없다는 것이다.

교회는 우리 신자들의 어머니일 뿐 아니라, 신자들의 교제요, 공동체이다. 이 교회는 지역적으로 나타나지만 서로 불가분의 관계를 가진 공동체이다. 루터파에게 교회는 단순히 예배를 위한 공동체이지만, 칼뱅에게는 그리스도인들의 활동을 위한 생활공동체요, 사회적 유기체이다. 그러므로 교회의 주, 그리스도는 그의 교회를 위해 직분을 세우셨다.

칼뱅은 교회조직의 정당성을 성경을 통해 확신하고, 교회에서의 그리스도의 주권의 원리를 통해 확인했다. 교회 정치는 하나님의 말씀을 따라 조직되어야 한다. 칼뱅은 자신이 제시한 교회 정치의 방법은 하나님의 말씀을 따른 것임을 확신했다. 그래서 그는 교회조직에 관하여 말하면서 "지금까지 우리는 하나님의 순수한 말씀이 우리에게 주어진 대로 교회를 다스리기 위한 질서에 관해 다루었다."라고 했다.[2]

1541년의 제네바의 교회 질서(Les Ordonnances ecclesistiques)에 따르면 교회의 질서는 "예수 그리스도의 복음에서 발췌되었다."라고 한다. 이것은 물론 교회 질서가 신앙 항목이라는 것을 의미하지는 않는다. 왜냐하면, 교회의 조직이 불완전해도 교회가 말씀과 성례의 봉사를 갖는 한 교회임을 그치지 않기 때문이다. 이는 또한, 성경에 기록되지 않은 어떤 규정도 허용해서는 안 된다는 것도 아니다. 칼뱅은 역

---
[2] ibid., 4:1

사의 가르침과 실제 생활의 요구를 고려하기를 원했다. 하지만 그리스도인이 믿는 데 필요한 모든 것이 하나님의 말씀에 분명히 가르치고 있음과 같이, 교회조직의 일반적인 중요한 원리도 성경에 주어져 있고, 이것이 표준적 권위를 가진다는 것을 그는 확신했다. 이 때문에 그는 교회조직이 예수그리스도의 복음에서 발췌되었다고 했다.

교회는 그리스도의 주권의 근본원리가 큰 의미가 있다. 교회의 정치는 칼뱅이 1541년에 제네바 교회에 도입한 교회 질서의 머리에서 적극적인 원리로 말한 것 같이 그리스도의 통치이다. "그리스도가 친히 그의 교회의 왕이시다. 그가 그의 말씀과 성령을 통해 그의 교회를 인도하고 다스리신다. 그는 신자들의 유일한 스승이요, 교회의 유일하고 영원한 왕이시다."

이 그리스도 통치 사상이 교회의 정치를 규정한다. 그리스도가 친히 하늘로부터 그의 교회를 다스리신다. 그러나 그는 이를 위해 인간의 봉사를 사용하신다. 이 봉사로 말미암아 교회는 한 몸으로 연합이 된다. 교회의 왕이신 그리스도가 친히 직분을 세우셨다. 하지만 교회의 직분은 스스로 지배할 수 있는 높은 자리가 아니다. 직분자들은 하나님의 말씀을 따라 교회를 인도하고, 돌보며, 다스리는 그리스도의 종들일 따름이다.

1541년 칼뱅이 제시하여 도입한 교회 질서에 네 직분 즉, 목사, 교사, 장로, 집사가 언급되어 있다.

목사는 성경에서 감독, 장로, 종이라 불리며 말씀을 전하고, 성례를 집행하고, 장로들과 함께 권징을 시행한다. 목사들은 교회의 회원이고, 교회 위에 서 있지 않으며, 교회의 권징에 복종한다.

교사는 성경에서 선지자의 자리에 해당하고, 교리의 순수성을 보존하는 책무를 진다. 그리고 성경을 해석하고 교회의 교리와 법을 가르친다. 교사는 교회의 권징, 치리, 성례의 집행에는 관련하지 않는다. 목사 직분에는 이 모든 것이 포함된다. 그런데 이 교사직은 당시 칼뱅이 에베소서 4:11에 기록된 "목사와 교사"를 각기 다른 직분으로 보고 여기 근거했던 것으로 보인다. 제네바에서는 제네바 대학의 교수들이 이 교사에 속했고, 후에 개혁교회들은 신학교의 교수들이 이에 속하는 것으로 이해했다. 그러나 차츰 대부분의 개혁교회는 목사와 교사는 서로 다른 직분을 가리키지 않고 하나의 직분, 곧 목사의 직분을 가리킨 것으로 이해하고, 교사 직분을 목사직에 포함시키고 교사 직분을 삭제하게 되었다.

장로직은 교회 회원들의 생활에 주의를 기울이는 책무를 가졌다. 이들은 전 회중의 동의를 통해 회중 가운데서 선택되어야 했다. 하지만 칼뱅은 제네바시의 고착된 관료의식 때문에 그가 제시한 원리를 제네바에서 시행할 수는 없었다. 결과 장로들이 회중에 의해 선택되지 않고, 시 의회를 통해 선택되어 봉사하는 것으로 만족해야 했다. 이들은 1년을 봉사하고 퇴임하게 되었다. 칼뱅은 그 시대의 역사적, 문화적 환경을 거슬러 그의 원리를 혁명적으로 실현하려 하지 않았다. 그는 인내를 가지고 하나님이 주시는 때를 기다리며 봉사했다.

집사는 사도행전 6장의 근거 위에서 가난한 사람들을 돌보기 위해 세워졌다. 병자들을 간호하는 일들도 이들에게 맡겨졌다.

제네바 교회에서 장로의 직분이 칼뱅이 입안한 대로 시행되지는 못했지만, 장로직의 수용 자체는 후일 개혁교회 교회생활에 큰 의미가 있었다. 목사와 함께 치리회를 이룬 이들에게 회중의 감독과 권징의 책무가 주어졌다. 이 직분이 있으므로 교회의 생활이 드러나게 되었다. 권징은 교회에 꼭 필요한 것이다. 가정과 모든 공동체에 권징은 필요하다. 모든 것이 질서 있게 되어야 하는 교회에서 권징은 더욱 필요하다. 참된 교리는 몸 된 교회의 영혼과 같고, 권징은 몸의 신경과 같다. 권징으로 몸의 지체들이 서로 연결이 된다.

교회의 권징은 형제자매다운 개인적인 권고에서 출발한다(마 18:15~18). 권징의 목적은 세 가지 곧, 하나님의 영광, 회중의 안영(安榮), 죄인의 구원에 있었다. 권징은 예외 없이 모든 교회의 회원에게 적용된다. 권징은 그리스도가 회중 가운데 현존하시고, 최고의 권위를 가지신다는 것을 모든 사람이 알 수 있도록 진행되어야 했다. 동시에 엄격함과 관대함이 동반되어야 했다.

제네바에서 권징은 성례와 연관되어 행하였다. 죄 가운데 살고 있는 자나 주의 몸을 분별할 수 없는 자에게 성례를 허용해서는 안 되었다. 교회는 참여자가 그리스도인인지 살피는 것이 필요했다.

칼뱅은 교회의 권징은 당회의 관할 아래에 있다고 판단했다. 당회는 목사들과 장로들로 구성되었다. 장로는 제네바시의 소회의에서 목사들과 협의하여 2명, 60인 회의에서 4명, 200인 회의에서 6명을 선택하여 200인 회의에서 인준을 받았다. 당회가 모였을 때 네 장관 중 한 분이 사회함으로 이는 영적 통치보다 시민적 권위의 면모를 보였다. 교회 당회가 권징권을 행사했지만, 출교를 위해서는 정부의 인정이 필요했다. 1561년에 수정된 교회 질서는 더 많은 권한을 교회에 돌렸지만, 당회는 계속 세속의 권세에 의존적이었다. 칼뱅은 제네바 교회에서 자신이 기독교 강요에서 제시한 원리를 모든 면에서 실현할 수 없었지만, 이것이 교회에서 실현될 앞날을 기다리며 인내로 그 시대를 극복해야 했다.

2. 프랑스 개혁교회와 교회 질서

프랑스의 교회개혁은 1541년 이후 칼뱅의 영향으로 강력하게 나타났다. 칼뱅의 저서와 그의 제자들이 큰 영향을 끼쳤다. 제네바가 그 중심이 되었다. 프랑스의 개혁 신자들은 박해 때문에 지역마다 적은 무리로 모이고, 교회의 조직을 갖추기 어려웠다. 1555년에야 파리에 제네바 교회의 모범을 따라 개혁교회가 조직되었다. 그 후 1559년 5월 26일에 전 프랑스 개혁교회 대표들이 파리에서 총회로 모일 수 있었다. 이 총회는 칼뱅이 초안해 보낸 신앙고백을 약간 수정 편집하여 받아들였다.

교회 질서는 제네바 교회 질서 원리를 따라 작성되었고, 장로회 정치는 프랑스가 제네바보다 더 잘 시행될 수 있었다. 프랑스는 제네바와는 달리 정부가 교회 개혁을 정면으로 대적하고 박해했기 때문에, 교회는 국가로부터 독립해서 나아갈 수 있었기 때문이다.

교회 질서에는 지역교회의 독립성이 전제되었다. 교회 질서 2조에서 5조까지는 광역회의에 관해 다루었다. 이 광역회의에는 각 교회의 목사와 장로 혹은 집사가 대표로 참석하도록 했다. 이 규정은 개혁교회에 새로운 것이었다. 이때까지 아직 개혁교회 안에 광역회의가 없었다. 제네바는 이 제도를 도입하기에 교회의 수가 너무 적었다. 제네바 교회에는 정부의 대표들(장로들)이 참석하는 당회와 목사들의 모임이 있을 뿐이었다. 그러나 프랑스에는 지역교회들의 대표들이 모이는 개혁교회 광역회의가 생겼다. 이 광역회의가 있으므로 프랑스 교회는 독립교회주의로 나아가지 않게 되고, 교권체제로 전락하지도 않았으며, 교회들의 연대를 통한 교회 일치를 유지할 수 있게 되었다. 광역회의는 지역교회 당회가 끝낼 수 없는 문제를 받아 다루었다.

교회 질서 제6조에서 제25조까지는 지역교회의 직분과 봉사에 관해 다루었다. 말씀봉사자는 당회에서 장로들과 집사들을 통해 선택되고, 그 후 회중의 동의를 위해 제시되었다. 장로들과 집사들도 당회에서 선택되었다. 말씀봉사자들이 장로들과 함께 치리회를 구성했다. 교회 내 권세는 원리적으로 회중에게 있으나, 상호 유기적인 관계로 보았다. 교권제도의 원리가 전적으로 배제되었을 뿐 아니라, 회중의 지배도 배제되었다. 처음 직분을 세울 때 회중의 모든 회원이 발언하고 자유롭게 선택할 수 있었으나, 일단 당회가 구성된 후에는 당회가 충원하여 새로 선택된 분들에 대한 동의를 얻기 위해 회중에게 제시했다. 목사들의 직분은 종신직으로 간주되었다. 목사들은 특별한 경우를 제외하고는 그가 봉사하는 교회를 떠나지 않아야 했다. 장로들과 집사들의 직분은 일시적이었다. 직분을 임직할 때 안수는 하지 않았다.

교회 권징은 매우 중요한 부분으로 프랑스 개혁교회 조직의 핵심이었다. 교회는 권징 없이 생각할 수 없으므로 교회 질서와 교회의 조직을 교회의 기강(discipline ecclesiatique)이라고 불렀다. 권징은 목사, 장로, 집사와 교회의 모든 회원이 대상이었고, 이것이 엄격하게 적용되었다. 권징은 세 단계, 곧 형제다운 권면, 일시적인 성만찬 참여 정지, 출교로 진행되었다. 목사들에 관하여는 당회가 잠정적인 권징을 시행하나, 결정적인 권징은 광역회의가 했다. 교회 회원에 대한 권징은 당회만이 시행하나, 회원이 광역회에 항소할 권리를 가졌다. 혼인문제에 관해서는 이것이 국가에 속한 것이 아닌 이상 당회가 판단해야 했다(제33~38조). 이 교회 질서는 1559년 총회가 채용한 후 계속 수정 보완되었다.

네덜란드 개혁교회의 질서는 1568년 베젤 회의(Wezel Convent)와 1571년 엠덴의 네덜란드 개혁교회 제1차 총회(Emden Synod)에서 제네바 교회와 이 프랑스 개혁교회 교회 질서의 원리를 따라 작성되어 수용되고, 도르트 총회(1618~1619)에서 확정 채택되었다. 결과 현 개혁교회의 교회 질서는 제네바와 프랑스 개혁교회의 원리를 그대로 따른 것이다.

프랑스 개혁교회는 1559년 총회로 모였을 때, 전국에 거의 삼천 교회가 조직되어 있었다. 총회 조직 후 프랑스 개혁교회는 매우 어려운 시대를 겪어야 했다. 1660년 이후 프랑스 개혁교회 총회는 더 이상 개최될 수 없었다. 정부의 지원을 받은 강력한 로마 가톨릭교회는 모든 가능한 수단을 동원하여 위그노(개혁 신자)를 근절하려 나섰기 때문이다. 1598년 낭트 칙령으로 위그노들이 약간의 자유를 얻었지만, 1685년 낭트칙령의 취소로 모든 신앙의 자유를 잃게 되었다. 결과 50만 이상의 위그노가 영국, 네덜란드 등 여러 나라로 피난하게 되었다. 이들 대부분은 프랑스 사회에서 존경을 받아온 지성인들이었으므로 프랑스는 귀한 시민들을 잃게 되었다. 이후 프랑스에 개혁신자들은 극소수만 남았을 뿐 거의 사라지게 되었다.

3. 독일의 개혁교회

칼뱅의 영향은 독일에도 나타났다. 루터의 동역자 멜란히톤(1497~1560)이 죽은 후 칼뱅의 영향은 주목할 만했다. 제네바 대학이 많은 젊은이의 관심을 끌었다. 특별히 개혁신앙생활의 진지함과 교리 제시의 선명함이 독일에서 가장 발전된 라인강 지역에 사는 사람들의 큰 관심을 끌게 되었다. 하지만 독일 땅에서는, 루터 교회 내에 정부의 영향이 계속되었기 때문에 칼뱅주의적 교회 조직은 거의 어느 곳에도 순수하게 적용될 수 없었다.

하이델베르크 도시를 중심으로 한 팔츠(De Pfalz) 지역에 개혁교회가 상당 기간 번창했다. 1555년 아우크스부르크 종교 평화 후에 선제후 프리드리히 2세가 교회개혁에 매우 적극적으로 나타났다. 그러나 개혁신앙을 결정적으로 택한 분은 성경을 사랑한 탁월한 선제후 프리드리히 3세였다. 그에게 이런 동기를 제공한 것은 공개 신앙 토론이었다. 당시 루터파 목사 헤스후시우스(Heshusius)가 팔츠 선제후령에 교리와 예배 면에 있어서 강력한 루터파의 특성을 가진 교회를 세우기 원했다. 이때 선제후는 루터의 신학과 칼뱅의 신학의 차이를 분별하기 위해 성경과 신학연구에 온 힘을 기울인 결과 개혁신학으로부터 깊은 인상을 받고, 1560년에 루터파와 칼뱅파 신학자들 간의 공개신학 토론을 갖게 했다. 이때 그는 개혁주의 신학자들 편의 승리를 인정했다. 그리고 그는 아우크스부르크 신앙고백 제10항이 로마교회의 사상을 함축하고 있음을 확신하고 결정적으로 개혁교회 신앙고백을 택했다. 이후 그는 곧 대학교의 개혁에 나서 개혁신학자 올레비아누스, 트레멜리우스, 우르시누스를 하이델베르크로 불러들이고, 청소년 교육을 위해 유명한 하이델베르크 요리문답을 작성하게 하고, 개혁교회 조직을 해 나가게 했다.

1563년 11월에는 새로운 교회 질서를 출간하게 되었다. 이것은 제네바와 프랑스 개혁교회와 취리히의 교회 질서의 본을 따랐다. 칼뱅의 사상을 일관되게 따르지는 않았지만 따르기 위해 노력했다. 목사들에게는 설교의 재료를 하나님의 말씀에서만 가져오게 하고, 요리문답을 매 주일 설교하게 했다. 세례가 말씀봉사자들을 통해 언약의 자녀들에게 베풀어졌다. 성만찬이 준비 설교 후에 도시에서는 한 달에 한 번, 읍 촌에서는 두 달에 한 번 시행되었다. 성만찬을 거룩하게 베풀기 위해 말로만 아니라, 행위로 그리스도인다운 권징이 행해졌다. 회중 가운데서 존경을 받는 경건한 분들이 택함을 입어 목사들과 함께 회중을 찾아 권면하고, 회개하지 않을 때 출교했다. 교회 예배를 위해 예배의식서가 작성되었다.

1564년에는 교회 정치에 대한 더 진전된 법이 작성되었다. 선제후는 정부공직자들이 백성이 평화로운 생활을 하도록 돌볼 뿐 아니라, 참된 종교를 유지할 사명도 가지고 있다고 선언했다. 이를 위해 3명의 신학자와 3명의 정치인으로 구성된 교회 치리회를 도입했다. 이들은 하이델베르크에 살면서 매주 세 번 모임을 가졌다. 한 정치인이 이 회의를 소집했다. 이 교회 당회가 하는 일은 목사가 공석인 곳에 신실한 목사를 택해 채우고, 학교에 유능한 사람들을 세우며 교리와 생활을 감독하는 것이었다. 치리회가 세운 감독은 목사들과 교사들을 감독했다. 이 치리회는 후보자들을 시험하고, 목사들과 교사들이 잘못할 때 면직할 권리를 행사했다. 매년 교회 당회가 모든 목사, 교사들 정치인들을 소집하여 총회를 열어 교회의 형편과 권징 사건을 다루었다. 이 총회는 개혁주의 이념을 따른 교회 총회는 아니었고, 중앙에 있는 교회통치기구의 한 방편이었다.

이 교회 질서에는 장로가 없었다. 교회 권징에 있어서 정부의 인물들이 목사들을 도왔다. 완고한 죄인들은 정부를 통해 벌을 받았다. 집사도 없었다. 목사가 회중 가운데 두 사람을 택하여 가난한 사람들을 위해 선물을 수집하여 나누어주도록 했다. 결국, 군주가 교회에 권위를 행사했다.

물론 개혁주의 지도자들은 이런 현실에 만족하지 않았다. 교회조직에 있어서 더 일관되게 개혁주의 원리를 도입하려는 저들의 노력은 저항에 부닥쳤다. 교회 치리회의 회원으로 택함을 받았고 츠빙글리의 노선을 따르는 의학교수인 에라스투스(Erastus)가 교회적 추방(출교)은 비성경적이라 판단하고, 교회 치리회가 교회 권징권을 가지고 로마교회가 행사하는 것처럼 교권을 행사하고, 에스파냐의 종교재판 같은 양심억압을 하게 될 것을 두려워했다. 그는 취리히 교회질서와같이 정부가 교회의 이름으로 교회 정치를 장악하는 것을 바람직하게 여겼다. 결과 에라스투스는 국교회주의를 옹호한 인물이 되었다. 선제후는 1570년 7월 13일의 칙령을 통해 에라스투스와 개혁주의자들 간의 투쟁을 끝내게 했다.

선제후는 올레비아누스의 뜻을 받아들여 각 교회에 교회적인 위원회를 세우게 했다. 이 위원회의 회원들은 검찰관이라 불렸는데 회중을 통해 선택되지 않고, 교회 집행위원회를 통해 종신으로 임명되었다. 이 위원회는 목사를 의장으로 하고 교회의 외적 영적 안영(安榮)을 돌보았고, 출교에 이르기까지 교회의 권징을 행사했다. 교회들 전체를 위해서는 영주가 임명한 3인의 영적 인물들과 3인의 세상의 인물들로 구성된 치리회가 관리했다. 이는 순순한 칼뱅주의 체제는 아니었고 혼합적이었다. 하지만 프리드리히 3세가 죽은 후 로더베이크를 통해 팔츠 지역 교회는 루터파적 정신으로 바뀌게 되었다. 후에 로마의 복구정책에 부닥치게 되었을 때 개혁주의자들과 루터주의자들이 서로 화목관계를 갖는 것이 필요하게 되어, 교회의 개혁주의적 조직은 차츰 계속 유지되지 못하고 루터파 정신이 지배하게 되었다.

팔츠 지방 이외 낫사우, 브레멘, 헤센, 마크, 브란덴부르크, 하노베르를 위시하여 라인강 하류에 개혁교회들이 상당수 조직되었다. 하지만 루터파 교회가 지배하고, 루터파의 이념을 따라 국가가 교회를 직접 관할하는 환경 속에서 개혁교회가 개혁주의 신앙고백과 질서를 따라 정착하고 역사를 이어가기 어려웠다. 결과 대부분의 개혁교회는 개혁교회적 성격을 가진 교회로, 혹은 개혁주의적 복음주의 교회의 성격을 가진 교회로만 남아 있게 되었다.

4. 영국과 스코틀랜드의 장로교회 질서

1) 영국의 장로교회

영국에서는 로마 가톨릭 신앙의 광신자요, 개신교회의 박해자인 여왕 메리(Mary, 1553~1558)가 세상을 떠난 후 헨리 8세와 그의 둘째 왕비였던 앤 불린 사이에서 난 엘리자베스가 왕위(1558~1603)에 올랐다. 그는 왕위에 오르자 이듬해인 1559년에 교회예배 의식의 통일령(the Act of Uniformity)을 공표했다. 이때 토마스 카트라이트(Thomas Cartwright, 1535~1603)는 영국 국교회로부터 분리하고, 칼뱅의 사상과 생활에 기반을 둔 첫 번째 장로교회를 1572년 11월 20일 런던 근교(Wandsworth)에 세웠다. 그는 교리, 권징, 교회 정치의 근거와 표준을 성경에 둔다고 했다.

카트라이트는 1. 감독과 대감독의 이름은 폐지되어야 하고, 2. 하나님의 말씀에 따라 감독의 직분은 말씀봉사자이며, 집사의 직분은 가난한 사람들을 돌보는 것이고, 3. 교회의 정치권은 감독들과 감독들의 회에 있지 않고 교회의 목사와 장로들에게 있으며, 4. 모든 목사는 일정한 지역 교회에 속하고, 여러 교회에 관련되지 않으며, 5. 집사는 감독에 의해 임명되지 않고, 교회를 통해 선택되어야 한다고 했다. 이 카트라이트에 의해 시작된 영국 장로교회는 영국정부의 압력과 박해에도 불구하고, 수적인 성장을 보였고, 영국교회 내에 청교도운동의 축을 이루었으며, 왕 제임스 1세(1567~1625)의 통치시대에 계속 진보를 보여 개혁신앙이 영국교회 저변에 자리를 잡게 했다.

2) 스코틀랜드 장로교회

스코틀랜드의 교회를 개혁하고 장로회 정치를 도입한 분은 존 녹스(1513~1572)였다. 제네바에서 칼뱅의 영향을 받으며 피난민 영국인 교회를 봉사하던 그는 1559년에 그의 조국 스코틀랜드로 돌아와 교회개혁을 이끌었다. 스코틀랜드 의회는 1560년에 로마 가톨릭교회 예배와 교황의 통치를 폐기하고, 녹스가 초안한 칼뱅주의 신앙고백을 받아들였다. 1560년에 모인 첫 총회가 녹스에 의해 작성된 제네바의 교회 질서의 원리에 입각한 교회 질서(The First Discipline)를 받았지만, 의회의 합법적인 승인은 얻지 못했다. 그 질서 속에는 장로회의 정치제도가 분명하게 표현은 되어 있었지만, 지난날 감독의 행정적 기능을 집행하는 감독제도(The superintendents)의 요소가 포함되어 있었다. 이것은 제네바 교회 질서에는 생소한 것이었다.

1560년에 12명의 감독을 세웠는데, 그중에 7명은 중요한 자리에, 나머지 5명은 지방을 두루 다니며 새로운 교회를 조직하고 목사들의 사역을 감독하도록 임명하고, 그들이 한 일을 총회에 보고하게 했다. 총회는 이 감독들이 총회에 전적으로 복종할 것을 규정하고, 목사들과 같은 권리를 가진 것으로 여기며 한시적인 제도라고 했다. 하지만 이 한시적이라 여겨진 제도가 그릇된 결과를 초래했다. 감독들은 암암리에 자기들의 권력을 넓히기 원했다. 이 제도는 후에 감독제도 지지자들이 이 제도에 호소할 수 있는 근거를 마련해 준 셈이 되었다.

1567년 12월 스코틀랜드 의회는 개혁(장로)교회에 국교회의 권한을 인정했다. 이런 국가와 교회와의 관계는 정부가 교회의 권한에 간섭할 것인지, 정부가 교회의 결의에 복종할 것인지의 문제에 대한 격렬한 투쟁의 원인을 제공했다. 1572년 감독과 대 감독이 비어있는 자리를 개신교회 목사로 채울 것을 결정했다. 녹스는 감독을 세우는 것을 원하거나 인정하지 않았지만, 교회 재산을 빼앗길까 두려워하는 마음에서 로마 감독이 개혁교회의 목사 칭호를 가지고, 그들이 개혁교회 목사보다 높지 않다는 조건으로 감독의 자리를 계승하는 데 동의했다.

하지만 이런 조건적 합의가 약속대로 지켜지지 않았다. 스코틀랜드 개혁교회 안에 일련의 감독들이 나타나게 되었다. 1572년 녹스가 죽은 후, 스코틀랜드의 유사감독제도에 강력히 반대하며 정부에 도전한 분은 멜빌(Andrew Melville, 1545~1622)이었다. 그는 탁월한 학자로 19세에 프랑스에 건너가 공부하고 제네바에서 5년간 베자와 협력하다 1574년에 귀국했다. 이때 스코틀랜드 교회는 정치에 대한 내적 투쟁을 겪고 있었다. 1572년 전에 유사감독제가 존재하고 있었지만, 교회는 본질적으로는 장로회였다. 하지만 정부 통치자는 교회를 완전히 통제하기 위해 감독체제를 완전히 회복시키고, 영국교회 정책을 따름으로 영국 여왕 엘리자베스의 마음을 기쁘게 하려 했다. 이런 때에 1575년 총회는 새로운 교회 질서를 초안하기 위한 위원회를 임명하고, 이 위원회는 멜빌이 주도하여 감독직을 전적으로 폐지한 제2 교회 질서(The second church discipline)를 작성하고, 1581년 총회는 이것을 받아들였다. 하지만 정부는 이 교회 질서를 인정하기를 거부했다. 총회는 교회의 주권과 자유를 보장하기 위해 노력했지만 이를 이루지 못했다. 결국, 총회는 정부의 계속된 압력으로 굴복하고, 새로운 감독제도가 들어서게 되었다. 그러나 멜빌은 정부 당국에 협력하기를 거절했다. 이때 그는 기소를 피하고자 영국에 가서 20개월을 머물다 다시 돌아와 20년 동안 성 앤드류 신학교에서 가르쳤다.

1603년 영국의 엘리자베스 여왕이 세상을 떠나자 그는 독신으로 자녀를 갖지 못했음으로 스코틀랜드의 왕 제임스 6세가 영국의 왕이 되어 제임스 1세로 영국과 스코틀랜드의 왕이 되었다. 그가 양국의 왕이 되자, 영국국교회와 같은 제도를 스코틀랜드 국교회에 도입하기 위해 노력했다. 1606년 제임스 1세는 이를 위해 멜빌과 7명의 다른 목사를 소환하였지만, 멜빌은 교회의 정치적 자유를 주장했다. 격노한 왕은 그를 런던탑에 가두었다. 그가 4년 만에 풀려났지만, 스코틀랜드에 돌아오지 못하고, 11년 동안 영국의 세단 대학에서 가르치다가 1622년에 세상을 떠났다. 멜빌은 스코틀랜드에서 장로회 체제와 교회의 자유를 위해 싸운 투사였다.

영국 왕 제임스 1세는 스코틀랜드에 자기 왕권의 확장과 교회의 감독 체계의 확립을 위해 노력하였고, 그의 아들 왕 찰스 1세(1625~1649)가 그의 정책원리를 계승하여 이를 더 강력하게 추진해 갔다. 그는 왕의 권한은 하나님의 주신 것(王權神授說)으로 믿고, 전제정치를 하는 중 처음부터 의회와 다툼을 일으켰다. 1629년 의회가 그의 분명하지 않은 일을 위한 재정적 요구를 거절하자 그는 의회 해산으로 맞섰다. 왕 찰스는 영국국교회의 형식상의 머리이면서 청교도 편보다 로마 가톨릭 측을 선호했다. 그는 청교도들이 로마 가톨릭을 이단으로 보는 것과는 달리 로마 가톨릭교회를 참교회로 보았다. 칼뱅의 신학을 반대하고 그의 아버지 때부터 박해를 받아오던 청교도들에게 더욱 큰 압력을 가하고 국교회의 의식을 강요했다. 결과 많은 청교도가 신대륙 매사추세츠 주로 이주를 했다.

　왕 찰스가 세운 캔터베리의 대감독 윌리엄 로드(W. Laud)는 드디어 스코틀랜드에도 영국과 같은 완전한 감독 정치를 시행하려 했다. 왕 찰스는 그의 아버지 제임스 1세를 이어 영국과 스코틀랜드의 왕이 된 후, 로드 대주교와 협력하여 스코틀랜드의 장로교 제도를 완전히 폐지하고 감독체제를 확립하기 원했다. 나아가, 영국 국교회의 기도서를 수용하게 하고 캔터베리 대 감독의 통치를 수용할 것을 강요했다. 그 결과는 폭발적이었다. 스코틀랜드인들은 1638년에 신앙과 정치의 자유를 위해서 죽기를 각오하고 '민족적 맹약'을 했다. 스코틀랜드 총회는 제임스 1세와 찰스 1세가 임명한 감독을 면직하고 국교회 체제를 거절했다. 찰스 왕이 이를 억압하려 했을 때, 스코틀랜드인들은 1640년 군사력으로 영국 북부를 침범함으로 맞섰다.

이에 당황한 왕 찰스는 남진하는 스코틀랜드 군대를 대항할 군대를 일으키기 위한 자금을 확보하기 위해 11년 동안 해산시켜 잠재웠던 의회를 소집했다. 하지만 소집된 의회는 이에 앞서 정치적, 교회적 개혁을 그에게 요구했다. 이 때문에 그는 다시 의회의 해산을 선언했다. 하지만 스코틀랜드 군대가 계속 남진해 오자 왕 찰스는 1641년 11월에 다시 의회를 소집하지 않을 수 없었다.

이때 소집된 영국의회는 먼저 대감독 로드를 대역죄로 탄핵하고, 왕이 의회의 동의 없이 행한 의회 해산을 불법으로 선언했다. 이때 왕은 군사적 혁명을 시도하고, 의회의 의원 5명을 반역죄로 체포하려 했다. 이것이 시민전쟁을 유발시켰다. 왕을 지지하는 군대와 의회를 지지하는 군대의 충돌이 일어나 시민전쟁이 일어난 것이다. 왕 찰스는 국민의 저항을 받고 런던을 떠나야 했다.

3) 웨스트민스터 신학자 총회(The Westminster Assembly of Divines)

당시 영국에는 엘리자베스 여왕 이후 영국 국교회의 신앙적 정치적 압력으로부터 자유를 갈망하는 칼뱅주의적 청교도의 사상과 세력이 교회의 저변에 크게 자리를 잡아 확대되었다. 의회의 대세는 청교도 편에 있었다. 이제 의회는 왕 찰스와의 싸움에서 승리하기 위해서는 스코틀랜드의 도움이 필요했다. 의회는 1643년 일찍이 영국교회의 감독체제를 폐기하는 법을 통과시켰다. 나아가 의회는 영국, 스코틀랜드, 아일랜드 모든 지역 교회 조직의 통일을 위해 작업할 것에 합의를 보았다. 의회는 감독 제도를 폐기했으므로 새로운 교회 정치 제도의 도입이 필요하여 이를 위한 자문을 위해 신학자들 121명과

30명의 보좌역의 회의를 웨스트민스터 대 교회당에 소집했다. 의회가 신학자들의 회를 소집한 가장 중요한 목적은 폐기한 감독체제 대신에 다른 정치체제에 대한 자문을 받는 것이 주된 목적이었고 신앙고백 작성이 주된 목적은 아니었다. 당시 영국교회의 교리는 일반적으로 건전한 개혁주의였던 것으로 인정되고 있었기 때문이다.

하지만 소집된 신학자들이 일반 교리에서는 본질적인 차이를 크게 보이지 않았으나 교회 정치에서는 의견이 나뉘어 있었다. 크게 분류하면 의견을 달리하는 다섯 집단이 있었다. 첫째, 고교회주의자들로 전통적 영국국교회의 제도와 의식을 보존하려는 자들로 이들의 대부분은 회의에 적극적으로 참석하지 않았다. 둘째, 독립교회주의자들로 그 가운데 영국에 독립교회 제도를 확립하려는 저명한 학자들(Thomas Goodwin, Philip Nye 등)이 있었다. 셋째, 국교회주의자들(Erastians: John Lightfoot, Thomas Coleman)이 있었다. 이들은 옛날 대륙 팔츠에서 활동하고 교회의 정치는 정부에 맡겨야 한다고 주장한 에라스투스(Erastus)의 사상을 따르는 자들이었다. 넷째, 장로회체제와 감독체제의 두 요소의 병합을 원한 분들(William Twisse, Thomas Gataker, Herbert Palmer, Thomas Temple 등)이었다. 다섯째, 가장 큰 집단으로 장로회 정치 체제를 지지하는 분들(Lazarus Seaman, Charles Herle, Richard Vines 등)이 있었다. 스코틀랜드로부터 자문을 위해 파송되어 온 대표자들(Robert Gaillie, George Gillepies, Alexander Henderson 등)은 장로회 정치 제도의 지지자들이었다. 이들이 웨스트민스터 신학자 회의에서 장로회 정치 체제를 이루는 데 중요한 자문 역할을 했다.

이런 다양한 서로 다른 정치적 의견을 가진 집단을 고려할 때 서로 의견충돌 없이 교회 정치를 작성한다는 것은 기대하기 어려웠다. 고교회주의자들은 협의에 참여하지 않았고, 다수가 장로회 정치를 지지하는 분들이었지만 다른 집단과 분열을 감행하지 않는 한 그들의 의견을 관철할 수 없었다. 결과 어떤 점에서는 협상이 불가피했다. 영국의 장로회주의자들은 모든 점에서 스코틀랜드의 장로회제도를 따르기를 원하지 않았다. 독립교회주의자들은 장로회 정치 제도를 반대했다. 스코틀랜드 대표들은 가능한 중도를 지키며 모든 분이 받을 수 있는 길을 위해 노력했다. 거의 모두가 성경에 있는 장로(presbyter)와 감독(episcopal)을 말씀의 사역자인 목사를 가리키는 것으로 보았다. 하지만 다스리는 장로는 성경이 여러 은사를 말하는 중에 언급한 "다스리는 자"(롬 12:8)와 "다스리는 것"(고전 12:28)에 근거를 두었다. 결과 다스리는 장로 직분을 하나님이 세우신 직분(jus divinum)으로 보기보다는 단지 성경적으로 인정받을 수 있는 직분으로만 묘사되었다. 결과 웨스트민스터 회의가 받은 장로회 정치 체제에는 다스리는 장로 직분의 성경적 증거로 디모데전서 5:17이 인용되지 않았다.[3] 이는 분명히 감독체제와 장로회 체제의 융합을 원하는 자들과 독립교회주의자들, 국교회주의자들이 다스리는 장로 직분을 하나님이 세우신 직분으로 받아들이기를 원하지 않았기 때문이었다.

웨스트민스터 총회 신학자들은 제일 먼저 1644년 장로회 정치(The From of Presbyterial Church Government)와 예배 모범을 완성하여 의회에 제

---

3) Soon Gil Hur, Presbyter in Volle Rechten, De Vuurbaak, Groningen, 1972, pp.132-139

출하였다. 하지만 의회가 영국교회 개혁을 위해 가장 중요하게 여긴 장로회 정치는 영국에 자리를 잡을 기회를 가질 수 없었다. 이는 의회 의원으로 강한 독립교회 정신을 가진 크롬웰 장군(Oliver Cromwell, 1599~1658)이 의회 편 군대를 이끌고 1645년 6월에 왕 찰스 1세의 군대를 완전히 무너뜨린 후, 영국의 정치적 실권을 장악했기 때문이다. 크롬웰은 로마 가톨릭과 감독주의를 반대하는 모든 종류의 청교도들을 환영하고 장로회 정치를 싫어했다. 곧 그가 왕이 아닌 호민관으로 등장하여 영국을 다스리게 되므로 장로회 정치가 영국에서는 자리를 잡을 수 없었다.

크롬웰이 1658년 세상을 떠나고 1660년에 영국에 왕정(찰스 2세)이 복구되고, 감독교회가 다시 영국에 정착되었다. 스튜어트 왕가 정권 아래에 장로교회는 공포시대를 거치며 살아남았다. 1689년 윌리엄 3세(William Ⅲ)가 영국의 왕에 올라 관용법이 공포되고 신앙의 자유가 실현되었다. 1689년 7월 22일에 스코틀랜드 의회는 감독교회 정치를 폐하고, 개혁신앙과 교회 정치가 스코틀랜드 국가의 신앙과 정치임을 선언했다. 이때가 녹스가 스코틀랜드 교회개혁을 시작하지 약 130년 후였다.

5. 네덜란드 개혁교회와 교회 질서

16세기 전반 교회개혁 시대에 네덜란드는 독일과 매우 달랐다. 1521년 신성로마제국 황제 카를 5세가 루터의 교리를 정죄하는 보름스 칙령을 발표했다. 하지만, 독일의 지방 통치자들인 선제후 대부분이 이를 무시했기 때문에 독일 교회는 박해를 당하지 않았다. 그러나 네덜란드는 독일과는 사정이 달랐다. 황제는 제국의 종교적 일치를 유지하기 위해 그의 통치력이 미치는 지역에는 루터의 개혁에 동참하는 자들에게 심한 박해를 가했다. 카를 황제는 1522년 교황 아드리아누스 6세(1459~1523)의 승인을 받아 종교재판을 도입하고 특별히 네덜란드에 있는 개혁교회 신자들의 숙청에 나섰다. 1523년에 복음을 전하던 헨드릭 프스와 요한네스 반 엣센이 브뤼셀에서 화형을 당함으로 네덜란드의 첫 순교자들이 났다. 황제 카를은 네덜란드에 개혁신앙이 자리 잡는 것을 크게 경계하고 점점 박해를 더 했다. 1523년부터 1555년까지 32년 동안 남네덜란드에서 1700명, 북네덜란드에서 140명이 화형을 당했다.

네덜란드는 1530년까지 루터의 영향을 받았고, 그 후 10년 동안 재세례파의 영향을 받았다. 하지만 1540년부터는 제네바 칼뱅의 영향을 강하게 받게 되었다. 오늘의 벨기에 지역인 남부 네덜란드 지역을 시작으로 개혁신앙이 전해지고 개혁교회가 조직되어 갔다. 1555년에 황제 카를 5세는 자신이 죽기 전에 그의 영지를 분할하여 그의 아들 펠리페 2세를 에스파냐, 나폴리, 포르투갈의 왕으로 세워 통치했다. 펠리페는 에스파냐에 거주하면서 네덜란드를 통치했다. 그는 아버지 카를 5세보다 더 큰 열심을 내어 교회개혁에 동참하는 분들을 이단으로 간주하고 박해를 강화했다. 그가 보낸 총독 알바 공에 의해 거의 10만 명의 네덜란드 개혁 신자들이 죽임을 당한 것으로 알려졌다.

남부 네덜란드에서 십자가 아래 있는 개혁교회들이 1563년부터 교회적인 회의를 갖기 시작했다. 1563년부터 1566년까지 열 번 이상의 회의를 암암리에 가졌다. 이 회의들은 제네바 교회와 프랑스 개혁교회의 교회 질서를 크게 참고하여 교회 질서를 세우기 원했다. 이 교회 회의록은 하나님께서 네덜란드에 그의 교회를 보존하시고 넓히실 것이라는 확실한 믿음을 가진 사실을 보여준다. 1566년 안트웨르펜 회의에서는 1561년 귀도 드 브레가 작성한 신앙고백을 수정해서 받는 데까지 나아갔다.

그동안 많은 네덜란드의 개혁 신자가 외국으로 피난했다. 1555년 전후 상당수 개혁 신자가 영국으로 건너가 런던에서 교회를 세우고 신앙생활을 했다. 1560년 추운 겨울에 360명이 얼음을 딛고 독일지역 엠덴(Emden)으로 피난해서 교회를 세웠다. 엠덴은 당시 '박해를 받는 하나님의 사람들의 숙소'로 알려졌다. 이 외에 베젤(Wezel), 프랑크푸르트 등 여러 다른 곳에도 네덜란드 신앙 피난민들이 가서 교회를 세워 살면서 나그네 생활을 했다.

차츰 네덜란드 개혁교회의 조직이 확대되었다. 네덜란드뿐 아니라, 독일 영국에 가 있는 피난민 교회들이 흩어져 있는 교회들의 연대 생활에 대한 해필요성을 실감하게 되었다. 네덜란드 국내외에 있는 개혁교회들은 서로 하나임을 느꼈지만, 신앙고백과 교회 질서에 대한 일치가 아직 그들 가운데 없었다. 네덜란드에서 박해를 받는 중이거나, 외지에서 피난 중인 네덜란드 개혁교회들이 상호연대를 갈망하게 되었다.

네덜란드 개혁 신자들이 무서운 박해를 받고 있던 어두운 시대, 1568년 늦가을에 네덜란드 개혁교회들의 관심사를 논의하기 위해 다테누스(Dathenus), 마르닉스(Marnix), 윌리엄 반 서일런(Willem van Suylen) 등 여러분들이 피난지 베젤에서 모이게 되었다. 이 회의는 교회적인 회의는 아니었다. 모두가 교회의 신임장 없이 개인적인 열망으로 교회의 생활을 위한 일반적인 규칙을 초안하기 위해 모인 것이었다. 거기에 모인 사역자들은 하나님께서 네덜란드 교회에 조만간 해방을 주실 것이고, 전 네덜란드 개혁교회들이 함께하는 총회가 열리게 될 것이라는 확실한 소망 가운데 살았다. 이 소망이 3년 후인 1571년 10월에 열흘 동안(4~13일) 박해를 받는 '박해를 받는 하나님의 사람들의 숙소'(Herberg der Gemeente Gods)인 엠덴에서 네덜란드 개혁교회 첫 총회가 모임으로 이루어졌다.

첫 번째 총회가 모여 행한 가장 중요한 일은 교회의 질서를 작성하고 받는 일이었다. 이미 그 초안은 3년 전 베젤 회의에서 작성되었다. 이 총회는 이것을 수정하고 전 교회를 위한 질서로 받게 되었다. 엠덴에 모인 네덜란드 개혁교회 선진들은 그리스도의 교회에는 어떤 교권도 있을 수 없다는 원리에서 출발했다. 제1항에서 "어떤 교회도 다른 교회를, 어떤 봉사자도 다른 봉사자를 지배해서는 안 된다."라고 선언했다. 네덜란드 개혁교회의 교권에 대한 이런 단호한 선언은 처음에 감독(superintendents)제도를 다소 수용한 1560년 스코틀랜드 교회가 받은 제일 교회 질서와는 매우 달랐다. 스코틀랜드 장로교회는 이 때문에 상당 기간 감독 직분 제도를 극복하지 못한 결과를 가져왔다. 그러나 개혁교회는 처음부터 교권이란 그리스도의 교회에 있을 수 없다는 것을 첫머리에 올려 교회 질서의 원리로 삼은 까닭에 오늘날까지 교권제도를 철저하게 부정하는 교회가 되었다.

그리고 이 첫 항목은 각 지역교회가 어느 교회의 지배도 받지 않을 것을 언급함으로 독립성과 자주성을 보장하고 있다. "각 당회는 하나님 말씀의 한계 안에서 지역교회 내에 질서를 위한 규칙을 작성할 권리를 가진다."라고 했다. 하지만 네덜란드 개혁교회가 하나님의 말씀과 공통적 신앙고백의 기반 위에 연대를 이룬 후, 하나님의 말씀과 신앙고백에 의존한 교회 질서는 연대를 이룬 모든 교회에게 효력을 갖게 되었다. 그런고로 제53항에서 "모든 교회는 한 총회에서 달리 결의할 때까지 이것을 준수해야 한다."라고 선언했다.

이 1571년의 엠덴의 교회 질서는 여러 총회를 거쳐 도르트 총회(1618~1619)에서 네덜란드 개혁교회의 교회 질서로 확정되었다. 그동안 변화된 환경을 따라 어느 정도 수정을 거쳤지만, 원리에는 어떤 변화도 없었다.

하지만 네덜란드 개혁교회는 도르트 총회 이후 교회의 자유와 자주성을 지켜나가기 어려웠다. 교회적 공동체와 시민적 공동체의 일치에 관한 중세대의 사상의 영향 때문이었다. 정부가 교회개혁을 도왔고, 개혁교회가 네덜란드에 공적교회가 되도록 한 역할을 했기 때문이다. 결과 정부가 교회의 행정에 간섭하고, 목사의 청빙과 이동도 정부의 승인을 받도록 하기까지 관련을 갖게 되었다. 그런데도 도르트 교회 질서가 내적으로 교회 질서로 작용을 해 왔었다. 하지만

1816년에 정부가 마련한 '개혁교회의 행정을 위한 일반규칙'(Algemeen Reglment voor het bestuur der Ned. Hervormde Kerk)이 기존의 도르트 교회 질서를 대신하게 되었다. 교회 질서에 대한 이런 혁신으로 교회는 자주성을 완전히 잃게 되었다.

1816년 이후 도르트 교회 질서는 교회에서 완전히 무시되었다. 그 후 18년이 되던 해인 1834년 더 콕(H. de Cock) 목사의 주도로 울름(Ulrm) 교회가 네덜란드 개혁교회의 '복귀와 분리'를 선언하게 되었다. 이로 말미암아 오랫동안 국가 지배 아래 있던 상당수 개혁교회가 국가의 지배에서 벗어나게 되었다. 이 분리된 개혁교회의 총회가 1836년 암스테르담에서 모여 도르트 교회 질서를 네덜란드 개혁교회의 교회 질서로 다시 받아들임으로 215년 만에 도르트 교회 질서의 명성을 되찾게 되었다. 오늘 네덜란드에서 국교회 이외의 모든 개혁교회가 이 도르트 교회 질서를 사용하고 있을 뿐 아니라, 미국, 캐나다, 호주, 남아프리카 등에 있는 개혁교회들도 처지를 따라 약간의 수정은 가했지만 본질적으로 도르트 교회 질서를 거의 그대로 사용하고 있다.

제 2 편
교회 정치 질서의 다양한 형태와 특징

A. 교회 정치 질서의 다양한 형태

기독교 세계의 각 교파는 신앙고백 면에서 뿐만 아니라, 교회 정치 질서에서도 서로 다른 견해와 입장을 취하고 있다. 또 교리 면에서 본질적으로 신앙고백을 같이 하고 있으면서도 교회 정치 질서 면에서는 서로 다른 입장을 취하는 경우도 있다. 특별히 이는 개혁교회, 장로교회와 회중교회의 경우에서 나타난다. 다양한 교회 정치 질서 형태 중 대표적인 것을 들면 다음과 같다.

1. 감독 정치체제 (Episcopal Form of Church Government)

로마교회와 영국국교회 동방정교회가 본질적으로 이 정치 형태를 취하고 있다. 이 교회들은 지상에서 한 분의 머리(首長) 아래 하나의 보이는 교회를 믿고 있다. 이 머리에 관하여는 로마교회는 교황을, 동방정교회는 총대주교를, 영국국교회는 국가의 왕을 형식상 교회의 머리로 받고 있다. 성직자 세계는 대감독(Archbishop), 감독(Bishop), 사제(Priest) 등에 의한 교권체제로 이루어져 있다. 감독들은 중단이 없이 이어져 온 사도들의 후계자들로 믿어지고 있다. 그래서 감독들에 의한 사도들의 계승을 주장하게 된다. 그리고 이 사도들의 법적 후계자들인 감독들에 의해서 임직된 사람들이 성직자로 받아들여진다. 그래서 실제로 이들의 교권 체계 밖에서 임직을 받은 분들은 교회의 성직자로 인정이 되지 않는다.

이 정치 체제에서는 성직자 세계와 평신도 세계가 완전히 구별되고 나뉘어 있다. 성직자들은 통치하고 가르치는 분들이고, 평신도들은 단지 통치를 받고 순종하는 자들이다. 평신도들은 교회의 정치에 가담할 권리도 기회도 주어지지 않는다. 이 점에 있어서 위에 든 세 교회가 같은 입장을 취하고 있으나 그 가운데 로마교회가 더욱 철저하다. 이 교회에서 신자들의 권리는 전혀 인정되지 않으며, 교회의 본질적인 회원은 성직자들이다. 실질적으로 로마교회에 의하면 교회는 신자들의 모임이라는 개념이 존재하지 않는다. 성직자가 있는 곳에 교회가 있는 것이다.

2. 영토 중심의(혹은 국교회) 교회 정치 형태 (Territorial Form of Church Government)

이 교회 정치 형태는 원래 루터교회에 의해 채용된 정치 형태이다. 원래 루터교회의 정치 형태는 성경적인 원리를 따라 이루어진 것이 아니고, 그 시대의 정치적 환경을 따라 이루어졌다. 루터는 구원에 관계된 본질적인 교리 문제에 관심을 가졌을 따름이고, 교회 정치에는 별 관심을 갖지 않았다. 만일 당시 독일의 황제가 그가 시작한 종교개혁에 가담했다면, 그는 교회 정치면에서 로마교회의 교권 체제를 그대로 수용할 수 있었을 것이다. 교회개혁의 여파로 독일인들의 신앙이 혼선을 가져 왔을 때 각 행정 영역의 통치자인 선제후의 신앙이 그 지역 주민의 신앙 노선이 된다는 것으로 정치적인 해결을 보았다. 이로 말미암아 각 영역의 통치자들은 지난날 감독이 행사해 오던 교권을 자신이 맡아 행사하게 되었다. 이런 결과로 영역 중심의 교회 정치형태, 혹은 국가교회 정치형태가 자리를 잡게 되었다. 곧, 이 정치형태에 있어서 교회 정치는 위정자가 담당하게 되었다.

이 교회 정치 체제에 따르면 교회에는 세 가지 계층이 있다. 첫째는 교회의 치리자들이다. 교회의 치리자는 교회의 직분자들이 아니고, 정부로부터 사명을 받은 자들이 된다. 이들이 목사와 함께 교회의 치리회를 구성하게 되었다. 둘째는 교육하는 자들이다. 목사들이 이 계층에 속했다. 셋째는 신자들이다. 일반 신자들은 다스림을 받고 가르침을 받으면서 단지 순종만 할 따름이다. 루터가 보편 사제직을 가르쳤으나 실제 교회생활에서 신자들의 기능은 완전히 무시되었다. 교회에 장로와 집사 직분이 없다. 그래서 일반 신자들은 교회치리에 아무런 관련을 갖지 못한다.

이 정치체제를 이론적으로 세운 분은 하이델베르크의 신학자 에라스투스(Thomas Erastus, 1524~1583)이다. 그는 츠빙글리의 국가관과 교회관을 추종하여 국가로부터의 교회의 독립성을 반대하고, 교회의 치리권을 국가에 돌릴 것을 주장했다. 교회의 권징행사는 비성경적이고 전제적이라고 했다. 에라스투스의 교회 정치 이념(Eratstinianism)은 곧 영국 국교회주의자들에 의해 환영을 받게 되고 네덜란드의 아르미니우스주의자(Arminianism)들에 의해서도 수용되었다.

이 정치형태는 국가와 교회의 영역이 혼돈되고 있다. 그리고 교회에는 목사의 직분만 있고, 어떤 다른 직분이 없다. 목사가 주의 이름으로 나타나 치리나 권징을 할 수 없으니, 그는 교회에서 단지 경고자로만 나타날 뿐이다. 교회 치리자들에 의한 권징은 전혀 불가능하다. 결과적으로 교회가 교리와 생활면에서 순정성을 지켜갈 수 없게 되어 있다. 독일교회의 오늘의 현실이 이를 잘 보여주고 있다.

3. 회중교회 정치형태
   (Congregational Form of Church Government)

이 교회 정치형태에는 지역교회의 회중이 출발점이 된다. 각 지역교회는 절대적인 독립성을 가져야 한다고 주장한다. 이 지역교회의 독립성은 직분자를 세우는 일로부터 예배, 신앙고백, 권징 등 모든 분야에까지 미친다. 교회에 대한 국가의 간섭을 거절할 뿐 아니라, 개교회에 권위를 행사하는 어떤 노회나 총회도 인정하지 않는다. 이들은 모두 감독정치 체제의 교권처럼 간주 된다. 지역교회들의 상호 간의 관계는 협의회(conference)로 말미암아 유지된다. 이 협의회의 격의는 개체교회에 대한 구속력이 전혀 없다. 단지 교리 문제 등에서 선언문을 작성하여 발표할 뿐으로(예: the Savoy Declaration, 1658), 이는 단지 지역교회들에게 자문의 성격을 가질 따름이다.

이 교회 정치 원리에 따르면, 성경만이 유일한 신앙고백서이고, 그들이 일반적으로 말하는 신앙고백서(declaration)는 하나의 참고서에 불과하다. 이로 말미암아 이 정치형태의 지지자들은 주께서 그의 성령을 통하여 자기 교회를 인도하시고, 이단과의 투쟁을 통하여 신앙고백서를 작성하게 하심으로 진리를 더욱 밝게 드러나게 하신 사실을 경시하고 있다. 결과적으로 이 교회들은 주께서 과거의 역사를 통하여 주신 교리적 유산을 등한함으로 과거의 역사와 단절되어 있을 뿐 아니라, 현재에 있어서 지역교회의 절대 독립을 주장하여 다른 교회들과의 유기적 관계도 갖지 않음으로 고립을 자초하며 쉽게 방향을 잃고 있다. 대부분의 회중교회들이 초기(16, 17세기)엔 개혁주의 신앙교리를 지켰지만, 시간이 갈수록 방향 없이 표류하게 되어 차츰 많은 교회가 교리 면에서 자유롭게 되었다.

이 회중교회 체제 아래서는 회중이 교회를 다스린다. 교회의 치리 기관이 없고 회중이 치리를 한다. 교회에 당회가 있지만, 순전히 회중의 대표자들의 모임으로 회중의 뜻을 집행하는 기관일 뿐이다. 이 정치형태는 사실상 회중의 전제정치라 할 수 있다.

이 회중교회 정치체제 아래에서는 아무런 직분을 구별하지 않는다. 장로가 곧 목사요, 교사이다. 이로써 이들은 인간의 봉사를 사용하여 그의 교회를 돌보시고 이끌어 가시는 그리스도의 역사적 인도를 보지 못하고 있다. 주께서는 그의 교회의 필요를 따라 집사와 장로와 목사를 따로 세우셨다.

로마교회가 공교회의 볼 수 있는 일치성만을 강조함으로 보지 못하는 면을 부인하고 있다면, 이 회중교회는 교회의 볼 수 있는 면을 부인함으로 교회의 일치성을 부인하고 있다. 이 교회들은 개교회의 절대 독립성을 주장함으로 교회 간의 상호협력이 약하고, 신앙고백적인 역사성을 무시하기 때문에 20세기의 교회 연합운동에 합류되어 차츰 사라지는 형편에 있다.

이 회중교회 정치형태는 영국의 청교도주의자들로부터 기원한 것은 아니다. 청교도들의 대부분은 영국국교회에 남아 있으면서 그 교회가 개혁되기를 바랐다. 이 회중교회주의는 박해 때문에 교회 상호 간의 밀접한 관계가 불가능하게 된 결과로 나타나게 되었다. 이 회중교회주의는 종종 독립교회주의(Independentism)라고도 불리며 일반적으로 브라운(Robert Brown, 1550~1633)에게서 그 기원을 찾는다. 오늘의 침례교, 안식교, 유니테리언 등이 원리적으로 이 정치체제를 받고 있다.

4. 장로회 정치형태
   (Presbyterial Form of Church Government)

개혁주의 교회들(개혁교회와 장로교회)은 일반적으로 장로회에 의한 정치를 하고 있다. 모든 교회의 공회는 기본적으로 장로들로 구성되어 있다. 목사도 기본적으로 장로이다. 당회, 노회, 총회는 기본적으로 장로로 구성된다. 개혁주의 교회들은 장로(목사) 직분 이상의 고위 직분을 인정하지 않는다. 여기에 개혁주의 정치 체제에 나타난 직분과 감독주의 정치 체제에 나타난 직분 간의 구별이 있다.

개혁주의 교회 정치는 지역교회로부터 출발한다. 이 지역교회는 그 지역에 나타난 그리스도 몸이다(고전 12:27). 신자들이 모여 하나의 공동체를 형성하고, 거기 직분자들이 서게 될 때, 그 교회는 완전한 교회(complete ecclesia)이다. 이 교회는 보편교회(Catholic Church)의 거울이요, 축소판이라고 생각할 수 있다. 감독교회나 로마교회 체제 아래에서는 지역교회의 독립성이 전혀 인정되지 않는다. 지역교회는 단지 로마교회의 지교회로만 인정된다.

　개혁주의 교회 원리에 따르면, 신자들이 교회의 기본 단위이다. 신자들이 있는 곳에 교회가 있다. 교회란 그리스도를 진실하게 믿는 "신자들의 거룩한 모임이다." 이 신자들은 모두 다양한 은사를 받은 자들로서, 이들로부터 직분자들이 나오게 된다. 신자들은 받은 은사로 그들 가운데 직분의 은사를 받은 자들을 분별하여 세움으로 교회를 가르치고, 다스리며, 돌볼 직분자를 가지게 된다. 직분자들은 신자들에 의해 택함을 받아 서게 되었으나, 신자들의 대표로 나타나지 않고, 교회를 위한 그리스도의 종으로 등장하는 것이다. 직분을 선택하는 일에 있어서 신자들의 참여는 자신들의 뜻을 반영하는 데 있지 않다. 이는 단지 교회의 주되신 그리스도의 뜻을 분별하는 일에 참여하고 있는 것이다(행 1:24~25). 그렇다고 자신들은 직분자들에게 순종을 강요당하지 않는다. 직분자와 신자들 모두가 교회의 왕이신 그리스도의 주권과 그의 말씀 아래 살아가고 있다. 그러므로 직분자들이 그리스도의 말씀에 배치된 것을 요구할 때 신자들은 직분자들에게 순종을 거부할 의무와 권리를 가지고 있다. 이렇게 개혁주의 교회가 보는 일반 신자들과 직분자들의 관계는 감독주의 교회가 일반 신자들의 세계와 성직자 세계를 본질적으로 구별하는 것과 전혀 다르다.

　개혁주의 교회 정치에서는 지역교회의 당회가 기본적인 치리회이다. 그런데 치리회로서의 당회의 위치에 관하여 개혁교회와 장로교회 사이에는 상당한 견해의 차이가 있다. 장로교회는 당회뿐 아니라, 노회를 상설 치리회로 간주하는 반면에, 개혁교회는 당회만을 상설 치리회로 보며, 노회와 총회는 대표자들로 구성이 되는 임시회로 간주한다.

　개혁주의 교회들은 교회의 가시적 일치성을 매우 중요하게 생각한다. 이는 교회의 치리회를 통해 잘 나타나고 있다. 장로회는 하회, 상회의 관계를 통해서, 개혁교회는 약속에 의한 연대관계(Federation)를 통해서 이를 잘 보여주고 있다. 장로교회는 상회(上會) 개혁교회는 광역회의(廣 會議=broader Assembly)의 결정이 하나님의 말씀과 교회의 질서에 일치하는 한 받아들임으로 교회의 일치를 더욱 분명하게 드러내고 있다.

　개혁주의 교회에는 세 항존(恒存) 직분을 인정하고 있다. 목사, 장로, 집사 세 직분은 교회의 봉사와 건설을 위해 항구적으로 필요하기 때문이다. 모든 치리회는 목사, 장로로 구성된다. 개혁교회에서는 당회 이외의 광역회의(노회, 총회)에서는 목사, 장로 동수의 대표자들이 참여하게 되어 있으나, 장로교회에서는 목사는 노회의 자동 회원이기 때문에 모두가 참여하는 것이 다르다. 모든 안건을 표결함에 있어도 목사, 장로는 동등권을 가진다. 이것은 개혁주의 교회 정치의 대 원리에 속한다. 대부분의 다른 교회 정치 체제는 목사의 전제정치를 받아들이고 있다. 개혁주의 교회는 교회의 왕이신 그리스도 말씀을 따라 교회 정치 체제를 추구한다. 그리고 그리스도께서 정하시고 세우신 직분을 세우고, 그릇된 교권과 싸우며, 그의 왕권에만 복종한다.

B. 개혁교회 질서의 특성

1. 개혁교회 질서에는 교권에 대한 경계와 억제가 전 교회 질서의 핵심을 이루고 있다. 제81조에 "어느 교회도 어떤 방식으로든 다른 교회들을 지배하지 않아야 하고, 어느 직분자도 다른 직분자들을 지배하지 않아야 한다."라고 한다. 개혁교회가 이 교회 질서를 처음 받을 때(1571)는 이 조문이 제1조에 있었다. 후에 교회 질서의 논리적인 순서를 고려하여 결론 부분으로 옮겨졌다.

2. 결과 교회 직분을 다루는 부분에서 직분의 동등권이 강조되어 있다. 제17조에 "하나님의 말씀봉사자들 사이의 직무와 그 밖의 다른 일에서도 당회의 판단에 따라 상호 동등성이 유지되어야 한다. 이 상호 동등성은 또한, 장로들과 집사들 사이에도 유지되어야 한다."라고 한다. 개혁교회에서는 목사들 간에 직무의 분할이 용인되지 않는다. 한 교회에 두 분 이상의 목사가 시무하게 될 때 설교, 교육, 심방 등을 분할하여 봉사하는 일이 없고 모든 일에 공평하게 참여하여 봉사하게 된다. 그러므로 담임 목사, 부목사의 구별이 없고 단지 동사 목사만 있을 뿐이다. 이런 직분자들 간의 동등성은 장로들과 집사들 사이에도 유지된다. 장로 집사 관계도 교권적 차원에서 이해하지 않는다. 이 두 직분 사이에 승진의 개념이 존재하지 않는다. 그러기 때문에 장로로 봉사하던 분이 때에 따라서는 집사로 선임되어 봉사하게도 된다.

3. 개혁교회 질서에서는 교회회의(당회, 지역회=노회, 총회)들을

높고 낮은 차원의 회의로 보는 상회, 하회란 말을 사용하지 않는다. 대신 '소수 회의와 다수 회의'(Mindere en Meerdere Vergadering) 혹은 '좁은 회의와 넓은 회의'(Smaller en Bredere Vergadering)란 말을 사용한다. 이는 교회 회의를 교권적인 차원에서 보지 않기 위해서이다. 본 해설서에서는 이를 대신하여 소회의와 광역회의로 부르기로 한다.

4. 개혁교회 교회관에 의하면 각 지역교회는 독립적이고 완전한 교회로 보편교회의 거울이다. 거기에 교회의 본질적인 요소인 신자들의 모임, 모든 직분자(집사, 장로, 목사)들이 있기 때문이다. 보편교회에도 이 이상의 요소는 없다. 각 지역교회가 독립적이지만 교회들이 신앙고백과 교회 질서를 기반으로 상호 연대관계(교파)가 이뤄져 서로 불가분의 관계를 가지고 교회의 일치성을 가시적으로 강하게 드러내고 있다. 이 교회 일치는 광역회의(지역회, 총회)를 통하여 분명하게 드러낸다. 광역회의는 교회들의 대표의 수가 적게 모이는 작은 범위의 회의보다 본질적으로 높은 권위를 가지지 않는다. 광역회의는 더 넓은 범위의 대표자들의 모임이기 때문에 그곳에서의 결정은 소회의의 결정보다 더 무게를 가지게 되고, 그 결의가 하나님의 말씀과 교회 질서에 위배되지 않는 한 모든 교회에 구속력을 갖게 된다.

5. 당회가 본질적으로 유일한 치리회로 지역교회에 속한 모든 것을 다루고 광역회의는 교회의 공동관심사와 소회의에서 종결지을 수 없는 안건들을 다루어 돕는 회의이다. 그러므로 광역회의는 엄밀한 의미에서 치리회가 아니다.

6. 광역회의(지역회, 총회)에는 소회의들의 크고 작음이 없이 같은 수의 목사와 장로를 대표로 파송한다. 이것 역시 큰 교회, 큰 지역회의 지배와 패권을 방지하기 위한 것이다. 큰 지역회가 다수의 총대를 파송하게 될 때 중요한 안건처리를 할 때 적은 수의 총대를 파송한 노회들을 압도하는 결과를 초래한다. 결과 지역적인 다수의 교권의 패권이 회를 지배하게 된다. 20세기 하반기에 일어난 한국장로교회의 수많은 분열이 진리를 위한 선한 투쟁 때문이 아니고, 교권과 지역적인 패권을 장악하기 위한 동기에서 초래되었음은 누구나 다 인정하는 바이다. 개혁교회는 이런 교권의 위험을 원천적으로 경계하여 오고 있다.

7. 교회의 권징은 당회가 직권으로 시행하는 것이 아니라, 주께서 마태복음 18:15~20에서 주신 권징의 규칙을 따라 그리스도의 사랑에 기반을 둔 신자들의 교제에서 시작되고, 여기서 해결이 되지 않은 때, 당회가 공식적으로 관련을 갖게 된다. 이때 당회가 치리회로서 권징을 진행하지만, 독자적으로 하지 않고 회중의 기도와 침묵적인 동의를 얻어 가면서 진행하게 된다. 일반 신자들도 그리스도의 몸 된 교회의 지체들로서 기본적으로 선지자, 제사장, 왕권을 가진 직분자들이기 때문이다.

8. 개혁교회에서는 예배지침, 권징 조례 등이 별책으로 많은 항목으로 이루어지지 않고, 교회 질서 전체 82조항들 속에 포함되어 있다.(예배:49조~53조, 성례:54조~58조, 권징:66조~80조) 개혁교회 질서는 가능한 한 원리를 간명하게 제공하고 당회가 성경적 원리를

따라 적용하게 함으로 많은 조문을 두지 않는 것을 원칙으로 삼고 있다. 특별히 권징조례에 있어서 장로교회는 소송, 재판 등의 어휘를 사용하여 그 과정이 세상 재판과정에 유사함을 보이나, 개혁교회는 이런 성경 밖의 어휘를 전혀 사용하지 않으므로 권징의 교회적인 성격을 분명하게 드러내고 있다.

제 3 편
개혁교회 질서

서론

제 1 조
교회 질서의 기반과 분류

1. 개혁교회는 구약과 신약의 하나님의 말씀과 이 말씀의 교리의 요약인 신앙고백(벨기에 신앙고백, 하이델베르크 교리문답, 도르트 신경)에 전적인 복종을 선언하고, 그리스도를 교회의 유일한 머리로 인정하며, 교회 내에 모든 것이 품위 있고 질서 있게 행해져야 한다는 사도적인 명령을 존중하여, 교회적 조직과 활동을 다음 조항들로 규정한다.

2. 그리스도의 교회에서 선한 질서의 유지를 위해 교회 질서에서 다루어져야 할 제목은 교회의 직분, 교회의 회의, 교회의 예배, 성례, 의식과 교회의 권징이다.

Ⅰ. 교회의 직분
A. 일반적 규정

제 2 조
직분들

그리스도께서 그의 교회에 세운 직분은 말씀봉사자(목사), 장로, 집사이다. 이 직분들은 권한과 직책에 있어서 서로 다를 뿐, 품위와 명예에 있어서는 다르지 않다.

제 3 조
직분으로 부름을 받을 자의 자격

공적인 신앙고백을 하고 성경에 제시된 요구에 부응하는 교회의 남자회원들만 직분자로 선택받을 자격이 있다. 공식적으로 부름을 받고 임직을 받거나 취임을 받은 자들만 교회에서 직분자로 행사해야 한다.

제 4 조
직분으로 부름 받는 과정

1. 직분으로 부름에 있어서 당회는 적어도 선택되어야 할 수의 배수의 공천을 회중에게 제시해야 한다. 특별한 경우에 당회는 이 규칙을 벗어난 이유를 밝히면서 선택되어야 할 수의 배수 이하를 공천할 수 있다.
2. 공천하기 이전에 당회는 회중에게 합당한 인물에 주의를 기울이게 하여 당회에 서면으로 알릴 기회를 줄 수 있다.
3. 회중에 의한 선거는 기도 후에 당회에 의해 제정된 규칙을 따라 당회의 감독 아래 시행되어야 한다. 투표할 권리는 공적 신앙고백을 한 무흠한 남녀 회원들로 제한되어야 한다.
4. 각 직분으로 선출된 분들의 임직 혹은 취임 전에 당회는 회중의 찬성을 얻기 위해 그들의 이름을 최소한 두 주일 연속 공표해야 한다.
5. 공표 후 아무 법적 장애가 없으면 임직 혹은 취임이 공 예배 중

에 정해진 의식문을 사용함으로 행해야 한다.

제 5 조
신앙고백 동의 서명 양식서에 서명

교회의 모든 직분자(말씀봉사자, 장로, 집사, 교수)는 당회, 지역회, 총회의 규정에 명시된 동의 공식문서에 서명함으로 개혁교회의 신앙고백서에 동의를 나타내어야 한다. 이렇게 하는 것을 거절하는 분은 직분에 임직되거나 취임되지 않아야 한다. 직분을 봉사하는 중에 동의 서명한 신앙고백을 이탈하는 분은 이 때문에 당회에 의해 정직되어야 하고, 지역회는 그를 받아들이지 않아야 한다. 만일 그가 완고하게 나가면 면직되어야 한다.

B. 말씀봉사자

제 6 조
말씀봉사자 자격

1. 말씀 봉사의 승인을 위해서는 개혁교회가 인정하는 신학대학원에서 만족한 신학교육 과정을 수료해야 한다.
2. 다음과 같은 분들만 말씀 봉사의 직분으로 부름을 받을 수 있다.
    1) 연대한 교회들에 의해 부름 받을 자격이 있다고 공표된 분
    2) 연대한 교회 중 한 교회에서 말씀봉사자로 이미 봉사하고 있는 분

3) 개혁교회와 자매 관계를 유지하고 있는 교회 중에서 부름 받을 자격이 있다고 공표되었거나 현재 봉사하고 있는 분
 3. 부름을 받을 자격이 있다고 공표될 분
   다음과 같은 분들만 교회 안에서 부름을 받을 자격이 있는 분으로 공표되어야 한다.
   1) 그들이 사는 지역회가 시행하는 준비 시험을 통과한 분.
   그 지역회에 의한 시험은 그 시험을 치르려는 분이 회원이 되어 있는 당회 에 의해 그 교회에서 좋은 평판을 가진 회원이라는 인증서와 개혁교회가 요구하는 신학교육과정을 성공적으로 이수했다는 것을 증명하는 데 필요한 서류를 제출하게 될 때만 시행된다.
   2) 개혁교회와 자매교회 관계를 갖지 않은 교회에서 봉사한 분이 개혁교회의 목사가 되기를 원하면, 그는 지역회에 의해 그가 받은 신학교육과 말씀 봉사를 한 증거, 개혁신앙에 대한 지식과 견실함, 생활의 건전성에 대한 철저한 검증과 구두시험을 통과해야 한다. 이때 총회 대리위원들의 참석과 동의가 있어야 한다.

제 7 조
말씀봉사자의 임직과 취임

   A. 전에 목사로 봉사한 적이 없는 분에 대하여는 다음 사항이 준수되어야 한다.
   1. 지역회가 그 부름을 승인한 후에만 임직되어야 한다. 지역회는 다음 사항을 조건으로 부름을 승인해야 한다.
      a. 그가 속한 교회 당회에 의해 인증된 후보자의 교리와 생활의

건전성에 관한 만족한 증거.

  b. 그를 부른 교회가 속해 있는 지역회가 시행하는 최종 시험에 대한 만족한 결과 제시.

이 시험은 총회 대리위원들의 협력과 동의로 행해져야 한다.

2. 임직은 집례하는 목사에 의한 안수가 동반되어야 한다.

B. 목사로 봉사하고 있는 분에 대하여는 다음 조건이 준수되어야 한다.

1. 그는 지역회가 그 부름을 승인한 후에 취임되어야 한다.

목사는 이 승인뿐 아니라 취임을 위해서 그가 봉사했던 교회의 지역회에서 (혹은 그가 같은 지역회 내에 머물게 되는 경우에는 단지 그 봉사한 교회에 서) 영예롭게 해임되었다는 당회와 지역회의 설명서와 함께 그의 교리와 생활에 대한 선한 증명서를 제시해야 한다.

2. 개혁교회가 자매교회 관계를 유지하고 있는 교회 중 하나에 봉사하고 있는 분을 부르기 위한 지역회의 찬동을 위해서는 개혁교회의 교리와 교회질서를 특별히 다루는 신중한 대화가 요구된다.

C. 나아가 부름에 대한 지역회의 찬동을 받기 위해 부르는 교회는 타당한 광고를 했고 회중이 그 부름에 찬동했다는 보고서를 제출해야 한다.

제 8 조
말씀봉사자가 한 교회에 소속할 의무

누구든지 일정한 교회에 목사의 직책을 맡고 있지 않은 한 목사의 직무에 봉사하지 않아야 한다. 그는 일정한 교회에 의해 이방인들 가운데서나 혹은 복음에서 소외된 자들 가운데서 교회를 모으기 위해 어떤 곳에 파송을 받거나, 혹은 어떤 다른 특별한 목사의 직무(군목, 병원 등)를 맡아 목사의 직책을 수행하고 있어야 한다.

제 9 조
자매교회 밖에서 오는 목사의 수용

개혁교회와 자매 관계를 갖지 않은 교회에서 온 목사가 개혁교회의 목사가 되기를 원할 때, 이는 매우 신중하게 다루어야 하고, 신학 교육에 대한 철저한 검토, 목회의 증거, 개혁신앙에 관한 지식과 건전성, 모범적 생활에 대한 검토 후에만 지역회에 의해 부름을 받을 자격이 있다고 공표되어야 한다. 이를 위해서는 총회 대리위원들의 참석과 동의가 요구된다.

제 10 조
목사의 이동

법적으로 한 번 부름을 받은 목사는 당회의 동의와 지역회의 승인 없이 다른 곳에 목사직을 갖기 위해 그가 현재 봉사하고 있는 교회를 떠나지 않아야 한다.

그리고 어느 교회도 목사가 그가 봉사한 교회와 지역회로부터 합당한 해임증서(혹 목사가 같은 지역회 안에 머문다면 그 봉사한 교회로부터의 해임증서)를 제출하지 않는 한 그를 받아들이지 않아야 한다.

제 11 조
적당한 생활비

회중을 대표하고 있는 당회는 그 교회의 목사들을 위해 적당한 생활비를 제공해야 한다.

제 12 조
해임

말씀봉사자가 회중을 성과 있게 섬기고 교회를 세워가는 일에 합당하지 않고 무능한 것으로 판단되더라도, 교회 권징을 위한 어떤 이유가 없다면, 당회가 지역회의 동의와 총회 대리위원들의 동의적 자문과 적당한 기간 목사와 그의 가족의 생활비에 관한 합당한 주선 없이 교회 봉사로부터 그를 해임하지 않아야 한다.

해임된 목사가 삼 년 이내에 부름을 받지 못하면 그가 마지막으로 봉사한 지역회는 그가 말씀 봉사의 신분에서 해제된 것으로 선언해야 한다.

제 13 조
목사의 종신의무

법적으로 한번 부름을 받은 말씀봉사자는 평생 교회 봉사의 의무를 지고 있다. 그러므로 그는 이례적이고 중대한 이유 없이 다른 직업으로 옮기는 것이 허용되지 않는다. 이를 위해서는 당회의 승인과 지역회와 총회 대표들의 동의를 얻어야 한다.

제 14 조
목사의 은퇴

1. 은퇴 나이에 이르렀거나, 병고나 육체적 혹은 정신적 장애 때문에 그의 직책을 수행할 수 없는 목사는 당회의 찬동과 지역회의 동의로 은퇴할 수 있다. 목사는 65세에 은퇴를 청원할 수 있다.
2. 은퇴한 목사는 말씀봉사자의 영예와 호칭, 그리고 그가 마지막으로 섬긴 교회와의 공식적인 관계를 유지한다. 이 교회는 가능한 한 그의 생활비를 명예롭게 지원해야 한다. 교회는 목사의 남은 아내와 자녀들에 대해서도 같은 의무를 지고 있다.
3. 은퇴를 위한 이유(병고나 육체적 정신적 장애)가 해소되면, 은퇴목사는 그의 은퇴를 추천했던 당회와 지역회에 부름을 받을 수 있다는 선언을 해 주도록 요구할 수 있다.

제 15 조
다른 곳에서의 설교

어느 목사도 그가 봉사하는 교회의 당회의 동의 없이 다른 교회에서 설교하거나 성례를 집행하는 것이 허용되지 않아야 한다.

제 16 조
말씀봉사자의 직무

1. 말씀봉사자의 직무는 주의 말씀을 온전하고 신실하게 회중에게 전하고, 성례를 집행하며, 공 예배를 인도하고, 교회를 세우기 위해 교회 언약의 자녀들에게 구원의 교리를 가르치는 것이다.
2. 말씀봉사자는 장로들과 함께 회중과 동료 직분자들을 감독하고, 교회 회원들의 가정을 방문하며, 하나님의 말씀으로 병자들을 위로하고, 모든 것이 품위 있고 질서 있게 행해지도록 하나님의 교회를 선한 질서 가운데 보존하고, 권징을 시행하며, 회중을 위한 목자적인 관리를 한다.

제 17 조
교회 직분자들 간의 의무의 동등성

하나님의 말씀봉사자들 사이의 직무와 그 밖의 다른 일에서도 당회의 판단에 따라 상호 동등성이 유지되어야 한다. 이 상호 동등성은 또한, 장로들과 집사들 사이에도 유지되어야 한다.

제 18 조
선교사의 의무

1. 외국 선교에 들어가는 말씀봉사자는 협력교회들 혹은 지역회, 총회를 대표하는 지역교회에 의해 정규적인 방법으로 부름을 받아야 한다. 그는 파송한 교회에 그의 사역에 대해 정기적으로 보고하고, 설명해야 하며, 항상 그 소명에 성실해야 한다.

2. 선교사들의 직책은 그들을 보낸 교회와 협의함으로 그들에게 맡겨진 지역에서 하나님의 구원의 복음을 전하고, 그리스도가 그의 교회에 명하신 모든 것을 가르쳐 지키게 하며, 신앙고백을 한 분들에게 성례를 집행하고, 실행이 가능하게 보일 때, 하나님의 말씀에 주어진 규칙을 따라 장로들과 집사들을 임직하여 교회를 조직하는 것이다.

제 19 조
목사 후보자 양성

1. 교회들은 말씀봉사자 양성을 위한 기관(신학교)을 유지해야 한다. 이 기관은 총회가 임명한 이사회를 통해 총회에 의해 운영되어야 한다.

2. 신학 교수로 임명된 말씀봉사자들의 임무는 그들에게 맡겨진 교과목들로 신학생들을 교육하여 교회들이 말씀봉사자들을 공급받을 수 있게 하고, 하나님의 말씀을 해석하고, 이단과 오류에 대항하여 건전한 교리를 옹호하는 것이다.

3. 교회들이 자체의 목사 양성기관을 가질 형편이 못될 때는 이를 가질 수 있을 때까지 국내외에 가장 건전한 개혁 신학을 가르치고 생활을 지도하는 신학교에 신학 지망생들을 추천한다.

제 20 조
신학생들

교회들은 청년들을 격려하여 말씀봉사자가 되기를 추구하게 하고, 재정적 도움을 필요로 하는 자들을 도와야 한다. 지역회 혹은 총회는 신학생 기금을 마련하고 유지해야 한다.

제 21 조
교훈적인 말씀

신학교육 과정을 마치고 준비시험을 통과한 분들과 신학교에서 연구 과정을 3년 이상 거친 분들에게 지역회는 그들의 수련을 위해서, 또 그들이 회중에게 알려지도록 교훈적인 말씀을 전할 권한을 허락할 수 있다.

제 22 조
장로의 직무

1. 장로의 직무는 말씀봉사자들과 함께 그리스도의 교회를 감독하여, 모든 회원이 교리와 생활에서 복음에 따라 올바로 처신하도록 하

고, 교회 회원들의 가정을 신실하게 방문하고, 가르치며, 그릇되게 처신하는 자들을 책망하고, 하나님의 말씀으로 권면해야 한다. 장로는 자기 교구 안에 있는 회원들의 가정을 매년 적어도 한 번 이상은 방문하고 당회에 보고해야 한다.

2. 그리고 장로들은 말씀봉사자들과 함께 불신과 불경건의 모습을 드러내고 회개하기를 거절하는 자들에게 하나님의 명령을 따라 그리스도의 교회의 권징을 시행하고, 또 성례들이 더럽혀지지 않도록 감독해야 한다.

3. 나아가, 장로들은 하나님의 집의 청지기들이므로 회중 가운데 모든 일이 적당하고 선한 질서 가운데 행해지도록 돌봐야 한다.

4. 끝으로, 장로들의 직무는 유익한 조언과 권고로 말씀봉사자들을 돕고 그들의 교리와 품행을 감독하는 것이다.

제 23 조
집사의 직무

1. 집사직의 특별한 직무는 회중 속에 자비의 봉사에 대한 선한 진행을 살피고, 회중 가운데 현존한 궁핍과 어려움을 익히 알고, 먼저 그리스도의 몸의 지체들에게 자비를 나타내도록 권고하고, 나아가 일반적으로 가난한 이웃들에게도 그리스도의 자비를 나타내도록 격려하는 것이다.

2. 그리고 집사들은 헌물(헌금)을 모으고 관리하며 이것들을 필요를 따라 그리스도의 이름으로 나눠주는 것이다.

3. 나아가, 집사들은 그들의 정책과 관리에 관하여 당회 앞에 책임

져야 한다.

제 24 조
장로와 집사 직분의 임기

장로들과 집사들은 지역 교회의 규정에 따라 2년, 혹은 그 이상 봉사해야 하고, 적정한 비율로 매년 물러나야 한다. 당회가 물러나는 직분자에게 교회의 사정과 유익을 위해 다음 임기를 더 봉사하게 하거나, 그들의 임기를 연장하거나, 곧바로 재선을 위한 자격이 있다고 선언하는 것이 타당하다고 판단하지 않는 한 물러가는 직분자들의 자리는 다른 분들에 의해 채워져야 한다.

제 25 조
거짓 교리

교회에 들어와 교리나 생활의 순수성에 위험을 초래할 수 있는 거짓 교리와 오류를 물리치기 위하여 목사들과 장로들은 교리 교육과 가정 심방뿐만 아니라, 말씀의 봉사에서 설명, 반론, 경고, 권면의 방편들을 사용해야 한다.

II. 교회의 회의들
A. 일반적 조항

제 26 조

교회회의들

교회의 회의로서 세 종류의 회의 곧, 당회, 지역회, 총회가 유지 되어야 한다.

제 27 조

각 회의의 권위의 특성

1. 각 회의는 그 회의의 특성과 범위에 일치하게 그리스도께서 교회에 맡긴 교회적 권위를 행사한다. 당회의 권위는 근원적 권위이고, 광역회의의 권위는 대표적 성격을 가진 권위이다.
2. 지역회는 총회가 지역회에 대한 권위를 행사함 같이 당회에 대한 권위를 행사한다.

제 28 조

교회회의의 안건

1. 이 회의들은 교회적인 안건들만 다루어야 하고, 이 안건들을 교회적인 방법으로 다루어야 한다.
2. 광역회의는 광역회의에 속한 안건들, 곧 교회들의 공통적 이익

이 관련된 안건들이나 혹은 소회의에서 마무리 지을 수 없었던 안건들만 다루어야 한다.

제 29 조
교회회의 결정의 구속력

교회회의의 결정은 충분한 논의를 한 후에만 이루어져야 한다. 회의의 결정은 하나님의 말씀과 교회 질서에 상충되는 것으로 증명되지 않는 한, 확정적이고 구속력이 있는 것으로 여겨야 한다.

제 30 조
항소권

회의나 교회 회원이 부당하게 취급을 받았다고 믿거나, 혹은 어떤 결정이 하나님의 말씀과 교회 질서에 상충된다고 믿으면 적법하게 다음 회의에 항소할 수 있다. 항소자는 항소의 방법과 때에 관하여 모든 교회의 규칙을 준수해야 한다.

제 31 조
결의된 것에 대한 수정 청원

한번 결정된 것의 수정에 대한 청원은 결정한 그 회에 제출되어야 한다. 이러한 청원은 재고를 위해 충분하고 새로운 근거가 제시될 때만 존중될 것이다.

제 32 조
신임장

광역회의에 파송된 대표들은 파송자들에 의해 서명된 신임장을 지참해야 한다. 그들은 자신들이나 자신들의 교회가 특별하게 연관된 안건들을 제외하고는 모든 안건에 대한 투표권을 갖는다.

제 33 조
회의 진행과 과업

1. 모든 회의 진행은 주의 이름을 부름으로 시작하고 마쳐야 한다.
2. 모든 회의에는 의장과 서기가 있어야 한다.

의장의 책무는 다룰 안건들을 제시하고 분명하게 설명하며, 발언에 합당한 질서를 지키게 하고, 사소한 문제를 논쟁하거나, 자신을 통제 못하거나, 자기의 강한 감정을 조절하지 못하는 자들에게 발언권을 허락하지 않고, 경청을 거절하는 자들을 훈계하는 것이다.

서기의 책무는 기록으로 남길 가치가 있는 모든 것을 정확하게 기록하고 이를 보존하는 것이다.

광역회의의 이 직분들은 그 회의가 폐회할 때 끝나야 한다.

3. 각 교회회의는 총회가 인정한 규칙에 따라 법인설립을 통해 재산의 보호에 대비해야 한다.
4. 교회회의는 필요한 위원회를 지명하여 결의된 것의 집행이나 혹은 앞으로의 논의를 위한 보고의 준비를 맡길 수 있다.
5. 각 지역회는 지역회의 중간 위원회를 임명하고, 총회는 총회의

중간위원회를 임명해야 한다. 이 위원회는 회에 의한 조치를 기다릴 수 없는 문제에 있어서 회를 대신하여 조치하고, 이에 대한 승인을 위해 다음 회에 보고한다.

6. 광역회의의 폐회 시에 회에서 책망받을 어떤 일을 행했거나, 소회의의 권면을 경멸한 자들에게 견책을 행해야 한다.

7. 광역회의들(지역회와 총회)은 각기 다음 회의의 시간과 장소를 결정하고, 그 회의를 위한 소집 교회를 지정하고, 소집 교회는 다음 회의를 위한 모든 준비를 해야 한다.

B. 당 회

제 34 조
일반 당회와 제한 당회

1. 모든 교회에는 직분자들(말씀봉사자, 장로, 집사)로 구성된 당회가 있어야 한다. 당회는 교회의 일반적 정치를 위한 의무를 진다.

2. 장로의 수가 4명 이상인 곳에서는 모든 직분자들이 속하는 '일반 당회'와 집사들이 참여하지 않는 '제한 당회'로 구분한다.

3. 이렇게 구별할 때, 회중의 감독과 권징은 제한 당회에 속하게 되고, 자비의 사역은 집사들이 이행하게 된다. 집사들은 그들의 사역을 일반 당회에 보고해야 한다. 모든 다른 사건들은 일반 당회에 속한다.

4. 말씀봉사자는 자비의 봉사에 관하여 잘 알고 있어야 하고, 필요하면 집사들의 모임을 방문할 수 있다.

제 35 조
당회의 모임

1. 당회는 적어도 한 달에 한 번 회중에게 예고한 때와 장소에서 모여야 한다. 목사가 회를 사회하고, 목사가 불참할 때는 장로 중 한 분이 사회해야 한다.
2. 당회는 매년 적어도 네 번 직분자의 직분적 의무의 이행과 관련된 상호견책을 시행해야 한다.

제 36 조
회중의 모임

당회는 직분자 선택에 회중의 협력을 구하는 외에, 회중의 감독과 권징에 속한 문제들 외에 다른 중요한 일들에 대한 회중의 판단을 물어야 한다. 이 목적을 위해 당회는 매년 적어도 한 번 투표권을 가진 모든 회원의 모임을 소집해야 한다. 이 모임은 당회가 인도하고, 당회가 제시하는 문제만 논의해야 한다. 당회는 회중이 보인 판단을 충분히 고려할지라도 최종 결정을 하고 집행하는 권위는 교회의 치리회인 당회 자체에 있다.

제 37 조
예배소와 당회의 구성

1. 당회가 아직 구성될 수 없는 신자들의 모임은 지역회가 지정한

이웃 당회의 돌봄을 받아야 한다. 이런 신자들의 모임을 예배소라 부른다.

2. 예배소는 수찬 회원이 적어도 15명 이상이 되거나, 적어도 10가정이 모이게 될 때 당회를 구성할 수 있다. 당회의 구성을 위해서는 먼저 지역회의 승인을 받아야 한다.

C. 지역회

제 38 조
지역회의 구역

지역회는 이웃교회들의 집단으로 구성되어야 한다. 새 지역회의 조직과 지역회들 간의 구역 재조정은 총회의 승인을 요구한다.

제 39 조
지역회 대표, 모임의 빈도, 사회

1. 각 교회 당회는 한 분 목사와 한 분 장로를 지역회에 대표자로 파송해야한다. 목사가 공석인 교회나 목사가 참석 할 수 없는 경우에는 두 장로를 대표로 파송해야 한다. 장로가 파송될 수 없는 비상한 경우에는 집사를 대표로 파송할 수 있다. 한 교회에 두 분 이상의 목사가 봉사하고 있다면 대표로 파송되지 않은 목사들은 회에 자문의 자격으로 참석할 수 있다.

2. 지역회는 적어도 3, 4개월 마다 지난 지역회에 의해 결정된 때와 장소에서 모여야 한다. 하지만 소집교회는 지역회의 소집을 정당

화할 수 있는 어떤 안건도 교회들로부터 들어오지 않았을 경우, 이웃 교회와 협의하여 모임을 취소할 수 있다. 그러나 이런 일이 두 번 연속 일어나지 않아야 한다.

3. 이 모임의 사회는 목사들이 돌아가며 하거나, 한 분 목사가 선택을 받아 해야 한다. 하지만 같은 목사가 두 번 연속 선택되지 않아야 한다.

제 40 조
의장의 물음

지역회 회기 중에 교회들을 올바로 돕기 위해 의장은 지역회를 대신하여 각 교회의 대표자들에게 다음 것들을 물어야 한다.

1. 당회가 규칙적으로 회집되고 있는가?
2. 교회 권징이 신실하게 시행되고 있는가?
3. 자비의 사역이 잘 행해지고 있는가?
4. 당회는 언약의 자녀를 위한 기독교적 교육의 촉진을 위해 힘쓰고 있는가?
5. 광역회의에서 결의된 것들이 존중되고 있는가?
6. 당회가 교회를 올바로 다스리기 위해 지역회의 도움을 필요로 하는 어떤 문제가 있는가?

제 41 조
목사 공석인 교회를 위한 자문 목사

목사가 공석인 각 교회는 그 교회가 원하는 목사를 고문으로 지명하도록 지역회에 청원해야 한다. 고문 목사는 선한 질서 유지를 위해 당회를 돕고, 특별히 목사를 부르는 일에 도움을 주고, 부르는 문서에 서명해야 한다.

제 42 조
교회 방문 위원회

1. 매년 지역회는 경험이 많고 유능한 목사들 가운데 적어도 두 분으로 구성된 위원회를 지명하여 그 해에 모든 교회를 방문하도록 해야 한다.

2. 이 위원회의 책무는 그 교회의 직분자들이 그들이 약속한대로 신실하게 직무를 수행하고 있는지, 건전한 교리를 고수하고 있는지, 채택된 질서가 모든 면에서 준수되고 유지되고 있는지, 회중의 교화와 하나님 나라의 확장을 제대로 촉진하고 있는지를 알아보는 것이어야 한다. 위원들은 태만한 직분자들을 형제같이 권면하고, 선한 권고와 조언으로 도와야 한다.

3. 위원들은 방문에 대한 서면 보고서를 지역회에 제출해야 한다.

D. 총회

제 43 조
총회의 구성

1. 총회는 모든 지역회의 교회들을 대표하는 회의이다. 각 지역회

는 두 목사와 두 장로를 총회에 대표로 파송해야 한다.

2. 총회는 매년 전 총회가 결정한 시간과 장소에 모여야 한다. 각 총회는 다음 총회를 소집할 교회와 때를 지정해야 한다.

3. 총회의 집행위원들이 선출되어야 하고, 위원들은 총회 진행의 규칙을 따라 봉사해야 한다.

제 44 조
총회의 업무

총회의 업무는 신조, 교회 질서, 의식서, 시편 찬송, 예배 순서의 원리와 요소의 채택과 또한, 예배에 사용할 성경 번역판의 지정을 포함한다. 교회들이 제안된 변화의 타당성을 고려할 기회를 먼저 갖지 않는 한, 이 문제에서 어떤 중대한 변경도 총회에 의해 일어나지 않아야 한다.

제 45 조
총회의 대리위원들

1. 총회는 지역회의 추천으로 각 지역회로부터 한 분씩 총회에 의해 명시된 기간에 총회의 대리위원으로 봉사할 목사들을 임명해야 한다.

2. 교회 질서에 규정된 대로 총회 대리위원들의 협력이 요구될 때, 가장 가까운 지역회로부터 적어도 두 대리위원이 참석해야 한다.

3. 다른 곳에서 명기된 책무 외에 대리위원들은 교회의 현실적인

일치, 질서, 건전한 교리가 유지되도록 하기 위해 어려움이 있는 경우, 요청을 받을 때 지역회에 도움을 주어야 한다.

4. 총회의 대리위원들은 그들이 행한 일에 대한 온전한 서면 보고서를 총회에 제출해야 한다.

제 46 조
외국 교회와의 관계

1. 총회는 개혁교회가 다른 개혁교회와 교제를 하고, 예수 그리스도 교회의 일치를 증진하기 위해, 다른 개혁교회와 교신을 할 위원회를 임명해야 한다.

2. 총회는 어떤 교회를 교회적인 교제로 받아들여야 할 것인지를 결정해야 하고, 이 관계를 규정하는 규칙을 제정해야 한다. 개혁신앙고백을 견지하는 외국의 교회들과의 교회적(자매교회) 관계는 가능한 범위에서 추구하고 유지되어야 한다. 교회 질서와 교회적인 관례의 사소한 차이점 때문에 외국교회들을 거절하지 않아야 한다.

제 47 조
선교

교회들은 교회의 선교적인 사명을 수행하기 위해 노력해야 한다. 교회들이 이 문제에 상호 협력할 때에, 가능한 대로 한 교회와 지역회의 경계를 지켜야 한다.

제 48 조
공문서

당회들과 광역회의들은 공문서들을 적절히 관리하고 보존해야 한다.

III. 교회의 책무와 활동
A. 예배

제 49 조
예배

1. 당회는 하나님의 말씀을 듣고, 성례를 받으며, 찬양과 기도에 참여하고 감사의 예물을 드리기 위해 주의 날에 적어도 두 번 예배를 위해 회중을 소집해야 한다.

2. 매년 당회는 주 예수 그리스도의 출생, 죽음, 부활, 승천과 그의 성령의 부어주심을 기념하는 오순절에 예배를 위해 회중을 소집해야 하고, 또한, 추수 감사의 날과 신, 구년이 교체하는 송구영신을 위해서도 그렇게 해야 한다.

3. 교회, 국가, 세계가 재난을 맞는 때에 특별 기도의 날을 이를 위해 지정된 교회에 의해 선언될 수 있다. 이때 당회는 예배를 위해 회중을 소집해야 한다.

제 50 조
예배와 당회

1. 당회는 예배를 관장해야 한다.
2. 당회는 반드시 총회가 승인한 성경 번역판, 의식서와 시편 찬송이 사용되게 하고, 총회에 의해 승인된 예배의 원리와 요소가 지켜지게 해야 한다.
3. 예배 시에 자비 사역을 위한 구제헌금이 규칙적으로 시행되게 해야 한다.

제 51 조
예배 인도

1. 말씀봉사자가 예배를 인도해야 한다.
2. 교훈적인 말을 전하기 위해 허가를 받은 분과 설교를 읽도록 당회가 지명한 분이 예배를 인도할 수 있다. 하지만 그들은 목사가 하는 직분적인 역할은 하지 않아야 한다.
3. 예배에서 설교를 읽는 분은 연대하고 있는 개혁교회 목사들의 설교만 사용해야 한다.

제 52 조
설교

1. 예배에는 말씀봉사자가 공식적으로 성경을 해석하고 적용해

야 한다.

2. 주일마다 두 예배 중 하나에서 목사는 정상적으로 차례를 따라 하이델베르크 교리문답에 요약된 대로의 말씀을 설교해야 한다.

제 53 조
시편 찬송

공적 예배 시의 찬송은 대회에 의해서 채택된 운율에 따른 시편과 인정받은 찬송을 불러야 한다.

B. 성례

제 54 조
성례

성례는 당회의 권위로 공예배에서 정해진 의식서를 사용하여 말씀 봉사자에 의해 집행되어야 한다.

제 55 조
유아 세례

하나님의 언약이 거룩한 세례로 신자들의 자녀들에게 인 처져야 한다. 당회는 가능한 한 속히 세례의 요청이 있고 집행되도록 돌보아야 한다.

제 56 조
성인세례

1. 세례를 받은 적이 없는 성인은 공적 신앙고백을 하고 거룩한 세례를 받아야 한다. 이러한 공적 신앙고백을 위해서는 성인 세례를 위한 의식문이 사용되어야 한다.
2. 다른 기독교회로부터 오는 분의 세례는 그 세례가 그 교회에 의해 공인된 분에 의해 삼위 하나님의 이름으로 시행되었다면 유효한 것으로 여겨야 한다.

제 57 조
주의 만찬

1. 주의 만찬은 적어도 3개월마다 한 번씩 집행되어야 한다.
2. 주의 만찬은 통례로 준비 설교가 있고, 주의 만찬 후에 적용 설교가 따라야 한다.

제 58 조
주의 만찬에 참여할 수 있는 자

1. 유아 세례를 받은 회원은 정한 의식문을 사용하여, 개혁주의 신조에 따른 공적 신앙고백을 한 후 주의 만찬에 받아들여야 한다. 공적 신앙고백 전에 당회는 신앙고백하기 원하는 동기, 교리, 행위에 관해 시험해야 한다. 또한, 신앙고백하기 전에 주의 만찬에 받아들

일 자들의 이름이 회중의 동의를 위해 적어도 한 주일 전에 공표되어야 한다.

2. 연대한 다른 개혁교회로부터 오는 고백 회원은 교리와 생활에 대한 그들의 건전성을 인증하는 증명을 제시할 때에 수찬 회원으로 받아들여야 한다. 같은 규범이 우리 개혁교회와 교회적인 교제를 유지하고 있는 다른 교회들로부터 오는 분들에게도 적용되어야 한다.

3. 위에 언급한 교회와 다른 그리스도 교회로부터 오는 분들은 당회가 교리와 행위에 관해 신중하게 시험한 후에만 수찬 회원으로 받아들여야 한다. 당회는 이런 경우에 공적 신앙고백을 요구해야 할 것인지를 판단해야 한다. 그리고 회중의 동의를 위해 그들의 이름이 회중에게 공표되어야 한다.

C. 목자적 보살핌

제 59 조
교회의 교리 교육

1. 각 교회는 청소년들이 공적 신앙고백을 위해 준비하고, 교회와 세상에서 그리스도인의 책임을 다하도록 교회의 신앙고백서들에 표현된 대로 성경을 가르쳐야 한다.

2. 교리 교육은 당회의 감독 아래 행해야 한다.

3. 교리 교육은 말씀봉사자가 담당해야 하고, 필요하면 당회에 의해 지명된 장로나 다른 분의 도움을 받을 수 있다.

제 60 조
기독교 학교 교육

당회는 반드시 부모들이 최선을 다해 그들의 자녀들을 언약의 요구를 따라 개혁교회 신앙고백서 안에 요약된 대로 하나님의 말씀과 조화되는 교육을 하는 선한 기독교 주간 학교를 조직하고 유지하도록 촉진해야 한다. 이런 학교를 가질 수 없는 형편에 있을 때, 부모들은 최선을 다해 언약의 요구에 따른 자녀 교육의 의무를 다해야 한다.

제 61 조
클럽활동

당회는 하나님 말씀의 연구를 위해 회중 안에 클럽(동아리) 활동을 장려해야 하고, 특별히 조언과 충고로 청소년 클럽을 돌봐야 한다. 모든 클럽은 당회의 감독 아래 있어야 한다.

제 62 조
회원 증명서

1. 자매교회로 이동하는 수찬 회원에게는 회중에게 광고한 후에 당회를 대표하여 당회원 두 분(통상적으로 의장과 서기)이 서명한 그 회원의 교리와 생활에 관한 증명서를 주어야 한다.
2. 비 수찬 회원의 경우에는 이러한 증명서를 관련된 교회의 당회

에 직접 보내야 한다.

3. 자매교회가 없는 지역으로 이동하는 분들은 그들의 요구를 따라 전 주거지 교회의 회원권을 유지하게 하거나, 가장 가까운 자매교회에 회원증을 보낼 수 있다.

제 63 조
혼인

1. 하나님의 말씀은 혼인이 한 남자와 한 여자 사이의 결합이라는 것을 가르친다.

2. 당회는 교회의 회원은 반드시 주 안에서만 혼인하도록 해야 하고, 당회에 의해 권한이 주어진 목사만이 하나님의 말씀에 일치하는 혼인만 주례하도록 해야 한다.

3. 혼인예식은 사적인 예식으로나, 혹은 공예배 중에 행할 수 있다. 이때 혼인 예식을 위해 채택된 의식서가 사용되어야 한다.

제 64 조
교적부

당회는 회원들의 이름들과 그들의 출생, 세례, 죽음, 공적 신앙고백, 혼인, 회원의 영입, 퇴거, 권징 등의 날짜들이 올바르게 기록된 교적부를 유지 보존해야 한다.

제 65 조
장례

장례는 교회적인 일이 아니고 가족적인 일이므로 이에 맞게 행해져야 한다.

Ⅳ. 교회의 권징
A. 일반적 항목

제 66 조
교회 권징의 성격과 신자들의 책임

1. 교회 권징은 영적 성질에 속하기 때문에 영적 방법의 사용을 요구한다.
2. 당회에 의한 훈계와 권징의 시행은 사랑 안에서 서로 살피고 훈계하는 신자들의 책임을 동반한다.

제 67 조
교회 권징의 목적

교회 권징의 목적은 하나님의 영광을 유지하고, 죄인을 회복시키며, 그리스도의 교회로부터 범죄행위를 제거하는 데 있다.

제 68 조
교회 권징의 대상

교회의 모든 회원이 교리와 생활에 있어서 교회의 권징의 대상이 된다.

제 69 조
교회 권징의 대상인 죄

공적으로 범한 죄와 마태복음 18:15~17의 규칙을 따라 당회의 주목을 받게 된 죄가 교회 권징의 대상이 된다.

B. 교회회원의 충고와 권징

제 70 조
유아세례를 받은 자의 제명과 재영입

1. 공적인 신앙고백을 하는 것을 고의로 등한하고 당회의 훈계에 주의를 기울이지 않는 유아세례 교인이 그 죄를 고집하면 그리스도의 교회에서 제명되어야 한다.
2. 제명을 당하고 후에 죄를 회개한 유아세례 교인은 공적 신앙고백을 할 때만 교회에 다시 받아들여진다.

제 71 조
수찬 회원들에 대한 권징

교리와 생활에서 범과하고, 당회의 책망에 호의적으로 응하는 수찬 회원은 회개의 충분한 증거를 보일 때 교회와 화해되어야 한다. 화해의 방법은 당회가 결정해야 한다.

제 72 조
권징을 받은 자의 교회 회원권 제한

교리와 생활에서 범과하고 당회의 책망을 완고하게 거절하는 수찬 회원들은 주의 만찬에 참여하는 것과 세례 시의 물음에 응답하는 것과 다른 회원권을 행사하는 것으로부터 배제되어야 한다.

제 73 조
출교의 절차

1. 주의 만찬 참여가 금지되고, 반복적인 책망 후에도 회개의 열매를 보이지 않는 수찬 회원은 그리스도의 교회에서 출교를 당해야 한다. 이때 출교를 위한 공식문이 사용되어야 한다.
2. 어떤 분을 출교하기 전에 당회는 세 번 공고해야 한다. 이때 그 죄인의 범과의 성격과 완고함을 설명하고, 회중이 그를 위해 기도하고 훈계할 것을 촉구해야 한다.
첫 번째 공고 시에는 범한 계명만 언급하고 범죄자의 이름은 언급하지 않아야 한다.

두 번째 공고는 지역회의 조언을 얻은 후에 해야 하고, 범죄자의 이름과 주소가 언급되어야 한다.

세 번째 공고는 출교 날짜를 밝히고, 그 범죄자가 회개하지 않는 한 그 날에 출교될 것이라는 것을 알려야 한다.

제 74 조
출교된 자의 화해

출교된 자가 교회와 화해하기를 원할 때, 당회가 그 회개의 진실성에 만족하면 이 과정을 회중에게 알려야 한다. 어떤 유효한 반대가 없으면 그는 그리스도 교회의 교제에 회복되어야 한다. 재영입을 위해서는 이를 위한 공식 의식문이 사용되어야 한다.

C. 직분자들의 충고와 권징

제 75 조
직분자에 대한 특별한 권징

목사, 장로, 집사는 일반적인 권징에 복종하는 것 외에, 또한, 정직 면직이 포함된 특별한 권징의 대상이다.

제 76 조
직분자들의 권징 대상인 죄

1. 직분자들이 기명 서명한 서약을 위반하거나, 직분을 등한 혹은 남용하는 죄를 범하거나, 건전한 교리와 경건한 생활로부터 심각하게 탈선하면 특별한 권징이 적용되어야 한다. 중대한 죄의 예를 들면, 거짓 교리, 이단 추종, 공적인 교회분열 야기, 성직매매, 직분 유기, 다른 직분 침해, 위증, 간음, 절도, 폭력 행위, 불의한 재산증식 등을 들 수 있다.
2. 관련된 당회는 이런 경우를 당면했을 때, 먼저 정직을 하지 않고, 바로 면직해야 할 것이지 결정해야 한다.

제 77 조
말씀봉사자들에 대한 권징 과정

1. 말씀봉사자에 대한 정직은 당회가 그 지역회 내에서 가장 가까운 교회당회의 동의적 판단을 받아 시행되어야 한다.
2. 이웃 당회가 관련된 목사에 대한 당회의 입장에 동의를 하지 않으면, 그 당회는 원래의 판단을 수정하거나 그 사건을 지역회에 제시해야 한다.
3. 말씀봉사자의 면직은 총회 대리위원들의 동의적 자문과 함께 지역회의 승인 없이는 행하지 않아야 한다.

제 78 조
장로와 집사들에 대한 권징의 과정

1. 장로나 집사의 정직은 같은 지역회 내에서 가장 가까운 교회 당회의 동의적 판단을 얻어 당회에 의해 시행되어야 한다.
2. 이웃 당회가 연관된 장로나 집사에 대한 당회의 입장에 동의하지 않으면, 그 당회는 원래의 판단을 수정하거나 그 사건을 지역회에 제시해야 한다.

제 79 조
직분자의 해벌

1. 직분자의 정직은 만족한 회개의 증거가 나타날 때만 해제되어야 한다.
2. 정직의 해제는 정직을 가한 당회의 특권이다.

제 80 조
직분자의 복직

1. 면직된 직분자는 진정한 회개의 만족한 증거를 보이지 않는 한 복직되지 않아야 한다. 그리고 복직은 그가 과거의 죄의 장애로 그의 일에 방해를 받지 않고 봉사할 수 있고, 그의 복직이 하나님께 영광이 되고, 교회의 안영(安榮)에 도움이 된다는 것이 분명할 때만 행해야 한다.

2. 면직된 목사가 그 후 부름을 받을 수 있다고 선언하게 될 것인지에 관한 판단은 총회 대리위원들의 동의와 함께 그가 면직을 당한 지역회에 의해 행해져야 한다.

결론적 조항

제 81 조
지배의 금지

어느 교회도 어떤 방식으로든 다른 교회들을 지배하지 않아야 하고, 어느 직분자도 다른 직분자들을 지배하지 않아야 한다.

제 82 조
교회 질서의 준수와 수정

이 교회 질서는 공동합의로 채용되었으므로 교회는 이를 성실하게 준수해야 한다. 이 교회 질서의 수정은 총회에 의해서만 행해져야 한다.

제 4 편
개혁교회 질서 해설

서론

제 1 조
교회 질서의 기반과 분류

1. 개혁교회는 구약과 신약의 하나님의 말씀과 이 말씀의 교리의 요약인 신앙고백(벨기에 신앙고백, 하이델베르크 교리문답, 도르트 신경)에 전적인 복종을 선언하고, 그리스도를 교회의 유일한 머리로 인정하며, 교회 내에 모든 것이 품위 있고 질서 있게 행해져야 한다(고전 14:40)는 사도적인 명령을 존중하여, 교회적 조직과 활동을 다음 조항들로 규정한다.

2. 그리스도의 교회에서 선한 질서의 유지를 위해 교회 질서에서 다루어져야 할 제목은 교회의 직분, 교회의 회의, 교회의 예배, 성례, 의식과 교회의 권징이다.

1. 교회 질서의 목적

하나님은 질서를 사랑하신다. 그가 창조하신 우주와 우리가 사는 이 세계에는 아름다운 질서가 있다. 해와 달이 궤도를 따라 질서 있게 움직이고, 사계절이 질서 있게 바뀌며, 우리들의 몸의 모든 기관도 질서 있게 움직인다. 창조자이신 하나님은 질서의 하나님이시다. 이 때문에 그의 교회에도 질서가 있어야 한다. 그래서 주님은 고린도 교회에 "모든 것을 품위 있게 하고 질서 있게 하라."(고전 14:40)라고 명하였다. 개혁교회에 "교회의 직분, 교회의 회의, 교회의 예배, 성례, 의식, 교회의 권징"이 제정된 것은 그리스도의 교회에 선한 질서를 유지하기 위해서이다. 16세기에 로마교회의 교권에서 해방된 믿음의 선진들이 공회로 모여(1568, Wezel Convent와 1571 Emden Synod)이 항목들에 대한 규칙을 제정하기 시작했고, 이 규칙들이 1618~1619년 도르트 총회에 의해 수정 보완되어 도르트 교회 질서로 알려지게 되었다.

본 교회 질서는 한 길을 따르도록 교회들을 강요하는 것을 목적으로 하지 않는다. 교회 질서는 조절을 의미한다. 이는 교회생활을 합리적으로 조정하고, 모든 교회와 교회 회원의 권리를 충분히 유지하는 것을 의미한다. 교회 질서는 성격적으로 도덕적이고 사법적이 아니다.

2. 1조 1항의 서론적 내용

1조 1항은 전 교회 질서에 대한 서론이다.

여기서 먼저, 개혁교회는 하나님의 말씀에 대한 전적인 복종을 선언한다. 성경은 우리에게 하나님의 무오한 자기 계시이다. 우리는 신구약의 원본이 하나님의 특별한 지배 아래 기록되었으므로 인간 저자들이 오류로부터 보호를 받았다는 것을 믿고 고백한다 (딤후 3:16, 벧후 1:21).

또한, 우리는 개혁교회의 신조들이 하나님의 말씀의 참된 해석임을 인정한다. 곧 개혁교회의 일치신조인 벨기에 신앙고백, 하이델베르크 교리문답, 도르트 신경은 성경의 교리를 따른 우리 교회의 신앙고백이다. 특별히 벨기에 신앙고백에서 우리는 교회와 정치(제27항~32항)에 관해 기본적으로 믿는 것을 고백한다. 결과 개혁교회 질서는 준신앙고백적 성격임을 우리는 인정한다.

나아가, 우리는 그리스도를 그의 교회의 유일한 머리로 인정한다. 이것은 우리 개혁교회가 교황을 지상의 그리스도 교회의 머리로 인정하는 로마교회와 전적으로 다른 대립된 입장을 밝히는 것이다. 이것이 모든 형태의 교권을 배격한다.

끝으로, 우리는 교회에서 "모든 것을 품위 있게 하고 질서 있게 하라."(고전 14:40)라는 사도적인 명령을 존중하기를 원한다. 이 사도의 명령은 문맥상 예배의 문제와 관련되어 있지만 큰 틀에서 교회에 관련된 여러 문제에도 관계되어 있다고 보아야 한다.

3. 교회 질서의 주된 내용

제1조 2항은 교회 질서에서 취급되는 주요한 제목들은 "교회의 직분, 교회의 회의, 교회의 예배, 성례, 의식과 교회의 권징"이라는 것을 알려준다.

첫 부분에서 교회의 직분을 다룬다(제2조~25조). 도르트 교회 질서는 원래 이 직분에 관하여 봉사들(diensten)이라는 말을 사용했다. 이것은 매우 주목할 만하다. 직분의 권위보다 직분의 봉사적 성격을 강조하기 위한 것이었다. 하지만 봉사(service, 혹은 ministrations)는 그 뜻이 희미하고 영어에서는 많은 다른 뜻을 포함하고 있으므로 직분이라는 말로 바꾸어 쓰게 되었다.

성경은 분명히 직분자들의 봉사적 요소를 강조한다. 고린도후서 8:4은 "성도 섬기는 일에 참여함에 대하여"라고 하고, 에베소서 4:11~12에는 하나님이 여러 직분을 주신 것은 "성도를 온전하게 하여 봉사의 일을 하게 하며, 그리스도의 몸을 세우게 하려 하심"이라고 했다. 교회 직분은 교회에 유익이 될 뿐 아니라, 하나님이 그의 교회에 세우신 것임으로 꼭 필요한 것이다. 그리스도는 그의 제자들에게 그의 권위를 입혀 보내셨다(마 28:18~20, 요 20:21, 고후 5:18~21). 고린도전서 12:28은 "하나님이 교회 중에 몇을 세우셨으니 첫째는 사도요, 둘째는 선지자요, 셋째는 교사요……"라고 했다. 로마서 10:15은 "보내심을 받지 않으면 어찌 전파하리요"라고 한다. 데살로니가전서 5:12에서 사도 바울은 "형제들아, 우리가 너희에게 구하노니, 너희 가운데서 수고하고 주 안에서 너희를 다스리며 권하는 자들을 너희가 알고……"라고 했다.

나아가, 마태복음 10:40에는 신자들이 직분자로 봉사하는 자들에게 순종을 권하면서 "너희를 영접하는 자는 나를 영접하는 것이요, 나를 영접하는 자는 나를 보내신 이를 영접하는 것이니라."라고 하고, 히브리서 13:17에는 "너희를 인도하는 자들에게 순종하고 복종하라."라고 했다.

둘째 부분(제26~48조)에서 교회 질서는 교회의 회의를 다룬다. 이 교회의 회의란 교회적인 회의, 곧 당회, 지역회(노회), 총회를 의미한다. 이 회의들은 교회를 올바로 다스리려는 목적을 위해 세워졌다. 곧 교회들이 어려운 일을 서로 돕고, 교리의 순수성을 지키는 데 서로 협조하며, 하나님이 제정하신 직분을 유지하고, 질서를 증진하는 일을 위해 협력한다.

셋째 부분은 교회의 예배, 성례, 의식을 다룬다. 예배에서는 말씀과 성례의 봉사, 교리 교육, 양 무리에 대한 목자적 관리, 교회의 선교 사명이 포함된다. 그리고 의식에는 결혼의식, 장례 등이 포함된다.

끝부분에서 교회의 권징을 다룬다. 교회 권징은 먼저, 모든 교회 회원들이 성도들의 교제의 차원에서 관련된다. 둘째로 교회 권징은 직분자들이 공식적으로 관련된다. 교회 회원에 속한 권징은 훈계와 필요하면 궁극적으로 출교까지 나아간다. 직분자들에 관한 권징은 훈계와 나아가 필요하면 정직과 면직으로 나아간다. 성경을 하나님의 말씀으로 인정하는 사람은 누구도 권징을 시행하는 교회의 권리와 의무를 의심할 수 없다. 마태복음 16:19에서 주님은 제자들에게 "내가 천국 열쇠를 네게 주리니⋯⋯"라고 하셨고, 마태복음 18:17에는 "만일 그들의 말도 듣지 않거든 교회에 말하고 교회의 말도 듣지 않거든 이방인과 세리와 같이 여기라."라고 하셨다. 디도서 3:10에서 사도 바울은 "이단에 속한 사람을 한두 번 훈계한 후에 멀리하라."라고 했다.

I. 교회의 직분
A. 일반적 규정

제 2 조
직분들

그리스도께서 그의 교회에 세운 직분은 말씀봉사자(목사), 장로, 집사이다. 이 직분들은 권한과 직책에 있어서 서로 다를 뿐, 품위와 명예에 있어서는 다르지 않다.

교회의 질서를 바로 이해하기 위해서는 먼저 직분을 성경적으로 바로 이해해야 한다. 교회의 모든 직분은 그 기원이 교회의 유일한 머리요, 최고의 통치자이신 그리스도에게 있다. 교회의 직분은 인간이 세우지 않고 그리스도께서 세우신 것이다. 그리스도가 그의 교회를 모으고 다스리고 돌보기 위해 처음부터 사람의 봉사를 사용하시기를 기뻐하셨다. 그러므로 교회 안에 어떤 직분자도 어떤 권위의 근거를 자기 안에 가지고 있지 않다. 교회 직분자가 가진 모든 권위는 그리스도에 의해 주어지고, 그리스도를 위해 사용되어야 하는 위임된 권위이다. 신약 성경이 직분을 가리켜 사역자 혹은 종이라는 말을 사용한 데는 큰 뜻이 있다(고전 3:5).

1. 직분자 그리스도

교회 직분에서 우리는 먼저 예수 그리스도를 생각하게 된다. 예수 그리스도는 직분자로 이 세상에 보내심을 받았다. 히브리서 기자는 "형제들아, 우리가 믿는 도리의 사도이시며 대제사장이신 예수를 깊이 생각하라."(히 3:1)라고 한다. 예수님은 성부 하나님이 보내신 '사도'였다. 그가 직분자로 섬기는 일에 직접 앞장서셨다. 세상에 오신 그는 "인자가 온 것은 섬김을 받으려 함이 아니라 도리어 섬기려 하고 자기 목숨을 많은 사람의 대속물로 주려 함이니라."(막 10:45)라고 하셨다. 그의 섬김은 아버지께서 그에게 지워주신 사명이었다(요 4:34). 아버지는 인간을 속죄하고 구원하기 위해 그의 아들을 보내셨고, 아들 예수는 교회를 위한 하나님 아버지의 뜻을 섬기는 자가 되었다. 그가 자기에게 맡겨진 일을 다 이룸으로 그는 아버지로부터 모든 권세를 받았다(마 28:18). 이 세상에 세움을 입은 교회의 모든 직분자는 지상에 있는 그리스도의 교회에서 그를 섬기도록 부름을 받은 종에 불과하다. 예수 그리스도가 친히 왕이요, 선지자요, 제사장이시다(하이델베르크 교리문답 제31문답). 그가 친히 사도요, 목자요, 교사요, 그의 교회의 유일한 입법자이다. 그래서 교회의 직분자들은 그리스도에게 순종하고 그의 말씀의 규칙을 따라 섬기는 그의 종으로 일하게 된다. 교회의 직분자가 그리스도의 종의 자리를 떠나고, 그의 말씀을 벗어날 때는 직분으로서의 모든 특성과 권위를 잃게 된다.

예수님은 세상에 계실 때 이미 그의 교회를 조직하시고 세우시는 일에 착수하셨다. 제자들을 불러 모아 하나의 연합체를 이루시고,

복음을 전하고, 성례를 집행할 권위를 주셨으며(마 28:19), 천국의 열쇠(권징)로 하나님의 나라를 열고 닫을 권세도 주셨다(마 18:18, 요 20:23). 부활 후 승천하심으로 하늘의 하나님 보좌 우편에 앉으셨을 때, 그의 사도들에게 성령의 선물을 내려 주시고 그들에게 능력을 주셔서 그의 교회 건설을 위해 봉사하도록 하셨다. 그래서 사도들은 자신들을 그리스도의 일꾼으로만 생각했다(고전 4:1, 고후 6:4). 바울은 그의 사도된 자격을 "사람들에게서 난 것이 아니요, 사람으로 말미암은 것도 아니요, 오직 예수 그리스도와 그를 죽은 자 가운데서 살리신 하나님 아버지로 말미암은"(갈 1:1) 것임을 믿었다(갈 1:15~20). 그리고 그는 자신을 그리스도께서 보낸 사역자로서 전적으로 그를 의지하고, 전적으로 섬겨야 하는 종으로 보았다(롬 1:1, 갈 1:10, 빌 1:1).

2. 신자들의 직분

또한, 성경은 신자들도 하나님과 그리스도를 '섬기는 자'라 부른다(살전 1:9, 롬 12:11, 14:18, 골 3:24, 벧전 2:16). 신자들은 자신들이나 어떤 사람들을 섬기기 위해서가 아니고, 주를 섬기기 위해 부름을 받았다. 주의 뜻이 신자들의 생활의 법이고, 그의 영광이 그들이 추구하는 최고의 목적이다. 또한, 신자들은 하나님으로부터 받은 은사를 가지고 서로 섬겨야 하고, 성도의 교제를 실천해야 한다(고전 12:7, 갈 5:13). 신자들은 주의 이름을 고백하고(롬 10:10), 주께 자신을 산 제물로 드리며(롬 12:1, 벧전 2:5, 9), 이생에서 선한 양심으로 죄와 마귀와 싸우고, 내세에 주와 함께 모든 피조물을 영원히 다스리기 위해 선지자적, 제사장적, 왕적 소명을 가지고 있다(롬 6:12~13, 벧전 2:11, 엡 4:11, 딤후 2:12).

그러므로 신자들은 '기름 부음 받은 자'를 의미하는 그리스도인(행 11:26)이라는 이름을 가지게 되었다(하이델베르크 교리문답 제32문답). 이는 곧 신자들이 선지자적, 제사장적, 왕적 소명을 가진 직분자들이라는 것을 의미하고 있다. 왜냐하면, 신자들은 창조 시 사람이 하나님으로부터 받아 소유했던 것(직분)을 타락함으로 잃었으나, 그리스도의 구속으로 그것을 원리적으로 도로 얻었기 때문이다. 하나님이 원래 사람을 창조하신 것은 그가 하나님을 알고, 사랑하고, 그의 피조물을 다스림으로 그에게 영광을 돌리기 위해서였다. 하지만 사람이 죄로 말미암아 전적으로 부패하고 무능하게 되어버렸다. 그러나 그리스도께서 오셔서 우리를 죄로부터 구속하여 새 피조물로 만드심으로 옛 소명의 자리로 회복시켜주셨다(엡 4:24).

그리스도에 의한 구속사역으로 이제 신자들은 선지자, 제사장과 왕으로서 주를 섬기고, 그에게 영광을 돌릴 수 있도록 부름을 받고, 그렇게 할 수 있는 능력도 얻게 되었다. 신자들은 부름을 받는 순간부터 더 이상 자신들의 것이 아니고, 그리스도의 소유가 된 것이다(고전 6:20). 그런고로 신자들은 더 이상 홀로 서 있지 않아야 하고, 성도들의 교제 가운데서 살아야 한다. 그들이 받은 은사를 다른 사람들의 필요를 위해 사용하고, 신실한 그리스도인의 생활을 위해 서로 협력해야 한다. 신자들은 교회를 세우고, 또 개혁하기 위해 부름을 받고, 그리스도로 말미암아 특수한 은사를 받은 분들을 직분으로 부르고, 택하여 세우기 위해 부름을 받았다(행 1:21~22, 6:2~3).

3. 특수한 직분자들(말씀봉사자, 장로, 집사)

신자들의 직분은 특수한 직분(목사, 장로, 집사)과 밀접한 관련이 있다. 특수한 직분을 받은 분들은 교회 위에 세워진 교권 계층이 아니고, 교회를 형성한 신자들 가운데서 온 공적 봉사자들이다. 신자들이 스스로 이 특수한 직분들을 고안하지 않았다. 그리스도께서 그의 교회가 자체의 소명을 다 할 수 있도록 이 직분들을 세우셨다(엡 4:11, 고전 12:28). 하지만 이런 특수한 직분을 세움으로 신자들의 직분이나 소명이 폐기되는 것은 아니다. 신자들은 교회의 회원으로 행할 특별한 의무를 늘 지고 있다. 이 의무는 직분자들의 봉사를 살핌으로, 특수한 직분을 가진 자들 가까이에서 이행하게 된다.

신자들이 이것을 바로 보지 못할 때, 여러 가지 오류를 드러내게 된다. 로마교회는 교회 회원들을 성직자들에게 전적으로 의존하게 하고, 생의 모든 영역을 교회에 전적으로 예속시킴으로 신자들의 권리를 부인하고 있다. 루터파 교회는 교회의 치리를 세속정치에 의존함으로 신자들의 자유와 권리를 훼손하고 있다. 독립교회주의자들은 교회 안에 그리스도의 왕적 주권을 인정하지만, 원리적으로 신자들의 주권 교리를 주장함으로 일반적인 적용을 하고 있다. 성경에 따르면, 그리스도가 그의 교회의 왕이시다. 교회의 회원들이나 직분자들 모두가 왕이신 그리스도의 말씀에 따라 행동해야 한다. 이 근본 원리에 의해 신자들의 자유와 권리가 유지될 뿐 아니라, 특수한 직분의 권위도 유지될 수 있다.

특수한 직분이 신자들의 직분과 구별되는 것은, 그리스도께서 교회 안에 모든 것이 품위 있고 질서 있게 되도록 교회를 인도하고, 돌보게 할 목적으로 특수한 직분을 세우신 데 있다. 그리스도가 그의 말씀과 성령을 통해 그의 교회를 다스리시는 교회의 유일한 왕이시다. 칼뱅이 말한 것처럼 그는 어떤 보조 수단 없이 그의 교회를 직접 다스릴 수 있다. 하지만 그는 그의 교회를 다스리기 위해 사람의 봉사를 사용하기를 기뻐하셨다.

4. 비상(한시) 직분과 일반(항존) 직분

우리는 먼저 비상 직분과 일반 직분을 구별한다. 비상 직분은 교회 건설을 위해 일시적으로 세워졌던 직분을 가리키고, 일반 직분은 교회의 지속적인 유지와 발전을 위해 항상 있어야 하는 직분, 곧, 항존 직분(恒存職分)을 가리킨다. 비상 직분으로는 사도들, 선지자들, 복음 전하는 자들이 있었고, 일반 직분에는 앞서 신자들의 직분과 구별하여 소개한 특수한 직분인 목사, 장로, 집사들이 있다.

1) 비상(한시) 직분
사도들: 그리스도가 직접 택하시고 부르셔서, 그의 증인이 되고, 교회의 터를 놓게 된 분들이다(마 28:19, 막 16:15, 엡 2:20, 요일 1:1~4). 사도들은 비상한 방법으로 성령의 은사를 받았다. 성령이 그들을 모든 진리로 인도하시고, 하나님의 말씀을 기록할 성령의 감화와 능력을 주시고, 전 그리스도 교회에 권위 있는 제도를 마련하게 하셨다.

전도자: 빌립, 바나바, 디모데 등 사도 시대에 복음을 전하고 교회를 세우는 일에 있어서 사도들을 돕던 분들이었다(행 8:5, 12, 40, 11:19~22, 12:2~3, 고후 8:18, 빌 2:25, 딤전 4:14). 전도자들이 한 일에 관하여는 디모데후서 4:2~5이 잘 알려준다. 디모데는 전도자의 일을 해야 했다. 그는 말씀을 전하고 그릇된 교리를 반박하며, 인내로 권면하는 일을 했다. 전도자는 형성되어가는 교회 안팎에서 복음을 전하였다. 그는 그리스도의 사랑에 감명을 받아 누구의 특별한 지시 없이 자원하여 혹은 사도의 지시로 교회를 세우기 위해 복음을 전한 자였다. 초대 교회에서 활동한 전도자들은 한 지역교회를 위한 직분자가 아니었고, 널리 복음을 전하고, 여러 지역에 교회를 세우기 위해 봉사한 분들이었다. 이런 전도자의 직분은 일시적이었다.

선지자: 이들은 신약에서 분명히 사도들과 구별되었다(엡4:11, 고전 12:29). 성령을 통해 특별한 은사를 받은 이들은 하나님의 길에 대한 빛을 비추고(엡3:5), 미래의 일을 예언하고(행 11:28, 21:10), 성경을 해석하며 교회를 봉사하였다. 일반적으로 이들의 사역은 하나님의 말씀을 전하고 해설함으로 사도들을 도왔다. 이런 점에서 이들은 교회의 터를 놓는 기간에 일시적으로 봉사한 분들이었다.

2) 일반 직분(항존직분, 恒存職分)

앞에서 신자들의 직분과 구별하여 특수한 직분을 언급했는데, 여기서는 비상한 직분과 구별하여 이 직분들을 일반 직분이라 부른다. 그리스도께서 지상 생애를 마치고 승천하신 후, 지상에 있는 그의 교회를 위해 일시적인 비상한 직분 외에, 교회에 언제나 있어야 할 일반 직분을 그의 종들을 통해 세우셨다. 이 직분은 교회가 세상에 있는 동안, 세상 끝날까지 교회를 위해 꼭 있어야 할 직분이었다. 그래서 우리는 이 직분을 항존직이라 부른다. 저명한 개혁교회 법학자인 바우만(H. Bouwman)은 "그리스도가 아버지로 말미암아 그의 교회를 가르치기 위해 최고의 선지자와 교사로, 그의 교회를 구속하기 위해 유일한 대제사장으로, 그의 교회를 다스리고 돌보시기 위해 영원한 왕으로 세움을 입은 것처럼, 그리스도는 가르치는 직분(목사)을 통해 그의 교회를 가르치시고, 감독직(장로)을 통해 그의 교회를 인도하시며, 집사직을 통해 그의 자비의 풍성함을 나타내시기를 원하신다."라고 했다.[1] 구약시대 이스라엘 교회에 선자자, 왕, 제사장 세 직분을 세우셔서 그의 백성을 돌보신 주님은 신약시대의 그의 교회에 말씀봉사자(목사), 장로, 집사를 세우셔서 그의 교회를 돌보시기를 기뻐하신 것이다. 저명한 개혁교회 교의학자인 바빙크(H.Bavink)도 그의 교의학에서 교회의 직분을 다루면서 다름과 같은 아름다운 말로 교회의 일반 직분을 정리했다. "그는 가르치는 직분을 통해 가르치시고, 장로직을 통해 인도하시며, 집사직을 통해 그의 양 무리를 돌보신다. 그리고 이 세 직분을 통해 그는 우리의 최고의 선지자이시고, 우리의 영원한 왕이시며, 우리의 자비로운 대제사장이심을 증거하신다."[2]

5. 일반 직분(말씀봉사자, 장로, 집사)이 세워진 과정

그리스도는 이 직분들을 세움에 있어서 교회가 세워지고 발전되어

---

1) H. Bouwman, Gereformeerde Kerkrect, 111, J.H. Kok, 1934, Kampen, p.356
2) H. Bouwman, op. cit., IV, Kampen, 1930, p.371

가는 과정에서 그때의 환경에 따른 교회의 필요를 따라, 사도들을 통해 자연스럽게 세우셨음을 보게 된다.

1) 장로직

성경은 제일 먼저 장로가 세워진 사실을 암시적으로 알려준다. 오순절에 사도 베드로의 설교 결과로 3천 명이 개종하여 예루살렘에 단번에 큰 교회가 세워지고, 이어 개종자의 수는 급속도로 늘어나 믿는 남자의 수만도 5천이나 되었다(행 2:41, 4:4). 믿는 남자들의 가족을 고려하면 만 명 이상의 회원을 가진 대교회가 서게 된 것이다. 열두 사도들은 이 큰 수를 가진 교회를 다 지도 감독할 형편이 되지 않으므로 매우 일찍이 유대인들 공동체의 전통을 따라 장로들을 세웠던 것으로 보인다. 성경은 언제 어떤 방법으로 예루살렘 교회에 장로들이 세워졌는지 알려주지 않는다. 하지만 만여 명의 신자들의 무리를 감독하고 지도해야 하는 비상한 환경에 부딪힌 사도들은 기존 유대인들의 전통을 따라 오순절이 지난 후 곧 장로들을 세운 것으로 추단하게 된다. 사도들은 구제의 봉사를 위해 일곱 사람을 택하기 이전(행 6)에 예루살렘 교회에 장로들을 세웠던 것으로 여겨진다. 당시 장로들이 예루살렘 교회에 봉사하고 있다는 것은 예루살렘 원근에 사는 모든 신자에게 잘 알려져 있었다. 이는 예루살렘에 흉년이 들어 어려울 때, 안디옥에 있는 신자들이 부조를 보내기로 작정하여 "바나바와 사울의 손으로 장로들에게 보냈다."라고 한데서 이를 알 수 있다(행 11:30). 사도행전 15장에 기록된 예루살렘 공회에 대한 기록에서 "사도들과 장로들"이 모여 할례에 대한 문제를 토론한 사실을 자연스럽게 언급한다. 당시 사도들이 복음을 전하고 가르쳤으니, 장로들은 가르치는 일을 위해서가 아니고, 믿는 무리를 감독하고 지도하기 위해서 세워졌던 것이 분명하다. 그래서 성경은 이 장로들을 감독이라고도 부르기도 한다(행 20:28, 빌 1:1, 딤전 3:1, 2). 차츰 이 장로 직분은 예루살렘 교회뿐 아니라, 모든 교회에 세워졌다(행 14:23, 행 20:17). 바울은 디도에게 그레데 각 성에 장로들을 세울 것을 명하였다(딛 1:5).

2) 집사직

다음으로, 집사 직분이 세워졌음을 사도행전 6장에서 보게 된다. 처음에 사도들은 말씀을 전하고 가르치는 일, 다스리는 일, 구제하는 일을 다 맡았다. 그런데 사도들도 한계가 있는 사람들인지라 급속히 성장하는 교회를 위해 이 모든 사역을 감당해 가기에는 그들의 능력에 한계가 있을 수밖에 없었다. 그들이 행하는 구제의 봉사가 공평하게 이루어지지 않으므로 헬라파 유대인들의 불평이 일어났다. 이때 사도들은 "하나님의 말씀을 제쳐놓고 접대를 일삼는 것이 마땅하지 않다"(행 6:2)라고 생각하고, 회중으로 하여금 성령과 지혜가 충만한 일곱 사람을 택하게 하여 그들이 하던 구제하는 일을 이들에게 맡겼다. 사도행전 6장은 이 일곱 분에 대하여 '구제', '접대' 하는 직책에 관하여만 말하고, 그 직분의 명칭에 관하여는 말하지 않는다. 그러나 후에 교회에 집사라는 직분의 이름이 등장한 것을 볼 때(행 21:8, 딤전 3:8~13, 빌 1:1), 일곱 사람의 직분은 집사 직분의 시작이었음이 분명하다.

3) 목사직(말씀봉사자)

말씀의 봉사를 전문적으로 하는 목사직은 맨 마지막에 세워진 것으로 간주된다. 일반적으로 생각할 때, 말씀을 전하는 목사직이 제일 먼저 세워졌어야 했을 것으로 생각할 수 있다. 하지만 신약 교회 초기에는 전문적인 말씀봉사자를 세우는 일이 급하지 않았다. 사도들이 말씀을 전하며 가르치고 있었고, 전도자들과 선지자들이 복음을 전했으며, 일반 신자들에게 다양한 은사가 주어져 자유롭게 예언도 하고 가르칠 수 있었다(롬 12:6~8 고전 14). 하지만 사도들이 차츰 세상을 떠나고, 회중 가운데 다양하게 나타났던 특별한 은사들이 사라지게 되고, 이와 동시에 거짓 스승들(이리, 행 20:29)이 교회에 들어와 양 무리에게 해를 끼치게 되었을 때, 전문적으로 말씀을 연구하고, 전하고 가르치며, 거짓 교리를 반박하고 양 무리를 돌볼 목자와 교사가 필요하게 되었다(엡 4:11, 행 20:28~31).

결과 각 교회는 장로 중에 말씀을 전하고 가르치는 특별한 은사를 가진 분들을 구별하여 복음을 전하고 가르치는 일에 전무하게 했던 것으로 추정이 된다. 디모데전서 5:17의 "잘 다스리는 장로들은 배나 존경할 자로 알되 말씀과 가르침에 수고하는 자들에게는 더욱 그러할 것이니라."라고 하는 말씀이 이를 알려준다. 여기 "잘 다스리는 장로들"이 있고, "말씀과 가르침에 수고하는 자들(장로들)"의 구별이 있다. 장로들의 집단에서 "다스리는 장로들"과 "가르치는 장로들"의 구별이 생기게 된다. 교회는 곧 가르치는 장로들을 "목사와 교사"로 이해하게 된 것으로 보인다(엡 4:11). 이런 목사직에 관한 성경적 이해는 현재 개혁교회와 장로교회가 공유하고 있다.

결과적으로 교회에 세 직분이 세워졌다. 이를 근거하여 개혁교회는 신앙고백과 교회 질서에 세 직분, 말씀 봉사의 직분(목사), 감독의 직분(장로), 구제의 직분(집사)만을 항존직으로 인정하고 이 외에 어떤 다른 직분을 항존직으로 받지 않는다.

6. 세 항존직의 근원

이 세 직분의 근원은 선지자, 왕, 제사장의 삼직(三職)을 가지신 그리스도에게 기원을 두고 있다. 삼직을 가지신 그리스도께서 그의 교회를 가르치고, 다스리고, 돌보기 위해서 목사, 장로, 집사를 친히 세우신 것이다. 원래 이 세 직분은 그리스도 직계 제자들이 주의 교회를 가르치고 다스리고 돌봄으로 수행했다. 그러나 이 세 직책은 교회의 성장해 감으로 사도들이 다 감당할 수 없게 되었다. 그래서 교회의 주 그리스도는 교회의 성장 과정에서 그의 사도들로 하여금 교회를 다스리기 위해 장로를, 교회에 자비사역을 위해 집사를, 교회를 가르치기 위해 목사를 세우게 하심으로 지상에 있는 그의 교회를 섬기도록 하신 것이다. 교회에 세워진 이 세 직분에서 그리스도의 삼직의 봉사의 연장적 성격이 나타난다.

이 교회의 세 직분은 그 자체 안에 어떤 존재의 가치를 가지고 있지 않다. 대선지자요, 왕이요, 대제사장이신 그리스도께서 그의 교회의 봉사를 위해 친히 세워주신 데 존재의 가치를 가지고 있다. 목사는 그리스도의 종으로 교회를 가르치고 인도함으로 그의 선지적 직분을 섬기고, 장로는 교회를 인도하고 감독함으로 그의 왕적 직분을 섬기며, 집사는 그의 교회에 가난하고 외로운 자들을 돌봄으로 그의 대제사장적 직분을 섬기는 것이다. 이런 의미에서 교회의 직분자들은 그리스도의 종으로 그와 그의 교회를 봉사하는 자들이다.

이렇게 세 항존 직분이 세워졌지만, 도르트 교회 질서(1619)는 원래 네 직분(목사, 박사=교사, 장로, 집사)을 말함으로 칼뱅이 제네바 교회 질서에서 보인 본을 따랐다. 마찬가지로 스코틀랜드의 장로교회도 이 전통을 따랐다.

그런데 교사 직분은 말씀봉사자의 직분과 매우 밀접하게 연관되어 있다. 교사와 목사는 모두 교사라는 데 공통점을 가지고 있다. 이는 말씀봉사자가 장로와 다스리는 직을 공유하고 있음과 같다. 가르치는 것은 목사의 활동으로 그는 목사와 교사로도 불린다(엡 4:11). 하지만 칼뱅이 제네바 교회 질서의 직분 중에 넣은 교사의 특별한 책무는 하나님의 말씀을 연구하고 말씀 봉사를 위한 목사 후보들의 양육을 위한 교사(교수)로서 활동하는 것이었다. 그러기에 이 교사는 지역 교회마다 있을 필요가 없었다. 그래서 교사는 목사, 장로, 집사와는 다른 차원의 직분이었다. 개혁교회는 차츰 교사를 지역 교회의 다른 항존직과 같은 교회 직분인 것처럼 교회 질서에 그대로 두는 데 대한 의문을 갖게 되었다. 신학교수는 일반적으로 목사로 사역하던 분 중에서 선택되고 있다. 그렇다면 교사직이 독립적인 교회 직분이라고 보기 어렵게 되었다. 아마 칼뱅은 원래 에베소서 4:11의 "목사와 교사"를 각기 독립적인 교회 직분으로 간주하고 네 직분으로 생각했던 것으로도 보인다. 하지만 거기 목사와 교사가 헬라어 원문에서 하나의 정관사 밑에 있는 것으로 보아, 하나의 직분의 두 가지 기능을 가리켰던 것으로 이해하게 되었다. 결과 개혁교회와 장로교회(스코틀랜드)는 지난 세기말 수 세기 동안 형식상 유지해 오던 교사 직분을 제거하고 세 직분만을 항존직으로 두게 되었다.

목사, 장로, 집사 세 직분은 이미 설명한 대로 그 자체 안에 존재 이유를 가지고 있지 않고 그리스도 안에 그 존재 이유를 가진다. 그리고 이 세 직분은 그 자체 안에 고유한 권위가 있는 것은 아니다. 직분자들이 가진 모든 권위는 그리스도가 그들에게 맡기신 권위이다. 그리스도가 교회의 유일한 대 선지자요, 유일한 대제사장이며, 영원한 왕이시다(하이델베르크 교리문답 제31문답). 결과 땅 위에 조직된 그의 교회를 위해 임직된 직분자들은 그리스도의 삼중직의 연장선에서 이해되어야 한다.

모든 교회적인 권위 배후에는 절대 주권자이신 삼위 하나님이 계신다. 이 하나님은 삼위의 제2위이신 그리스도 예수를 통하여 그의 교회를 다스리시고 축복하신다. 죄로 인한 우리의 타락이 삼중이었다. 우리는 선지자, 제사장, 왕의 자리에서 타락했다. 합리적 사고를 하는 피조물이었던 우리는 참된 지식을 잃고, 선지적 직분에서 타락하여, 거짓의 아비인 사단의 선지자가 되었다. 도덕적 피조물이었던 우리는 참된 거룩, 즉 하나님에 대한 사랑을 잃고, 제사장적 직분으로부터 타락하여, 죄와 사단을 위한 제사장이 되었다. 다스리는 피조물이었던 우리는 참된 의를 잃고, 왕적 자리에서 떨어져, 불의의 왕이 되어버렸다. 이 모든 것은 하나님의 형상을 따라 지음 받은 우리가 죄로 말미암아 우리의 본래의 모습을 잃은 것을 의미한다. 결과 우리는 곧 선지자, 제사장, 왕이란 삼중의미에서 구원을 받고 회복이 되어야 했다. 삼중직을 가진 그리스도는 그의 구속사역을 통해 우리에게 이 잃었던 세 직분을 회복시켜 주셨다. 그는 둘째 아담이요, 그의 교회의 그 선지자요, 제사장이요 왕이시다.

이 때문에 구약시대에 세 주요한 직분으로 선지자, 제사장, 왕이 있었다. 이 직분들은 오실 그리스도의 그림자들이었다. 이 때문에 신약시대에는 목사, 집사, 장로의 세 직분이 있을 뿐, 더 이상의 직분이 없다. 이는 물론 교회에는 이 세 직분 외에 어떤 돕는 의무를 가진 분도 있어서는 안 된다는 의미는 아니다. 교회에는 이 직분자 외에 언제나 교회를 돕는 분들이 있다. 예를 들면 구약 시대에 제사장들을 돕는 레위인들이 있었던 것처럼, 신약교회에도 돕는 자 곧, 예배를 돕는 반주자, 청소년을 지도하고 가르치는 교사, 교회관리위원, 재정위원 등이 있다.

6. 직분자들의 동권

교회의 세 직분은 각기 자기 위치를 가진 완전한 직분이다. 성경에는 높고 낮은 직분에 대한 언급이 없다. 세 직분은 교회의 왕 그리스도로부터 각기 다른 직책을 맡았을 뿐 품위와 영광에 있어서는 동일하다. 그리스도의 세 직분은 그리스도 안에서 하나이다. 세 직분은 그의 한 신격을 나타낸다. 큰 직분자이신 그리스도의 삼직의 각 직은 다른 둘과 꼭 같이 거룩하고 중요하고 영광스럽다. 우리가 말하는 선지자, 제사장, 왕이라고 말하는 순서는 지위의 순서가 아니고, 단순히 논리적으로 언급하는 순서일 뿐이다. 그의 선지자직이 제사장직이나 왕직보다 높거나 낮지 않고, 그의 제사장직이 그의 선지자직이나 왕직보다 높거나 낮지 않다.

1571년의 네덜란드 개혁교회 첫 번째 총회는 교회 질서 제1조에 이런 반교권체제 원리의 항목을 넣었다. "어느 교회도 다른 교회를 지배하지 않아야 하고, 어느 목사도 다른 목사를 지배하지 않아야 하며, 각인은 지배하려는 의혹이나 유혹을 경계해야 한다." 이 반교권 이념이 전 교회 질서의 원리가 되었다. 1618~1619의 도르트 총회가 이 원리를 그대로 수용했고 현재의 교회 질서 80조에도 그 원리가 그대로 수용되어 있다.

말씀봉사자, 장로와 집사 세 직분 사이에는 높고 낮은 계급의 차이가 없고 직책의 구별이 있을 뿐이다. 하지만 한국 장로교회에는 직분 가운데 집사가 가장 낮고, 장로는 그보다 높으며, 목사는 가장 높다는 생각이 교회 안에 자리 잡고 있다. 디모데전서 3:13에 "집사의 직분을 잘한 자들은 아름다운 지위를 얻는다."라고 했다. 이것은 집사 직분을 잘 봉사하면 장로로 승진할 수 있다는 말이 아니고, 아름다운 지위는 존경을 받는다는 뜻이다. 이것을 높은 지위로 오른다는 말로 이해하는 것은 큰 잘못이다. 성경은 비록 각 직분의 직책은 다르지만 모든 직분을 본질적으로 동등하게 본다.

한국의 장로교회에서 목사, 장로, 집사는 계급적 교권적 차원에서 이해되고 있음을 보게 된다. 이것은 교회가 한국적 세상 문화의 영향을 받고 있음을 보여준다. 집사가 장로로 택함을 받으면 승진으로 보는 것이 일반화되어 있다. 그래서 집사는 가장 낮은 직분으로 여겨지고 있다. 이것은 성경을 따른 개혁주의 직분관은 전혀 아니다. 서구의 개혁교회에서는 장로로 봉사하던 분이 경우에 따라 집사로 선택되어 봉사하기도 한다. 교회의 세 직분은 직책이 다를 뿐, 권위와 명예에는 차이가 없다는 이해가 자리를 잡을 때 개혁교회로서의 정체가 드러나게 될 것이다.

> 제 3 조
> 직분으로 부름을 받을 자의 자격
>
> 공적인 신앙고백을 하고 성경에 제시된 요구(딤전 3:1~12, 딛 1:5~9)에 부응하는 교회의 남자회원들만 직분자로 선택받을 자격이 있다. 공식적으로 부름을 받고 임직을 받거나 취임을 받은 자들만 교회에서 직분자로 행사해야 한다.

1. 남자 회원만 직분으로 부름을 받을 수 있음

본 조항은 성경적인 요구에 상응하는 조건을 갖춘 공적 신앙고백을 한 남자만 직분으로 택함을 받을 자격이 있다는 것을 밝히고 있다. 이것은 말씀봉사자(목사)와 장로, 집사 세 직분 모두에 해당한다. 달리 말하면 여자 회원은 교회의 공적 직분에서 제외된다는 것이다. 20세기를 전후하여 여러 교파에서 여자 회원에게 교회 직분의 문을 열기 시작했다. 왜 개혁교회는 여자 회원을 직분에서 제외하고 있는지 성경적인 답이 요구된다.

먼저, 교회 역사상 개혁교회 선진들에게서 여자 회원을 직분으로 허용한 예를 볼 수 없다.

여자 회원에게 목사와 다른 직분의 문을 열게 된 것은 근세에 생긴 일이다. 이는 성경의 교리적 이해에 매우 피상적인 경향을 가진 교회나 자유주의 신학을 추종하는 교회에서 일어나고 있다. 하나님의 말씀을 신중하게 다루는 개혁교회의 선진들이 여자 회원을 직분에서 제외한 것은 놀랄 일이 아니다. 하나님은 그의 지혜롭고 주권적인 섭리 속에서 창조 시에 남녀 간에 심리적인 차이를 두셨다. 일반적으로 남자는 능동적이고, 여자는 수동적이다. 남자는 지도력에 있어 뛰어나고, 여자는 따르는 경향을 보인다. 남자는 힘과 방어에 뛰어나고, 여자는 사랑과 연민에 뛰어나다. 이런 차이와 조화되게 남자는 가정의 머리요, 여자는 가정의 심장이라고 할 수 있다. 이 남녀 차이와 일치하게 여자가 아닌 남자가 하나님의 교회에 직분을 맡는다.

현대에 남녀 차이를 부정하는 문화가 사회 속에 자리를 잡아가고 있다. 이는 하나님의 창조 섭리와 질서를 부정하는 일이다. 죄가 지배하는 세속문화의 영향이 이런 결과를 초래하고 있다.

성경은 우리에게 왜 교회의 남자 회원이 직분으로 청빙을 받아야 하는지를 가르쳐 준다. 구약 이스라엘 신정 시대에 선지자적, 제사장적, 왕적 직분이 다 남자들로 세워졌다. 여기에 몇몇 예외는 있었다. 예를 들면 드보라가 여선지로 불리고 있다(삿 4:4). 이는 당시 남자들이 그들의 신앙과 의무를 잃고, 이스라엘이 하나님을 떠난 때에 일어난 아주 예외적인 경우였다(삿 4:1~2). 한 여자가 한 선지자와 사사의 자리를 차지하게 된 것은 일반적인 환경이 아니었고, 이스라엘의 죄 때문이었다. 유다 왕국에 아달랴라는 악한 여왕이 통치한 일이 있었다(왕하 11). 그는 아합의 아내 이방 여인 이사벨의 딸로서 폭력을 행사하고, 그의 손자들까지 죽이고, 유혈의 방편을 통해 유다의 왕위를 얻어 6년을 다스렸다. 그는 분명히 하나님의 뜻을 거슬러 폭력으로 그 자리를 차지했다.

그리스도와 신약시대에 이르러 교회 안에 공식적인 직분을 가진 분들은 모두 남자였다는 사실을 보게 된다. 그리스도는 그의 사도로 봉사할 열두 제자를 택했는데 이들이 모두 남자였다. 사도시대에 장로, 집사 등의 교회의 직분자로 택함을 받은 분들도 모두 남자들이었다. 어떤 여자들은 직분자들은 아니었지만, 사도들을 도운 것은 사실이다. 또한, 헌신적인 여자들, 막달라 마리아, 요안나, 수산나, 살로메 등이 주 예수님을 도왔다. 사도 바울이 브리스길라(행 18:26), 드루배나, 드로보사(롬 16:12)의 도움을 받았다. 바울이 로마서 16:1에 "겐그리아 교회의 일꾼"이라고 소개한 자매 뵈뵈도 있다. 여기 '일꾼'으로 번역된 희랍어는 뒤에 집사로도 번역되었다. 그래서 어떤 사람들은 그때 여자 집사가 있었던 것으로 이해를 하려 한다. 그러나 이 말의 원래의 뜻은 단순히 섬기는 사람이다. 후에 교회에 집사 직분이 세워진 후에 이 말이 직분인 집사로 사용된 것이다. 성경 다른 곳에 여자 집사를 찾아볼 수 없으므로 뵈뵈를 교회의 공식적인 집사로 보는 것은 합당하지 않다.

교회 내에 여자의 위치를 다루는 장절에서 성경은 하나님의 창조의 법을 말하고, 신약에서 그 타당성을 유지하고 있음을 잊지 않아야 한다. 하나님의 말씀은 하나님의 형상을 가진 자로서의 남녀의 동등권을 분명하게 가르친다(창 1:27). 신약성경은 신약 교회 안에서 남녀의 영적 동등권을 매우 분명하게 가르친다. 갈라디아서 3:28에 "너희는 유대인이나 헬라인이나 종이나 자유인이나 남자나 여자가 다 그리스도 예수 안에서 하나이니라."라고 하고, 베드로전서 3:7에서는 남편과 아내가 다 "생명의 은혜를 함께 이어받을 자"라고 한다. 요한일서 2:20에 따르면 남녀 신자들은 다 "거룩하신 자에게서 기름 부음을 받은 자"이다. 그래서 모든 신자는 남녀 다 신자들의 직분에 참여한다.

하지만, 또한, 하나님의 말씀은 남녀 간의 차이를 가르친다. 사도 바울은 교회 내 여자의 위치와 행위를 다루는 말씀에서 창조의 법령에 호소한다. 고린도전서 11:8에서 "남자가 여자에게서 난 것이 아니요, 여자가 남자에게서 났다"라고 하며, 고린도전서 14:34에서는 여자는 남편에게 "율법에 이른 것 같이 오직 복종할 것이요"라고 한다. 구약으로 돌아가 볼 때, 이 입장의 차이를 더욱 분명하게 지적해 놓은 것을 발견한다. 하나님은 남녀 창조 시에 여자를 남자(아담)의 '돕는 배필'이라고 하신다(창 2:18~24). 남녀 간의 자연적인 차이는 타락으로 인해 더욱 두드러지게 되었다(창 3:16). 하나님이 남녀를 은혜로 구속하시고 영적으로 서로 동일하나, 이 은혜가 창조 시에 주어진 뿌리 내린 이 차이를 제거하지 않는다. 이 차이가 교회에서 여자의 위치를 위한 큰 의미를 가진다(고전 11:3~15, 14:34~37, 딤전 2:11, 12).

2. 공적 신앙고백을 한 분

직분으로 부름을 받을 수 있는 분들은 교회에서 공적 신앙고백을 한 회원이어야 한다. 유아세례를 받은 회원들도 교회에 속하고 영적 돌봄을 받는다. 그러나 이들은 직분을 위해 부름 받을 자격이 아직 없고, 그리스도를 구주와 주로서 공적으로 고백하는 과정을 거쳤을 때야 부름을 받을 자격을 갖추게 된다.

하지만, 모든 공적 신앙고백 회원이 다 같이 직분을 위해 합당하지는 않고, 모든 분이 교회의 신성한 직분을 효과적으로 수행하기에 필요한 자질을 갖추고 있지는 않다. 직분자를 위한 성경적인 요구가 디모데전서 3:2~12, 디도서 1:5~9에 있다. 물론 이곳에 언급된 자질이 모든 사람에게 충분히 발견되지는 않는다. 하지만 당회는 직분자를 공천할 때 이것을 마음에 간직하고 이 자질을 가장 충분히 갖춘 분들을 천거해야 한다.

3. 공식적인 부름에 대한 요구

공식적인 부름을 받고 임직 되었거나 취임을 받은 자들만 교회에서 직분자로 행사해야 한다. 특별히 16세기 교회개혁 당시에 말씀봉사자(목사)로 청빙을 받지 않은 자들이 설교를 하고, 지역을 누비는 일들이 많이 있었다. 로마교회를 떠난 소위 성직자들이 그러했고, 재세례파에 속한 분 중에 특별한 성령의 조명을 받았다고 하는 분들이 여러 지역에 다니며 설교를 하는 일들이 많았다. 이들 가운데는 정상적인 신학교육을 받지 않은 분들이 많아 교회에 큰 해를 가져왔다. 한국교회 역사에서도 신학교육을 받지 않은 분들이 특별한 은사를 받았다고 하여 설교자로, 부흥사로 등장하여 교회에 큰 해를 가져온 일이 자주 있었음을 보게 된다.

어떤 분이 우리 교회에서 말씀을 전하고 성례를 베풀 수 있는가? 본 3조에서 명시한 대로 공식적으로 교회의 부름을 받고 임직된 분만 말씀을 전하고 성례를 베풀 수 있다. 구약시대의 직분자들은 모두 하나님의 부름을 받고 직분을 맡게 되었다. 사도들은 그리스도로 말미암아 직접 부름을 받았다. 거짓 선지자들과 거짓 사도들은 하나님으로부터 어떤 부름도 받지 않았다(렘 23:21~32, 요 5:43). 하나님으로부터 부름을 받고 보냄을 받은 자들은 하나님의 권위를 가지고 나타났다(사 6:8, 롬 1:1, 엡 1:1). 사도들과 그들을 돕는 자들이 그리스도의 '일꾼'(골 1:7), '그리스도의 사신'(고후 5:20)이라 불렸다. 사도들과 그들을 돕는 분들은 자신들의 권위나 사람들의 권위로 오지 않고, 오직 하나님의 권위로 왔기 때문에 회중은 그들에게 순종하고 존경해야 했다. 히브리서 13:17은 "너희를 인도하는 자들에게 순종하고 복종하라."라고 하고, 데살로니가전서 5:13에 "그들의 역사로 말미암아 사랑 안에서 가장 귀히 여기며 너희끼리 화목하라."라고 했다.

성경은 분명히 선지자들과 사도들에 대한 하나님의 부르심을 강조한다. 이는 그들을 계승하는 자들에 관해서도 마찬가지다. 그들도 하나님의 보내심을 받고 성령의 부르심을 받았다. 사도 바울은 에베소 교회 장로들에게 "성령이 그들 가운데 여러분을 감독자로 삼고 하나님이 자기 피로 사신 교회를 보살피게 하셨느니라."(행 20:28)라고 했다(고전 12:28, 엡 4:11 등 참조). 말씀을 전하기 위해서는 보냄을 받아야 한다. 로마서 10:15에 "보내심을 받지 아니하였으면 어찌 전파하리요"라고 했다. 어떤 분도 자기 자신의 권위로 이 일을 할 수 없다. 히브리서 5:4에서 "이 존귀는 아무도 스스로 취하지 못하고 오직 아론과 같이 하나님의 부르심을 받은 자라야 할 것이니라."라고 한다.

교회에서 회중의 선택을 받지 않고 집사, 혹은 장로의 일을 하려고 주장하는 분이 있다면 우리는 그 사람에 대하여 어떻게 생각할 것인가? 아무래도 회중은 그를 비정상적으로 생각할 것이고 수용하지 않을 것이다. 하지만 이상하게도 말씀을 전하는 일에서 역사상 이런 비정상적인 일이 수없이 일어났고, 이로 말미암아 교회가 영적인 큰 손실을 입어왔다. 한국 교회사를 뒤돌아볼 때 1950년대에 말씀의 사역자로 청빙을 받지 않은 자들(박태선 등)이 설교자로 등장하여 한국 교회에 큰 영적 재앙을 가져왔다.

모든 신자가 복음을 전하고 증거할 사명을 가지고 있다고 주장하는 것은 성경적이다. 모든 신자는 선지자적, 제사장적, 왕적 사명을 기본적으로 가지고 있기 때문이다. 그러나 하나님으로부터 확실한 사명을 받은 자들만이 주의 권위와 이름으로 복음을 전하여 "이 사람에게는 사망으로부터 사망에 이르는 냄새요, 저 사람에게는 생명으로부터 생명에 이르는 냄새"(고후 2:16)를 내며 등장할 수 있다(사 43:10, 눅 10:16, 고후 2:14~17).

말씀 봉사를 위한 특별한 부르심은 사도들의 경우처럼 더 이상 직접적이고 비상한 수단으로서가 아니다. 당시의 환경은 교회의 초기로서 비상한 상황이었다. 비상한 환경이 지나갔을 때 하나님은 일반적인 방법을 사용하신다. 말씀의 봉사직으로 부르시는 일반적인 방편은 내적 부르심과 외적 부르심을 포함한다.

내적 부르심은 하나님께서 그를 복음의 봉사자가 되게 하실 것이라는 개인적인 확신이라고 말할 수 있다. 교회 법학자인 바우만(H. Bouwman)은 내적 부르심에 대한 본질적인 다섯 요소를 들었다.[3] 요약하면 첫째, 하나님과 그의 나라를 섬기고자 하는 끊임없는 사랑과 소원, 둘째, 목사 직분에 필요한 재능 은사 능력의 소유, 셋째, 자기 부인, 곧 자기의 생각을 따르지 않고 주께서 지시하면 무엇이든 그의 종으로 그의 뜻만을 순종하고 따를 자세, 넷째, 자기의 명예와 이익을 위해서가 아니고 오직 하나님의 나라와 그의 영광을 위한 목적, 다섯째, 자기가 소원한 목적에 이르도록 길이 열림 등이다.

하지만, 이 내적 부르심은 외적 부르심을 통해 하나님의 추인을 받아야 한다. 사람은 항상 자기가 하나님의 부르심을 받았다고 느끼지만, 그의 느낌이 잘못일 수 있다. 그의 감정과 욕망이 실제 하나님의 부름을 받았다는 증표라는 것을 어떻게 알 수 있을까? 이는 그가 느끼고 믿은 내적 부르심에 더하여, 하나님이 그의 교회 중 한 교회를 방편으로 해서 그를 말씀봉사자로 부를 때에야 확신할 수 있다. 이것을 외적 부르심이라고 한다.

하나님은 신약시대에 교회를 통해 그의 종들을 말씀과 성례의 봉사를 위해 부르신다는 것은 분명하다. 예수를 배반한 가룟 유다가

---

[3] H.Bouwman, Gereformeerde Kerkrecht, II, 1934, pp.368-370

남긴 한 사도의 자리를 채우려 했을 때 사도행전 1:23~26은 이렇게 말한다. "그들이 두 사람을 내세우니 하나는 바사바라고도 하고 별명은 유스도라고 하는 요셉이요, 하나는 맛디아라. …… 제비를 뽑아 맛디아를 얻으니 그가 열한 사도에 들어가니라." 고린도후서 8:19에는 바울은 "여러 교회의 택함을 받아 우리가 맡은 은혜의 일로 우리와 동행하는 자라."라고 한다. 누구도 교회의 임명(택함)을 부인하고 스스로 복음 사역의 직분을 취할 수 없다. 비록 신학교에서 가르치는 교수라 할지라도 말씀의 봉사를 위해 청빙을 받지 않은 분은 아무리 풍부한 신학지식을 갖추었다 해도 말씀과 성례의 봉사는 허용되지 않은 것이 개혁교회의 전통이었다. 지난날에는 목사가 아니면서 신학 교수로 봉사하는 일들이 있었다. 현재는 고전어 등 특수한 과목을 가르치는 분들 외에 신학을 가르치는 분 중에는 목사로 봉사한 일이 없는 분들이 거의 없다. 말씀봉사자로 세움을 입었던 이력을 가진 신학 교수들은 신학 교수이기 때문이 아니라, 교회가 공인한 말씀봉사자이기 때문에 말씀과 성례를 봉사할 자격이 있다.

그렇다면 부르심과 임직을 받지 않고 말씀과 성례를 집행하는 자가 있을 때 어떻게 할 것인가? 본 조항은 그가 범한 오류에 관해 책망해야 한다고 한다. 물론 이것은 당회가 할 일이다. 지역교회 회원에 관한 모든 권징 시행은 그 지역교회의 당회의 소관이다. 범법자가 그의 길을 지속하면 당회가 지역회의 조언을 받아 그를 분리주의자로 선언할 것인지(이로써 교회 안에 분열을 일으킨 고로) 달리 벌을 주어야 할 것인지를 판단해야 한다.

우리 교회나 연대한 교회의 봉사자로 임직되지 않은 분이 우리 교회 강단 중 하나에서 설교를 하도록 허용되었을 때는 어떻게 할 것인가? 그의 교리적인 건전성에 의문이 있는 다른 교파의 목사가 우리교회 강단에서 설교하도록 허락이 된다면 어떻게 할 것인가? 현 한국 장로교회의 상황(2016)을 보면 이런 일이 자주 일어나고 있음을 본다. 어떤 장로교회의 강단에 다른 장로교회 교파에 속한 목사뿐 아니라, 심지어 침례교회나 하나님의 성회에 속한 목사가 초청을 받아 설교하는 사례도 적지 않다. 이런 경우에는 그 지역회가 그 교회(당회)에 경고하고 책망해야 한다. 이것이 도움이 되지 않으면 더욱 과감하게 조처해야 한다. 이 점에 있어서 해이한 태도는 궁극적으로 말씀의 강단을 모든 종류의 잘못된 교리에 문을 여는 결과를 초래할 것이다.

결과 개혁교회의 당회는 말씀 봉사의 강단을 지키는 데 신중을 기울여 오고 있다. 혹 손님으로 온 외국에 있는 자매교회의 목사라 해서 강단에 바로 초청하는 일이 없다. 그가 속한 그 자매교회의 외국 교회 친교위원회가 발행한 설교자로서 무흠하다는 증명을 제시할 때에만 강단이 허용된다. 본 교회의 목사가 특별한 사정(휴가, 병)으로 강단을 비우게 될 때, 예배 시 장로, 혹은 집사는 그 교회의 목사 혹은 같은 연대하고 있는 자매교회 목사의 설교를 읽는다. 장로 혹은 집사가 스스로 교훈적인 말로 설교를 대신하는 일이 없다. 높은 교육을 받은 훌륭한 분일지라도, 신학교육을 받지 않고 교회로부터 말씀 봉사의 공인을 받지 않는 분이 설교에 유사한 교훈적인 말을 할 때는 오류를 범할 위험이 언제나 있을 수 있기 때문이다.

제 4 조
직분으로 부름 받는 과정

1. 직분으로 부름에 있어서 당회는 적어도 선택되어야 할 수의 배수의 공천을 회중에게 제시해야 한다. 특별한 경우에 당회는 이 규칙을 벗어난 이유를 밝히면서 선택되어야 할 수의 배수 이하를 공천할 수 있다.
2. 공천하기 이전에 당회는 회중에게 합당한 인물에 주의를 기울이게 하여 당회에 서면으로 알릴 기회를 줄 수 있다.
3. 회중에 의한 선거는 기도 후에 당회에 의해 제정된 규칙을 따라 당회의 감독 아래 시행되어야 한다. 투표할 권리는 공적 신앙고백을 한 무흠한 남녀 회원들로 제한되어야 한다.
4. 각 직분으로 선출된 분들의 임직 혹은 취임 전에 당회는 회중의 찬성을 얻기 위해 그들의 이름을 최소한 두 주일 연속 공표해야 한다.
5. 공표 후 아무 법적 장애가 없으면 임직 혹은 취임이 공 예배 중에 정해진 의식문을 사용함으로 행해야 한다.

1. 당회에 의한 공천

제4조는 이제 직분으로 부름에 있어서 당회는 "적어도 선택되어야 할 수의 배수의 공천을 회중에게 제시해야 한다."라고 한다. 교회의 모든 정치적 문제에 있어서 교회를 인도하고 다스릴 당회의 권리와 책임이 여기 충분히 나타나 있다. 하지만 직분으로 부름은 당회와 교회 회중의 협력적인 사역이요, 양자의 배후에는 교회의 머리요, 왕이신 그리스도가 계신다. 결국, 그리스도께서 그의 교회의 모든 직분자들을 부르시고 세우신다. 직분으로 부름에 있어서 회중의 협력은 성경의 충분한 지지를 받는다. 로마교회와 감독주의 교회에서는 고위 직분자들이 회중과 어떤 논의도 없이 새 직분자들을 세운다. 원래의 루터파 교회는 정부가 교회의 직분자들을 선택하게 했다. 회중교회 체제에서는 회중이 직접으로 직분자들을 임명한다. 그러나 개혁교회와 장로교회 체제에 따르면 이미 임직된 직분자들의 지도와 감독하에 회중의 투표로 직분자들을 선택한다. 이것은 성경적이다. 성경은 선택과 추천에 관한 지도적 역할을 직분자들에게 돌리고 있다. 사도행전 6:3에 구제에 봉사할 일곱 사람을 세우려 할 때 사도들은 "형제들아, 너희 가운데서 성령과 지혜가 충만하여 칭찬 받는 사람 일곱을 택하라. 우리가 이 일을 그들에게 맡기고"라고 했다. 사도 바울은 디도서 1:5에서 디도에게 "내가 너를 그레데에 남겨 둔 이유는 남은 일을 정리하고 내가 명한 대로 각성에 장로들을 세우게 하려 함이니"라고 했다. 하지만 당회가 행사하는 조정과 지도의 의무와 공천권은 교회를 통해 그들에게 왔다는 것을 알아야 한다. 그리스도는 먼저 그의 교회(회중)에게 권한을 인정하시고, 다음으로, 파생된 의미에서 당

회의 권한을 인정하신다. 교회를 처음 조직할 때를 기억함으로 이 진리를 분명하게 알게 된다. 교회를 처음 조직할 때 신자들의 공동체인 회중이 직접으로 직분자들을 택한다. 이것이 회중의 고유한 권리가 아니면 할 수 없다.

하지만, 성경은 또한, 회중의 협력을 잘 알려주고 있다. 사도행전 1:23에 의하면 일백이십 명의 신자들의 집단이 가룟 유다를 대신하여 사도로 세우는 일을 위해 두 사람을 내세우는 일에 사도들과 협력했다. 사도행전 6:1~6에 따르면 사도들이 구제를 맡을 일곱 사람(집사)을 세우기 전에 회중이 그들을 선택했다. 사도 바울은 고린도후서 8:19에서 "여러 교회의 택함을 받아" 그와 동행하며 봉사하는 사역자에 대해 언급했다.

제4조 1항은 당회가 교회에 필요한 직분자를 부름에 있어서 어떤 과정을 밟아야 하는가를 말하고 있다. 보충되어야 할 공석된 수를 위해 당회는 적어도 그 배수를 회중에게 공천해야 하고, 이들 가운데서 회중이 필요한 수를 택한다. 공천의 책임은 당회에 맡겨져 있다. 장로와 집사를 부름에 있어서 보충할 공석의 배수를 회중에게 제시하는 것이 공통된 관습이다. 그러나 규칙은 당회가 필요한 수의 배 이상을 추천하는 것을 허용하고 있다. 그러나 일반적인 환경에서는 당회가 적어도 선택될 수의 배를 제시해야 한다.

그러나 본 조항은 예외를 허용하고 있다. 특별한 환경에서 선택될 수의 배수보다 적은 수의 공천을 할 수 있다고 한다. 가끔 새로 조직된 교회에서와 적은 교회에서 두 장로가 필요하나 당회가 네 사람의 후보를 공천하기 어려울 때가 있다. 이럴 때 당회는 네 후보가 아닌 세 후보를 회중에게 제시할 수 있다. 이는 물론 집사를 선택하게 되는 경우도 마찬가지이다. 이럴 때 회중은 세 후보 가운데 두 분을 택할 수 있다. 물론 이는 당회가 선한 양심으로 달리할 수 없을 때 취하게 되는 조처이다.

2. 공천을 위한 회중의 협력

제4조 2항은 당회가 교회 회원들에게 직분에 합당한 분들의 이름을 제시할 기회를 줌으로 후보를 선정하는 과정에 관여하게 할 수 있다는 것을 명시하고 있다. 그러나 교회 질서는 이것은 당회의 선택문제로 돌리고 있다. 당회는 회원들이 당회에 합당한 분들의 이름을 제시할 기회를 줄 수 있으나, 꼭 그렇게 해야 할 의무는 없다. 하지만 당회가 이렇게 하는 것이 바람직하고 지혜로운 일이다. 특별히 큰 교회에서는 당회가 합당한 인물을 추천하는 책임 있는 과업을 수행하는 일에 도움을 얻을 수 있고, 회중에게 자기들의 마음을 나타낼 수 있는 합법적인 길을 제공할 수 있기 때문이다.

그럼 당회는 어떤 방법으로 회중이 합당한 분들의 이름을 제시할 기회를 줄 수 있는가? 당회는 공천하기 수주 전에 회중에게 그들이 합당하게 여기는 분들의 이름을 서면에 밝혀 당회 서기에게 주거나 우송하도록 요구할 수 있다. 이 서면에는 그 이름을 제시하는 근거를 밝히고 서명함으로 자기 신원을 밝혀야 한다.

3. 당회의 책임 아래 회중의 선거

직분자 선택을 위한 회중의 선거는 당회의 감독 아래 시행된다. 당회는 선거의 목적을 위해 회중의 회의를 소집한다(제38조 참조). 이때 주목할 점은 교회에서 행해지는 선거는 당회의 감독 아래 행하여야 한다. 회중이 독자적으로 모이고 행동하지 않는다. 선거는 당회의 완전한 감독 아래 행해진다.

우리 규정에 '기도 후에' 라는 말이 포함되어 있다. 이는 회중의 회의에서 할 기도를 가리킨다. 목사든 장로든 집사든 교회의 직분자로 봉사하게 될 분들의 선택은 매우 중요하다. 이 기도는 회중의 회의가 소집되기 전 공적 예배에서뿐 아니라, 선거하게 되는 회의 때도 선거 직전에 하는 것이 마땅하다.

교회 개혁시대인 16세기의 교회 질서에는 '앞선 금식과 기도 후에' 라는 말이 있었다. 이것은 특별히 목사를 부르는 일과 관련되어 있었다. 오늘날은 교회에 정규 신학교육 기관이 있어 정상적인 교육을 받고, 교회의 공식적인 시험을 거쳐 부름을 받은 자격자로 선언된 분 중에서 선거하고 부르게 된다. 하지만 16세기에는 이런 제도가 없었기 때문에 건전하고 신실한 목사를 찾기 힘들었다. 그래서 이런 목사를 부르기 위해서는 회중이 금식하고 기도했다. 오늘날 교회의 환경은 그때와는 매우 달라졌지만 건전하고 복음진리에 신실한 말씀봉사자를 맞이하기 위해서는 당회와 회중의 간절한 기도가 앞서야 할 것이다.

4. 당회의 기존 규칙에 따른 선거

선거는 "당회에 의해 제정된 규칙에 따라" 행해져야 한다. 본 교회 질서는 각 당회가 회중의 회의에서의 선거를 위한 간명한 규칙을 가지고 있다는 것을 전제한다. 회중이 교회의 직분자들을 선택하기 위해 모였을 때 불공평한 일이나 독단이 있어서는 안 된다. 이를 피하기 위해서는 일련의 규칙이 필요하다. 교회는 어떤 관습에 맡기거나 자의적으로 하지 않아야 한다. 선거 전에 정상적인 공천이 선언되어야 하고, 선거는 무기명 투표로 행해져야 하며, 과반수의 표를 얻은 분이 당선된 것으로 인정되어야 한다. 이와 같은 규칙은 교회 질서에서는 발견되지 않는다. 선거관리를 위한 한 간단한 규칙이 마련되어야 한다. 회의에서 여러 가지 어려운 문제들이 일어날 수 있다. 예를 들면 채워져야 할 공석의 수보다 더 많은 형제가 과반수의 투표를 얻을 수 있다. 이를 어떻게 할 것인가? 한 직분의 자리를 위해 두 후보가 동수의 표를 얻었을 때 어떻게 할 것인가? 이런 문제는 회중에 의해 결정될 수 없다. 당회가 치리 기관이요, 회중은 치리 기관이 아니기 때문이다. 당회는 이러한 경우들을 위한 영구한 규칙을 갖추고 있어야 한다. 이럴 때 일반적인 규칙이나 관습으로 해결하려 해서는 안 된다.

다음은 한 예로 제시한 규칙이다.[4]

회중의 모임에서 직분자 선택을 위한 규칙

1조. 이 교회의 직분자들은 다음과 같은 일련의 규칙의 조항에 포함된 규칙을 준수하여 교회 질서의 규정을 따라 선택되어야 한다.

2조. 목사 직분은 공석이 일어날 때마다, 장로와 집사의 직분은 매년 가을에 당회는 관련된 직분을 위한 후보를 공천해야 한다. 교회 질서 제4조 1항과 일치하게 공석을 채우기에 적어도 필요한 수의 배수가 공천되어야 한다. 공천은 적어도 두 주 동안 공고되어야 한다. 선거가 있기 전에 회중으로부터 제기될 수 있는 반대를 다루기 위해 적어도 한번은 당회가 모여야 한다.

3조. 장로 집사를 위한 정기적인 선거에 관하여, 당회는 11월 후반기에 투표할 자격이 있는 모든 회원을 회중의 모임에 초청해야 한다. 투표할 자격이 있는 회원들의 수가 기록되어야 한다. 의장은 공천된 자들을 한 번 더 공고한다. 투표는 항상 무기명 투표로 한다.

목사직에 관해서는 공석이 생길 때 선거를 위해 회중의 모임을 소집해야 한다.

4조. 투표한 분들의 과반수를 얻을 때 선택된다. 기권표는 전수에서 제외되어야 한다. 표의 수가 짝수일 때 유효표의 반 더하기 한 표가 과반수를 이룬다. 유효표의 수가 홀수일 때 예를 들면 15표의 과반수는 8표이다.

공석을 채우는 데 필요한 이상 많은 형제가 표의 과반수를 얻는

---

[4] I Van Dellen, M. Monsma, The Revised Church Order Commentary, A Brief explanation of the Church Order of the Christian Reformed Church, Zondervan, Grand Rapids, 1967, pp.35-36

경우, 가장 많은 표수를 얻은 분들이 선택된 것으로 보아야 한다. 형제들 간에 동수의 표가 되고, 그들 중에 한 분만 선택되어야 할 때는 둘 사이에 한 번 더 투표하게 된다. 그 결과가 다시 동수이면 제비를 뽑는다.

5조. 선거의 결과는 적어도 두 주간 동안 공고하게 되고, 그 후에 있을 수 있는 반대를 받아 고려하기 위해 당회가 모여야 한다. 한두 공석을 위해 재선거를 해야 한다면 같은 일반 규칙이 준수되어야 한다.

6조. 장로, 집사의 취임은 일반적으로 신년 첫 주일에 한다. 새로 선택된 직분자의 봉사 기간은 그의 임직으로 시작되고 그의 봉사 기간 끝에 계승자가 임직 하자마자 끝나게 된다. 말씀봉사자는 도착 후, 정규 혹은 특별 예배에서 취임하게 된다.

7조. 연중에 생기는 공석은 앞의 규칙을 따라 보충되어야 한다. 만일 연말이 가까우면 당회는 정기적인 선거까지 기다리기로 결의할 수 있다.

8조. 절차상의 방법에 대한 반대는 동일한 회에서 제기되어야 한다. 같은 회에서 이런 반대를 드러내지 않는 자들은 그들의 항의 권한을 잃는다.

5. 임직과 취임

목사의 임직은 그의 목사직의 시초에 단지 한 번만 있다. 한 번의 임직 후에 그는 다른 교회에서 목사직을 계속할 수 있다. 임직과 취임은 공예배시에 행한다. 회중은 목사를 그 교회의 직분자들인 당회를 통해 불렀다. 목사, 장로, 집사는 주의 교회를 섬기기 위해 선임된다. 그러므로 직분자들은 회중이 있는 곳과 예배로 모일 때 그의 백성과 함께하시는 하나님 앞에서 엄숙한 서약을 하고 중한 책무를 시작해야 한다. 하나님의 백성이 모두 공식적인 예배로 모이는 것은 주일이다. 그러므로 임직과 취임은 주일 예배 시에 하는 것이 가장 바람직하다. 직분의 임직이나 취임을 친지로부터 축하받을만한 일로 보고 주일이 아닌 평일에 하는 것은 교회 중심 생활에서 벗어난 일이다. 한국 교회에 정착된 이런 관습은 교회의 봉사직분을 하나의 명예로운 자리로 보게 하고, 교권을 신장시키는 결과를 낳게 하며, 직분의 속화를 초래할 위험을 안고 있다.

직분으로의 부름의 본질은 실상 회중으로부터의 선택에 있고 공적인 임직과 취임에 있지 않다. 비상 시대에는 공적인 임직과 취임 의식의 기회를 가질 수 없는 때도 있다. 교회 개혁을 하던 16세기, 특별히 박해시대에 있었던 경우를 들 수 있다. 당시에 가끔 공적인 임직과 취임 의식이 생략되었다. 네덜란드의 유명한 목사요, 신학자인 푸티우스(Gisbertus Voetius)는 네덜란드 정부의 간섭 때문에 휴스던 교회의 목사로 공식적으로 취임하지 못했지만, 목사로 봉사했다. 하지만 환경이 정상일 때 임직과 취임 의식이 생략되지 않아야 한다. 어떤 분이 공적으로 목사로 취임하지 않는 한, 한 교회의 목사로 간주되지 않아야 한다. 우리는 임직이나 취임을 로마교회처럼 성례로 보지 않는다. 개혁교회 정치에 따르면 이는 한 선정된 목사가 전 회중이 있는 곳에서 공개적으로 그의 직분을 받고, 이로 인해 그가 또한, 공적으로 그의 신성한 직분에 취임한다는 의식이다.

6. 교회적 의식문 사용

임직이나 취임에 있어서 '정해진 의식문'을 사용해야 한다. 이것은 매우 중요하다. 교회의 직분에 취임하는 것은 매우 중요함으로 장엄한 취임의식이 바람직하다. 이와 같은 일은 개인의 생각이나 기분에 맡기지 않아야 한다. 일반적으로 장로교회는 집례자 개인에게 이를 맡기고 있다. 이것은 바람직하지 않다. 개혁교회는 처음부터 합당한 의식서를 초안하고 채용했다. 어떤 당회나 집례하는 목사도 고치지 못하게 되어 있다. 연대한 모든 교회는 이 의식서를 사용해야 한다는 것을 이해하고 있다. 이것은 모든 교회의 공식적인 모임인 총회에 의해 채용되었기 때문이다.

말씀봉사자인 목사의 임직을 위한 의식은 안수 의식을 포함한다. 오래전에는 안수 의식이 정해지지 않았고, 각 지역교회의 판단에 맡겼다. 로마교회에서는 이 안수 의식을 성례로 간주하였다. 많은 개혁교회가 이 관습에 반대했다. 로마교회는 안수로 말미암아 직분에 필요한 특별 은사를 받는다고 믿었다. 개혁교회 선진들은 이 오류를 두려워했다. 그러나 개혁교회는 1568년 공회에서 말씀봉사자의 임직을 위해서는 안수 의식을 도입하기로 결의했다. 그럼 이 장엄한 의식의 의미는 어디에 있는가? 개혁주의 교의학자 바빙크(H. Bavinck)의 다음의 말을 인용하는 것이 합당한 줄 안다. "선출된 형제가 합법적으로 하나님에게 부름을 받고 회중에 의해 하나님의 종으로 여겨진다는 회중 앞에서의 하나님 편의 엄숙한 공적 선언이다. 반면에 그 직분자는 이 근엄한 의식으로 그에게 주신 은사를 계발하고, 그 은사를 하나님의 영광과 회중의 안녕을 위해 사용하도록 격려를 받는다."[5]라는 것이다.

물론 모든 상징이 그런 것처럼, 이 안수의 상징도 그 자체는 무의미하다. 그 상징이 그와 그 교회에 어떤 의미를 갖게 하려면, 안수를 받는 그가 마음으로 신실해야 하고 참으로 하나님의 부르심을 받아야 한다.

7. 당회가 직분으로 부름

당회가 당선된 분들을 그들의 직분에로 부르고 그들의 이름을 공고했을 때, 당회는 그들의 임직 혹은 취임을 진행해야 한다. 이 항목은 임직하고 취임하게 하는 것은 당회라고 한다. 여기에는 목사도 포함된다. 여기 개혁교회와 장로교회의 차이가 있다. 장로교회에서는 노회가 목사를 임직하기도 하고 취임하게도 한다. 그러나 개혁교회는 이와 다르다. 교회들이 연대한 교회 안에서 서로 서로의 목사의 임직을 인정하는 데 동의한 것이 사실이지만, 목사도 장로와 집사와 같이 그들 각 교회의 직분자요, 지역회(장로교의 노회)나 총회의 직분자가 아니다.

또한, 이 조항은 회중의 모임에서 선거가 있었던 후 당회는 공식적으로 회중의 모임에서 선택된 분들을 공적으로 그 직분으로 부르는 것을 당연한 것으로 여긴다. 회중에 의한 선거는 공식적인 부름이 아

---

[5] H. Bavinck, Gereformeerde Dogmatiek, vol. 4, J.H. Kok, p.418

니다. 당회가 회중의 모임에서 선택된 분들을 부를 의무가 있으므로 당회가 공식적인 부름을 발표해야 한다. 왜냐하면, 당회가 이런 이해를 가지고 선거를 위해 공천자들을 제시했기 때문이다.

나아가, 당회는 선출되고 부름을 받은 분들의 이름을 회중에게 적어도 두 주 연속 공고해야 한다. 그 후 아무런 유효한 반대가 없으면, 선택된 형제들은 임직 혹은 취임하게 된다. 목사로의 부름은 평생을 위한 것이다. 목사는 그들의 모든 시간과 재능을 가지고 복음 사역을 위해 평생 구별된다. 취임은 장로와 집사처럼 목사에게도 속한다. 직분에 부름을 받은 분들은 근엄한 의식문의 사용과 의식으로 직분에 임하게 된다.

> 제 5 조
> 신앙고백 동의 서명 양식서에 서명
>
> 교회의 모든 직분자(말씀봉사자, 장로, 집사, 교수)는 당회, 지역회, 총회의 규정에 명시된 동의 공식문서에 서명함으로 개혁교회의 신앙고백서에 동의를 나타내어야 한다. 이렇게 하는 것을 거절하는 분은 직분에 임직되거나 취임되지 않아야 한다. 직분을 봉사하는 중에 동의 서명한 신앙고백을 이탈하는 분은 이 때문에 당회에 의해 정직되어야 하고, 지역회는 그를 받아들이지 않아야 한다. 만일 그가 완고하게 나가면 면직되어야 한다.

직분에 부름을 받은 분들이 언제 공식 문서에 서명함으로 신앙고백서에 동의를 나타낼 것인가? 당회, 지역회, 총회의 규정에 명시된 때에 하게 된다. 당회는 모든 직분자들, 목사, 장로, 집사로 하여금 공식문서에 서명할 것을 요구한다. 이 서명은 당회가 결정한 대로 명시된 때에 하게 된다. 일반적으로 임직 혹은 취임 시 구두로 서약한 후 첫 번째 모이는 당회에서 서약한 것을 공식 문서에 서명함으로 확인하는 것이다. 한국 장로교회는 임직 혹은 취임식 때 구두로만 서약한다. 이런 관습은 서약이 형식적인 과정으로만 끝날 위험이 있다.

이것이 한국 장로교회가 교리문제에 약한 하나의 이유일 수도 있다. 지역회, 총회에서는 회의를 시작하면서 대의원으로 참석한 분들이 명시된 규정에 따라 공식문서에 서명함으로 신앙고백에 동의를 표하기도 하고, 의장의 물음에 응답함으로 이를 대신하기도 한다.

1. 신앙고백에 대한 동의의 역사

개혁교회 역사 초기에는 직분자들에게 신앙고백에 동의를 나타내는 공식문서에 서명을 요구하지 않았다. 이것이 생기게 된 것은 아르미니우스(Arminius)의 잘못된 가르침이 네덜란드 교회 내에 영향을 끼쳐 교리적인 혼란이 일기 시작한 때부터였다. 1608년에 지역회 중 하나인 알크마르(Alkmar) 지역회가 공식 문안을 작성하고, 모든 목사와 교수는 신앙고백(벨기에 신앙고백과 하이델베르크 교리문답)에 동의를 표하는 공식문서에 서명하도록 결의했다. 곧 다른 지역회들이 이 모범을 따랐다. 최종으로 1618~1619년에 모인 도르트 총회(the Synod of Dordrecht)는 제164회기에 모든 교회를 위한 공식 서명 문서 작성을 위한 위원회를 임명하고, 이 위원회가 작성한 서명 문서를 받아들였다. 도르트 총회가 모든 교회를 위해 이렇게 한 이유는 아르미니우스주의자들이 벨기에 신앙고백과 하이델베르크 교리문답에 서명하면서도 개혁교리를 이탈하고 그릇된 교리를 주장했기 때문이다. 도르트 총회에서 받은 문서의 내용은 거의 변함없이 오늘까지 개혁교회에서 사용되고 있다. 이 총회는 벨기에 신앙고백과 하이델베르크 교리문답뿐 아니라, 도르트 신경으로 알려진 아르미니우스 주의를 반대하는 5개 항목에 포함된 교리적 해설과 공표에 대한 동의도 요구했다. 서명을 위한 공식문서의 내용은 다음과 같다.

"우리 서명인들은 이 서명으로 개혁교회의 신앙고백과 교리문답에 포함된 모든 항목과 교리적 요점들이 도르트 전국 총회(1618~1619)에 의해 작성된 앞에 언급한 몇 교리의 해설과 함께 하나님의 말씀과 완전히 일치한다는 것을 진심으로 믿고 확신한다는 것을 진지하게 선한 양심으로 주님 앞에 선언한다. 그러므로 우리는 우리의 공적 설교와 글로 직접적으로나 간접적으로 전술한 교리를 부인하지 않고, 그 교리를 부지런히 가르치고, 신실하게 옹호할 것을 약속한다. 나아가, 우리는 이 교리를 방해하는 모든 오류와 특별히 위에 언급한 총회에 의해 정죄를 받은 자들을 거절할 뿐 아니라, 이들을 논박하고 부정하며, 이런 오류로부터 교회를 지키기 위해 노력할 것을 선언한다. 그리고 이후에 앞서 언급한 교리에 관해 우리 마음에 어떤 어려움이나 다른 생각이 생긴다면 우리는 먼저 그것에 대한 고찰을 위해 당회, 지역회, 총회에 알릴 때까지 공적으로나 사적으로 설교로나 글로 이를 제기하거나 가르치거나 변호하지 않을 것을 약속한다. 이때 우리는 당회, 지역회, 총회의 판단에 언제나 기꺼이 따르며, 그 판단을 거절할 경우에 그 사실 때문에 정직의 벌을 받을 것을 약속한다.

나아가, 언제라도 당회, 지역회 혹은 총회가 충분한 의혹을 근거로, 교리의 일치와 순수성을 보존하기 위해 신앙고백, 교리문답 혹은 도르트 신경의 어떤 특별한 항목에 관한 우리 생각에 대한 추가 설명을 우리에게 요구하는 것을 합당하게 여기면 앞서 언급한 벌을 받는 조건으로 이 요구에 언제나 순응할 것을 약속한다. 그러나 이때 우리가 당회 혹은 지역회에 의해 손상을 입은 것으로 믿는 경우에 항소권을 보유하고, 이런 항소에 대한 결정이 날 때까지 우리는 이미 통과된 결의와 판단에 따르기를 원한다."

2. 공식 문안의 네 가지 핵심적 내용

오늘까지 세계에 흩어져 있는 모든 개혁교회는 각기 당시의 공식 문서를 약간 현대어로 바꾸었을 뿐 원본 그대로의 공식문을 사용하고 있다. 그 내용은 네 가지 성격의 핵심내용을 포함하고 있다.

첫째, 서명자들은 일치신조에 대한 동의를 선언한다. 거기 언급한 개혁교회의 신앙고백은 귀도 드 브레에 의해 1561년에 작성된 벨기에 신앙고백을 의미하고, 교리문답은 1563년에 우르시누스(Zacharias Ursinus)와 올레비아누스(Caspar Olevianus)에 의해 써진 하이델베르크 교리문답을 가리킨다. 끝으로 언급한 몇 교리의 해설은 아르미누스 주의자들이 다섯 가지 개혁 교리에 대해 제기한 항론(抗論)을 정죄한 성경적인 해설을 의미한다.(이 때문에 아르미니우스 주의자를 항론파(抗論派)라고도 부른다.)

둘째, 서명자들은 일치신조에 나타난 교리를 열심히 가르치고 옹호하며, 이에 거스르는 오류를 물리치겠다는 약속을 한다.

식문자늘이 잘못된 교리를 품고 가르칠 수 있다. 사도 바울은 고린도 교회에 "사탄도 자기를 광명의 사자로 가장하나니, 그러므로 사탄의 일꾼들도 자기를 의의 일꾼으로 가장하는 것"(고후 11:14~15)이라고 하면서 거짓 스승의 등장에 대하여 경고했다. 나아가, 그는 에베소 장로들에게 '사나운 이리'가 교회에 들어와서 양 떼를 아끼지 아니하게 될 미래를 내다보고 경고하며 교회를 살피고 사도적인 교훈을 지킬 것을 명했다(행 20:28~31, 딛 1:10 참고). 직분자들의 사명은 주어진 진리를 열심히 가르치고 파수할 책임이 있다.

셋째, 선언의 형식으로 두 번째 약속을 한다.
서명자들이 마음속에 일치신조에 담긴 어떤 교리에 관해 어려움이나 혹 다른 생각이 일어날 수 있다. 이럴 때 그는 이를 공적으로 설교로나 글로 공표하지 않고, 먼저 교회회의(당회, 지역회, 총회)에 제시하여 정직이란 벌을 조건으로 그 판단에 순종할 것을 선언함으로 이를 약속한다.

넷째, 교회회의가 어떤 교리에 대한 의혹을 품고 설명을 요구할 때, 언제나 이를 수용하여 해명에 임할 것을 약속한다. 일치신조를 기반으로 연대한 교회들은 교리의 일치와 순수성을 보존할 사명을 가진다. 그런고로 어떤 서명자가 일치신조 속의 어떤 교리에 대한 의혹을 받을 때, 당회, 지역회, 총회는 그로부터 해명을 요구할 수 있다. 이때 그는 위에 언급한 정직의 벌을 받는다는 조건으로 교회회의의 요청에 응할 것을 약속한다.

3. 서명자의 범위

교회를 봉사하기 위해 부름을 받은 모든 직분자들 곧 말씀봉사자인 목사, 장로, 집사들과 연대한 교회들이 목사 후보생들의 교육을 위해 세운 신학교의 교수들이 서명의 대상자들이다. 교회들에 따라 목사를 위한 서명 양식문과 장로 집사의 그것을 달리하고 있지만 하나의 서명 양식문을 사용하는 것이 바람직하다.

그리고 지역회에 의해 교훈적 말씀을 전하기로 허락된 목사후보생들도 먼저 서명 양식문에 서명해야 한다. 교회의 부름을 받고 목사 직분을 위한 최종시험에 합격한 목사후보생은 허가 증서를 받기 전 시험 때에 서명 양식문에 서명해야 한다. 이 서명 행위는 매우 신중히 여겨져야 하고, 형식적인 절차가 되어서는 안 된다. 서명자는 무엇을 위해 서명하고 있는지를 알아야 한다.

B. 말씀봉사자

제 6 조

말씀봉사자 자격

1. 말씀 봉사의 승인을 위해서는 개혁교회가 인정하는 신학대학원에서 만족한 신학교육 과정을 수료해야 한다.

2. 다음과 같은 분들만 말씀 봉사의 직분으로 부름을 받을 수 있다.

　1) 연대한 교회들에 의해 부름 받을 자격이 있다고 공표된 분

　2) 연대한 교회 중 한 교회에서 말씀봉사자로 이미 봉사하고 있는 분

　3) 개혁교회와 자매 관계를 유지하고 있는 교회 중에서 부름 받을 자격이 있다고 공표되었거나 현재 봉사하고 있는 분

3. 부름을 받을 자격이 있다고 공표될 분

다음과 같은 분들만 교회 안에서 부름을 받을 자격이 있는 분으로 공표되어야 한다.

　1) 그들이 사는 지역회가 시행하는 준비 시험을 통과한 분

그 지역회에 의한 시험은 그 시험을 치르려는 분이 회원이 되어 있는 당회 에 의해 그 교회에서 좋은 평판을 가진 회원이라는 인증서와 개혁교회가 요구하는 신학교육과정을 성공적으로 이수했다는 것을 증명하는 데 필요한 서류를 제출하게 될 때만 시행된다.

> 2) 개혁교회와 자매교회 관계를 갖지 않은 교회에서 봉사한 분이 개혁교회의 목사가 되기를 원하면, 그는 지역회에 의해 그가 받은 신학교육과 말씀 봉사를 한 증거, 개혁신앙에 대한 지식과 견실함, 생활의 건전성에 대한 철저한 검증과 구두시험을 통과해야 한다. 이때 총회 대리위원들의 참석과 동의가 있어야 한다.

제6조 1항에서 개혁교회는 먼저 복음 사역을 위해서는 신학훈련이 필수적이라 본다. 목사직을 위한 만족한 신학 훈련과정을 마치지 않는 한 누구도 목사직에 허용되지 않아야 한다. 좋은 신학교에서 받는 좋은 교육이 필연적으로 좋은 목사를 만들지는 않는다. 최선의 신학교가 목사의 사역을 위해 결코 줄 수 없는 것들이 있다. 예를 들면 경건, 겸손, 영적 분별력, 지혜 등은 최선의 교육이 줄 수는 없는 것들이다. 신학훈련이 이런 자질을 어느 정도 계발할 수는 있으나 어떤 분을 경건하고 겸손하며 온건하게 만들 수는 없다. 개혁교회의 선진들은 이 사실을 잘 알고 있었다. 하지만 그들은 말씀의 봉사를 위한 학문적 훈련을 불필요하고 번잡스럽게까지 여긴 퀘이커 교도들, 재세례파에 속한 단체들의 신비주의적 입장에 동의하지 않았다. 이런 집단에 속한 어떤 분들은 성령께서는 그의 목적을 이루기 위해 학문을 필요로 여기시지 않는다고도 말했다.

그러나 개혁교회 선진들은 하나님의 은사와 하나님의 부르심 없이 단순한 신학적 훈련은 헛되다는 것을 인정했다. 하지만 그들은 또한, 하나님이 그의 영감으로 성경을 기록하게 하셨을 때 사용하신 언어에 대한 지식이 극히 중요하다는 것을 알았다. 나아가, 그들은 성경 원어를 통해 성경을 충분히 알고, 인간 역사와 이념에 대한 지식, 잘 훈련된 지성이 선한 목사의 사역을 위해 매우 필요하다는 것을 알았다. 예수님이 그의 제자들을 사도로 파송하기 전 삼 년의 훈련 과정을 갖게 하셨다. 바울은 하나님의 섭리로 하나님의 위대한 사역을 위해 부름을 받기 전 가말리엘의 제자로 철저한 일반 교육훈련을 받았다. 개혁교회 선진들은 사도 바울이 디모데에게 준 명령을 등한하지 않았다. "네가 많은 증인 앞에서 내게 들은 바를 충성된 사람들에게 부탁하라. 그들이 또 다른 사람들을 가르칠 수 있으리라."(딤후 2:2)

오늘 개혁교회가 신학교를 세워 목사 후보생들에게 철저한 신학 교육과정을 밟도록 하는 것은 교회의 주 그리스도의 뜻을 따르는 것이다. 연대한 교회들은 신학교를 세워 충성된 목사 후보생을 훈련할 사명을 가진다. 만일 연대한 교회들이 자력으로 신학교를 가질 형편이 못될 때는 동일한 신앙고백과 교회 질서를 가지고, 신학과 생활에 있어서 가장 가까운 다른 신학교를 선택하여 목사후보생을 파송하여 양육을 받게 할 사명이 있다.

제6조 2항은 말씀봉사자로 교회로부터 부름을 받을 수 있는 자는 첫째, 연대한 교회들에 의해 부름을 받을 자격이 있다고 공표된 분이라고 한다. 신학생이 연대한 교회(총회)가 운영하는 신학교나 교회

가 인정하는 신학교에서 교육과정을 성공적으로 마침으로 바로 목사 후보생이 되는 것은 아니다. 교회로부터 복음 사역을 위한 목사로 부름을 받을 법적 자격을 얻기 위해서는 자기가 적을 두고 있는 교회가 속해 있는 지역회에 의해 예비시험(Preliminary Examination)을 봐야 한다. 이것이 교회의 말씀 봉사에 나아가는 첫 관문이다. 이 시험을 통과하면 그 지역회는 교회가 그를 말씀봉사자로 부를 수 있다는 것을 공표하게 되고, 그는 부름을 받을 수 있는 목사 후보생이 된다. 이로써 교회는 그를 부를 수 있는 자유를 갖는다.

그런데 목사 후보생으로 공표하는 것은 그에게 아직 목사 직분의 허용을 의미하는 것은 아니다. 목사 후보생으로의 공표는 말씀과 성례의 봉사를 위해 교회가 부름을 신중하게 고려할 수 있는 분이라는 것을 공표한 것이다. 목사직의 허용 여부는 그가 교회로부터 부름을 받는지와 그가 부름을 받고 그것을 수용한 후 그 교회가 속한 지역회가 시행하는 포괄적인 최종 시험(final examination)을 성공적으로 통과하느냐에 달려 있다.

둘째, 말씀봉사자로 부름을 받을 수 있는 자는 연대한 교회 중 한 교회에서 말씀봉사자로 이미 봉사하고 있는 분이라고 한다. 어떻게 한 교회가 연대한 다른 교회에 봉사하고 있는 목사를 믿고 자기 교회의 목사로 부를 수 있을까? 이는 연대한 교회들의 교회회의인 지역회에 의해 신학과 교리에 대한 검증 (예비시험, 최종시험)을 거쳐 교회를 봉사해 왔기 때문이다.

셋째, 말씀봉사자로 부름을 받을 수 있는 자는 "개혁교회와 자매 관계를 유지하고 있는 교회 중에서 부름을 받을 자격이 있다고 공표되었거나 현재 봉사하고 있는 분"이다. 이것은 외국에 있는 자매 교회들 중에서 부름을 받을 자격이 있다고 공표된 분이나 현재 교회를 봉사하고 있는 분이 말씀봉사자로 부름을 받을 수 있다는 것이다. 외국에 있는 자매 교회는 같은 신앙고백과 교회 질서 위에 서 있는 교회이기에 이것이 가능하다. 이때 지역회에 의해 예비시험을 통과하여 부름을 받을 자격이 있다고 공표된 분은 부름을 받은 교회가 속해 있는 지역회에 의해 최종 시험을 봐야 한다. 그리고 현재 자매 교회를 봉사하고 있는 분은 지역회에 의해 시험에 가까운 심도 있는 대화(colloquium doctum)를 하여야 한다. 자매 교회는 서로 같은 신앙고백과 교회의 기본질서를 받고 있지만, 교회적 환경이 매우 다른 곳에서 살아왔으므로 이질적인 신학 흐름에 감염되어 있을 수 있고, 교회 생활에 대한 생각이 다를 수 있기 때문이다.

제6조 3항에는 부름을 받을 자격이 있다고 공표될 분에 관하여 언급한다.

첫째로 부름을 받을 수 있는 자격이 있다고 공표를 원하는 분은 그의 교회가 속한 지역회에 의해 시행되는 예비시험을 통과해야 한다. 이 시험은 원리적으로는 당회의 영역에 속한다. 개교회는 자립성과 교리와 생활에 대한 책임성을 가지고 있기 때문이다. 하지만 모든 교회 당회가 이런 시험을 수행하고 판단할 수 있는 입장에 있지 않기 때문에 교회 연대 관계로 지역회가 맡아 시행하게 된다.

예비시험을 보기 위해서는 두 가지 조건이 충족되어야 한다. 하나는 그가 속한 당회로부터 정직하고 하나님을 두려워하는 선한 평판이 있는 사람이라는 인증서를 제시해야 한다. 목사는 다른 사람들을 가르칠 수 있는 충성된 사람이어야 하기 때문이다(딤후 2:2). 다른 하나는 교회가 운영하는 신학교, 혹은 교회가 인정하는 신학교의 전 과정을 성공적으로 이수했다는 것을 증명하는 서류를 제출해야 한다. 이 두 가지 조건이 충족될 때, 그는 지역회에 의한 예비시험을 치를 수 있다.

예비시험은 학적인 면보다 실제적인 성격을 가진다. 학적인 것은 신학교에서 점검된 것이기 때문이다. 이 예비시험은 다음 몇 가지로 구성된다.

1. 이 시험을 위해 지역회가 지명한 대표자들과 후보자들과의 말씀의 사역을 추구하는 후보의 동기에 관한 대화.
2. 정해준 성경 본문에 대한 설교원고의 제출 및 설교. (후보자는 시험 3주 전에 설교 본문에 대한 통지를 받는다.)
3. 성경 지식에 대한 시험.
4. 구약 주해에 관한 후보자의 능력에 대한 시험.
5. 신약 주해에 관한 후보자의 능력에 대한 시험.

적어도 시험 2주 전에 시험관들은 후보자가 시험을 보게 될 신구약으로부터 각각 1장을 정해 준다.

6. 교회의 교리에 관한 시험.

이 예비 시험이 좋은 결과로 나타날 때, 후보자는 공식적으로 일치신조에 서명해야 한다. 그리고 그는 교회에 의해 부름을 받을 수 있는 자격이 있는 분으로 공표된다.

둘째로 본 교회와 자매 관계를 갖지 않은 교회에서 봉사한 말씀봉사자가 개혁교회에 회원이 되고, 목사로 봉사하기를 원하는 경우 그 가능성을 배제하지 않는다. 하지만 그를 바로 목사 직분자로 받아들이고, 개혁교회의 부름을 받을 수 있는 분으로 공표할 수 없다. 성경은 목사는 '충성된 사람'이어야 한다고 가르치며(딤후 2:2), 거짓 스승을 경계하라고 가르치고 있기 때문이다(행 20:29~30) 그러므로 이런 분은 개혁교회가 부름을 받을 수 있다는 공표를 하기 전 상당 기간 시험의 때가 요구된다. 그리고 그는 이 목적을 위해 규정된 교회의 일반적인 교회 규칙을 준수함으로 그가 사는 지역회에 의해 시험을 거치게 해야 한다. 이때 지역회는 그가 받은 바른 신학교육과 신실하게 말씀 봉사를 한 확실한 증거, 개혁신앙에 대한 지식과 견실함, 생활의 건전성에 대한 철저한 검증과 구두시험을 통과해야 한다. 이 시험에 총회의 대리위원들의 참석과 그들의 동의가 있어야 한다. 목사는 개교회에 속한 사역자이지만 그의 말씀의 사역은 연대한 모든 교회와 연관되기 때문이다. 지역회는 그가 합당한 개혁신학의 과정을 거치지 않은 것으로 밝혀질 때, 개혁교회의 목사로 부름을 받기 위해서는 교회가 인정하는 신학교에서 상당 기간(적어도 1년) 특별한 신학과목을 이수하도록 요청할 수도 있다. 그가 개혁교회 목사로 봉사하기에 합당한 분으로 증명되었을 때, 지역회는 그가 개혁교회의 부름을 받을 수 있는 것을 공표하게 된다.

제 7 조
말씀봉사자의 임직과 취임

A. 전에 목사로 봉사한 적이 없는 분에 대하여는 다음 사항이 준수되어야 한다.

1. 지역회가 그 부름을 승인한 후에만 임직되어야 한다. 지역회는 다음 사항을 조건으로 부름을 승인해야 한다.

   a. 그가 속한 교회 당회에 의해 인증된 후보자의 교리와 생활의 건전성에 관한 만족한 증거.

   b. 그를 부른 교회가 속해 있는 지역회가 시행하는 최종 시험에 대한 만족한 결과 제시.

   이 시험은 총회 대리위원들의 협력과 동의로 행해져야 한다.
2. 임직은 집례하는 목사에 의한 안수가 동반되어야 한다.

B. 목사로 봉사하고 있는 분에 대하여는 다음 조건이 준수되어야 한다.

1. 그는 지역회가 그 부름을 승인한 후에 취임되어야 한다.

목사는 이 승인뿐 아니라 취임을 위해서 그가 봉사했던 교회의 지역회에서 (혹은 그가 같은 지역회 내에 머물게 되는 경우에는 단지 그 봉사한 교회에서) 영예롭게 해임되었다는 당회와 지역회의 설명서와 함께 그의 교리와 생활에 대한 선한 증명서를 제시해야 한다.

> 2. 개혁교회가 자매교회 관계를 유지하고 있는 교회 중 하나에 봉사하고 있는 분을 부르기 위한 지역회의 찬동을 위해서는 개혁교회의 교리와 교회질서를 특별히 다루는 신중한 대화(Colloquium)가 요구된다.
>
> C. 나아가 부름에 대한 지역회의 찬동을 받기 위해 부르는 교회는 타당한 광고를 했고 회중이 그 부름에 찬동했다는 보고서를 제출해야 한다.

제7조 A는 전에 목사로 봉사한 적이 없는 목사 후보자의 임직에 관하여 다루고 있다. 여기서는 후보자가 예비시험을 통과하고 교회의 부름을 받은 것을 전제로 하고 있다. 예비시험을 통과함으로 목사 후보생은 아직 목사로 임직을 받을 모든 자격을 갖춘 것은 아니다. 그는 이제 그를 부른 교회가 속해 있는 지역회의 승인을 받아야만 그 교회의 목사로 임직을 받을 수 있다. 지역회의 승인을 위해서는 두 가지 조건이 만족되어야 한다.

첫째, 그는 그가 속해 있던 교회 당회가 발급한 교리와 생활에 있어서 건전하다는 것을 증거하는 확인서를 제시해야 한다.

둘째는 그가 부름을 받은 교회가 속한 지역회에 의해 시행된 최종시험(Peremptory Examination)에 만족한 결과를 제시해야 한다.

이 최종시험은 전 지역회 앞에서 구두로 치르게 된다. 이 시험의 결과에 따라 지역회는 그 후보자의 임직을 허락할 수도 있고, 허락하지 않을 수도 있다. 하지만 지역회의 허락으로 충분하지 않다. 후보자의 임직을 진행하기 위해서는 그 시험에 동석한 총회 대리위원들의 동의적 자문이 있어야 한다. 총회 대리위원들의 자문이 부정적이면 취임이 불가능하다. 이런 이중 점검 체제는 전 교회의 교리와 생활의 순수성. 그리고 영적 안영(安榮)을 위해 개혁교회가 고안해 낸 것이다.

지역회의 시험의 일반 질서

이 시험은 지역회가 모인 데서 행해진다. 이때 총회의 대리위원들도 동석한다. 한 후보자가 말씀봉사자로 취임하게 되는 일은 연대한 모든 교회들에게 관련되기 때문이다. 지역회의 시험관들이 물음을 마친 후, 총회의 대리위원들도 후보자에게 질문할 기회가 주어진다. 시험을 마치면 총회의 대리위원들은 그 자리를 떠나 따로 모여 그들이 제출할 자문서를 작성한다. 동시에 지역회는 자체의 결론을 낸다. 총회 대리위원들이 돌아올 때 그들의 자문을 듣게 되고, 그 자문이 지역회의 결과와 일치하면, 그 후보자는 시험에 통과되고, 그를 부른 당회는 취임예식을 진행할 수 있다는 결의를 하게 된다.

이 최종 시험은 예비시험보다 훨씬 길고 더욱 철저하다. 이 시험 역시 오로지 학적 성격을 띠지는 않는다. 이 시험의 목적은 그 후보자가 말씀 봉사의 각 분야에서 그를 부른 교회를 잘 섬길 수 있다는 것을 그들의 대표자들에 의해 확신케 하는 데 있다. 이 최종 시험에서 다루어지는 것은 다음과 같다.

1) 설교를 할 수 있는 능력: 지역회가 제시한 본문의 설교 원문을 시험 한 주 전에 제출한다.

2) 성경에 관한 지식

3) 신약 주석, 구약 주석: 적어도 시험 3주 전 후보는 그가 시험을 보게 될 신, 구약으로부터 각 1장이 제시된다.

4) 교회 역사

5) 교회의 교리

6) 개혁교회 신앙고백의 내용에 대한 지식

7) 교회질서

8) 봉사학, 예배의식, 교리교육 등

이때 제출해야 할 문서들은 다음과 같다.

1) 교회의 부름 서한

2) 부름의 수락에 대한 공표문

3) 예비시험을 통과했다는 증명

최종시험을 통과했을 때 후보자는 말씀봉사자를 위한 서명서에 서명해야 한다. 그리고 그는 말씀 봉사 직분의 허락에 관한 증서를 지역회로부터 받는다.

후보자가 최종 시험을 통과하지 못한 경우

지역회와 총회 대리위원들이 후보자의 시험 결과를 긍정적으로 보지 않았을 때, 적어도 얼마 동안 이 문제는 끝난 것이다. 이런 경우 몇 가지 가능성이 있다. 후보자가 말씀의 봉사직에 들어가는 것이 하나님의 뜻이 아님을 믿고 그의 후보 됨을 포기할 수 있다. 그를 부른 교회도 그 부름을 취소할 수 있다. 하지만 그 교회가 그 후보자를 계속 원하고, 후보자도 교회의 말씀봉사자가 되기를 계속 원하면, 지역회는 얼마 후에 재시험을 허락할 수 있다. 이 재시험은 적어도 몇 달 후가 되어야 한다. 당회는 재시험을 추구할 의무가 없고, 지역회도 이런 재시험을 허락을 의무가 없다. 당면된 문제가 개인적인 경건, 그리스도인의 생활 혹은 신앙의 건전성에 있다면 재시험은 허용되지 않아야 한다.

2. 처음 말씀 봉사에 들어가는 자에 대한 임직과 안수

후보자의 목사 임직은 위엄 있는 직분의 수용이고, 그를 부른 교회와의 공개적인 협약을 의미한다. 실제 부름은 직분으로의 선거에 있지만, 임직을 통해 그 부름이 효과를 나타내게 된다. 임직은 로마교회와 달리 성례가 아니다. 후보자는 이 임직을 통해 특별한 직분의 은사를 받거나, 평신도의 위치에서 성직자의 계급으로 옮기는 것도 아니다. 16세기 개혁 시대 초기에 임직 시에 직분의 은사를 전하고 받게 된다는 로마교가 가르치는 미신에 대한 경계 때문에 안수에 대한 반대가 있었다. 그래서 1559년 프랑스 개혁교회 첫 총회는 목사 임직 시에 안수하지 않기로 했다. 이후 임직 시 안수에 대한 문제는 교회의 자유에 맡겨졌다. 그러나 네덜란드 개혁교회는 1581년에야 목사직에 처음 들어서는 분들에게 안수를 추천하고, 1586년 헤이그 총회에서 처음으로 목사에 임직되는 분들에게 안수하는 법이 제정되었다. 이 안수는 말씀 봉사에 전적으로 헌신하는 표로 간주되었다. 하지만 장로와 집사의 취임에는 이 안수를 적용하지 않았다. 이 개혁교회 전통은 오늘날까지 그대로 내려오고 있다.

로마교회는 안수를 직분을 주는 성례로 본다. 안수를 받는 자는 직분의 은사를 받아 평신도와 본질적으로 구별된다. 하지만 안수로 신비스럽고 불가사의 한 일은 일어나지 않는다. 주께서 직분을 세울 때 안수한 사실이 없었다. 그는 그의 제자들을 부르시고 말씀만으로 세우셨다(마 10:1, 28:19). 배반자 가룟 유다를 대신하여 맛디아를 세울 때도 안수했다는 사실을 보지 못한다. 사도들이 안수할 때 주께서 성령을 주신 일이 몇 번 있었고(행 8:17~19), 사도들이 집사들과 장로들을 세울 때 안수했다(행 6:6, 딤전 5:22). 집사들이 세움을 입을 때 그들은 이미 지혜와 성령이 충만했다. 안디옥 교회가 바나바와 바울을 전도자로 파송할 때 안수가 있었다(행 13:3). 안수는 어떤 분에게 직분의 은사가 있다는 표요, 그가 하나님의 부르심을 받았다는 것을 최종으로 선포하는 위엄찬 공적이고 상징적 행동일 뿐이다.

목사의 임식이나 취임은 그를 부른 지역교회에서 그를 부른 온 회중이 모였을 때 행해야 한다. 이를 위해서는 주일의 공예배 때가 가장 적합하다. 한국 장로교회에서는 목사 임직을 그를 부른 교회가 아닌 노회에서 하고, 이미 목사로 봉사하던 분이 다른 교회로 옮겨 취임할 때는 그 부름 받은 교회에서 하되 대부분 주 중에 하는 일을 보게 된다. 이는 그 교회 안팎의 친지들로부터 축하를 받기 위한 잔

치문화의 영향으로 볼 수 있다. 한국 교회는 이것이 교회 중심의 생활인지를 심각히 고려해 보아야 한다. 목사가 부름을 받은 것은 그를 부른 교회의 양무리(회중)를 위해서이다. 그 교회 온 회중이 다 참석하고 목사의 임직이나 취임을 축하하고 하나님께 감사해야 한다.

B. 목사로 봉사하고 있는 분에 대한 부름과 취임

한 교회를 시무하는 목사가 합리적 이유로 다른 교회의 부름을 받아 옮길 수 있다. 젊은 목사가 적은 교회에서 경험을 쌓은 후 큰 교회를 더욱 효과 있게 섬기기 위해서, 혹은 적은 은사를 가졌거나 나이가 들게 되어 적은 교회를 효과 있게 봉사하기 위해서, 혹은 현재의 교회에서 직분을 효과 있게 봉사할 분위기가 아니어서 다른 교회의 부름을 받아 옮길 수 있다. 하지만 목사는 부름을 받고, 수락하는 일을 가벼이 하지 않아야 한다. 교회의 효과적인 봉사와 교회의 머리이신 주의 뜻을 깊게 고려해야만 한다. 목사가 스스로 어느 교회에 부름을 청원하는 일이 없어야 하고, 교회가 좋은 목사를 선택하기 위해 담임 목사를 모집하는 일도 있어서는 안 된다. 근래 신문에 담임 목사 청빙에 대한 광고를 자주 보게 된다. 이는 교회를 일반 사회 집단으로, 직분을 일반 직업과 같이 보는 것이 된다. 이것은 전혀 성경적이 아니다. 성경은 우리가 직분을 스스로 택하지 않고, 그리스도께서 그의 교회를 통해 부르신다고 가르치고 있다. 히브리서 5:4에서 "이 존귀는 아무나 스스로 취하지 못하고 오직 아론과 같이 하나님의 부르심을 입은 자라야 할 것이니라."라고 한다.

교회가 담임 목사를 택하기 위해 한 주일 초청하여 설교를 들어보는 일이 있다. 이것은 일종의 시험이다. 한두 번의 설교로 그 목사가 가진 은사와 능력을 판단할 수 없다. 교회 당회는 이런 일을 하지 않아야 한다. 그러면 교회는 어떤 목사를 불러야 하는가? 가장 중요한 것이 교리와 생활이 건전한 분이어야 한다. 한 교회를 몇 년이나 봉사한 분을 부를 수 있는가? 적어도 2, 3년 이상 그 교회에서 봉사한 분이어야 한다. 목사가 너무 빨리 떠나는 것은 바람직하지 않다. 부름을 받은 목사가 그 부름을 수용하거나 거절하기 위해 고려하는 시간을 얼마 동안 가질 것인가? 물론 이는 목사를 부르는 교회 당회와 부름을 받는 목사의 환경에 달려 있다. 하지만 개혁교회의 일반적 관습에 의하면 3주간이다. 이는 환경과 처지에 따라 연장될 수 있다.

B1. 다른 교회의 부름을 수락한 목사는 말씀 봉사를 한 적이 없던 분이 부름을 받아 임직되는 것과 같은 과정을 밟아 취임하게 된다. 단지 그에게는 후보자가 밟는 시험이 불필요하고 안수가 없을 뿐이다. 시험은 그의 교리와 생활에 대한 선한 증명서로 대신하게 되는 셈이다.

부름을 받은 목사는 승인과 취임을 위해 그가 봉사했던 교회의 지역회에서 영예롭게 해임되었다는 당회와 지역회의 설명과 함께 그의 교리와 생활에 대한 선한 증명서를 제시해야 한다. 지역회가 한 목사의 해임과 취임에 연관이 있는 것은 교회들의 연대관계 때문이다. 목사가 같은 지역회 내의 한 교회에 부름을 받아 옮길 때에는 단지 그가 봉사한 교회에서 영예롭게 해임되었다는 당회의 설명서와 함께 그의 교리와 생활에 대한 선한 증명서를 제시하게 된다.

B2. 이 부분은 외국에 있는 자매교회 중 한 교회로부터 부름을 받은 목사들에 관한 것이다. 해외 자매교회로부터 부름을 받은 목사는 우리교회의 교리와 교회질서에 완전히 동의하는지 지역회에 의해 신중한 대화(Colloquium Doctum)를 통한 살핌이 있어야 한다. 비록 자매교회 관계를 가진 교회를 봉사한 목사지만 교회 환경이 다른 나라에서 봉사하는 중 교리와 교회질서에 다른 영향을 받았을 수도 있기 때문이다.

C. 목사를 부른 당회가 목사의 취임을 위한 지역회의 동의를 받기 위해 할 일에 관해서이다. 지역회가 그 지역 안에 한 교회의 목사의 부름을 승인하기 전에 그 교회는 타당한 광고를 했고, 회중이 그 부름에 찬동했다는 보고서를 지역회에 제출해야 한다. 회중으로부터 후보자의 교리, 생활 혹은 목사로서 봉사할 능력에 대하여 합법적인 반대가 제기될 수 있다. 그래서 회중에게 광고를 하는 것은 단순한 형식이 아니다. 어떤 합법적인 반대도 없으면, 교회는 감사하게 그 새 목사를 맞을 의무가 있다.

> 제 8 조
> 말씀봉사자가 한 교회에 소속할 의무
>
> 누구든지 일정한 교회에 목사의 직책을 맡고 있지 않은 한 목사의 직무에 봉사하지 않아야 한다. 그는 일정한 교회에 의해 이방인들 가운데서나 혹은 복음에서 소외된 자들 가운데서 교회를 모으기 위해 어떤 곳에 파송을 받거나, 혹은 어떤 다른 특별한 목사의 직무(군목, 병원 등)를 맡아 목사의 직책을 수행하고 있어야 한다.

원래 이 조항은 16세기 교회개혁 시대 초기에 한 교회에 정착하여 봉사하지 않고 자유롭게 다니면서 설교를 하던 '자유로운 목사'(떠돌이 목사:편집자 주)들의 폐습을 막기 위해 교회 질서에 삽입되었다. 특별히 당시 재세례파에 속한 분들 가운데 이런 분이 많았다. 이들은 자기들이 사도들과 복음 전하는 자들과 같은 층에 속해 있음을 주장했다. 그들은 이곳저곳을 다니며 어디에서든지 설교했다. 그러나 이런 관습은 유럽에 개혁교회가 정착되자 끝나게 되었다.

하지만 이 조항은 큰 원리를 내포하고 있고, 신앙고백적인 성격이 있다. 로마교회는 사제가 있는 곳에 교회가 있다고 주장한다. 어떤 다른 교회들은 한번 목사로 임직되면 그는 전국교회에 속한 목사라고 한다. 그러나 개혁교회는 성경이 가르치는 입장을 취하고 있다. 성경은 각 교회의 사자를 보여주고 있다. 요한계시록 1~3장에서 일곱 교회의 사자 곧, "에베소 교회의 사자"(2:1), "서머나 교회의 사자"(2:8), "버가모 교회의 사자"(2:12), "두아디라 교회의 사자"(2:18), "사데 교회의 사자"(3:1), "빌라델비아 교회의 사자"(3:7), "라오디게아 교회의 사자"(3:14)를 언급하고 있다.

이 조항은 지역교회의 중요한 입장을 가리키고 있다. 주 예수 그리스도의 교회는 확실히 보편적이고 세계적이다. 벨기에 신앙고백은 "이 거룩한 교회는 어떤 특정한 지역이나 어떤 사람들에게 국한되거나 제한되지 않고, 온 세계에 퍼지고 산재해 있다."(제27항)라고 하면서, 그러나 "모든 사람은 각자 교회의 일치성을 유지하면서, 교회에 가입하고 연합할 의무가 있다. 그들은 자신이 교회의 가르침과 권징에 복종해야 한다."(제28항)라고 했다. 이는 모든 사람은 하나님이 그의 교회를 세우는 지역마다 그 교회에 가담하고 그 교회의 가르침과 권징에 복종해야 한다는 것을 의미하고 있다.

결과적으로 말씀봉사자들은 지역교회에서 말씀을 전하고 교리를 가르치며 권징을 시행해야 한다. 그러면 그가 함께 연대를 이루고 있는 자매교회에서 설교할 수 있는가? 그 교회 당회의 초청을 받게 되면 할 수 있다. 신학대학원 교수들이나 선교사들도 모든 교회를 위해 봉사하는 보편적인 목사가 아니고, 지역교회의 목사이며, 말씀의 봉사를 위한 학생들의 교육과 선교를 위해 구별되었을 뿐이다.

   이 조항은 개혁교회 정치의 근본적인 원리를 포함하고 있다. 한 목사가 이방인들 가운데에서 교회를 모으기 위해 어떤 곳에 파송될 때라도 그는 어떤 한 교회에 소속되고 거기에 매여 있다. 선교사나 군목이나 특수 기관(병원 등)을 위해 봉사하는 분들이 다 마찬가지이다. 신학교 교수도 교수로 임명되어 구별될 때에 그가 봉사하던 교회의 목사로 적을 가지고 있으면서 신학교에 봉사하고 있다. 이들은 모두 특수한 봉사 사역을 맡고 파송된 것이다.

제 9 조
자매교회 밖에서 오는 목사의 수용

개혁교회와 자매 관계를 갖지 않은 교회에서 온 목사가 개혁교회의 목사가 되기를 원할 때, 이는 매우 신중하게 다루어야 하고, 신학교육에 대한 철저한 검토, 목회의 증거, 개혁신앙에 관한 지식과 건전성, 모범적 생활에 대한 검토 후에만 지역회에 의해 부름을 받을 자격이 있다고 공표되어야 한다. 이를 위해서는 총회 대리위원들의 참석과 동의가 요구된다.

개혁교회와 자매 관계를 갖지 않은 교회에서 온 목사가 개혁교회에서 부름 받을 자격을 얻기 원하면, 그는 그의 주거지에서 가장 가까운 개혁교회 지역회를 찾아 그 지역회에 개혁교회에 부름을 받을 자격을 선언해 줄 것을 요청해야 한다. 그러나 본 조항은 지역회가 그의 "신학교육에 대한 철저한 검토, 목회의 증거, 개혁신앙의 지식과 건전성, 모범적 생활에 대한 검토 후에만 지역회에 의해 부름을 받을 자격이 있다고 공표되어야 한다."라고 명시하고 있다. 이 모든 것은 매우 중요하다. 지역회는 그 청원자가 충분한 신학교육, 진리에 대한 개혁주의적 이념에 충실한 신학교에서 교육을 받았다는 것을 확신해야 한다. 물론 어떤 청원자는 건전한 개혁주의 신학교에서 수

학하지 않았어도 현재의 입장이 전적으로 개혁주의일 수도 있다.

다음으로, 청원자의 목회의 증거가 중요하다. 지역회는 청원자의 과거의 사역이 복음의 유능한 봉사자로, 신실하고 동정 어린 목자로 그를 교회에 추천해도 되겠는지 또한, 그가 그의 주와 구주의 훌륭한 대표였는지를 살피는 것이다.

나아가, 개혁신앙의 지식과 건전성이 언급된다. 청원자는 그가 하나님의 진리에 관한 개혁주의 개념에 관해 충분히 알고 있다는 증거를 나타내어야 한다. 그는 그가 개혁신학을 충분히 안다는 것과 그의 개인적인 확신이 개혁주의 입장과 일치한다는 것을 드러내어야 한다. 그는 신앙에 있어서 건전해야 한다. 그는 목사 후보생을 위한 정규적인 지역회 시험의 대상은 아니나, 그가 개혁주의 입장을 잘 알고, 그것과 완전히 일치한다는 증거를 보여 주어야 한다. 그리고 그는 단순히 개혁주의 입장과 일치한다는 것을 선언할 것이 아니라, 그의 입장에 대해 질서정연한 설명을 할 수 있어야 한다.

끝으로 생활의 모범이 언급되고 있다. 이것 또한, 매우 중요하다. 청원자의 과거 생활은 모든 면에서 지역회가 자유롭고 선한 양심으로 그를 추천할 수 있을 만큼 되어야 한다. 그의 생활이 책망할 것이 없는 자들만 부름을 받을 자격이 있다.

본 조항은 총회 대리위원들의 참석과 동의가 요구된다고 말한다. 총회 대리위원들이 승인해야 한다고 말하지 않고, 지역회는 총회 대리위원들의 동의 없이는 진행할 수 없다고 말한다. 개혁교회에서 목사에 대해 부름 받을 수 있는 자격을 선언하는 문제는 지역회에 맡겨져 있고 총회적인 문제는 아니다. 그런데 왜 총회 대리위원들의 동의가 필요한가? 하지만 목사를 세우는 일은 연대한 모든 교회가 관심의 대상이 된다. 그래서 총회 대리위원들이 청원과 관련하여 고려 중에 질문이 있을 때 참석하게 된다. 안전을 위해 교회들은 누구도 총회 대리위원들의 동의 없이 부름에 합당한 자격 있는 자로 선언되지 않아야 한다고 결정했다. 총회 대리위원들은 어떤 우월한 권위를 가지고 말하지 않는다. 그러나 교회적인 동의가 명시되어 있는 경우에 지역회는 총회 대리위원들의 자문을 거슬러 결코 일을 진행하지 말아야 한다. 그러므로 총회 대리위원들의 동의가 필요하다. 만일 지역회가 총회 대리위원들의 자문에 동의하지 않는다면, 지역회는 그 문제를 다음 총회에 제의할 수 있다. 그러나 지역회는 총회 대리위원들의 자문이 그대로 있는 한 그들의 자문을 거스를 수 없다.

> 제 10 조
> 목사의 이동
>
> 법적으로 한 번 부름을 받은 목사는 당회의 동의와 지역회의 승인 없이 다른 곳에 목사직을 갖기 위해 그가 현재 봉사하고 있는 교회를 떠나지 않아야 한다.
>
> 그리고 어느 교회도 목사가 그가 봉사한 교회와 지역회로부터 합당한 해임증서(혹 목사가 같은 지역회 안에 머문다면 그 봉사한 교회로부터의 해임증서)를 제출하지 않는 한 그를 받아들이지 않아야 한다.

목사는 당회와 지역회의 승인 없이 그가 봉사하고 있는 교회를 떠나서는 안 된다. 여기 떠난다는 말은 원래의 네덜란드어로는 버린다는 말로 되어 있다. 성경은 남편이 그의 아내를 버리지 않아야 한다고 말할 때 이 말을 사용했다. 목사와 양 무리 사이의 연합은 결혼의 연합과 유사하다. 목사와 양 무리는 하나다. 중대한 이유 없이 이 연합이 깨져서는 안 된다. 나아가 현재 봉사하고 있는 교회가 속한 지역회의 승인을 받아야 한다. 이는 교회 연대 관계 때문이다.

그리고 어느 교회로부터 부름을 받은 목사는 기도와 신중한 고려 후에 그의 뜻을 당회에 알려야 한다. 그가 그 부름을 수락하기로 마음을 정하였으면 그가 왜 그 부름을 수락하기로 뜻을 정하였는지를 당회에 솔직하게 말하고 이에 대한 동의를 구해야 한다. 그의 고려에는 주의 교회의 건설과 하나님의 영광이 지배해야 한다. 그가 부름을 받은 교회에 목사로 취임하기 위해서는 전에 봉사한 교회 당회와 그 교회가 속한 지역회로부터 그 교회에서 영예롭게 해임되었다는 증서를 제시해야 한다. 그를 부른 교회가 같은 지역회 안에 있는 교회라면 다만 그가 섬기던 당회로부터의 해임장을 제시하게 된다.

> 제 11 조
>
> 적당한 생활비
>
> 회중을 대표하고 있는 당회는 그 교회의 목사들을 위해 적당한 생활비를 제공해야 한다.

적당한 생활비

개혁교회는 이 조항에서 목사가 회중으로부터 적당한 생활비를 제공해야 한다고 규정하고 있다. 왜 우리 교회가 이런 조항을 교회 질서에 두고 있는가? 교회의 최선의 유익을 위해서이다. 목사가 충분한 생활비를 받지 못하면 스스로 생활비를 보충하기 위해 다른 일을 해야 한다. 이렇게 되면 그는 가장 중요한 목사의 직책을 수행하기 위해 그의 모든 시간과 정력을 기울이지 못하게 될 것이다. 이는 교회의 영적 안영(安榮)에 큰 손해를 가져올 수밖에 없다.

목사가 생활비를 보충하기 위해 사무실에서나 공장에서 일하는 것이 그의 권위를 떨어뜨리는 일은 아니다. 사도 바울이 고린도에서 천막 만드는 일을 하고 스스로 생활비를 마련했다(행 18:3, 20:33~35). 이는 거기 유행하는 건전하지 못한 비판적인 정신 때문에 "그리스도의 복음에 아무런 장애가 없게 하려"(고전 9:12)라고 한 일이었다. 목사가 일반 사람이 하는 일을 하는 것이 결코 불명예는 아니다. 하지만 이것은 전혀 바람직하지 않다. 목사는 그의 모든 시간과 생각과 정력을 영광스러운 복음 사역에 쏟아야 한다. 그러므로 교회는 목사가 생활비를 보충하기 위해 그의 소명의 자리를 떠나지 않게 충분히 돌보아야 한다. 이와 관련하여 사도 바울이 말한 "모든 것이 내게 가하나 다 유익한 것이 아니요, 모든 것이 내게 가하나 내가 무엇에든지 얽매이지 아니하리라."(고전 6:12)라는 말씀을 기억해야 한다.

나아가, 성경이 목사의 생활비 공급을 매우 분명하게 요구하고 있다. 예수님이 천국 복음을 전하기 위해 그의 제자들을 보내셨을 때 미리 옷 같은 필수품을 준비할 필요가 없다고 하시며 "일꾼이 자기의 먹을 것을 받는 것이 마땅함이라."라고 하셨다(마 10:10). 그는 또 "일꾼이 그 삯을 받는 것이 마땅하니라."(눅 10:7)라고도 하셨다. 고린도전서 9장에서 사도 바울은 구약시대를 언급하며 복음에 종사하는 자들에 대한 합당한 생활비 지급이 자연스러운 일임을 말하고 "이와 같이 주께서도 복음을 전하는 자들이 복음으로 말미암아 살리라 명하셨느니라."(9:14)라고 결론을 내리셨다. 지난날에 개혁교회 내에 목사의 가정에 생활비가 모자라 이를 보충하기 위해 목사의 부인이 일하는 경우가 있었다. 개혁교회는 현재 이를 금하고 있다. 목사가 복음 사역에 전적으로 헌신하는 데 지장을 초래하기 때문이다.

적당한 생활비의 의미

목사가 큰 염려 없이 평안한 마음으로 그의 직책에 헌신할 수 있게 된다면 적당한 생활비를 교회가 제공하고 있다고 볼 수 있다. 여기

적당한 생활비라는 말은 단순히 삶에 필요 꼭 필요한 것 이상의 것을 포함하고 있다. 목사가 그의 사역을 성실하게 수행하기 위해서는 새로 출간되는 책들이 필요하고, 그의 사역 상 단정한 외모에 관심도 기울일 수 있어야 한다. 이것이 다 생활비와 연관된다. 본 교회 질서 제43조에 공석인 교회가 목사를 초빙할 때 자문 목사의 자문을 받아야 한다고 규정하고 있다. 자문 목사는 그 교회가 목사를 부름에 있어서 약속된 급료가 충분한지를 확인해야 한다. 나아가 목사가 부름을 수락했을 때 지역회가 이를 승인해야 한다. 이때 사례가 합당한지 확증하기 위해 부름에 대한 공식 문서가 지역회에 제출된다. 이 모든 것은 교회의 안영(安榮)을 위한 친근한 감독 행위이다. 목사는 경제적인 염려 없이 그의 직분의 의무를 수행할 수 있어야 한다.

생활비의 불균형

각 교회가 목사들에게 제공되는 생활비는 같지 않다. 교회가 위치한 지역, 즉 도시와 지방 간에 생활비 차이가 있다. 대가족과 소수 가족 사이에 생활비 차이가 있다. 모든 목사는 자신과 가족을 위해 합당한 생활비를 받아야 한다. 지역과 개인의 조건에 따라 정확한 생활비가 결정되어야 한다.

하지만 교회들이 목사들에게 제공하는 생활비에는 불균형이 심하다. 생활비에 대한 수요는 같지만 어떤 목사들은 다른 목사들보다 훨씬 많이 받는다. 한국교회에서는 그 불균형이 너무 심하다. 서구의 대부분 개혁교회는 이 불균형을 해결하기 위해 최선의 노력을 하고 있다. 특별히 교회들이 모든 목사의 생활비를 합당한 수준으로 올리기 위해 약한 교회를 위한 상당한 보조에 나서고 있다. 크고 재력이 있는 교회들은 적고 약한 그들의 자매 교회들을 돕기 위해 나서야 한다. 이는 개교회, 지역회, 필요하면 총회를 통해서도 할 수 있다. "너희가 짐을 서로 지라. 그리하여 그리스도의 법을 성취하라."(갈 6:2)라는 성경 말씀은 그리스도인 각인을 위해 주신 말씀일 뿐 아니라, 모든 교회를 위해서도 주신 말씀이다.

목사 생활비의 수집

본 조항은 목사의 생활비를 어떻게 모을 것인지에 관하여는 말하지 않고, 이를 교회의 자유에 맡기고 있다. 하지만 이를 마련하는데 교회의 바자나 상업적인 수단이 사용되어서는 안 된다. 헌금은 언제나 자원에 의한 것이어야 하고 하나님의 나라를 위한 사랑과 의무감에서 하는 것이어야 한다. 대부분의 개혁교회는 교회의 운영의 모든 비용을 위한 예산 제도를 사용했다. 이 예산에는 목사의 급료뿐 아니라, 목사 후보생 교육과 선교를 위한 분담액 등 모든 교회운영비용이 포함된다. 교회의 예산이 편성되면 당회는 회중에게 예산 내용과 총액을 알리고 예산액을 채우기 위해 각 가정이 평균 얼마를 헌금해야 할지를 알린다. 이때 각 가정은 자의적으로 처지를 따라 주정헌금을 정하여 헌금하게 된다. 이 예산에 따른 주정헌금은 하나님께 드리는 선물이고 교회적인 세금을 내는 것이 아니다. 하나님의 교회를 위해 드리는 것은 예배와 감사와 기쁨의 행위가 되어야 한다. 억지로 내는 것은 참된 복을 잃고 하나님과 교회의 이름을 더럽히는 행위가 된다. 회원들은 예산에 따른 평균 액수를 정해 냄으로 그의 의무를 다했다고 생각하지 않아야 한다. 당회는 하나님이 그들에게 주신 번

영의 정도를 따라 헌금하지 않는 회원을 책망할 수 있어야 한다. 어떤 분들은 평균의 양을 헌금할 수 없는 분들을 위해 평균보다 훨씬 많이 헌금할 수 있고, 또 그렇게 헌금해야 한다.

목사의 생활비를 포함한 교회운영을 위한 매년 예산을 정규적인 주정 분담금을 통해 확보함으로 매 주일 예배 시 드리는 헌금은 하이델베르크 교리문답 주의 날 38의 가르침대로 "가난한 자를 위한 기독교적 구제금"을 위해 낼 수 있는 자유를 갖게 된다. 주일 예배 시 드리는 헌금은 가능한 한 우리 교회 안의 가난하고 어려운 분들과 우리 교회 밖의 넓은 세계의 여러 어려움을 돕기 위한 것이 되어야 한다.

> 제 12 조
>
> 해임
>
> 말씀봉사자가 회중을 성과 있게 섬기고 교회를 세워가는 일에 합당하지 않고 무능한 것으로 판단되더라도, 교회 권징을 위한 어떤 이유가 없다면, 당회가 지역회의 동의와 총회 대리위원들의 동의적 자문과 적당한 기간 목사와 그의 가족의 생활비에 관한 합당한 주선 없이 교회 봉사로부터 그를 해임하지 않아야 한다.
>
> 해임된 목사가 삼 년 이내에 부름을 받지 못하면 그가 마지막으로 봉사한 지역회는 그가 말씀 봉사의 신분에서 해제된 것으로 선언해야 한다.

목사의 봉사로부터의 해임

목사의 해임은 목사가 그의 교회에서 그의 목회적 의무를 시행하는 것이 더 이상 허용되지 않는 것을 가리킨다. 해임된 목사는 그의 교회 안에서 그의 교회를 위한 목회 활동에 대한 금지를 당한 것이다. 어느 다른 교회가 그에게 설교를 청하거나 도움을 요청하면 그는 그렇게 할 자유를 가진다. 그리고 그는 다른 교회로부터 부름을 받을 권리는 가진다.

교회에서는 어떤 때 목사가 그 교회를 계속 봉사하는 것이 전혀 불가능하거나, 봉사하는 것이 전혀 바람직하지 않은 어려움과 문제가 일어날 수 있다. 이는 그 교회와 목사의 성격이 맞지 않아 그럴 수도 있고, 목사의 무능 때문에 그럴 수도 있다. 이런 경우 당회는 지역회에 이 슬픈 사실을 알리고 교회 내에서 그 목사의 의무와 권리 행사를 금하기 원한 지역회의 승인을 구할 수 있다. 이때 지역회가 총회의 대리위원들과 함께 그것을 바람직하고 필요하게 여기면 이것이 결정된다. 그러면 이 일에 대해 공표하고, 다른 교회에서는 그 목사의 설교와 성례 집행이 허용되고, 그의 봉사를 바라는 교회는 그를 부를 수 있다는 것도 공표된다.

그러므로 이 조항은 목사가 교리적으로 불건전하거나 생활에 흠이 있을 때 적용되는 것이 아니다. 해임은 면직이나 정직과는 다르다. 이 조항은 또한, 어떤 교회나 당회가 불충분하고 마땅치 않은 이유로 목사를 제거하기를 바랄 때 사용될 수 없다. 이 조항은 교회와 목사의 관계가 참된 협력이 불가능하게 보일 만큼 긴장되어 있을 때, 혹은 목사가 지난날의 어떤 사건 때문에 그의 지속적인 봉사가 교회에 전혀 복이 될 수 없음이 확실할 때 적용이 된다.

당회가 왜 지역회와 총회 대리위원들의 승인 없이 그 교회의 봉사로부터 해임할 수 없는가? 이는 남용을 방지하기 위해서이다. 교회가 혼란한 상태에 있고 감정이 격화될 때에 남용이 생기기 쉽다. 가장 밀접하게 서로 연관된 파당들은 객관적으로 서로를 판단할 수 없다. 하나님이 주신 목사의 소명 시행을 불의하게 금지하는 것은 언제나 목사와 교회를 위해 재난이 된다.

교회의 영적 안영(安榮)을 위해 연대한 교회들은 지역회와 총회를 통해 서로 감독할 사명이 있다. 목사는 단순히 한 지역교회의 목사만은 아니다. 목사는 연대한 교회들 가운데 어느 교회라도 요청이 있으면 설교를 하고 성례를 집행할 수 있다. 실제로 그는 지역회의 승인을 받아 그 교회에 임직 혹은 취임을 했다. 교회 질서에 따르면 어떤 지역교회도 스스로 어떤 분을 목사직으로 임직할 수 없다. 지역교회가 지역회의 승인 없이는 해임이나 정직이나 면직을 할 수 없다. 지역회가 총회의 대리위원들의 동의적 자문 없이 당회로 하여금 목사를 해임하거나 직분 시행을 금지하도록 자문할 수 없다.

해임된 목사의 생활비

해임된 목사는 면직된 목사와 같지 않다. 면직된 목사는 권징를 받은 분으로 면직 날로부터 어떤 생활비도 받을 자격이 없다. 그러나 해임된 목사는 권징을 받지 않았다. 그는 위에 설명한대로 그의 목회적 활동의 시행에 관해서만 그의 교회로부터 금지를 당했다. 결과 그는 그가 봉사했던 교회로부터 합리적인 기간 그와 그의 가족을 위해 어느 정도의 생활비를 받게 된다. 당회는 이를 지역회와 상의하여 결정해야 한다. 목사가 부름을 받아 수락하면 생활비 지급은 끝나게 된다. 해임된 목사가 다른 교회의 부름을 받아 그 교회로 떠날 때 작별설교를 하지 않는다. 그는 그 교회에서의 설교권이 금지되었기 때문이다.

해임된 목사의 신분

해임된 목사는 그가 섬긴 지역교회의 목사이지만 그의 교회에서 목사 직분의 권리와 의무 시행을 금지당했다. 그는 다른 교회로부터 부름을 기다리고 있다. 다른 교회로부터의 부름의 수락으로 그는 그가 섬겼던 교회의 목사가 아니다. 그의 교회를 향한 해임 목사의 관계는 은퇴 목사와 그 교회와의 관계와 유사하다. 은퇴 목사는 계속 그 교회의 목사이지만 그의 목사의 의무의 능동적 시행으로부터 면제되었다.

3년 동안 부름이 없는 경우에 그는 결국 그의 목사 직분의 권리를 잃게 된다. 그의 목사 직분의 비정상적 유지는 다만 일시적일 뿐이다. 해당 지역회는 그의 목사직 신분이 해제된 것을 공표하게 된다.

> 제 13 조
>
> 목사의 종신의무
>
> 법적으로 한번 부름을 받은 말씀봉사자는 평생 교회 봉사의 의무를 지고 있다. 그러므로 그는 이례적이고 중대한 이유 없이 다른 직업으로 옮기는 것이 허용되지 않는다. 이를 위해서는 당회의 승인과 지역회와 총회 대표들의 동의를 얻어야 한다.

말씀과 성례의 봉사직인 목사로의 부르심은 종신을 위한 것이다. 로마교회는 한 번 직분을 받은 사람은 그것을 잃을 수 없다고 가르친다. 직분과 직분자는 평생 나눌 수 없이 연합되어 있다고 믿기 때문이다. 결과 일반적으로 로마교회에서는 어떤 직분자가 그 직분을 수행하기에 합당치 않게 되었을 때 그는 면직당하지 않고, 단순히 그 직분의 집행이 금지될 뿐이다.

우리 개혁교회의 입장은 이와는 다르다. 목사직은 종신직으로 평생 교회의 봉사에 매여 있다고 본다. 이것이 성경적이기 때문이다. 구약시대에도 엘리야, 이사야, 예레미야와 다른 선지자들이 평생 봉사를 위해 부름을 받았다. 주의 제자들인 사도들과 복음 전하는 자들인 디모데와 디도도 그들의 봉사직을 위해 일시적으로가 아니고, 영구히 종신으로 구별되었다. 성경에서 말씀의 봉사는 우리의 온전한 사랑(요 21:15~17, 고후 5:14), 우리의 모든 시간(요 9:4), 우리의 끊임없는 인내(딤후 4:1~5), 사역을 위한 우리들의 완전한 헌신(롬 1:1)을 요구한다고 가르친다.

미래의 목사를 마음에 둔 목사직으로의 내적 부르심은 이 종신 봉사의 원리와 조화되게 언제나 평생 부르심인 것으로 이해하게 된다. 젊은 사람이 목사직을 종신직으로 생각지 않는 한 여러 해의 신학 훈련 과정을 거칠 생각을 하지 않을 것이다. 그러므로 한번 목사로 임직된 사람은 매우 중대한 이유 없이는 그 목사직을 떠나 다른 직업으로 옮기지 않아야 한다.

여기 다른 직업이란 복음 사역이 아닌 다른 직종, 곧 교사, 농부, 건축가, 공무원 등을 가리킨다. 목사직은 위에서 언급한 것처럼 목사의 인격과 되돌릴 수 없이 연합된 것은 아니다. 성경 어느 곳에서도 이런 견해를 지지하지 않는다. 직분자가 직분을 잃을 수 있다. 목사는 성경적인 예와 조화되게 종신을 위해 부름 받고 임직된다.

그러나 하나님의 섭리 가운데 그가 그 직분을 떠나야 하는 조건이 생길 수 있다. 예를 들면 목사가 기독교 대학에 중요한 자리를 채우기 위해 부름을 받을 수 있고, 정부에 매우 책임 있는 자리를 채우기 위해 부름을 받을 수 있다. 어떤 목사는 목사직을 위해 필요한 은사와 자격이 없음을 발견하고 양심적으로 물러나야겠다고 느낄 수 있다. 또 다른 분은 목사직으로의 부르심에 대해 의심하고 혼란에 빠져 장애를 받아 그 직분에서 물러나는 것이 바람직하다고 생각할 수 있다.

하지만 목사직으로부터 물러나는 것은 매우 신중한 문제이다. 개혁교회 선진들은 이것을 단순히 목사 자신의 판단에 맡겨서는 안 되고, 그 목사와 당회의 판단에만 맡겨서도 안 되는 매우 중요한 일로 여겼다. 그래서 지역회의 인정 없이는 목사직에서 물러서는 것이 허용되지 않고, 총회 대리위원들의 동의도 있어야 한다고 했다.

앞서 언급한 것처럼 목사직을 떠나는 데 있어서 합당하고 충분한 이유가 있을 수 있다. 하지만 목사직을 떠나 다른 직업을 추구하는 분들의 동기나 이유가 언제나 합당하고 충분하다고 볼 수 없다. 당회나 교회의 문제가 악화하여 그 난관을 피하고자, 혹은 더 나은 경제적 수익과 더 큰 명예를 얻기 위해서, 죄를 범한 후 이에 대한 고백과 벌을 피하기 위해 목사직을 떠나려 할 수도 있다. 한 목사가 당회와 지역회의 동의 없이 목사직을 사임하고 떠나려 할 때 당회와 지역회는 어떻게 해야 하나? 그 목사를 책망하고 그의 잘못을 깨닫도록 노력해야 한다. 그런데도 그가 그의 뜻을 고집하면 당회나 지역회는 그를 정직하거나 면직하는 것이 마땅하다. 이후 그는 목사의 권리와 설교권을 잃게 된다.

> 제 14 조
>
> 목사의 은퇴
>
> 1. 은퇴 나이에 이르렀거나, 병고나 육체적 혹은 정신적 장애 때문에 그의 직책을 수행할 수 없는 목사는 당회의 찬동과 지역회의 동의로 은퇴할 수 있다. 목사는 65세에 은퇴를 청원할 수 있다.
> 2. 은퇴한 목사는 말씀봉사자의 영예와 호칭, 그리고 그가 마지막으로 섬긴 교회와의 공식적인 관계를 유지한다. 이 교회는 가능한 한 그의 생활비를 명예롭게 지원해야 한다. 교회는 목사의 남은 아내와 자녀들에 대해서도 같은 의무를 지고 있다.
> 3. 은퇴를 위한 이유(병고나 육체적 정신적 장애)가 해소되면, 은퇴 목사는 그의 은퇴를 추천했던 당회와 지역회에 부름을 받을 수 있다는 선언을 해 주도록 요구할 수 있다.

1. 은퇴의 타당한 이유

본 조항은 목사의 은퇴와 연관된다. 은퇴 목사는 지난 때에 교회를 위해 봉사했으나 더 이상 능동적 봉사를 하지 않은 분을 가리킨다. 은퇴를 위한 두 효과적인 이유가 있다. 그 한 이유는 은퇴할 나이에 이르렀기 때문이고, 다른 이유는 육체적, 정신적 장애 때문이다. 목사가 고령에 이르러 그의 직분을 합당하게 수행할 수 없을 때 은퇴하는 것은 당연하다. 본 조항은 65세에 은퇴의 특권을 가질 수 있다고 명기하고 있다. 하지만 이를 의무화하지 않고 있다. 목사의 직분은 종신직이다. 목사의 은퇴 나이는 목사의 건강이나 교회적인 형편에 따라 융통성이 있을 수 있다. 개혁교회는 일반적으로 교회 질서에 은퇴의 나이를 명기하지 않고 있다. 그러나 목사가 65세가 되면 은퇴를 청원하는 것이 개혁교회에서는 일반화되어 있다.

은퇴를 위한 청원은 일반적으로 목사가 하게 된다. 그러나 당회가 목사의 나이나 혹은 어떤 육체적, 정신적 장애 때문에 더 이상 그에게 요구되는 봉사를 할 수 없다는 것을 발견하게 되면 당회는 조기 은퇴의 타당성에 관하여 목사와 상의할 권리를 가진다. 목사와 당회가 의견일치에 이르지 못하면, 당회는 지역회와 협의할 수 있다.

목사가 은퇴 원할 때 다음과 같은 단계를 밟게 된다. 먼저 목사가 당회에 은퇴 청원을 한다. 만일 당회가 그 청원의 근거가 충분하다는 데 동의를 하면 지역회에 승인을 청원한다. 지역회가 이에 동의하면 그 문제는 마무리된다.

2. 은퇴 목사의 신분

그리고 본 조항은 은퇴 목사는 "말씀봉사자의 영예와 호칭"을 그대로 유지한다고 규정하고 있다. 이 말은 곧 그는 그의 직분을 계속 유지하게 되므로 설교하고 성례를 집행할 수 있다는 뜻이다.

나아가, 그는 그가 마지막 봉사했던 그 지역교회의 목사로 계속 있게 된다. 개혁교회 정치원리와 교회 질서에 따르면 한 지역교회의 회원이 아니고는 아무도 직분자가 될 수 없다. 그러면 은퇴 목사의 신분은 어떤 것인가? 그는 그가 은퇴 목사가 되었을 때 그가 섬긴 교회의 완전한 자격을 가진 복음의 사역자이지만, 목사의 의무의 실제적 시행으로부터는 자유롭게 된 것이다. 그는 설교할 필요는 없다. 하지만 교회가 요구하면 할 수 있다. 그는 당회에 참석할 필요가 없으나, 요구를 받으면 할 수 있다. 은퇴 목사가 자기가 섬기던 교회를 떠나 어떤 다른 교회의 회원이 되기도 한다. 그런데도 그는 그가 계속 마지막으로 섬긴 교회의 목사이다. 그는 개인으로 그가 옮긴 지역 교회의 회원이 되고, 거기서 심지어 장로나 집사로 봉사할 수도 있다. 그러나 그는 마지막 섬긴 교회의 목사 그대로 있다. 혹 그에게 면직 문제가 생기게 될 때, 그가 목사였던 교회와 그 교회가 속한 지역회가 이를 취급하게 된다. 그는 계속 그가 목사인 당회의 감독 아래 있는 것이다. 이는 개혁교회 정치와 교회관에 따르면 각 지역교회가 독립된 교회적 단위이고, 전국교회나 한 교파를 하나의 교회로 보고, 그 교회를 감독하는 감독이나 치리기관이 없기 때문이다.

3. 은퇴 목사에 대한 생활비 보장

은퇴한 목사들이 무슨 근거에서 영예스럽게 생활비를 받게 되는가? 목사들은 그들의 모든 시간, 생각, 전 생활을 교회를 위해 바쳤다. 그러면 교회는 그들의 삶에 필요한 것을 보장해 주는 것이 당연하고 바른 일이다. 결과 교회들은 이제 정상생활을 할 수 없는 목사들이 생활에 필요한 것들을 받아 누리도록 돌볼 책임이 있다. 교회는 그들의 부양가족인 아내와 자녀들에 대해서도 같은 의무를 가진다. 은퇴한 목사가 마지막으로 섬긴 교회가 이를 위한 책임을 진다. 교회 질서의 이 규정은 교회 간의 협력과 계획을 배제하지 않는다. 은퇴 목사의 생활비에 관한 도덕적 의무를 충족키 위해 대부분의 개혁교회는 공유 은퇴기금을 유지해 오고 있다. 교회들은 이를 위해 할당금 체제를 유지하고 있다. 봉사 중인 목사들은 그들의 연간의 급료의 일정한 비율을 이 은퇴기금에 입금하고 있다. 물론 교회가 이를 책임진다. 이런 공유 은퇴기금이 없이 목사가 젊을 때 큰 교회에 봉사하다 은퇴가 가까웠을 때 작은 교회에 부름을 받아 봉사하게 된다면, 이 작은 교회는 감당할 수 없는 큰 부담을 지게 될 것이다. 이런 은퇴기금 제도가 없으면, 작은 교회는 앞으로의 경제적 부담 때문에 은퇴에 가까운 목사를 쉽게 부르지 않을 것이다.

4. 다시 부름에 대한 공표

장기간의 병고나 신경과민 같은 특별한 환경 때문에 목사들이 종종 은퇴를 청원하게 되는 일이 있다. 이런 분들의 은퇴는 빈번히 1, 2년 계속되는 일시적일 수 있다. 얼마의 시간이 지난 후에 어려움에서 회복하고 다시 목사의 사역으로 돌아올 수 있는 형편이 된다. 이런 분들은 그의 은퇴를 추천했던 당회와 지역회에 부름을 받을 수 있다는 선언해 주도록 요구할 수 있다. 이때 그 교회의 당회와 지역회는 그의 처지를 판단하고 다시 부름을 받을 수 있다는 것을 공표할 수 있다.

> 제 15 조
> 다른 곳에서의 설교
>
> 어느 목사도 그가 봉사하는 교회의 당회의 동의 없이 다른 교회에서 설교하거나 성례를 집행하는 것이 허용되지 않아야 한다.

개혁주의 교회관과 직분관에 따르면 목사는 국가 교회의 목사도 아니고, 전 교파의 목사도 아니고, 단시 지역 교회의 목사이다. 그는 그 지역 교회에 의해 부름을 받았기 때문이다. 결과 그 지역 교회의 당회 허락 없이는 다른 교회에서 설교할 수 없고 성례도 집행할 수 없다. 그러나 연대한 교회의 당회가 손님 설교자로 초청할 때 성례도 집행할 수 있다. 그러나 목사가 자기 교회 외에 다른 교회 당회에 설교할 것을 요청하는 특별한 경우도 있다. 이는 휴가 때나 가족 방문을 하게 되는 특별한 때이다.

> 제 16 조
> 말씀봉사자의 직무
>
> 1. 말씀봉사자의 직무는 주의 말씀을 온전하고 신실하게 회중에게 전하고, 성례를 집행하며, 공 예배를 인도하고, 교회를 세우기 위해 교회 언약의 자녀들에게 구원의 교리를 가르치는 것이다.
> 2. 말씀봉사자는 장로들과 함께 회중과 동료 직분자들을 감독하고, 교회 회원들의 가정을 방문하며, 하나님의 말씀으로 병자들을 위로하고, 모든 것이 품위 있고 질서 있게 행해지도록 하나님의 교회를 선한 질서 가운데 보존하고, 권징을 시행하며, 회중을 위한 목자적인 관리를 한다.

이 교회 질서 제18조의 내용은 벨기에 신앙고백 제30항에서 우리가 고백하는 것에 대한 상세한 설명이라 할 수 있다. 거기 "교회에는 하나님의 말씀을 설교하고 성례를 집행하는 봉사자들 또는 목사들이 있어야 하며 ……"라고 했다.

1. 목사만 행사하는 직책

제16조 1항은 목사만 행하는 직책 중 첫 번째로 설교를 언급한다.

Ⅰ. 교회의 직분

목사는 주의 말씀을 온전하고 신실하게 회중에게 전해야 한다고 한다. 이 목사의 책무는 중요성에 있어서 최우선의 위치를 차지한다. 하나님의 말씀은 창조주와 구주이신 하나님의 자기 계시이다. 이 말씀은 그것이 주는 근본진리에 있어서 분명하지만 유능한 해석과 바른 적용을 통해 더욱 효과 있고 유익하게 된다.

더욱, 성경은 하나님의 권위 있고 무오한 말씀이므로(딤후 3:16, 벧후 1:20, 21), 그와 같이 해석되어야 할 뿐 아니라, 또한, 그렇게 설교되고 공포되어야 한다. 하나님의 사신들은 하나님이 보내시는 특별한 대표자들이다. 그래서 그들은 하나님의 사신들로서 그의 권위로 그의 말씀을 선언하게 된다. 복음의 봉사자들은 예배와 찬양을 위해 모이는 하나님 백성의 모든 공식적 회집에서 그의 말씀을 공포한다. 하나님의 거룩한 말씀을 해설하고 적용하는 이 아름다운 책무가 목사에게 가장 중요하다. 이 책무를 위해 부름을 받은 자는 누구나 사도 바울이 디모데에게 준 "말씀을 전파하라"(딤후 4:2)라는 말씀을 거룩한 두려움을 가지고 주의 깊게 들어야 한다. 이 말씀은 이 시대에 아무리 강조해도 지나칠 수 없다. 오늘날 세속적인 제목을 가진 연설이 설교의 자리를 차지하고 있는 것을 본다. 목사가 탁월한 종교적 연설을 하고 있음도 본다. 제목 설교는 종종 종교적 연설에 불과할 수 있다. 거기 하나님의 뜻보다 설교자의 의견이 나타나고 있음을 보게 된다. 교회가 참으로 요구하는 것은 하나님의 말씀의 해석과 적용이다. 종교적인 연설이 이따금 대중들에게 정규 설교보다 훨씬 더 인기가 있다. 그러나 교회 회원들의 영적 안영(安榮)과 우리 교회의 미래를 위해 우리는 계속 주해 설교를 주장해야 한다. 좋은 설교는 하나님의 특별계시를 성실하게 해석하고 적용하는 것이다.

목사의 직책 중 둘째로 성례의 집행을 언급한다. 성례인 세례와 주의 만찬은 말씀과 밀접하게 연관되어 있다. 성례는 하나님이 그리스도 안에서 우리를 구원하시는 은혜의 표와 인(印)이다. 곧 성례는 하나님 백성의 구속에 관한 하나님 말씀의 진리를 상징하고, 그의 백성에게 이 구속적 사실의 확실함을 인친다. 그래서 성례는 보이는 하나님의 말씀이라고도 불린다. 말씀의 설교가 특별한 의미에서 구별되고 임직된 목사들의 직책인 것처럼, 하나님의 교회에서 동일한 직분자들이 성례를 집행하도록 부름을 받았다. 이 때문에 개혁교회 선진들은 목사들을 말씀과 성례의 집행자들이라고 했다.

목사의 직책 중 셋째로 공예배의 인도를 언급한다. 말씀과 성례의 집행은 항상 공예배에서 행해지고, 공예배의 매우 중요한 부분이다. 하지만 말씀과 성례의 집행이 공예배의 전체는 아니다. 기도, 회중의 찬양, 봉헌, 인사와 축도의 선언, 예배의 시작과 마침이 모두 공예배의 부분이다.

모든 예배는 당회와 회중을 위해 인도하는 분이 필요하다. 개혁주의 예배 개념에 따르면 전 예배는 성격상 응답적인 것으로, 하나님 편에서 하시는 것과 이에 대한 회중 편의 응답이 있다. 이 모든 일에 인도자는 목사로서 중재자로 역할을 하며, 백성들에게는 하나님을 대표하고, 하나님께는 백성을 대표한다. 공예배 인도의 이런 중요한 작용이 목사에게 속한다.

목사의 직책 중 넷째는 교회 언약의 자녀들에게 구원의 교리를 가르치는 것이다. 목사는 말씀의 설교자일 뿐 아니라 말씀의 교사이다 (엡 4:11). 한국 교회는 역사의 초기부터 단순한 복음의 내용을 전하는 것으로 만족하고 교리를 등한시했다. 이는 19세기에 미국에서 일어난 부흥 운동에 영향을 받아 한국에 온 초대 개척 선교사들의 영향에 기인했던 것으로 생각할 수 있다. 1905년에 이미 장로교회 선교사들이 자기들 교회가 가진 구별되고 특수한 개혁주의 교리(반 아르미니우스 주의)를 간과하고 감리교 선교사들과 한국에 하나의 "예수 교회"를 세우기로 한데서 분명히 그 영향이 나타났다. 이 일이 성사는 되지 않았지만 이후 한국 장로교회는 교리를 무시하는 경향을 보이게 되고, 1960년대 말 장로교회의 표준 교리문서인 웨스트민스터 신앙고백을 교회의 고백으로 공식 채용하기까지 한국 장로교회는 자기 정체를 알리는 장로교회의 교리적 깃발 없이 지냈다. 그러니 교회에서 교리교육이 없었고, 교인들은 교회의 구별을 할 수 없었으며, 서로 이름만 다른 교회로 알고 있었을 뿐이었다. 결과 교인들은 새로 나타난 이단과 종파 운동 집단에 쉽게 휩쓸릴 수밖에 없었다. 한국 장로교회가 교리 교육에 성실했더라면 20, 21세기를 휩쓸고 있는 교리를 등한하는 교회일치운동에도 큰 영향을 받지 않았을 것이다. 성경에서 우리에게 계시된 교리적 진리에 대한 철저한 지식은 교회의 안영(安榮)과 올바른 발전을 위해 매우 중요하다.

교회가 교리 교육을 등한시하는 것은 그리스도의 참된 교회로서의 안영과 참 생명을 희생하는 일이 된다. 언약의 자녀들인 청소년들에 대한 철저한 교리교육이 자유주의, 종파주의 및 모든 종류의 거짓된 신앙 운동을 방어하는 벽을 이루어 준다. 그래서 서구 개혁교회들은 전통적으로 언약의 자녀들에게 초등학교에서는 성경과 교회역사, 중학교부터는 교리교육(주로 하이델베르크 교리문답)을 시작하여 십 칠팔 세가 되어 입교 문답을 할 때까지 계속한다. 이 교리 교육은 목사에 의해 행해진다. 이로써 공적 신앙고백을 한 개혁교회 신자들은 참으로 정체성을 가지고 주변의 어떤 종파 운동에도 흔들림 없는 개혁교회 교인이 된다.

2. 목사의 (장로와 함께하는) 감독 사역

제16조 2항은 목사의 감독사역에 관하여 언급한다. 목사는 기본적으로 장로이다. 그러니 그는 큰 선지자인 그리스도의 종으로 말씀을 전함으로 그의 선지자직을 수종들뿐 아니라, 교회의 감독(장로)으로 다른 장로들과 함께 교회의 왕이신 그리스도의 뜻을 따라 회중과 동료 직분자들을 감독함으로 그리스도의 왕적 통치를 위해 봉사한다. 앞서 언급한 대로 선지자적, 왕적, 제사장적 삼직을 가지신 그리스도는 하늘에 계시지만 이 땅 위에 있는 그의 교회에 목사, 장로, 집사 삼직을 세우셔서 가르치고, 다스리며, 돌보시기를 기뻐하신 것이다.

우리가 그리스도의 삼직을 구별은 하지만, 그 구별은 절대적이 아니다. 그리스도안에 삼직은 서로 물가분의 관계를 가지고 있으며 협력이 있다. 그리고 그 기능에 겹침이 있다. 이처럼 교회의 삼직의 상호관계도 마찬가지이다. 목사는 선지자적 직책을 가지고 말씀을 전하면서 주의 백성을 돌볼 때 양을 돌보는 목자로 나타난다. 가정을 방문하고, 하나님의 말씀으로 병자들을 위로한다. 이 직책은 특별히 장로들이 수행하게 되지만 목사도 하게 된다. 그래서 목사와 장로가 하는 일은 여기서 겹치게 된다. 교회는 목사와 장로가 이런 직책을 수행하는 데 서로 협력함으로 교회의 영적 안영(安榮)을 유지하고 촉진하게 된다.

그리고 목사는 장로들과 함께 회중과 동료 직분자들을 감독한다. 교회의 모든 것이 품위 있고 질서 있게 행해지도록 하나님의 교회를 질서 가운데 보존할 책임이 있다. 그리고 회중 가운데 주의 계명을 범하는 자가 있을 때 장로들과 함께 권징을 시행한다. 이 권징의 시행을 목사의 직책과 관련하여 언급하는 것은 목사는 양무리의 목자와 당회를 사회하는 자로서 누구보다 책임 있는 입장에 있기 때문이다.

나아가, 목사는 장로들과 함께 동료 직분자들을 감독한다. 본 교회 질서는 제35조 2항에 "당회는 매년 적어도 네 번 직분자의 직분적 의무의 이행과 관련된 상호권징(censura morum)을 시행해야 한다."라고 규정하고 있다. 이 직분자들의 상호권징의 시행은 16세기 교회개혁 이후 계속 개혁교회에서 잘 알려져 온 제도이다. 직분자들의 상호권징은 직분자들 간에 상호감독을 통해 교회 봉사를 더욱 효과 있게 하게 한다. 동료 직분자들의 감독을 목사의 직책과 관련하여 말하게 되는 것 역시 목사에게는 어느 다른 직분자보다 양 무리의 목자로서 회중뿐 아니라, 동료 직분자들도 감독할 사명이 지워져 있기 때문이다.

> **제 17 조**
> **교회 직분자들 간의 의무의 동등성**
>
> 하나님의 말씀봉사자들 사이의 직무와 그 밖의 다른 일에서도 당회의 판단에 따라 상호 동등성이 유지되어야 한다. 이 상호 동등성은 또한, 장로들과 집사들 사이에도 유지되어야 한다.

본 조항은 신앙고백적 성격에 속한다. 벨기에 신앙고백 제31항에 "말씀봉사자들은 어떤 위치에 있든지 동등한 권한과 권위를 가진다. 왜냐하면, 그들은 모두 유일한 우주적 감독이시고, 교회의 유일한 머리이신 예수 그리스도의 종들이기 때문이다"라고 한다. 이것은 로마 교회, 루터 교회, 감독교회(영국교회)의 교권체제를 반대하는 개혁교회 직분관의 특성을 보여준다. 개혁교회는 어떤 형태의 교권체제도 철저히 반대한다. 이 원리는 마태복음 18:1~4에 있는 제자들의 "천국에서는 누가 크니이까?"라는 질문에 대해 예수님이 주신 답인 "진실로 너희에게 이르노니, 너희가 돌이켜 어린아이들과 같이 되지 아니하면 결단코 천국에 들어가지 못하리라."라는 말씀과 제자들이 누가 크냐고 서로 쟁론한 사실을 아시고 그들에게 "누구든지 첫째가 되고자 하면 뭇 사람의 끝이 되며, 뭇 사람을 섬기는 자가 되어야 하리라."(막 9:33~37)라고 하신 말씀에 기반을 두고 있다(참고, 눅 9:46~48).

1. 말씀봉사자들 간에 동등권이 지켜져야 한다.

목사들 간의 이 동등권은 벨기에 신앙고백 제31항에서 "말씀봉사자들은 어떤 위치에 있든지 동등한 권한과 권위를 가진다."라고 함으로 신앙고백적인 성격을 가지고 있다.

16세기 중반 칼뱅이나 녹스는 감독직에 관해 큰 반대를 하지 않았다. 결과 녹스는 1560년의 제1 교회 질서에서 감독(Superintendent)을 잠정적으로 두었다. 헝가리 개혁교회에도 감독이 있었다. 칼뱅이 이런 감독직에 대해 크게 반대를 하지 않았지만 인정하기를 원하지 않았다. 네덜란드 개혁교회에도 감독제도의 도입에 대한 의견이 나왔을 때 1581년 미들부르크(Middleburg) 총회는 감독제도는 "불필요하고 염려스러운" 것이라고 판단했다. 그 이유는 첫째 지역회가 그 지역 내의 교회들을 감독할 수 있으므로 불필요하고, 둘째로는 감독제도는 교권체제의 원리가 잠재해 있어 염려스럽기 때문이라고 했다. 결과 처음으로 목사들 간의 동등권에 대한 조항이 들어가게 되었다.

2. 목사들 간의 동등권은 그들의 "직무와 그 밖의 다른 일들에"도 지켜져야 한다.

목사들은 모든 짐을 같이 나누어 져야 한다. 한 교회에 두 목사 이상이 봉사할 때 설교에 뛰어난 목사가 설교를 담당하고 교리 교육이나 병자 방문 같은 것은 다른 목사들에게 맡기고 면제되는 것을 인정하지 않아야 한다. 설교는 목사의 책무 가운데 가장 중요한 것이므로 설교를 한 분 목사가 독점하는 것은 목사의 동등권을 심각하게 훼손하게 된다. 목사들이 차례로 설교하고, 교리교육이나 심방 등의 모든 짐을 동등하게 나누어 봉사할 때 목사들 간의 동등권이 유지될 수 있다.

이 동등권은 "그 밖의 다른 일들에"도 지켜져야 한다. 예를 들면, 직분의 권위 면에서도 이것이 드러나야 한다. 모든 사도가 같은 직분을 가졌고 원리적으로 같은 직분적인 권위를 가졌다. 베드로의 수장권이 로마교회가 주장하는 것처럼 권위의 우위가 아니었고, 단지 존경의 우위였다. 직분적 은사와 많은 경험, 직분에 대한 열성과 충성 때문에 목사들 가운데 회중으로부터 받는 존경의 차이는 있을 수 있다.

목사들에게 주어지는 사례에서도 동등권이 지켜져야 한다. 사례의 차이가 목사의 권위에 손상을 초래하게 된다. "복음을 전하는 자들은 복음으로 말미암아 살리라."라고 주께서 명하셨다(고전 9:14).

목사들 간의 동등권 훼손은 특별히 여러 목사가 봉사하는 대교회에서 심하게 나타날 수 있다. 이를 피하는 좋은 길은 작은 교회로 분리하는 것이다. 현재 개혁교회에서는 일반적으로 400명 이상의 교인이 모이면 분리를 위한 준비를 시작하여 2, 3년 후에 분리함으로 한 목자, 한 양 무리의 교회 생활로 나아가고 있음을 본다.

3. 목사들 간의 이 동등권의 원리는 장로들과 집사들 간에도 적용되어야 한다.

이는 특별히 짐을 서로 나누어짐으로 이룰 수 있다. 당회는 장로들이나 집사들이 짐을 동등하게 나누어 갖게 해야 한다.

> 제 18 조
> 선교사의 의무
>
> 1. 외국 선교에 들어가는 말씀봉사자는 협력교회들 혹은 지역회, 총회를 대표하는 지역교회에 의해 정규적인 방법으로 부름을 받아야 한다. 그는 파송한 교회에 그의 사역에 대해 정기적으로 보고하고, 설명해야 하며, 항상 그 소명에 성실해야 한다.
> 2. 선교사들의 직책은 그들을 보낸 교회와 협의함으로 그들에게 맡겨진 지역에서 하나님의 구원의 복음을 전하고, 그리스도가 그의 교회에 명하신 모든 것을 가르쳐 지키게 하며, 신앙고백을 한 분들에게 성례를 집행하고, 실행이 가능하게 보일 때, 하나님의 말씀에 주어진 규칙을 따라 장로들과 집사들을 임직하여 교회를 조직하는 것이다.

1. 본 조항은 먼저 선교사는 누구에 의해 부름을 받아야 하느냐는 물음에 대한 답이다. 답은 선교사는 정규적인 방법으로 지역교회에 의해 부름을 받아야 한다고 한다. 모든 교회의 직분처럼 선교사의 직분으로의 부름은 지역교회가 가진 특권이다. 지역회나 총회 같은 광역회의의 권리나 과제가 아니다. 하지만 이는 둘 혹은 그 이상의 교회들이 선교사를 부름에 있어서 협력할 수 없다는 뜻이 아니다. 선교

사를 부름에 있어서 교회 질서의 규정이 준수되어야 한다는 것이다. 한 교회가 선교사를 부르는 교회로서 지정되어야만 한다. 그리고 선교사는 이 교회에 그의 사역에 대해 정기적으로 보고해야 한다. 그는 공식적으로 이 교회에 책임을 지게 되고, 그가 선교사의 의무를 다하지 않게 되면 이 교회가 권징을 시행하게 된다.

  2. 본 조항은 둘째로 선교사들의 직책에 관하여 설명한다. 선교사들의 직책은 줄여 말하면, 그들에게 맡겨진 지역에서 구원의 복음을 전하고 교회를 세우는 일이다. 교회는 교회의 주, 그리스도로부터 선교의 대사명을 받았다. 이 대사명은 마태복음 28:19~20에서 발견된다. 그는 승천 직전 제자들에게 "너희는 가서 모든 민족을 제자로 삼아 아버지와 아들과 성령의 이름으로 세례를 베풀고 내가 너희에게 분부한 모든 것을 가르쳐 지키게 하라."라고 하셨다. 교회는 이 명령에 순종하여 선교할 사명이 있다. 선교사역의 본질은 구원의 복음을 전하는 것이다. 복음은 아름다운 소식, 곧 그리스도로 말미암은 구원의 기쁜 소식을 의미한다. 복음을 전하는 분은 죄와 그 무서운 저주로부터 구원하신 구주 예수 그리스도가 있다는 것을 전하게 된다. 이 복음의 대상은 모든 민족, 모든 사람이다(행 1:8). 세상에는 이교의 어두움과 무지 속에 사는 헤아릴 수 없는 많은 사람이 있다. 믿다 낙심함으로 조상의 하나님을 떠나 현대의 이방인으로 하나님 없이 세상에 살아가는 언약의 파괴자들이 있다. 이 모든 자에게 구원의 복음이 필요하다.

  선교사는 구원의 복음을 전할 뿐 아니라, 복음을 받는 자들에게 구원의 참된 교리를 가르쳐 양육해야 한다. 따라서 신앙고백을 하는 자들에게 성례를 집행하고 교회조직이 가능할 때 장로, 집사들을 임직함으로 교회를 세울 사명을 가진다. 선교사는 단순히 구원의 복음을 전함으로 그의 사명을 다하게 되는 것이 아니다. 참된 신앙고백적 토대 위에 교회를 조직하여 정체성 있는 교회를 세움으로 그의 사명을 완수할 수 있다. 신앙고백을 터로 하지 않는 교회는 모래 위에 세운 집과 같아서 세상에 끊임없이 일어나 위협하는 이단과 종파 운동을 견디지 못한다.

제 19 조

목사 후보자 양성

1. 교회들은 말씀봉사자 양성을 위한 기관(신학교)을 유지해야 한다. 이 기관은 총회가 임명한 이사회를 통해 총회에 의해 운영되어야 한다.
2. 신학 교수로 임명된 말씀봉사자들의 임무는 그들에게 맡겨진 교과목들로 신학생들을 교육하여 교회들이 말씀봉사자들을 공급받을 수 있게 하고, 하나님의 말씀을 해석하고, 이단과 오류에 대항하여 건전한 교리를 옹호하는 것이다.
3. 교회들이 자체의 목사 양성기관을 가질 형편이 못될 때는 이를 가질 수 있을 때까지 국내외에 가장 건전한 개혁 신학을 가르치고 생활을 지도하는 신학교에 신학 지망생들을 추천한다.

1. 신학교를 유지할 교회의 의무

교회 질서는 말씀봉사자인 목사직에 관해 다룬 후에 말씀봉사자 양성을 위한 기관인 신학교에 관하여 다루고 있다. 16세기 교회개혁 후 곧 유럽의 대학(국립)들은 신학과를 두어 미래의 목사 후보생들을 교육했다. 이 대학들이 하나님의 말씀에 충실한 한 어려움이 없었다. 그러나 대학들이 신학을 포함해 합리주의적으로 흐르게 되었을 때, 교회들은 교회가 스스로 통제할 수 있는 자체의 학교를 세우게 되었다. 예를 들면 네덜란드 개혁교회는 1834년 국가 교회로부터의 첫 번째 분리로 캄펜에 자체의 신학교를 세웠다. 이후 개혁교회는 교회 자체의 신학교를 세워 미래의 목사 후보생을 교육하게 되었다. 하지만 어떤 분들은 교회가 소유하고 지배하는 신학교육을 반대하고 신학 연구는 학적 기관의 과제라고 주장한다. 그러나 대부분의 개혁주의 학자들은 미래의 목사들을 교육하는 교회의 권리를 의문시하지 않는다. 사도 바울이 디모데에게 준 "또 네가 많은 증인 앞에서 내게 들은 바를 충성된 사람들에게 부탁하라. 그들이 또 다른 사람들을 가르칠 수 있으리라."(딤후 2:2)라고 한 명령이 교회의 신학 교육기관의 조직에 완전히 적용될 수 있다. 우리는 비 교회적 학교에서 건전한 학자들에 의한 신학연구를 환영할지라도, 교회가 자체의 미래의 목사를 양육하는 것은 교회의 권리요, 특권이라고 믿는다. 결과적으로 우리 교회 질서는 교회가 신학교를 유지할 것을 특별히 규정하고 있다. 이 신학교는 총회의 직접적이고 완전한 통제 아래 있어야 하며, 총회에서 임명한 이사회에 의해 운영되어야 한다.

2. 신학 교수들의 소임

신학 교수들의 중요한 임무는 그들에게 맡겨진 교과목들로 학생들을 교육하여 교회가 하나님의 말씀봉사자들을 공급을 받을 수 있게 하는 것이다. 그러므로 교수들이 가르치는 모든 교과목의 중요한 목표는 학생들을 하나님의 말씀의 효과적인 설교자와 교사가 되도록 돕는 것이다. 근래에 신학교에 도입되어 많은 사람의 관심을 끌어

오는 목회 상담학이 있는데 이는 강조점이 이따금 신학적이라기보다 심리학적이고 사회학적임을 보게 된다. 영적이라기보다는 세속적인 경향을 상당히 띠고 있다. 상담을 통해 가정문제를 해결할 수 있게 하고, 개인적인 두려움을 누그러뜨리며, 불안정을 교정할 수 있게 한다. 결과 여기에 함몰된 학생들은 하나님의 말씀을 통해 사람들을 하나님과 올바른 관계와 하나님의 말씀에 대한 순종과 신뢰를 통해 문제 해결할 자격을 갖출 노력을 하지 않게 된다. 물론 선한 심리학적 이해와 접근은 매우 중요하다. 그러나 우리는 이 이상을 필요로 한다. 신학교 교수들은 무엇보다 미래의 목사들을 강단에서와 그들의 목회 생활에서 훌륭한 자격을 갖춘 효과적 말씀의 설교자로 나타나도록 교육하는 데 목적을 두어야 한다.

교회에 신실한 하나님의 말씀봉사자들을 공급하기 위해서는 교수들은 하나님의 말씀을 바로 해석하고 학생들에게 이를 가르쳐야 한다. 신학은 하나님의 말씀인 성경에 기반을 두고 있다. 성경이 신학을 위한 진리 지식의 유일한 원천이요, 표준이다. 인간의 경험이나 사색이 우리들의 신학적 지식을 위한 참된 원천이 될 수 없다. 하지만 이 성경은 해석되고 설명되어야 한다. 하나님의 깊은 뜻이 우리가 쓰는 언어로 계시되어 있다. 그런데 성경에 계시된 기본적인 진리는 이따금 그 의미에 있어서 단순하지 않고 이해하기 어렵다. 그것은 마치 아름다운 골짜기의 풍경 같아서 여러 각도로부터 관찰될 수 있다. 교수들은 이 말씀을 바르게 해설하기 위해 부름을 받았다. 그들은 성경 원어(히브리어와 헬라어)의 능한 지식을 가지고 바로 번역하고 해석할 수 있어야 한다. 물론 전체 성경에 관한 충분한 지식을 가져야 하고, 무엇보다 성화된 마음을 가져야 한다. 성경의 초자연적 성격을 믿지 않고, 성령의 내주의 빛을 갖지 않고는 그가 아무리 현명할지라도 성경의 참된 의미를 깨닫지 못할 것이다. 신학 교수에게는 넓고 깊은 지식과 영적 통찰력이 갖추어져야만 한다.

그리고 신학 교수는 이단과 오류에 대항하여 건전한 교리를 옹호해야 한다. 여기 이단은 유대교, 모슬렘과 모든 이방 종교들을 가리키고, 새로운 이교인 유니테리언 주의, 여호와의 증인, 크리스천 사이언스 등 다양한 새 종파들도 포함된다. 이들은 모두 기독교를 크게 왜곡하고 있으며 매우 위험한 반기독교 세력을 이루고 있다. 오류는 기독교의 세계 내에서 일어나는 지엽적인 운동이나 교리를 가리킨다. 여기에는 로마 가톨릭, 재세례파, 아르미니우스 주의(감리교) 등을 들 수 있다. 달리 말하면 이들은 주로 유아세례, 은혜 언약, 인간의 전적부패, 무조건적 선택 등을 부인한다. 교수는 교실에서나, 교실 밖에서 신앙 진리를 위해 이단과 오류를 대항해 강의와 교회 기관지를 위한 기고와 저서를 통해 싸워야 한다. 이는 우리 교회의 미래와 우리 가운데 참된 기독교와 칼뱅주의의 유지를 위해 매우 긴요하다.

3. 후보자의 위탁 교육

교회들이 수와 재정의 미약으로 자체의 신학교를 세워 운영할 처지에 이르지 못할 경우가 있을 수 있다. 이럴 때 그 교회는 외국에 있는 자매교회의 신학교를 택하여 지원하고 목사후보생의 교육을 위탁할 수 있다. 또한, 본 교회와 신앙고백적으로나 교회생활(교회 질서)면에서 가장 가까운 교회의 신학교를 택해 목사 후보생을 추천할 수 있다.

> 제 20 조
>
> 신학생들
>
> 교회들은 청년들을 격려하여 말씀봉사자가 되기를 추구하게 하고, 재정적 도움을 필요로 하는 자들을 도와야 한다. 지역회 혹은 총회는 신학생 기금을 마련하고 유지해야 한다.

1. 이 항목을 두게 된 역사적 배경

전 조항에서 신학 교수에 관해 말했고 본 조항에서는 합당한 신학생 수의 대비에 관하여 언급하고 있다. 정규적인 말씀의 사역 없이 교회의 번영은 기대할 수 없다. 교회의 유지와 번영을 위해서는 말씀봉사자가 계속 공급되어야 한다. 말씀의 사역을 위한 첫 요구는 참된 경건과 전적인 헌신이다. 이 외에 그는 목사로서 효과적으로 일하기 전에 하나님의 말씀과 신학에 대한 일반적 지식을 갖추어야 한다. 그러나 여러 해 학교에 가서 신학을 한다는 것은 상당한 재정적 뒷받침이 필요하다. 그래서 교회는 지속적인 말씀봉사자의 공급을 받기 위해서는 목사 후보생에 대한 도움을 주어야 한다. 그래서 네덜란드 개혁교회 첫 번째 총회인 엠덴 총회(1571)는 박해 때문에 영국과 독일에 흩어져 사는 가운데서도 조국에 교회가 회복되면 바로 말씀의 사역을 돕기 위해 몇몇 학생들을 돕기로 했다. 이후 개혁교회는 교회질서 속에 목사 후보생을 돕는 항목을 계속 유지했다.

2. 교회의 의무

교회는 먼저 교회 내에 유능하고 자격 있는 청년들을 말씀봉사자가 되도록 격려해야 한다. 교회의 지속적인 유지와 성장을 위해서는 언제나 충분한 수의 말씀봉사자들이 있어야 한다. 목사와 당회는 교회의 미래를 위한 관심을 가지고 유능한 청년들을 찾아 목사의 길을 추구하게 해야 한다.

교회는 다음으로 말씀봉사자가 되기 위해 신학교에 가는 후보자들에 대한 경제적인 도움을 주도록 노력해야 한다. 부모가 재정적 부담을 할 처지가 되지 못할 때 교회가 도와야 한다. 한 교회가 독자적으로 이 일을 감당하기 어렵다. 지역회나 총회는 목사 후보생 교육지원을 위한 기금을 마련하여 도와야 한다. 근래에 대학에서는 학생들이 정부로부터 학자금을 대출받아 공부하고 학교를 마친 후 상환하는 제도가 있다. 교회가 신학생에게 제공하는 지원은 주님의 교회 건설을 위한 단순한 지원이고 상환을 위한 것이 아니다.

> 제 21 조
>
> 교훈적인 말씀
>
> 신학교육 과정을 마치고 준비시험을 통과한 분들과 신학교에서 연구 과정을 3년 이상 거친 분들에게 지역회는 그들의 수련을 위해서, 또 그들이 회중에게 알려지도록 교훈적인 말씀을 전할 권한을 허락할 수 있다.

　본 조항은 신학생이 교회에서 교훈적인 말씀을 전할 권리에 관해 언급한다. 개혁교회는 교회의 직분자를 단순한 지도자로 보지 않고 본질상 하나님을 대신하는 자로 본다. 그래서 교회의 부름을 받고 임직된 말씀봉사자는 왕의 사자이다. 그는 하나님의 말씀을 하나님의 권위로 선포한다. 그가 하나님의 사신과 그를 대신하는 자격으로 말하는 것은 신적 권위를 동반한다. 사도가 "우리가 그리스도를 대신하여 사신이 되어 하나님이 우리를 통하여 너희를 권면하시는 것 같이 그리스도를 대신하여 간청하노니, 너희는 하나님과 화목하라."(고후 5:20)라고 한 말은 모든 임직된 그리스도의 종들에게 적용될 수 있다. 그리스도께서 그의 제자들에게 하신 "너희 말을 듣는 자는 곧 내 말을 듣는 것이요, 너희를 저버리는 자는 곧 나를 저버리는 것이요, 나를 저버리는 자는 나 보내신 이를 저버리는 것이라 하시니라."(눅 10:16)라는 말씀은 말씀의 사자가 참으로 성경에 계시된 하나님의 말씀을 전하는 한, 그에게도 바로 적용이 된다.

그런데 어떤 교회는 공예배에서 임직되지 않은 어떤 분들에게 예배를 인도하고 교훈적인 말씀을 전하도록 허락하는 것을 유익하고 바람직하게 여겼다. 그들은 형제들 가운데서 형제로 교훈적인 말씀을 전하게 된다. 그들은 예외적인 방법으로 예배를 인도하고 교훈적인 말씀을 전할 권리를 가진 임직되지 않은 증인들이요, 교사들이다. 이것은 정상이 아니요, 매우 위험한 일이다. 우리 교회 질서는 "신학교육 과정을 마치고 준비시험을 통과한 분들과 신학교에서 연구 과정을 3년 이상 거친 분들에게 지역회는 …… 교훈적인 말씀을 전할 권리를 허락할 수 있다."라고 한다.

외적으로 형식과 말에 관한한 임직된 목사와 임직되지 않은 신학생의 메시지가 서로 별로 다르지 않게 여겨질 수 있다. 그러나 양자 사이에 차이가 있다는 사실을 부인할 수 없다. 재판에 있어서 한 사적인 시민과 법적으로 지명된 판사가 같은 말을 할 수 있다. 그렇지만 거기에는 큰 차이가 있다.

그런데도 교회는 신학교육 과정을 마치고 준비시험을 통과한 학생과 신학교에서 연구 과정을 3년 이상 거친 분들에게 예배를 인도하고 교훈적인 말씀을 전한 권리를 허락하는 것을 규정하고 있다. 물론 이런 조건을 가진 분들에게 예외 없이 허락한다는 것은 아니고, 허락할 수 있다고 한다. 준비시험을 통과한 분들에게 이를 허락하는 것은 언제나 그렇게 해 온 일로 자연스럽고 당연하다. 그러나 신학교에서 3년 이상의 연구 과정을 거친 분들에 대하여는 지역회가 신중하게 고려하여 허락해야 할 것이다.

본 조항은 신학생들에게 교훈적인 말씀을 허락하는 이유와 목적을 두 가지를 들고 있다.

첫째는 말씀봉사자가 되기 위해 교육을 받아온 이들에게 도움이 된다는 것이다. 학생들이 학교에서 받는 것은 대부분 이론이다. 교회에서 교훈적인 말씀을 전함으로 그는 실제적인 훈련의 기회를 얻게 된다. 이론은 근본적이고 필요하다. 그러나 선한 이론적 훈련은 실제적인 훈련으로 강화되고 마무리가 된다. 교회는 신학생에게 이런 실제적 훈련을 할 기회를 제공하게 된다.

둘째는 신학생이 공예배를 인도하고 교훈적인 말씀을 전하는 것이 회중에게 그를 널리 알릴 기회가 된다. 결과 이것이 신학교 교육 과정을 마치고 준비시험을 거쳤을 때 교회가 부름을 고려하는 데 큰 도움이 될 수 있다.

제 22 조
장로의 직무

1. 장로의 직무는 말씀봉사자들과 함께 그리스도의 교회를 감독하여, 모든 회원이 교리와 생활에서 복음에 따라 올바로 처신하도록 하고, 교회 회원들의 가정을 신실하게 방문하고, 가르치며, 그릇되게 처신하는 자들을 책망하고, 하나님의 말씀으로 권면해야 한다. 장로는 자기 교구 안에 있는 회원들의 가정을 매년 적어도 한 번 이상은 방문하고 당회에 보고해야 한다.

2. 그리고 장로들은 말씀봉사자들과 함께 불신과 불경건의 모습을 드러내고 회개하기를 거절하는 자들에게 하나님의 명령을 따라 그리스도의 교회의 권징을 시행하고, 또 성례들이 더럽혀지지 않도록 감독해야 한다.

3. 나아가, 장로들은 하나님의 집의 청지기들이므로 회중 가운데 모든 일이 적당하고 선한 질서 가운데 행해지도록 돌봐야 한다.

4. 끝으로, 장로들의 직무는 유익한 조언과 권고로 말씀봉사자들을 돕고 그들의 교리와 품행을 감독하는 것이다.

1. 장로 직분의 회복

로마교회에서는 일찍부터 직분의 개념이 크게 변질되었다. 목사는 차츰 성례를 집행할 권리뿐 아니라 사제를 임직하거나 임명할 권리를 가진 감독이 되어 장로보다 높은 직분이 되었다. 이로써 사도시대에 감독과 장로는 같은 직분을 가리키는 동의어였지만(행 20:17, 28 딛 1:5, 7), 이제 서로 다른 뜻을 갖게 되었다. 장로는 감독의 교구 안에서 봉사하는 (사제)신부의 직분으로 변질되고 성례를 집행할 책임이 주어졌다. 이 변질된 장로의 직분을 성경이 가르치는 대로 교회 안에 올바른 자리로 회복시킨 분이 제네바의 칼뱅이었다.

루터가 16세기 교회의 개혁을 이끈 분이었지만 장로의 직분을 회복하지 못했고, 교회의 정치를 정부 당국자들에게 맡겼다. 개혁자 츠빙글리도 정부 당국자에게 교회를 다스리게 했다. 칼뱅이 장로의 선임 제도를 교회에 도입하고, 개혁교회가 이 제도를 오늘까지 지켜오게 되었다. 그가 이 제도를 도입한 것은 이것이 성경의 가르침을 따른 것이었고, 또 교권체제의 위험을 고려할 때 이 제도를 필요하게 여겼기 때문이었다.

2. 장로 직분을 위한 요건

장로직에 대한 요건은 디모데전서 3:1~7, 디도서 1:5~9로부터 알 수 있다. 이 두 장절이 장로의 바람직한 자질에 관해 말해 주고 있다. 일반적으로 장로의 요건으로 다음 몇 가지를 들 수 있다. 하나님의 말씀에 대한 철저한 지식, 성실한 마음, 교리적인 면에 있어서 건전하고 확고한 입장, 매일 생활에 있어서 모범적인 행위, 가르치는 능력, 인내심, 선한 판단력, 극기심 등이라 할 수 있다. 이 모든 것은 위에 언급한 성경 구절 속에 포함되어 있다.

한 교회에서 아버지와 아들, 혹은 형제를 장로 후보자로 추천하는 것이 어떤가 하는 문제가 있다. 성경적으로 반대할 이유가 없다. 그리스도의 제자들 가운데 베드로와 안드레, 야곱과 요한이 형제들이었다. 하지만 회중 가운데 장로의 요건을 갖춘 분들이 충분히 있을 때는 이를 피하는 것이 지혜로운 일이다. 그러나 교회 건설에 참으로 필요하지만, 가족관계를 이유로 계획적이고 조직적으로 추천에서 제외하는 일은 교회에 해를 초래하는 일이 될 수 있다.

3. 장로의 직무

본 제22조는 제16조 2항에서 언급한 목사의 직무의 내용과 매우 유사하다. 제16조 2항은 목사 입장에서 그의 의무를 고려했고, 본 22조는 장로의 입장에서 그의 의무를 고려하고 있다. 목사도 기본적으로 장로이기 때문에 그 의무에 있어서 이렇게 장로와 공유하는 부분이 있다.

1) 교회를 감독하는 것

장로는 말씀봉사자인 목사와 함께 그리스도의 교회를 감독하여, 모든 회원이 교리와 생활에서 복음을 따라 올바르게 살아가도록 돌볼 책임이 있다. 교회 회원들은 주변의 다양한 이단과 잘못된 교리에 유혹되거나 감염되기 쉽다. 장로는 이에 대해 회원들을 살피고 감독하며 보호해야 한다. 이것이 장로의 사명 중 가장 중요하다. 사도 바울이 에베소 교회장로들에게 준 이별의 교훈 중에서 "사나운 이리가 여러분에게 들어와서 그 양 떼를 아끼지 아니"할 것이라고 말씀하며 경고한 것이 바로 이와 관련된 것이었다(행 20:29~32). 장로들은 목사와 함께 그리스도의 몸인 교회를 세우기 위해 부름을 받았다(엡 4:12). 그러므로 목사들이 당회로부터의 특별한 지시를 기다리지 않고 솔선하여 양 무리를 돌봄으로 목자적인 봉사를 하는 것처럼, 장로들도 솔선해서 양 무리를 위해 목자적인 봉사를 해야 한다. 장로는 교회 회원들을 부지런히 방문하고, 가르치고, 병자를 위로하며, 그릇되게 처신하는 자들을 책망하고, 하나님의 말씀으로 권면해야 한다.

특별히 장로에게 가정 심방이 교회의 회원들을 감독하고 돌보는 가장 귀중한 방편이 된다. 이 가정 심방은 직분적인 심방이다. 이는 성경에 근거하고 있다. 주 예수 그리스도께서 무리를 위해 말씀을 전하셨을 뿐 아니라 개인을 찾으셨고(요 4 사마리아 여인), 회개하는 죄인을 찾으셨으며(눅 7), 슬퍼하는 마리아(요 20)와 주를 부인한 베드로(요 21)를 찾으셨다. 사도 바울이 집에서 가르쳤고(행 20:20), 베드로가 고넬료의 집에서 설교했다(행 10).

가정 심방은 개혁교회 역사에 있어서 교회를 세우는 귀중한 방편이 되었다. 칼뱅은 1541년의 교회 질서에서 장로들의 가정 심방에 대한 조항을 포함했다. 당시 장로들은 주의 만찬이 있기 전에 이에 대한 준비를 위해 가정을 심방했다. 현재도 이런 전통을 지켜오는 교회가 있지만, 대부분의 교회에서는 성찬과 관계없이 가능한 대로 유익이 될 만큼 자주 가정을 심방하되 적어도 매년 한 차례는 자기가 담당한 가정을 공식적으로 방문하고 당회에 보고하고 있다. 가정 심방은 장로들이 둘씩 2인조로 하게 된다. 물론 목사도 장로와 같이 가정 심방에 대한 책임이 있다. 그러나 큰 교회에서는 목사가 장로와 늘 한 조를 이루어 심방할 형편에 있지 않다. 목사의 주된 사명은 설교와 교리교육이며, 심방은 병자를 위시한 독거노인 등 특수 심방에 한하게 된다.

이 공식적인 가정 심방에는 가장이 모든 가족이 참석하도록 주선을 해야 한다. 가정 심방은 교회의 직분자들과 교회의 교인들 간에 깊은 접촉의 기회를 주게 된다. 장로들은 가정 심방을 통해 목사가 공적으로 선포한 말씀이 교인들의 생활에서 열매를 맺고 있는지를 살피고, 교회와 신앙생활에 대한 목자적인 지도를 하게 된다. 이런 심방 중에서 갖는 깊은 대화를 통해 장로들은 회원들의 형편을 잘 알게 되고, 자문과 지도로 도움을 주고, 오해를 제거하고, 바른길을 열며, 가르치고 위로할 수 있다. 그리고 친밀한 대화로 교회 내의 일치, 사랑, 협력이 증진될 수 있다. 교회의 바른 건설은 장로들이 얼마나 신실하게 가정심방을 하느냐에 달려 있다.

2) 교회의 권징권을 행사하는 것

장로들은 말씀봉사자들과 함께 교회에 권징권을 행사할 의무가 있다. 권징에 대한 문제는 앞으로 제65~79조에서 구체적으로 다루게 될 것이므로 여기서는 원칙만 언급한다. 교회의 직분은 섬김을 받지 않고 섬기는 것이다. 직분자들은 그리스도가 세우시고 파송한 종들로 자신은 파송자인 그리스도의 뒤로 물러서고 그리스도만 드러나게 하는 것이다. 주께서 그의 제자들에게 이르시기를 "너희 말을 듣는 자는 곧 내 말을 듣는 것이요, 너희를 저버리는 자는 곧 나를 저버리는 것"이라고 하셨다(눅 10:16). 말씀봉사자들이나 장로들은 주의 백성에게 지배권을 행사하는 주인이 아니고, 주의 이름으로 말하고, 행동하고, 감독하는 그리스도의 종들이다. 그러므로 교회의 직분자들은 모든 일에 있어서 그리스도만 드러나게 해야 한다.

말씀봉사자들과 장로들은 주의 백성에게 지배권을 행사하는 주인이 아니고 주의 이름으로 말하고 행동하고 감독하는 그리스도의 종들이다. 그리스도의 종들은 개인적으로 교회에 지배권을 행사하거나 권징을 시행할 수 없다. 교회의 주 그리스도는 그의 교회에 선한 질서를 유지하고 교권을 방지하기 위해 회중 가운데 말씀봉사자와 함께 교회를 돌보는 장로들을 세우셨다. 결과 말씀봉사자들과 장로들은 교회를 다스리기 위해 당회를 구성한다. 목사와 장로는 따로 다스리지 않고 함께 다스린다. 목사나 각 장로는 회중 가운데서 목자적인 봉사를 할 수 있다. 장로는 개별적으로 자유롭게 회원들을 심방하고 외로운 자 병든 자들을 방문하고 위로할 수 있다. 그러나 한 목사나 한 장로만으로 교회를 다스리는데 결정적 행위를 할 수 없다. 성경은 늘 장로를 복수로 말하고 있다(행 14:3, 20:1, 빌 1:1 딛 1:5). 장로와 목사는 함께 치리회인 당회를 이루고 이를 통해 교회를 다스리고 권징을 시행하게 된다. 목사나 장로가 어떤 회원을 개인의 권위로 권징

할 수 없다. 어떤 회원이 주의 만찬에 참여하기에 불합당하다고 여겨졌을 경우에 목사, 장로가 개인의 권위로 성만찬 참여를 금할 수 없고 당회를 통해서만 할 수 있다. 혹 당회를 소집하기에 너무 시간이 촉박한 비상한 경우에 성만찬 참여를 하지 않게 자문할 수 있으나 항상 당회의 책임과 승인을 고려해야만 한다. 교회의 정치와 권징은 직분자 개인에게 맡겨져 있지 않고 직분자들의 모임인 치리회(당회)에 맡겨져 있다.

3) 교회를 다스리는 것

본조 3항은 "장로들은 하나님의 집의 청지기들이므로 회중 가운데 모든 일이 적당하고 선한 질서 가운데 행해지도록 돌봐야 한다."라고 한다. 하나님은 혼돈의 하나님이 아니고, 질서의 하나님이시다. 장로들은 이 하나님의 집의 청지기들로서 교회 내의 모든 일을 "품위 있게 하고 질서 있게" 할 의무를 지고 있다(고전 14:40). 교회의 재정은 누구에게 속하는가? 교회의 행정이 당회에 속해 있으므로 당회의 관할에 속해 있다. 아주 작은 교회에서는 당회가 직접 재정을 관할하고 집행할 수 있다. 그러나 일반적으로 당회가 회중 가운데 이에 대한 재능을 가진 재정위원들을 임명하여 당회의 지시를 받아 재정을 관리하게 할 수 있다. 이것이 개혁교회의 일반적인 관습이다. 하지만 이 위원회가 독립적 권위를 갖지는 않는다. 이 위원들은 당회를 돕는 분들이므로 당회에 의존하고 당회 앞에 책임을 진다.

장로가 예배를 인도할 수 있는가? 목사가 휴가나 어떤 다른 이유로 주일 예배를 인도할 수 없을 때 당회가 지명하는 한 장로가 예배를 인도할 수 있다. 이때 장로는 설교자가 되어서는 안 된다. 설교는 목사에게만이 주어진 의무요, 특권이다. 그는 목사나 당회가 추천하는 설교를 읽든지 자매교회 목사의 설교를 허락을 받고 읽어야 한다. 그는 그 설교에서 어떤 말을 더하거나 제하지 않아야 한다. 당회는 이 예배 인도를 설교를 잘 읽을 수 있는 장로에게 맡겨야 한다.

4) 말씀봉사자들을 조언과 권고로 돕고 그들의 교리와 품행을 감독하는 것

본조 4항은 "장로들의 직무는 유익한 조언과 권고로 말씀봉사자들을 돕고 그들의 교리와 품행을 감독하는 것이다."라고 한다. 말씀봉사자의 교리와 생활에 대한 감독은 필요하다. 목사는 말씀봉사자로서 왕이신 그리스도의 사신이다. 그러므로 그는 왕의 말씀에 충실해야 한다. 하지만 선지자 에스겔이 당시에 주의 이름으로 화를 선언했던 자기만 먹는 목자가 있었던 것처럼 언제나 교회에는 성실하지 않은 목사들이 있다(겔 34:1~6). 그래서 사도 바울이 에베소 장로들에게 교회 안에 "사나운 이리"가 나타날 것을 언급하면서 "하나님이 피로 사신 교회를 보살피게 하신" 의무를 일깨웠다(행 20:28~31). 장로는 교회를 보살피는 감독들이다(빌 1:1, 행 20:28, 딛 1:7). 장로들은 그릇된 교리가 교회에 들어오지 못하도록 감독하고 경계해야 한다. 하지만 말씀봉사자들에 대한 감독은 그리스도의 마음과 정신을 따라 해야 한다. 서로를 신뢰하는 가운데 서로 행동하고 말해야 한다. 속된 불신의 불은 교회에 큰 화를 초래한다. 목사의 설교에 대한 감독이 무례한 비판으로 전락해서는 안 되며, 무례한 방법으로 해서도 안 된다. 예를 들면 예배 후 바로 설교 내용에 대해 비판을 하는 일이 있어서는 안 된다. 설교 내용 가운데 교리와 맞지 않는다고 생각되는 부분이 있다고 생각하면 주간 초에 목사에게 개인적으로 물어볼 것이다. 특별히 주말에 하는 것은 목사에게 예배를 준비하는 데 큰 지장을 초래한다. 그리고 목사에게 물어보기 전 다른 분들에게 자기 의견을 개진하여 비판하는 것도 금물이다. 이것은 말씀의 은혜를 소멸시키는 죄를 범하는 것이다. 장로가 설교 내용에 대해 어떤 의문을 가졌을 때, 마태복음 18:15의 상호권징의 원리를 따라 개인적으로 목사에게 찾아가 직접 묻고 의문이 풀리면 문제는 끝나야 한다. 만일 개인적인 접촉으로 해결이 되지 않을 때 당회에 이 문제를 제기하고 논의할 수 있다. 설교가 하나님의 말씀과 일치하는지를 판단하는 의무가 감독들(장로들)의 모임인 당회에 있기 때문이다.

장로들이 목사의 교리와 생활에 대한 감독할 의무가 있다고 말할 때 한국 장로교회 생활의 환경에서는 충격적일 수 있다. 한국교회에는 교회 정치에 있어서 당회 중심이라기보다 목사 중심의 교회 생활이 정착되어 왔기 때문이다. 여기에는 19세기 중반 북장로교회 교회 정치에 큰 영향을 끼친 프린스턴의 신학자 하지(Charles Hodge)가 장로교를 목사 중심의 교구 체제라고 주장한 것이 큰 영향을 끼친 까닭이라고 생각한다. 결과 한국에는 목사의 설교 영역은 전혀 비판의 영역이 될 수 없다는 인식이 자리를 잡게 되었다. 그리고 교회에는 목사가 주인이요, 장로는 단지 교인들의 대표자라는 생각이 지배하게 되었다. 이것은 전혀 개혁주의적이지 않다. 목사라고 완전할 수 없다. 구약시대에 많은 거짓 선지자들이 등장했던 것처럼 신약시대에도 수많은 거짓 스승들이 나타났다. 성경은 성도의 교통 가운데서와 직분자들 상호 간에 서로를 살피고 감독하는 것을 귀중하게 가르치고 있다(마 18:15, 행 20:28~30). 우리는 모두가 실수하고 넘어질 수 있는 연약한 자들이기 때문에 서로 도움이 필요하다. 목사와 장로는 서로 교회의 건설을 위해 부름 받은 동역자들이다. 장로들이 목사에게 주는 조언과 권고는 목사의 목회 생활에 큰 도움과 힘이 될 수 있다. 목사와 장로는 서로 견제하거나 대립 관계가 아닌 주의 교회 건설을 위해 서로 협동 협력해야 하는 동역자의 관계에 있다는 바른 의식을 가져야 한다. 목사는 주로 설교와 교리교육, 장로는 주로 심방을 통해 교회 건설에 이바지하는 동역자이다. 이렇게 이해할 때 교회 생활은 목사 중심이 아닌 당회 중심의 생활이 자연히 정착하게 된다. 이는 목사가 지도력을 갖지 않아야 한다는 뜻은 아니다. 목사는 말씀의 선포자로서 항상 지도적 입장에 서 있고 그렇게 인정받는다. 그러나 이 입장이 장로들과는 차원이 다른 교권을 행사하는 자리로 이해되어서는 안 된다. 사도 베드로도 장로들에게 "나도 함께 장로 된 자요"(벧전 5:1)라고 했다. 목사는 먼저 자신도 장로 중 하나이면서 말씀에 봉사하는 자임을 인식하고 장로들을 교회 건설을 위한 동역자들로 여기고 그들의 조언을 귀하게 여겨야만 한다.

제 23 조
집사의 직무

1. 집사직의 특별한 직무는 회중 속에 자비의 봉사에 대한 선한 진행을 살피고, 회중 가운데 현존한 궁핍과 어려움을 익히 알고, 먼저 그리스도의 몸의 지체들에게 자비를 나타내도록 권고하고, 나아가 일반적으로 가난한 이웃들에게도 그리스도의 자비를 나타내도록 격려하는 것이다.
2. 그리고 집사들은 헌물(헌금)을 모으고 관리하며 이것들을 필요를 따라 그리스도의 이름으로 나눠주는 것이다.
3. 나아가, 집사들은 그들의 정책과 관리에 관하여 당회 앞에 책임져야 한다.

1. 집사 직분의 특성

집사라는 말은 희랍어에서 봉사를 의미하는 디아코노스(diakonos)에서 왔다. 그러니 집사는 섬기는 분을 의미한다. 성경에서 집사직의 기원은 사도행전 6:1~6에서 발견된다. 오순절에 예루살렘 교회가 서게 되었을 때 사도들은 처음에 교회에서 말씀 전하는 일, 다스리는 일, 자비를 베푸는 일들을 모두 하게 되었다. 그런데 곧 사도들이 말씀 전하는 일과 다스리는 일에 시간과 정력을 전적으로 쏟게 되자 자비의 사역을 등한하게 되어 회중의 불만이 있었다. 이때 성령의 인도로 사도들은 이 자비의 사역을 회중 가운데서 일곱을 선택하여 맡기게 되었다. 뒤따라 다른 교회들도 자비의 사역을 담당하는 집사 직분을 세우게 되어 이 직분이 모든 교회에 보편화되었다(빌 1:1, 딤전 3:7~10). 초대교회에서 애찬과 주의 만찬이 동시에 매우 밀접하게 행해졌다. 여기에 집사들이 주로 봉사를 하게 되었다.

교회의 직분자들은 모두 그리스도를 대표하여 섬기는 종들이다. 그리스도는 우리들의 큰 선지자요, 유일한 대제사장이요, 영원한 왕이시다(하이델베르크 교리문답, 주의 날12). 하나님 앞에서 우리를 대표하는 이 삼중직분이 구약시대에는 선지자들과 제사장들과 왕들로 상징되었다. 참된 선지자요, 제사장이요, 왕이 이 세상에 오셨을 때 이 상징은 끝났다. 하지만 그리스도는 그의 성령을 통하여 신약교회를 위하여 선지자, 제사장, 왕으로서 각기 그를 대신하는 자 곧, 말씀봉사자, 집사, 장로인 세 항존 직분을 세우셨다.

그러므로 집사들은 자비로운 제사장이신 그리스도를 대신하는 자들이다. 그들은 예수 그리스도 안에서의 하나님의 자비의 사역자들이다. 성경이 집사 직분에 대하여 자세하고 완전한 설명은 해 주고 있지 않다. 사도행전 6장과 디모데전서 3장도 완전한 설명을 주지는 않는다. 그러나 집사 직분이 그리스도의 교회에서 자비사역에 있어서 그를 대신하는 자라는 것은 분명하다.

그러나 2세기에 이미 집사 직분의 특성은 심하게 변질되었다. 원래 교회는 장로들의 집단에 의해 다스려졌다. 그러나 2세기 중에 몇몇 장로들이 감독의 입장을 취하고 다른 장로들과 집사들은 이들에게 종속하게 되었다. 결국, 감독들은 구약시대의 대제사장 자리에 비교될 수 있는 자리를 차지하게 되고, 장로들은 일반제사장들처럼 여겨졌으며, 집사들은 일반 제사장들을 돕는 레위인들처럼 보이게 되었다. 처음에 집사들은 그래도 자비의 사역을 위해 일했으나, 시간이 지남에 따라 자비의 사역은 여러 수도사 단체에 의해 흡수되고, 집사 직분은 그 귀한 자비사역의 유산을 빼앗겨버렸다. 집사는 이제 말씀과 성례의 직무를 돕는 역할을 하게 되었다. 이는 앞서 언급한 대로 집사들이 초대 교회의 애찬과 주의 만찬을 도와 왔던 전통과 관계가 있다. 결과 로마교회는 사도행전 6:2이 언급한 '접대'가 자비의 사역을 언급하고 있음이 분명한데도 불구하고 주의 만찬상에서 하는 봉사를 언급하는 것으로 왜곡해 버렸다.

16세기 교회개혁시대에 루터는 집사 직분을 성경적인 위치로 돌려놓지 못했다. 루터파 교회는 자비의 사역을 정부에 맡기고, 집사라는 직분 이름은 후에 큰 도시 교회에서 부목사로 일하는 분들에게 적용했다. 영국교회도 이와 같은 입장을 취하였다. 그러나 칼뱅은 1541년 제네바 교회에 도입한 교회 질서에서 교회의 자비의 사역을 집사의 몫으로 회복시켰다. 당시 칼뱅은 집사직을 두 형태로 구별했다. 어떤 집사들에게는 가난한 자들을 돌보는 일을 맡겼고, 다른 분들에게는 병자들과 허약한 자들을 돌보는 일을 맡겼다. 결국 전자의 형태의 집사만 프랑스, 네덜란드, 스코틀랜드 등의 개혁교회에서 영구히 계속

되었고, 후자의 형태의 집사의 사역은 사적인 기독교 기관이 이어가게 되었다.

구약시대에 하나님은 가난한 자들을 돌보시는 분으로 나타나셨다. 레위기 19:9~10에 "너희가 너희의 땅에서 곡식을 거둘 때에 너는 밭모퉁이까지 다 거두지 말고 네 떨어진 이삭도 줍지 말며 네 포도원의 열매를 다 따지 말며 네 포도원에 떨어진 열매도 줍지 말고 가난한 사람과 거류민을 위하여 버려두라 나는 너희의 하나님 여호와이니라."라고 하셨다. 이어 레위기 19:18에 "이웃 사랑하기를 네 자신과 같이 하라."라고도 하셨다.

하나님의 자녀들인 그리스도인들은 자비로워야 한다. 예수님은 "너희 아버지의 자비로우심 같이 너희도 자비로운자가 되라."(눅 6:36)라고 하셨다. 특별히 그리스도는 세상에 계실 때 가르치시고 전하실 뿐 아니라, 병자들을 고쳐주시고 주린 자들의 고통을 덜어주셨다. 예수님이 승천하신 후 그의 교회에 성령을 보내주시고 동시에 각종 은사, 즉 가르치는 은사, 다스리는 은사, 섬기는 은사, 긍휼을 베푸는 은사 등을 내려주셨다. 이 은사들은 곧 직분에 연관되었다. 주의 교회에는 가르치는 것과 다스리는 것과 자비를 베푸는 것이 영구히 필요하므로 주께서는 목사와 장로와 집사를 세워 이를 위해 교회를 봉사하게 하셨다. 결과 집사직은 말씀의 봉사직인 목사직과 장로직과 함께 지상의 교회에 영구히 있어야 할 직분이다. 그래서 이 직분들을 항존직이라고도 부른다.

2. 집사직을 위한 요건

집사직을 위한 요건은 이미 언급한 사도행전 6:1~7, 디모데전서 3:8~12에서 살펴볼 수 있다. 사도들은 사도행전 3:6에서 세 가지 중요한 요건, 곧 성령이 충만한 사람, 지혜가 충만한 사람, 사람들로부터 칭찬받는 사람을 언급했다. 디모데전서 3장에서는 "정중하고 일구이언을 하지 아니하고, 술에 인박히지 아니하고, 더러운 이를 탐하지 아니하고, 깨끗한 양심에 믿음의 비밀을 가진 자"라야 하고, 이어 "한 아내의 남편이 되어 자녀와 자기 집을 잘 다스리는 자"여야 한다고 했다. 여기 한 아내의 남편이란 당시 이방인들이 일부다처제를 받아들이고 있었기 때문에 이를 고려하여 한 말이다.

11절에 "여자들도"라고 하는 말을 어떤 분들은 초대교회에 여자 집사 제도가 이미 도입된 것으로 이해를 한다. 그러나 칼뱅은 이 "여자들"을 집사의 아내들로 이해했다. 본문은 여자 집사라고 하지 않고 단순히 여자들이라고만 부르고 있다. 남편이 집사일 때 그 아내는 항상 남편의 자비사역을 함께 도운 배필이었기 때문이다. 성경 다른 곳에 초대 교회 내에 여집사가 있었다는 증거가 없고, 예루살렘에 구제를 위해 처음 세운 일곱 분 중(행 6) 여자가 없었음을 보아 여기 언급한 "여자들"을 여자 집사로 보기 어렵다. 구약 시대나 신약 시대에 비상한 경우 외에는(예: 삿 4 사사 드보라) 일반적으로 여자가 직분자로 세움을 입은 일을 볼 수 없다. 여자는 언제나 남자를 돕는 자로 나타났다. 성경은 여자들이 직분을 갖지 않았지만, 자원함으로 교회를 봉사한 많은 여자가 있었음을 보여준다. 바울이 언급한 "겐그레아 교회의 일꾼 뵈뵈"가 그 한 예이다.

3. 집사의 직무

1) 집사들은 교회의 자비의 봉사자들이다. 회중 가운데 궁핍과 어려움을 겪고 있는 분들을 찾아내고 그들을 방문하여 도우며 위로해야 한다. 사람들은 어려워도 체면 때문에 자기의 궁핍과 어려움을 들어내기를 주저한다. 여기 어려움이란 경제적인 어려움만을 의미하지 않는다. 나이 많은 분들, 홀로 사는 외로운 분들이나, 갑자기 실직하는 등으로 겪게 되는 어려움을 가리킨다. 이들은 모두 도움이 필요하다. 집사는 궁핍한 가운데 있는 분들뿐 아니라, 이런 특별한 어려움을 당하는 분들도 찾아내어 위로하고 도와야 한다.

집사들의 자비의 봉사 대상은 먼저는 믿는 형제자매들이요, 그다음에는 모든 이웃이다. 사도 바울은 "우리는 기회 있는 대로 모든 이에게 착한 일을 하되 더욱 믿음의 가정들에게 할지니라."(갈 6:10)라고 했다. 초대교회에서는 "믿는 사람들이 다 함께 있어 모든 물건을 서로 통용하고 또 재산과 소유를 팔아 각 사람의 필요를 따라 나눠 주며"(행 2:44~45) 사랑의 교제 속에 살았다. 성경에서 "성도를 위하는 연보"(고전 16:1) "성도 중 가난한 자들을 위하여 기쁘게 얼마를 연보"(롬 15:26) 했다는 말을 읽는다. 교회는 그리스도의 사랑의 공동체이다. 집사들은 자비의 사역에 성실함으로 자비로운 대제사장이신 그리스도의 대리자들로서 직책을 다해야 한다. 나아가, 집사들은 모든 사람에게 그리스도의 자비를 나타내어야 한다. 지구의 가까운 곳 혹은 먼

곳에서 흉년 혹은 다른 재난으로 사람들이 어려움을 겪을 때, 집사들은 그리스도의 이름으로 가능한 한 도움을 주어야 한다. 집사들은 이런 도움의 손길을 뻗칠 때, 적십자와 같은 중립 자선기관에서 하는 것같이 하지 않고 그리스도의 이름으로 해야 한다. 그래서 그들이 받는 도움이 그들에게 죄와 고통으로부터 우리를 구원하신 그리스도의 자비에 대한 증거가 되게 해야 한다.

  2) 집사들은 회중에게 자비의 봉사에 대한 현재 상황을 알리고 그리스도의 자비를 나타내도록 권고해야 한다. 때를 따라서는 금전뿐 아니라, 의복이나 양식을 요구해야 할 비상한 때도 있을 수 있다. 필요할 때에는 일반인보다 풍요한 생활을 하는 분들에게 좀 더 관심을 갖도록 권고할 수도 있다. 그런데 자비사역을 위해 헌금을 모으는 길은 교회 입구에 구제 헌금함을 두거나, 예배를 마친 후에 교회 출입문에서 수집하는 일은 바람직하지 못하다. 자비를 위한 헌금은 주일 공 예배 중에 하는 것이 옳다. 교회는 처음부터 이것을 교회의 공적인 모임에서 한 것으로 보인다(고전 16:2, 갈 2:10). 히브리서 13:16에 사랑의 선물을 나누어 주는 것을 '제물'이라고 한다. 하이델베르크 교리문답 제103문답에 하나님께서 안식일에 요구하는 것 중에 "가난한 자를 위한 기독교적 구제금을 드리는 것"이 언급되고 있다. 칼뱅은 이 순서를 주일 예배순서 중에 넣었다. 봉헌은 분명히 예배의 부분이어야 한다. 구제금이 모자랄 때 집사들은 당회를 통해 회중에게 특별헌금을 요청할 수 있다. 집사들은 궁핍한 자들에게 도움을 줄 수 있는 가까운 가족들이 있는가도 살펴야 한다. 자녀가 어려울 때 부모가 도울 책임이 있고, 부모가 어려우면 자녀들이 감사와 사랑으로 도

울 책임이 있다. 이것은 제5계명에 관계된 것이니 집사들은 이에 유의할 필요가 있다. 또 디모데전서 5:16에는 "믿는 여자에게 과부 친척이 있거든 자기가 도와주고 교회가 짐 지지 않게 하라."라고 했다. 가난한 친척을 방치하면 부에 대한 축복이 없다. 잠언 11:24~25에 "흩어 구제하여도 더욱 부하게 되는 일이 있나니, 과도히 아껴도 가난하게 될 뿐이니라. 구제를 좋아하는 자는 풍족하여질 것이요, 남을 윤택하게 하는 자는 자기도 윤택하여지리라."라고 했다.

그럼 집사들은 어떤 방법으로 나누어 주어야 할까? 집사들은 나누어 주는 일을 위해서 규칙적인 모임을 하고 처지를 따라 돕는 양을 정해야 한다. 그리고 자비의 봉사는 도움을 받는 분들이 그리스도의 이름으로 받는다는 것을 알도록 해야 한다. 다시 돌려받을 어떤 때를 생각하지 않고 도움을 주어야 하고, 주어진 것은 주는 자와 받는 자 사이에만 알려져 있어야 한다. 주께서 " 너는 구제할 때에 오른손이 하는 것을 왼손이 모르게 하여 네 구제함을 은밀하게 하라. 은밀한 중에 보시는 너의 아버지께서 갚으시리라."(마 6:3~4)라고 하셨다. 그러므로 집사들은 도움을 받은 분들의 이름을 밝히지 않아야 한다. 선물은 그 가정에서 도움을 받는 자들에게 직접 건네주어야 한다. 그들을 집사회에 오게 하거나 밖으로 불러내어 주는 것은 바람직하지 않다. 그리스도의 한 몸에 속한 같은 지체로 그들의 자존심을 상하게 해서는 안 된다. 집사의 직접 방문은 집사들의 활동 중 매우 중요하고 존경스러운 부분이다. 집사들은 도움을 받은 분들과 솔직하게 영적 사회적 생활에 대해 대화를 나눌 수 있다. 만일 가난과 어려움이 게으름, 오락 등을 통한 것일 때는 책망하고 경고해야 한다. 나아가 도움을 받는 분들이 주의 도움을 바라고 어려움 속에서도 용기를 얻도록 위로하고 격려도 해야 한다.

3) 집사들에게는 말씀봉사자와 장로와는 다른 자비의 봉사라는 특별한 직책이 맡겨져 있다. 하지만 집사회는 당회에서 독립된 기관이 아니고, 당회의 관할 하에 있어 당회의 감독을 받고 당회 앞에 책임을 지고 있다. 물론 장로의 수가 3인 이하인 적은 교회에서는 집사가 당회에 속한 것으로 되어 있다. 이 경우에 집사들은 보조 장로로 봉사하고 당회 회원으로 함께 교리, 정치, 질서 권징 문제에 관해 판단하고 처리할 수 있다. 하지만 충분한 장로의 수를 가진 교회에서는 일반적인 교회 문제를 다루는 당회 외에는 따로 모인다.

결과 자비의 봉사는 말씀의 봉사와 치리의 봉사와 꼭 같이 당회의 감독 아래 있다. 이는 집사들이 목사와 장로들의 감독 아래 따로 있는 것이 아니라, 전체 당회의 감독 아래 있다는 것을 의미한다. 이는 당회가 집사들의 일에 간섭하는 것을 의미하지 않는다. 도와주는 방법과 액수에 대한 결정권이 전적으로 집사들(회)에게 있다. 그러나 집사들은 정한 때에 그들의 사역과 관리의 방법에 대하여 당회에 알리고 책임을 지게 된다.

당회는 원칙적으로 도움을 받는 자들의 이름과 보조금에 관하여 물을 권리를 가진다. 하지만 당회는 집사들을 신뢰하고 매년 한두 번 대표를 집사회에 파송하여 그 출납을 감사한다. 이때에도 이름 등 구체적인 사항은 묻지 않는다.

집사들은 이웃 자매교회들과 경제적인 어려움을 돕기 위해 연합체를 구성할 할 수 있다. 이를 위해서는 당회의 결의가 있어야 한다. 어떤 교회가 자비의 사역을 위해 경제적 도움이 필요하면 어려운 교회로서 자매 교회에 도움을 호수할 수 있다. 집사회는 자비 사역을 위해 수집된 돈을 그 목적 외에 달리 사용할 수 없다. 그것이 꼭 필요한 경우에는 당회에서 의논되어야 하고 이를 회중에게 알려야 한다.

> 제 24 조
> 장로와 집사 직분의 임기
>
> 장로들과 집사들은 지역 교회의 규정에 따라 2년, 혹은 그 이상 봉사해야 하고, 적정한 비율로 매년 물러나야 한다. 당회가 물러나는 직분자에게 교회의 사정과 유익을 위해 다음 임기를 더 봉사하게 하거나, 그들의 임기를 연장하거나, 곧바로 재선을 위한 자격이 있다고 선언하는 것이 타당하다고 판단하지 않는 한 물러가는 직분자들의 자리는 다른 분들에 의해 채워져야 한다.

신약 성경은 직분의 일시적 봉사, 혹은 종신 봉사에 관해 언급하지 않는다. 그러나 사도시대의 장로와 집사의 봉사는 종신이었다고 생각하고 종신 직분제도를 받아들이는 교회들이 있다. 장로교회가 칼뱅의 신앙과 생활의 전통을 일반적으로 수용하고 있으나 집사, 장로직의 종신제를 수용하고 있는 면에서는 칼뱅의 전통을 따르지 않고 있다. 칼뱅은 성경이 장로, 집사의 종신 봉사에 관해 말하고 있지 않음으로 교회를 위해 유익한 길을 택했다. 교회 안에 성직주의와 교권 정착의 위험을 배제하고, 교회 내에 잠재한 다양한 능력과 은사를 동원하여 교회 건설의 기회를 갖도록 하게 하려고 한시적인 직분 봉사 제도를 도입했다. 장로는 회중에 의해 선출되어 봉사하는 것이 성경적인 원칙인 것으로 이해했지만, 당시의 제네바의 정치적 환경은 이런 그의 뜻을 강행하기 어려웠다. 제네바의 12장로는 정부에 의해 매년 2월에 일 년 기간의 봉사를 위해 임명되었고, 일 년이 지나면 물러가고 다시 다른 분들로 교체되었다. 퇴임하는 분 중에 재임명되는 분도 있었으나 그 사명은 다시 일 년으로 끝났다. 프랑스 개혁교회도 칼뱅의 본을 따라 장로 집사 임기 1년 제도를 도입하고 신앙고백 제22항에 "장로와 집사직은 종신이 아니라"라고 밝혔다. 네덜란드 개혁교회는 1571년 첫 번째 총회인 엠덴 총회에서 장로 집사의 봉사 기간을 2년으로 하고 매년 그 반이 물러가게 하고, 교회 당회가 그 봉사 기간을 좀 더 길게 혹은 짧게 자유롭게 정하도록 했다. 이런 전통이 그대로 이어져 본 교회 질서는 "장로들과 집사들은 지역 교회의 규정에 따라 2년 혹은 그 이상 봉사해야 하고, 적정한 비율로 매년 물러나야 한다."라고 규정하고 있다.

개혁교회는 성경에 장로 집사의 종신직에 대한 말이 없으므로 칼뱅의 전통을 따라 교회의 실제적인 유익을 고려하여 한시적인 장로, 집사 제도를 수용했다. 교회의 직분은 세상 끝날까지 지속하지만, 사람과 봉사는 계속 바뀐다. 빌립은 처음 집사였지만(행 6:5) 후에 전도자가 되었다(행 8:5, 12). 장로였던 분이 집사로 부름을 받을 수 있고, 집사였던 분이 장로로 부름을 받을 수 있다. 집사가 장로가 되는 것이 승진이 아니다. 성경에 "집사의 직분을 잘한 자들은 아름다운 지위"(딤전 3:13)를 얻게 된다는 말씀은 높은 지위에 오르게 될 것이라는 뜻이 아니고 사람들의 사랑과 존경을 받게 될 것이라는 의미이다. 이를 승진으로 생각하는 것은 교권적인 이해에서 온 것이다. 목사는 일생을 하나님 말씀의 봉사에 헌신하기로 작정하고 장기간의 준비 기간을 거쳐 부름을 받게 되므로 종신직으로 이해되었다.

개혁교회가 장로, 집사의 봉사 기간을 한시적으로 하고 퇴임하는 제도를 찬성하는 이유로 다음 셋을 들 수 있다.

1. 같은 형제들이 직분의 짐을 번갈아 나누어짐으로 교회 봉사가 지나친 짐이 되지 않게 된다. 개혁교회 장로, 집사들은 매주 적어도 이틀 저녁은 당회와 심방을 위해 시간을 내고 있다. 장로, 집사직을 성실히 봉사하려면 가정과 사업에 지장과 해를 초래할 수 있다.
2. 장로, 집사가 한시적인 봉사를 하고 퇴임하여 다른 형제들이 선택됨으로 회중 속에 묻혀있던 힘과 은사가 드러나게 되고 봉사의 기회를 얻게 된다.
3. 장로 집사가 한시적으로 봉사하고 퇴임함으로 교회에 교권 정착이 방지된다. 종신 장로직을 수용한 장로교회에서 여러 해 장로로 봉사한 분들이 그 교회에서 큰 영향을 끼치고 장로의 교권을 형성하는 현실을 보게 된다. 이 때문에 장로를 세우는 일에 주저하는 경향이 교회 내에 있음도 보게 된다.

장로, 집사의 봉사 기간은 지역교회의 뜻을 따라 3, 4년이 될 수 있다. 현재 상당수 개혁교회가 4년 임기를 채용하고 있다. 장로, 특별히 잘 봉사했고, 그들의 퇴임이 교회에 손해를 초래한다면 한 임기를 더 계속 봉사하게 하거나 재선의 기회를 얻도록 한다. 장로, 집사의 임기를 채우고 퇴임한 분들은 일반적으로 일 년이 지난 후에 다시 후보로 공천되어 재선임의 기회를 얻게 된다.

전에 장로와 집사로 봉사하고 퇴임한 분이 재선임 되었을 때 재임직이 필요한가? 필요하다. 이 점에 있어서 개혁교회는 로마교회와 다르다. 로마교회는 임직을 직분의 특별은사를 주입하게 되는 성례로 본다. 그러므로 한번 임직되면 어느 곳에든 성직자이다. 그러나 개혁교회는 직분이 지역교회의 부름을 통해 주어지고, 그 지역교회와 연관된다. 그러니 장로, 집사의 직분은 부름을 받은, 3, 4년 동안만 효력을 가진다. 퇴임 후 재선임 되었을 때 다시 임직을 받아야 한다.

장로와 집사들에게 있어서 당회를 통해 그 직분 봉사 기간이 연장되는 분과 일정 기간 직분 봉사를 하고 퇴임했다가 다시 재임되는 분과는 구별이 되어야 한다. 전자는 다시 임직의 절차를 밟을 필요가 없고, 후자는 재임직의 의식의 과정을 거쳐야 한다. 장로와 집사는 봉사 기간을 지나 퇴임하면 회중 가운데 한 사람일 뿐이고 이제는 직분자가 아니다. 그는 다시 부름을 받았으니 새로운 임직 의식을 거쳐야만 한다.

> 제 25 조
> 거짓 교리
>
> 교회에 들어와 교리나 생활의 순수성에 위험을 초래할 수 있는 거짓 교리와 오류를 물리치기 위하여 목사들과 장로들은 교리 교육과 가정 심방뿐만 아니라, 말씀의 봉사에서 설명, 반론, 경고, 권면의 방편들을 사용해야 한다.

일찍이 로마교회에서는 금서 제도가 있었다. 교회의 허락 없이는 어떤 책의 출판도 읽는 것도 허락되지 않았다. 그러나 개혁교회는 로마교회와는 달리 이런 입장을 취하지 않는다. 하지만 교회가 거짓 교리와 오류로부터 보호를 받는 것은 매우 중요하다. 그러므로 이것이 목사들과 장로들의 사명이라는 것이 이 조항에서 강조된다. 목사 장로는 최근 주변에서 전해지고 있는 이단, 거짓 교리, 오류 등에 관하여 잘 알고 있어야 한다. 교회는 목사가 이와 관련된 책들과 잡지를 구입하도록 경제적인 여유를 제공해야 한다. 교회는 교회 도서실을 만들고 모든 직분자들이 이용할 수 있게 하고, 교회 회원들도 교회들의 문제에 관한 최신 정보를 접하고, 알 수 있도록 해야 한다. 목사와 장로는 이단과 오류에 대하여 설교로, 교리반에서, 가정 심방에서 회원들을 가르치고 경고해야만 한다.

> II. 교회의 회의들
>
> A. 일반적 조항
>
> 제 26 조
>
> 교회회의들
>
> 교회의 회의로서 세 종류의 회의 곧, 당회, 지역회, 총회가 유지 되어야 한다.

지금까지 교회 직분에 관하여 다루었다. 이제 제26조부터 제48조까지는 교회회의에 관하여 다루게 된다. 제26조에서 제33조까지는 교회회의에 관한 일반적인 것을 다루고, 제34조에서 제37조까지는 당회, 제38조에서 제42조까지는 지역회, 제43조에서 제48조까지는 총회를 다루게 된다.

1. 교회적 회의의 역사

개혁교회에서 교회회의는 16세기에 점진적으로 조직되었다. 개혁자 츠빙글리가 취리히에서 목사들과 정부의 대표자들로 구성된 회의를 구성함으로 이 회의에서 교회 회원들이 그들의 뜻을 알릴 수 있었다. 하지만 교회의 직분과 정치에 관한 성경의 가르침을 바로 깨닫고 교회적인 회의인 당회를 제일 먼저 도입한 분은 칼뱅이었다. 그는 성경에 의하면 교회의 권력은 교회를 이룬 신자들에게 있는 것으로 판단했다. 그러나 그 권력은 교회의 전체 회원을 통해 직접으로 행사되지 않고, 그리스도의 이름으로 그의 뜻을 따라 봉사하는 교회의 감독들(장로들)을 통해 행사된다고 보았다. 그래서 그는 교회에 말씀 봉사를 위해 평생 봉사하는 목사뿐 아니라, 교회 회원들로부터 택함을 받아 목사들과 함께 한시적으로 교회에 감독과 권징을 행하며, 교회의 영적 안영(安榮)을 돌보는 감독들(장로들)이 있어야 한다고 보았다. 이 지역교회의 목사와 감독이 함께 모이는 것이 성경이 말하는 '장로의 회'(딤전 4:14)였다. 결과 제네바 교회에 장로들의 회인 당회가 생겼다. 하지만 거기 지역회나 총회는 없었다. 이를 위해서 제네바는 너무 작았다.

지역회와 총회가 제일 먼저 생긴 것은 프랑스 개혁교회에서였다. 칼뱅주의적 개혁운동이 거점을 확보한 프랑스에는 극심한 박해를 받는 중에서도 1561년에 이르러서 2천 교회 이상의 개혁교회가 섰다. 3년 전인 1558년에 포아티(Poictiers) 교회에서 목사들의 모임이 있었는데 파리 교회의 대표도 참석했다. 여기서 전국교회의 모임의 필요성을 논의하고, 파리 교회에 전국교회들의 총회를 소집하도록 요구했다. 다음 해인 1559년에 프랑스 개혁교회 총회가 파리에서 열렸다. 이 첫 총회에서 프랑스 개혁교회는 교회 질서를 받아들이고, 교회들의 공통관심사를 논의하기 위한 주(州) 단위의 회의와 전국회의(총회)

제도를 수용했다. 지역회는 1572년까지 소개되지 않았다.

　남부 네덜란드(현재의 벨기에 북부지역)의 개혁교회는 1563년 이후 거듭 모여 프랑스와 제네바에서 사용되고 있는 교회 질서를 따라 그들의 교회적 사건들을 다루었다. 1568년에 피난지 독일 베젤(Wezel)에서 모인 공회는 교회 대표자들의 모임은 아니었지만, 그해까지 개최된 네덜란드 개혁교회들의 가장 대표적 회의였다. 이 회의는 확고한 교회 연합을 위한 임시 규칙을 초안하여 수용했다. 네덜란드의 첫 번째 총회가 1571년에 역시 피난지인 독일 땅 엠덴(Emden)에서 열렸다. 네덜란드의 형편은 박해로 인해 총회로 모일 형편에 있지 않았다. 이 총회가 받은 엠덴 교회 질서는 당회, 지역회(Classis), 주회, 총회였다. 이 첫 총회에 참석한 모든 대의원은 파송한 교회들로부터 대표적 권위를 가지고 참석했다. 이 총회는 교회들의 개인 회원들의 권리를 보호하고 모든 자의와 독단에 대응하는 규칙에 동의했다. 교회들은 또한, 목사 후보자를 다른 이웃 교회들과 협의한 후에만 목사직을 허용하는 데 합의했다. 그리고 이런 협의 없이 목사를 초빙하거나 권징하지 않도록 하는 규정에도 합의했다.

　하나의 공통적 신앙고백과 교회 질서가 채용되었다. 필요에 따라 몇 번 수정했지만, 오늘 개혁교회가 사용하는 교회 질서가 본질적으로 근본 원리에 있어서는 엠덴 총회에서 받은 저 첫 번째 교회 질서 그대로이다.

2. 교회의 연대

교회는 그리스도로 말미암아 그의 말씀과 성령으로 모인 사람들로 이루어진다. 그리스도께서 친히 사도들과 선지자들의 터 위에 교회를 세우신다(마 16:19, 고전 3:11, 엡 2:20). 한 지역에 신자들이 모이고, 거기 직분(장로, 목사, 집사)이 서게 될 때 그 교회는 그 자체로서 독립적이고 완전한 교회이며, 최고의 권세를 가지고 통치하는 한 큰 교회의 한 부분이 아니다. 교회의 기본적인 구성요소는 신자들이요, 그들 가운데 선임된 직분자들이 있기 때문이다. 하지만 이 교회는 그 지역에 있는 그리스도의 교회의 현시(顯示)일 뿐이다. 지역교회는 본질적으로 온 지구상에 있는 교회와 하나이다. 이는 개혁교회 신앙고백 제27항에 "이 거룩한 교회는 어떤 특정한 지역이나 어떤 사람들에게 국한되거나 제한되지 않고, 온 세계에 확장되어 퍼지고 산재해 있다. 하지만 이 교회는 믿음의 능력으로 한 분 동일한 성령 안에서 마음과 뜻으로 연결되고 연합된다."라고 하는 것과 같다. 교회의 하나 됨의 기초는 성경 진리를 따른 신앙고백이다. 이 기초 위에 교회들의 교제가 이루어진다. 교회들의 연대(연합)는 같은 신앙고백을 함으로 가능하다. 한 일정한 지역에 있는 같은 신앙고백을 하는 교회들끼리 지역회를 이루어 이를 통해 서로 협력을 하게 된다.

개혁교회는 교황을 머리로 하는 교권체제를 통해서 하나가 되는 로마교회와 각 지역교회의 절대적 독립을 주장하는 독립교회주의(Independentist)에 대항하여 신앙고백 일치를 통한 교회들의 연대의 필요성을 옹호해 왔다. 교회 연대는 푸티우스(Voetius)가 말한 대로, 성경에 계시된 진리로서 지역교회의 자발적인 동의로서 이루어진다.

바우만(H. Bouwman)은 개혁주의자들이 주장하는 교회 연대의 필연성으로 다음 세 가지를 언급한다.[6]

첫째, 그리스도 교회의 내적 일치성이다. 그리스도의 신비적인 몸인 하나의 교회가 있다. 모든 신자는 이 몸의 지체들이다. 지역교회는 그리스도의 한 신비한 몸의 지역적인 계시이다. 각 지역교회는 그리스도의 몸의 독립적 계시이고 그 전체의 일부분이다.

둘째, 성경은 여러 교회가 서로 돕고 봉사할 것과 여러 교회는 그들을 대표하는 회의에서 결의된 것을 가르치고 있다. 사도들이 아직 생존해 있을 때 교회들의 대표들이 모임을 갖고 교회들에게 자문으로 봉사한 것을 보게 된다. 사도행전 15장에 나타난 예루살렘 공회가 그 예이다. 이것은 교회의 법적 교회회의의 산 표상이었다. 거기에서 하나님의 진리만이 모든 반대에 종지부를 찍었고 모든 논쟁의 해결을 가져왔다.

셋째, 교회 연대는 직분자들의 명예욕과 자의적 행위에 대항하여 교회 회원들의 자유를 보장하기 데 필요하다. 회원들이 광역회의에 호소할 권리를 가지므로 치우침이 없는 판단을 얻을 수 있다. 지역교회가 해결할 수 없는 어려움이 일어나는 때에 광역회의가 한 지역교회가 판단하는 깃보다 공정하고 더 밝게 판단할 수 있다. 지역회와 총회가 그 목적에 상응하고 성경의 진리를 따라 사건들을 취급할 때, 이 광역회의들은 성도를 온전하게 하고 그리스도의 몸을 세우는데 가치 있는 보조 수단이 된다.

---

6) H. Bouwman, Gereformeerde Kerkrecht, J.H. Kok, N. V. TE KAMPEN. 1934, Tweede Deel, pp.10-12

3. 교회회의의 명칭들

본 조항이 언급하는 교회회의 명칭은 당회, 지역회, 총회이다. 당회는 지역교회의 문제들을 다스리고 다루기 위해 택함을 받은 직분자들의 모임을 가리킨다. 개혁교회에서는 콘시스토리(consistory)라고 불러왔는데 이는 원래 모임의 장소를 가리키는 라틴어 'consistorium'에서 왔다. 또 벨기에 신앙고백 제30항이 언급한 대로 '교회회의'라고도 부르기도 한다. 영어를 쓰는 장로교회에서는 회의를 의미하는 'Session'이라는 말을 보편적으로 사용하고 있다. 우리나라 장로교회는 당회(堂會)라는 말을 사용한다. 개교회당을 단위로 치리하는 직분자들의 모임을 생각하고 이 말을 도입한 것이 아닌가 생각한다. 이 당회는 성경에서는 '장로의 회'(딤전 4:14)라고 불리고 있다. 개혁교회의 교회 질서에 의하면 당회만 목사, 장로, 집사의 직책을 가지고 모이는 참된 의미에서의 치리회이다. 이 치리회는 그 지역교회에 항존하는 회의이다. 지역회나 총회는 직분자들이 파송되지만 직분자의 자격으로 모이지 않고 교회 대표자들의 이름으로 모이는 것이다. 이들 회의는 항존하는 회가 아니고, 일시적으로 모여 그 회의가 끝나면 파회가 된다.

그다음으로 지역회가 있다. 개혁교회는 당회를 '장로의 회(노회)'(딤전 4:14)로 보며, 다음 단계인 광역회의를 노회라 부르시 않고 'Classis'라 부른다. 이 말은 원래 가까운 데 있는 교회들을 불러 모은다는 뜻을 포함하고 있었다. 장로교회에서는 이를 노회(Presbytery)라 부르고 있다. 개혁교회와 장로교회는 이 회의에 대한 이해를 매우 달리하고 있다. 개혁교회에서는 이 모임을 직분자들이 모인 치리회로 보지 않고, 교회 대표자들이 모이는 회로서 일시적으로 모이는 임시회로 본다. 그러나 장로교회에서는 이것을 본질적으로 당회와 같은 영구한 치리회로 본다. 목사는 개교회의 회원이 아니고 노회에 속한 회원으로 간주한다. 그러나 개혁교회에서는 목사도 그 지역교회의 회원으로 본다. 본 교회 질서에서는 이 'Classis'를 지역회로 부르기로 한다. 이 회의는 서로 가까운 지역 안에 있는 교회 대표자들의 모임이기 때문이다.

다음으로 총회가 있다. 총회는 전국에 있는 교회들의 대표자들의 회집이다. 이 회의는 항구적인 것이 아니고, 임시회로 회의가 끝나면 파회가 된다. 이에 관하여는 개혁교회와 장로교회의 견해가 같다. 본 교회 질서에는 현재의 교회 상황을 고려하여 당회, 지역회, 총회만을 두지만, 교회의 수를 많이 가진 개혁교회에서는 지역회와 총회 사이에 한 단계 더 임시회의를 둔다. 이것을 대회 혹은 특별회의(Particular Synod)라고 부른다.

그런데 개혁교회와 장로교회가 당회와 그 외에 교회회의를 이해하는 시각에 있어 매우 다르다. 크게 두 가지를 들면 첫째, 개혁교회는 당회만을 직분자의 자격으로 교회를 다스리는 치리회로 이해하지만, 장로교회는 모든 교회회의를 치리회로 간주한다. 둘째, 개혁교회는 교권을 경계하는 의미에서 당회 이외의 교회회의를 광회(Broader Assembly) 혹은 다수회의(Major Assembly)로 이해하고 부르나, 장로교회는 하회, 상회로 부르고 있다. 개혁교회는 원천적으로 당회의 권위를 광역회의 권위보다 낮은 것으로 보지 않는다. 당회가 하나님이 직분자들을 불러 교회의 치리를 맡긴 원천적 치리회이기 때문이다. 광역회의는 단순히 그 지역 내에 있는 교회들이 공통 관심사를 논의하고 서로 돕는 교회 대표자들의 회의이기 때문에 당회보가 더 높은 권위를 가졌다고 볼 수 없다.

4. 회중의 모임(공동회의)

개혁교회에는 앞서 언급한 교회적인 회의(당회, 지역회, 총회)가 있다. 그렇다면 회중의 모임(공동회의)은 이 교회적인 회의에 속하지 않느냐고 물을 수 있다. 회중교회 체제에서는 회중의 모임이 유일한 권위를 가진 교회적 회의이다. 직분자들은 단지 회중의 모임에서 결의된 것을 집행할 뿐이다. 그러나 개혁교회 체제에서는 그리스도께서 교회를 다스리기 위해 세우신 직분자들을 통해 그의 교회를 치리하신다고 믿는다. 그러면 회중의 모임은 어떤 성격을 가지고 있는가? 교회 당회가 회중과 함께 모이는 모임이다. 여기에서 회중은 그들의 의견을 말할 수 있고 투표권도 행사할 수 있다. 그러나 결의 건은 당회에 있다. 당회는 이 회의에서 회중 의견을 듣고 투표를 통해 협력을 얻게 된다. 이 회의의 의사 일정을 정하는 권한도 당회에 있다. 거기서 한 투표는 결정의 성격이 아닌 당회를 위한 자문적 성격을 갖는다. 회중의 모임은 당회가 다수의 뜻을 알게 되는 방편일 뿐이다. 특별히 당회는 재정문제에 있어서 회중과 협의하는 것이 옳다. 회중이 참석하는 당회 회록(장로교회에서는 공동회의록이라고 한다.)은 회중이 참석한 당회의 회록이다.

> 제 27 조
> 각 회의의 권위의 특성
>
> 1. 각 회의는 그 회의의 특성과 범위에 일치하게 그리스도께서 교회에 맡긴 교회적 권위를 행사한다. 당회의 권위는 근원적 권위이고, 광역회의의 권위는 대표적 성격을 가진 권위이다.
> 2. 지역회는 총회가 지역회에 대한 권위를 행사함 같이 당회에 대한 권위를 행사한다.

제26조에서 교회의 회의에 관해 언급한 후에 제27조는 교회적 권위의 성격과 시행에 관하여 다룬다.

1. 교회회의의 권위의 성격

여기 언급한 교회회의는 당회, 지역회, 총회를 가리킨다. 이 조항은 그리스도께서 그의 교회에 맡긴 권위는 교회적이라는 것을 지적하고 있다. 이것은 곧 영적이라는 것을 의미한다. 이 권위는 국가에 의해 행사되는 권위와 다르고 부모가 자녀에게 행사하는 권위와도 다르다. 이 조항은 교회의 권위는 그리스도가 교회에 맡긴 것이라는 것을 분명하게 한다. 교회는 자체가 어떤 권위를 가지고 있지 않고,

교회의 직분자들도 마찬가지이다. 그리스도께서 그의 교회의 머리요, 왕이시다(엡 1:22, 23, 4:11, 12, 15 계 3:7). 이것이 교회를 이 지구상의 모든 기관으로부터 구별한다. 그리스도가 교회의 머리요, 왕이라는 사실은 우리가 교회의 모든 일을 그의 뜻에 따라 교회를 다스려야 한다는 것을 의미한다.

2. 교회회의의 특성과 범위

본 조항은 각 교회회의는 그 자체의 성격과 범위에 맞게 그리스도의 권위를 행사해야 한다는 말로 시작한다. 교회의 모든 회의는 같은 그리스도의 권위를 행사하고, 그리스도 안에서 높고 낮은 권위가 없으며, 우리가 교회 안에서 더 높고 더 낮은 권위를 말하지 않지만, 교회회의 관한 성격과 범위에 있어서 차이가 있다.

교회회의 간의 성격상 차이를 말한다면,
첫째로 당회는 영속적인 회의라고 말할 수 있다. 당회는 회의 때마다 다시 구성되지 않는다. 일정 기간 계속 봉사하는 직분자들이 있다. 광역회의인 지역회와 총회는 성격상 일시적이고, 영속적이 아니다. 이 회의들은 모여 사건을 처리하고 해산(파회)하게 되며, 그다음 모일 때 회가 새로 구성된다. 이로써 지역회가 이상 존재하지 않는 것은 아니다. 교회회의를 말한다면 더 이상 존재하지 않으나 교회들의 상호 약속을 따라 주기적으로 모이는 교회들의 한 집단은 그대로 있으므로 지역회가 존재한다고 말할 수 있다.

둘째 특성으로 당회는 그 지역교회의 모든 직분자들로 구성되고, 광역회의(지역회, 총회)는 교회를 대표하는 몇몇 대표자들로 구성된다.

셋째로 당회는 제도로서의 교회의 존재에 필수적인 요소이나, 광역회의는 교회의 존재에는 필수적이 아니고, 교회들의 안영(安榮)을 위해 필수적이다. 당회는 제도로서의 교회의 중요한 부분이다. 그래서 교회는 직분자들의 선임 없이는 제대로 이루어지지 않는다. 하지만 교회는 비정상적이지만 광역회의 없이도 존재할 수 있다.

끝으로 당회는 본래의 권위, 즉 회중의 선임에 의한 것이지만 그리스도께서 직접으로 여러 직분자에게 주신 권위를 행사한다. 그런데 광역회의는 단지 위임된 권위, 곧 지역회의와 총회에 위임된 권위를 행사할 뿐이다. 이 때문에 본조 1항의 끝에 "당회의 권위는 근원적 권위이고, 광역회의의 권위는 대표적 성격을 가진 권위이다."라고 말한다.

당회와 광역회의 사이의 영역의 차이에 관해서는, 당회는 자기 교회의 모든 일을 다스릴 권위를 가진다. 그러나 광역회의는 단지 교회들에게 공동으로 관련된 문제들과 소회의에서 종결지을 수 없었던 문제들만 다루게 된다.

3. 광역회의의 권위의 성격

정부가 그 백성에게 행사하는 권위는 법률적인 권위이다. 개혁교회가 소회의와 연관하여 광역회의에 돌리는 권위는 법률적이 아니고, 도덕적이고 영적인 권위이다. 개혁교회 정치에 따르면 광역회의의 권위는

첫째, 파생적이고 근원적인 것이 아니다. 당회는 그 권위를 교회의 왕인 그리스도로부터 직접 받는다. 그런데 광역회의인 지역회와 총회는 그들의 권위를 단지 위임함으로 받게 된다. 그러므로 당회는 원래의 권위를 가지나, 광역회의는 파생된 권위를 가진다.

둘째, 광역회의의 권위는 제한적이고 일반적이 아니다. 당회는 일반적인 권위를 행사하여 회중에게 속한 문제에 대해 행동할 권위를 가진다. 그러나 지역회와 총회는 단지 소회의에서 끝낼 수 없었던 문제와 일반적으로 교회에 속한 문제에 관해서만 행동할 권위를 가진다(28조). 광역회의의 권위는 교회 질서가 정한 조항과 소회에 의해 주어진 지시 이상 나아가지 못한다.

셋째, 광역회의의 권위는 당회보다 단위에 있어서 적고, 정도에 있어 높지 않다. 대표로 파송 받은 자는 자연히 파송하는 실체인 당회보다 적은 권위를 가진다. 본질적으로 지역교회늘의 직분자늘에게 주어진 권위보다 다른 교회적인 권위는 없다.

넷째, 광역회의의 권위는 봉사적이고, 강제력이 있는 것이 아니

다. 광역회의가 자체가 결정한 것을 받고 시행하도록 소회의에 강제할 수 없다. 소회의는 광역회의의 결정이 비성경적이라 생각하면 다음 회의에 항소해야 한다. 그 결정이 비성경적인데도 광역회가 그것을 고치지 않고 끝까지 고집한다면 관련된 형제들은 근본적인 행동을 취할 수밖에 없다. 그들이 그 결정에 순복할 수 없다고 확신한다면 현실적으로 그들에게 열린 길은 교회 연대(교파)로부터의 철수하는 길이다. 이것은 매우 극단적 조치로 진리가 부정되는 긴급한 경우에만 취해질 수 있는 행동이다.

다섯째, 광역회의의 권위는 조건적이고 무조건적이 아니다. 하나님의 말씀만이 무조건적이다. 교회회의의 모든 결정은 그것이 하나님의 말씀과 일치하는 한 효과가 있다. 이 근본적인 원리를 잊지 않아야 한다. 그리스도의 교회가 이 중요한 원리를 무시하면 이 때문에 큰 해를 입게 될 것이다. 개혁교회 정치학자 바우만은 이렇게 말했다. "그리스도께서 그의 교회에 주신 모든 교회적 권위는 지역교회에 있다. 그리스도께서 사도들에게 주시고, 그들 안에서 교회에 주신 하늘나라의 열쇠는 사도들이 생의 현장에서 떠났을 때, 그들의 지도로 지역교회들 안에 선택되었던 직분자들에 의해 행사되었다. 이 교회적 권위는 셋으로 되어있다. 즉 말씀과 성례를 집행할 권위, 교회 직분을 선택할 권위, 교회의 권징을 시행할 권위이다. 교회 영역에 다른 권위는 없다. 이 삼중 권위는 광역회의에 속하지 않고 지역교회들의 직분자들에게 속한다."[7] 이 원리에서 광역회의는 교회들이 상호 합의에 따라 그들에게 맡겨진 이상의 권위를 갖지 않는다.

---

7) H. Bouwman, op. cit., Tweede deel, 1934. p.11, 21

4. 소회의에 대한 광역회의의 권위와 회중에 대한 당회의 권위의 차이

소회의에 대한 광역회의의 권위와 회중에 대한 당회의 권위 사이에는 분명한 차이가 있다. 개혁교회 정치학자들은 모두 그 차이를 열거하고 있다.

첫째, 기원에 관한 차이가 있다. 광역회의는 교회들의 당회 대표자들로부터 얻은 권위 밖에 다른 권위를 갖지 않는다. 그러나 당회는 그리스도께서 그들에게 직접 주신 권위를 행사한다.

둘째, 필요성에 관한 차이가 있다. 광역회의는 교회들의 안녕을 위해 필요하다. 하지만 당회는 바로 교회들의 존재를 위해 필요하다.

셋째, 본질에 관한 차이가 있다. 지역회와 총회의 권위는 파생적이고 돌발적이다. 그런데 지역교회는 기원적이고 본질적인 권위를 가진다.

넷째, 지속기간에 관한 차이가 있다. 지역회와 총회의 권위는 교회연대(교파)를 구성하는 지역교회들이 끝이면 끝나게 된다. 그러나 지역회와 총회가 작용을 그칠지라도, 지역교회들은 존재를 계속할 수 있다.

끝으로, 목적에 관한 차이가 있다. 당회는 독립적 존재를 가지며 광역회의를 위해 존재하지 않는다. 그러나 광역회의는 지역교회들을 위해, 곧 선한 자문과 지도로 그들을 봉사하기 위해 존재한다.[8]

---

8) Ibid, p. 11, 22, J. Jansen, Korter Verlaring van de Kerkordening, J.H. Kok, 1923, Kampen, pp.156, 166

5. 소회의에 대한 광역회의의 권위

본조 2항에 언급한 권위라는 말은 강제성을 포함한 높고 낮은 차원에서의 권위로 이해되지 않아야 한다. 원래의 라틴어 교회 질서에서는 이 말이 '행동하다, 다스리다, 자문하다, 권고하다' 라는 뜻을 포함하고 있는 'auctoritas'라는 말을 사용했다. 모든 교회적 권위는 그리스도 자신의 권위이기 때문에 거기 높고 낮은 형태의 권위가 있을 수 없다. 그래서 당회, 지역회, 총회의 권위를 단계적으로 이해하지 않아야 한다. 교회들은 상호 합의로 항소나 유사한 문제들에 있어서 당회로부터 오는 것을 지역회가 다루도록 권위를 허락하고, 지역회로부터 오는 것을 총회가 다루도록 권위를 허락했다. 본질적으로 교회에서 높고 낮은 권위가 인정되지 않는다. 하지만 상호 약속에 의해 어떤 의미에서 권위의 차이를 인정하게 된다. 열 교회의 힘이 한 교회의 힘보다 더하다. 하지만 당회는 그리스도의 권위를 직접 받고, 지역회는 당회를 거쳐 그리스도로부터 권위를 받으며, 총회는 당회와 지역회를 거쳐 그리스도로부터 권위를 받는다. 지역회가 그 지역에 속한 교회들에게 행사하는 같은 교회적 권위를 총회가 총회에 속한 지역회에 행사한다.

교회들은 자기들의 권위의 어떤 것을 광역회의에게 내어주고, 그런 다음 광역회의의 집결된 권위를 인정하고 존경한다. 거기 모든 참된 교회를 함께 묶는 영적 유대가 있다. 그들은 그리스도 안에 하나요, 영적인 일치를 이룬다. 그리스도 안에 있는 이 중요한 영적 일치가 가능한 한 조직의 일치로, 광역회의의 결정에 대한 순복으로 드러나야 한다. 이 조항이 말하는 권위는 모든 교회에 구속력을 가진다는 것을 잊어서도 안 되고 부인되어서도 안 된다.

얀센은 소회의에 대한 광역회의 권위에 관하여 다음과 같이 설명하고 있다.[9]

1) 소회의에 대한 광역회의의 권한에 대한 개혁교회의 원리

소회의에 대한 광역회의의 권위를 전제로 한다. 지역회는 당회, 총회는 지역회에 대한 어떤 권위를 가진다. 이것은 성경에 근거한다. 예수님과 사도시대에 교회들의 연대가 아직 없었다. 하지만 이에 대한 원리는 있었다. 말씀 봉사를 위한 모임 외에 교회적인 회집이 있었다. 사도의 자리를 배반한 유다를 대신할 한 사도의 선택을 위해 120명이 함께 모였다(행 1:12~26). 그 후 일곱 집사 선택을 위한 다른 모임이 있었다(행 6:1~7). 그 후 한 교회가 교리적인 견해의 차이를 해결하기 위해 도움을 구하려 대표를 다른 교회에 보냈다. 따라서 사도행전 15장에 예루살렘 교회에서 사도들, 장로들, 안디옥 교회 대표들이 함께 모이고 교회 회원들이 참석하게 된 교회적인 연합회의가 있었다. 이 회의에서 오랜 토론과 협의 후 성령의 인도하에 할례에 대한 교리 문제에 대한 합의를 보고, 바울과 바나바, 유다와 실라를 보내어 교회들에게 구속력이 있는 결정의 내용을 전하게 했다(행 15:28~29). 이 사실들은 교회들의 대표자들이 함께 지역회나 총회로 모여 성령의 인도와 말씀의 가르침을 따라 신중한 논의와 협의할 수 있고, 따라서 교회들에게 구속력이 있는 결의를 할 수 있다는 것을 가르치고 있다.

---

[9] J. Jansen, op. cit., pp.162-166

신자 한 사람보다 여러 신자가 관계될 때 더 권위가 있는 것처럼 교회도 마찬가지이다(마 18:15, 16). 광역회의가 소회의보다 성격상 더 큰 권한을 가진다. 각 지역교회는 그 권위를 직접 그리스도로부터 받았다. 여러 교회가 그 교회의 권위를 가지고 함께 모이면 이 광역회의는 소회의보다 그만큼 더 큰 권위를 가지게 된다.

2) 광역회의 권위가 소회의에게 갖게 되는 권위의 성격

교회의 권위는 다른 어떤 권위와 그 성격이 다르다. 부모의 자녀들에 대한 권위, 정부의 국민에 대한 권위, 스승의 제자에 대한 권위는 법적이고 명령으로 나타날 수 있고, 이를 범하게 될 때 벌이 가해질 수 있다. 하지만 교회의 광역회의가 소회의에 갖게 되는 교회 영역에서 권위는 도덕적, 영적 성격이고, 강제, 명령, 벌을 가지고 등장하지 않고, 책망, 경고, 권징으로 나타나게 된다. 광역회의의 권위의 성격을 말하자면,

첫째, 광역회의의 권한은 기원적(original)이 아니고, 유래된(derived) 것이다. 당회는 원래 그의 권위를 교회의 왕 그리스도로부터 받았으나, 지역회와 총회 등은 그 권위를 당회가 파송한 대표를 통해 얻은 위임된 권위이다.

둘째, 광역회의의 권한은 보편적이 아니고 한정된 것이다. 당회는 그 교회에 속한 모든 일을 다루기 때문에 보편적 권위를 가지지만, 광역회의는 소회의에서 종결지을 수 없는 일들이나, 일반적으로 광역회의에 속한 일을 다루기 때문에 한정된 권한을 가진다. 결과 광역회의의 권한은 한정되어 있다.

셋째, 광역회의의 권한은 높은 권한이 아니고 적은 권한이다. 원리

적으로 파송을 받은 자는 파송한 자보다 적은 권한을 갖게 된다.

넷째, 광역회의의 권한은 지배적이 아닌 봉사의 성격을 가진다. 광역회의는 소회의에게 그 결정의 시행을 강요할 수 없다. 소회의가 대회의의 결정 중 어느 것이 성경의 가르침과 충돌된다고 확신하면 그 결정을 시행하지 않을 수 있다. 최후 단계에서 총회가 그 소회의의 반대를 부당한 것으로 판단하면, 두 가능성이 남게 된다. 계속 항의하여 다음 광역회의까지 가든지, 아니면 교회 연대 관계를 단절하는 것이다.

다섯째, 광역회의의 권한은 지속적으로 소유하는 것이 아니고, 일시적으로 시행하는 것이다. 왜냐하면, 광역회의는 이 권한을 교회들이 회의로 모이는 동안 시행하고, 회의가 끝나면 그 권한이 그 회의가 결의한 것들 속에서 계속 작용할지라도 그 권한의 시행도 끝나게 되기 때문이다.

여섯째, 대회의의 권한은 무오하지 않고 의존적이다. 왜냐하면, 하나님의 말씀만 무오하고, 모든 교회의 권세는 하나님의 말씀의 권위에 의존하기 때문이다.

3) 소회의에 대한 광역회의의 권한과 당회의 권한이 교회 회중에게 갖는 권한의 차이

광역회의가 소회의에 대해 갖는 권위는 당회가 회중에 대해 갖는 권한보다 당회가 각 당회원에게 대해 갖는 권한과 크게 일치한다. 소회의에 대한 광역회의의 권한은 당회의 권한이 교회 회중에게 갖는 권한보다 다른 성격을 가진다. 기원, 필요성, 실존, 계속성, 목적에 있어서 차이가 있다.

첫째, 기원에 있어서 차이가 있다. 왜냐하면, 광역회의는 단지 당회들에게서 유래된 권세를 가지지만, 당회는 원래 교회의 왕이신 그리스도로부터 직접 받은 권한을 가진다.

둘째, 필연성에 있어서 다르다. 당회는 조직교회의 존재를 위해 필요하다. 당회가 없이는 어떤 조직된 교회도 있을 수 없다. 하지만 광역회의는 교회의 존재를 위해서가 아니고, 교회의 안영(安榮)을 위해서만 필요하다.

셋째, 실존에 있어서 차이가 있다. 왜냐하면 교회의 권한은 본질적으로 당회에 있고, 광역회의에는 그 권한이 본질에 속한 것이 아니기 때문이다.

넷째, 지속성에 있어서 차이가 있다. 지역교회들이 존재를 그친다면, 광역회의의 권한은 자연히 없어진다. 그러나 지방회나 총회가 없을 때도 지역교회들은 지속될 수 있다. 교회 정치는 지역회, 총회가 열리지 않아도 지역교회에서는 지속이 된다.

다섯째, 목적에 있어서 차이가 있다. 왜냐하면, 당회는 광역회의를 위해서가 아니고 스스로 존재한다. 하지만 광역회의는 자문으로 안영의 봉사를 위해 지역교회를 위해 존재한다.

이 모든 것을 통해 우리는 지역교회의 완전성과 그 지역교회의 당회의 중요한 위치를 보게 된다.

> 제 28 조
>
> 교회회의의 안건
>
> 1. 이 회의들은 교회적인 안건들만 다루어야 하고, 이 안건들을 교회적인 방법으로 다루어야 한다.
> 2. 광역회의는 광역회의에 속한 안건들, 곧 교회들의 공통적 이익이 관련된 안건들이나 혹은 소회의에서 마무리 지을 수 없었던 안건들만 다루어야 한다.

이 조항은 주로 세 가지 문제에 관련된 것이지만 선명하게 설명하기 위해 여덟 항으로 나누어 설명하려 한다.

1. 교회적 회의의 권위는 교회적 안건들에 한함

이 조항이 언급하는 교회회의는 제27조에서 열거한 당회, 지역회, 총회이다. 이 모든 회의는 정치적, 경제적, 사회적, 문화적 문제들을 다루지 않고 교회적인 안건만을 다루어야 한다. 그 이유는 첫째, 그리스도의 제도적 교회가 권위를 가진 영역은 일반적이 아니고 제한되어 있기 때문이다. 그 영역은 복음 설교, 성례 집행, 직분의 임직, 권징의 시행, 성경적 교회 교제 등에 제한된다. 참된 신자들의 모임인 그리스도의 교회는 생의 모든 영역에서 소금의 역할을 할 확실한 의무가 있다. 하지만, 조직된 제도적 교회는 교회적인 일들에만 권위를 가진다. 개인 신자들과 신자들의 집단은 생의 모든 영역에 걸쳐 권리와 의무를 가진다. 그러나 조직된 교회는 생의 모든 영역과 연관되어 있지만, 자기 영역을 넘어 위압적으로 행동할 수 없다. 우리는 성경이 제도적 교회에 추가적인 교회적 권위를 돌리고 있는 사실을 어디에서도 발견할 수 없다. 선지자들과 사도들이 이따금 사회적 정치적 혹은 경제적 생활에 속한 메시지를 전한 사실을 발견한다. 그러나 선지자들이나 사도들과 장로들이 이 영역에 속한 일들을 실제로 다룬 사실이 있음을 보지 못한다.

이 점에 있어서 개혁교회의 선진들은 로마교회와 전혀 다른 입장을 취했다. 로마교회는 생의 모든 영역을 지배하고 로마의 감독인 교황을 교회의 최고 통치자로 뿐 아니라, 모든 현세의 일들에 대한 최고 통치자로 보고 있다. 이 점에 있어서 16세기 교회의 대개혁은 확실히 성경으로 돌아가는 운동이었다.

다음으로 개혁교회 교회 질서의 최초 편집에서 이미 이 조항에 있는 규정을 발견하게 된다. "교회회의에서는 교회적인 일 외에 어떤 것도 다루어지지 않아야 한다."라고 했다. 네덜란드 개혁교회는 출발부터 이를 실천했다. 네덜란드 독립투사인 침묵공 윌리엄(William the Silent)이 개혁교회 측 네덜란드를 위해 로마교 측에 속한 박해자 에스파냐와 싸우면서 1571년 첫 번째 총회로 엠덴에 모인 네덜란드 개혁교회의 직접적인 도움을 마르닉스(Marnix of St. Aldegonde)를 통해 구했다. 이때 교회들은 이런 행동에 응하지 않고 자제했다.

나아가, 교회들이 세상일에 붙들리면 교회의 참된 의무를 등한하게 될 가능성이 크다. 교회들이 그들의 시간과 노력을 비교회적인 영역에 들이게 되면 교회의 올바른 관리와 영적인 일들의 증진이 해를 받게 된다. 오늘 자유주의 신학이 지배하는 교회들이 세상 정치와 사회적인 각종 일에 관계하고 붙들리는 현상을 보게 된다. 결과 이 교회들은 점차 속화되어가고 복음전파라는 교회의 사명을 멀리하고 세상의 공동체를 닮아가는 모습을 보인다.

2. 교회회의는 안건들을 교회적인 방법으로 다룰 것

또한, 교회회의에서는 교회적인 안건들만 교회적인 방법으로 논의해야 한다. 교회 질서는 교회회의를 국가의 의회와 대조하고 있다. 의회는 의회의 규칙에 따라 결의하고 입법을 한다. 법이 통과될 때 상당수가 격렬히 반대하고 실망하지만, 다수는 크게 만족한다. 그러나 교회적 회의에서 우리는 하나님의 말씀으로부터 서로를 확신케 하고 설득하기 위해 모든 노력을 기울여야 한다. 우리는 우리의 의견과 확신을 다른 사람들에게 강요하지 않아야 한다. 한국교회의 총회나 노회에서 어떤 개인적, 집단적 이익을 위해 계획적으로 대세를 모으고 뜻을 관철하는 모습을 가끔 본다. 이것은 전혀 교회적인 방법이 아니다. 교회회의에서는 무슨 안건이든지 서로 뜻을 모으고 서로 협의하고 하나님의 말씀을 숙고함으로 공통적 결론에 이르도록 노력해야 한다.

나아가, 모든 안건은 채택된 교회 질서를 따라 다루어져야 한다. 교회적 회의는 법정이 아니고 입법이나 상업적인 목적을 위한 모임도 아니다. 모든 것이 "품위 있고 질서 있게"(고전 14:40) 진행되어야 한다. 교회적인 안건들을 비교회적인 방법으로 논의하고 결의하는 것은 영적인 해를 초래하게 된다. 자유가 유지되어야 한다. 교회적 회의에서 모든 회원이 두려움 없이 자기 의견을 표현하는데 자유로움을 느껴야 한다.

3. 광역회의와 소회의라는 어휘에 대한 이해

광역회의, 소회의라는 어휘는 전형적으로 개혁주의적이다. 이것은 개혁교회 정치를 위해서 근본적이다. 개혁교회 정치는 일반적으로 사용하고 있는 상회, 하회라는 체제를 인정하지 않는다. 개혁교회는 로마교회나 감독교회 혹은 어떤 개신교회가 하는 것처럼, 지역교회의 치리회에는 아주 적고 한정된 권위를 돌리고, 다음으로 좀 넓은 지역 교회들의 회의에는 좀 더 크고 많은 권위를 돌리고, 전국교회들의 회의에는 가장 크고 광대한 권위를 돌리는 것같이 하지 않는다. 이런 경우라면 교회 질서는 하회, 상회를 말할 수 있을 것이다. 왜냐하면, 이런 경우에는 당회들이 단지 한정되고 적은 권위를 가질 것이고, 지역회는 중간 정도의 권위를 가질 것이며, 총회는 가장 높고 광대한 권위를 갖게 될 것이다. 그러나 개혁교회 정치는 당회는 낮고 한정된 권위를 가지고, 지역회와 총회는 그보다 높고 광범한 권위를 갖는다고 보지 않는다.

결과적으로 개혁교회 질서는 광역회의와 소회의를 말하고, 상회, 하회란 말을 쓰지 않는다. 개혁교회 선진들이 이렇게 상회, 하회라는 말을 쓰지 않고, 광역회의 소회의라는 말을 사용한 것은 광역회의의 권위는 지역교회에 주어진 권위와 본질적으로 같지 않다는 뜻에서였다.

나아가, 당회의 권위는 지역회와 총회의 권위보다 작지 않으며 오히려 더 넓다. 다시 말하면, 당회가 권위를 가진 영역은 지역회와 총회의 권위보다 훨씬 더 광대하다. 많은 교파가 그들의 교파를 대교회로 보고 지역교회를 단순히 그 하나의 대교회의 부분으로 생각한다. 따라서 그들은 최고의 권위를 그들의 교회의 상회에서 발견한다. 그래서 그들은 또한, 이 최고 기관에 가장 넓은 범위의 권위를 돌린다. 그러나 개혁교회 체제에서는 각 지역교회가 완전한 교회로 그리스도의 몸의 완전한 계시라고 주장한다. 그래서 각 지역교회는 본질상 독립적이다. 지역교회들은 교파적인 연대 없이 존재할 수 있다. 하지만 교파는 지역교회들 없이 존재할 수 없다. 그러므로 참된 일치는 개교회이다. 지역교회들은 교파를 위해 존재하지 않는다. 교파가 지역교회를 위해 존재하는 것이다.

그러므로 이 조항에서 언급한 광역회의와 소회의라는 말은 여러 단계의 권위를 행사하는 낮고 높은 교회회의를 언급하지 않는다. 이 말은 먼저 광역회의에서는 다수의 교회가 회집하게 된다는 것과 둘째로 광역회의에서는 여러 사람이 단 한 사람보다 더 큰 힘을 갖는 것처럼 소회에서 보다 더 많은 양의 권위가 나타나게 된다는 것을 지적한다. 1578년의 도르트 총회가 '광역회의, 소회의' 라는 어휘를 사용한 것은 매우 흥미롭다.

앞에 언급한 것을 기억할 때 본 조항이 왜 광역회의의 권위의 영역을 제한하고 모든 교회의 권리를 보호하는지 쉽게 알 수 있다. 이 조항이 우리 지역교회들의 완전성을 어떻게 나타내고 있는가? 본 조항은 소회의에서 끝낼 수 없는 그런 것들만 광역회의에서 다루어져야 한다는 것을 아주 분명하게 밝히고 있다. 그러므로 어떤 지역회나 총회도 지역교회의 영역에 속해 있고 당회가 행할 수 있는 것을 해서는 안 된다. 어떤 광역회의도 불필요하게 지역교회에 속한 일들을 처리함으로 간섭하지 않아야 한다.

이 조항에서 광역회의의 권위는 각 교회의 완전성과 독립성을 유지함으로, 매우 분명하게 제한되어 있다. 동시에 이 조항은 높은 권위를 가진 수명에 의한 귀족적 통치의 위험을 막고 있다. 나아가 이 조문은 광역회의에 지나치게 많은 안건이 쇄도하는 위험을 방지하고 있다. 지나치게 많은 안건은 안건들을 피상적으로 다루게 하고 그릇된 결의를 하게 된다. 어떤 개인이나 회의도 소회의에서 끝낼 수 있는 안건들을 광역회의가 하도록 기대하지 않아야 한다.

4. 교회들의 공통적 이익에 관련된 안건

지역교회의 책임에 속한 많은 안건이 있다. 설교, 성례의 집행, 회원권의 허용, 목자적 관리, 권징, 교회당이나 사택의 건축, 선택되어야 할 장로와 집사들의 수, 예배시간 등이 지역교회, 곧 당회의 영역과 책임에 속한다.

또한, 연대(교파) 내의 모든 교회가 분명한 관심을 갖는 여러 안건이 있다. 이들은 교회들이 공통으로 관심을 가진 안건으로 광역회의의 영역에 속한다. 목사 후보생을 시험하여 목사로 부름 받을 자격을 선언하는 일, 미래의 목사 교육을 위한 신학교의 유지, 광역회의를 위한 규칙의 채용, 지역회에 의한 교회 방문에 관한 규칙, 신조, 교회 질서, 성례 집행, 직분자들의 임직을 위한 의식문 작성과 채용, 교회 선교사역의 규정, 등의 문제들이 광역회의의 책임 영역에 속한다. 어떤 문제들은 지역회에 속하지만, 대부분은 총회의 책임 영역에 속한다.

5. 소회의에서 끝낼 수 없었던 안건

이따금 본질적으로 소회의에 속한 안건들이 거기에서 종결을 지을 수 없는 경우들이 있다. 그래서 교회 질서는 이런 경우는 광역회의에서 다루어지도록 규정 하고 있다. 예를 들면 어떤 안건이 매우 복잡하고 어려워 당회가 그것을 다룰 수 없다고 여기는 경우가 있다. 이럴 때는 당회가 더 많은 수와 더 나은 지혜와 경험을 가진 분들의 모임인 지역회에 도움의 손길을 요구할 수 있다. 매우 어려운 안건은 아닐지라도 어떤 회원의 오랜 병고나 출타로 작은 당회라 어떤 안건을 끝날 수 없는 예도 있다. 이럴 때 그 당회는 지역회에 그 안건의 해결에 대해 요청할 수 있다.

나아가, 한 회원이나 기관이 소회의 조치에 대하여 항소하기를 원할 때, 이런 항소는 의당 그것이 법적으로 다루어지는 광역회의로 간다. 이럴 때 소회의는 그 자체가 행한 조처를 판단하는 일에 동참할 수 없다. 항소가 지역회나 총회에 행해지면 항소자는 항상 그 관련된 소회에 알려야 하고, 따라서 광역회의에서 소회의 관점에서 그 건을 제시하도록 소회에 기회를 주어야 한다.

6. 광역회의에 올릴 새 안건

본조 제2항은 광역회의에 올릴 새 안건에 관하여 언급한다. 광역회의에 올릴 새 안건은 소회의에 의해 준비 과정을 거쳐야만 한다는 것이다. 당회의 대표나 지역회의 대표가 자기 생각으로 지역회의나 총회에 어떤 안건을 올릴 수 없다. 소회의가 공식적으로 그 안건을 다룬 후에야 광역회의에 그 안건을 올릴 수 있다. 지역교회가 어떤 안건을 총회의 의제로 제출하기를 원하면, 먼저 교회적인 방법으로 지역회의에 의해 다루어지도록 해야 한다. 지역교회는 이 다루어진 안건을 총회 소집교회에 안건으로 보낸다. 그러면 모든 교회가 총회 소집교회가 모든 교회에 보내는 의사 초안을 통해 이 안건을 연구할 기회를 가지게 된다. 제30조에 따라 하게 되는 항소는 이 규칙에서 제외된다.

> 제 29 조
> 교회회의 결정의 구속력
>
> 교회회의의 결정은 충분한 논의를 한 후에만 이루어져야 한다. 회의의 결정은 하나님의 말씀과 교회 질서에 상충되는 것으로 증명되지 않는 한, 확정적이고 구속력이 있는 것으로 여겨야 한다.

1. 충분히 논의한 후 결정할 것

교회의 일은 늘 중요하기 때문에 경솔하게 취급하지 않아야 하고, 신속하게 결정되지 않아야 한다. 현안이 교회의 영적 안영(安榮)에 관계될 때 더욱 그렇다. 그 안건을 다 각도로 살필 충분한 시간을 가져야 하고, 특별히 전 회원들이 충분히 이해하고, 책임 있게 표결을 할 수 있을 때까지 논의되어야 한다. 교회회의는 심의회의이다. 합당한 논의가 있고 난 뒤에 결의가 되어야 한다. 항상 가능하지는 않지만, 만장일치로 결의가 되도록 노력해야 한다. 투표권을 가진 자들의 다수가 결정하는 것이 모두를 위해 구속력을 갖게 된다. 다수표라는 것은 단순히 투표한 분들의 전 수의 반 이상을 의미한다. 이따금 다수는 클 수도 있고, 한 표가 다수를 만들기에 충분하므로 매우 작을 수도 있다. 어떤 교회적인 회의도 아주 적은 다수로 결정이 될 때 만족하지 않아야 한다. 이런 결정은 이상적이 아니다. 당회에서나 광역회의에서나 우리는 하나님의 말씀으로부터 서로 이해하도록 최선을 다하고, 우리 신앙고백 문서와 교회 질서와 조화되는 이론을 가지고 서로 설득하기 위해 노력해야 한다. 따라서 결정이 가능한대로 만장일치에 가깝게 되게 해야 한다. 적은 다수로 결의된 것은 미래에 어려움과 시험의 단서가 될 수 있다.

2. 모든 결의는 확정적이고 구속력이 있음

교회회의의 모든 "결정은 하나님의 말씀과 교회 질서에 상충되는 것으로 증명되지 않는 한, 확정적이고 구속력이 있는 것으로 여겨야 한다."라고 한다. 여기 회의 결정에 대해 "확정적이고 구속력이 있는 것"이란 이중 표현은 목적이 있게 사용되고 있다. 한번 확정된 것은 교회적 회의에서 계속 토론의 주제가 되지 않아야 한다. 그것은 다툼을 일으키고 다른 안건에 필요한 많은 시간을 소비하게 될 것이다. 둘째 말 "구속력"이라는 말은 모든 교회는 관련된 교회회의의 결정을 준수할 사명이 있다는 것을 가르친다. 이것은 개혁교회 정치를 위해 매우 중요하다.

이 원리가 중요하고 필수적인 만큼 절대 남용되지 않아야 한다. 충분한 논의를 거쳐 결론에 이르렀을 때 그들이 결의했을 때 모든 교회가 오류를 범했다는 확신을 충분히 갖지 않은 한 반대를 위해 나서지 않아야 한다. 이따금 어떤 형제들과 당회가 어떤 결의가 되자마자 그 결의에 대한 반대를 옹호하고 나서는 일을 보게 된다. 이는 이따금 개인적 경향과 의견에 의한 것이며, 교회를 위한 진정한 관심에서가 아닐 때가 다분하다. 우리의 교회회의에서 상호 결의된 것은 확정된 것으로 여겨져야 하고, 구속력이 있는 것으로 여겨져야 한다. 이 규칙에서 본 조의 1항은 단지 두 가지 일반적인 중요한 예외를 덧붙이고 있다.

3. 두 가지 예외

본조 1항은 "회의의 결정은 하나님의 말씀과 교회 질서에 상충되는 것으로 증명되지 않는 한"이라고 함으로 위 규칙에 대한 두 가지 예외를 언급하고 있다. 이 예외는 먼저 하나님의 말씀의 지상권(至上權)에 관한 위대한 개혁주의 원리를 나타내고 있다. 개혁주의는 성경 위에나 성경 밖에 어떤 권위도 인정하지 않는다. 로마교회는 공의회를 통해 교회를 성경 이상으로 높인다. 하나님의 말씀에 대한 교회의 해석이 모든 신자의 양심에 구속력을 가진다. 성경과 로마교회가 상충하는 경우에 신자는 로마교회를 따라야 한다. 그런데 개혁교회는 다시 성경을 교회를 위해서 뿐 아니라, 개인들을 위해서도 최종 권위로 받아들인다. 하나님의 말씀이 신앙과 생활의 유일한 규칙이 되어 있다. 결과적으로 개혁교회 선진들은 교회적 회의에서 결의된 모든 것은 확정되고 구속력을 가진 것으로 여겨야 한다는 데 동의하면서 "하나님의 말씀과 상충되는 것으로 증명되지 않는 한"이라는 말을 더하는 것을 등한하지 않았다. 결의가 하나님의 말씀에 반대되는 것으로 증명되면 확정적이고 구속력이 있는 것으로 여겨질 수 없다. 그러면 그 문제는 다시 토의 되어야 하고 지지할 필요가 없다. 하나님의 말씀에 반대되는 것은 가능한 빨리 고쳐야 한다.

둘째 예외가 있다. 어떤 결정이 현행 교회 질서에 반대되면 그 문제는 확정적이고 구속력을 갖는 것으로 여겨질 필요가 없다. 연대한 교회들의 일치와 협력은 서로 동의한 분명한 규칙인 교회 질서에 기초해 있다. 교회의 어떤 결의도 이 교회 질서에 상반되지 않아야 한다. 이런 결정이 있게 되면, 그 결정은 확정되고 구속력을 갖는다고 보지 않아야 한다. 이를 발견한 개인이나 교회는 관련된 교회회의에 그의 뜻을 알리고 개정이나 무효를 요구해야 한다. 그사이 항소하거나 진정하는 당사자들은 가능한 한 문제가 된 그 결의에 순응해야 한다. 그러나 아무도 그의 양심을 거슬러 가며 그렇게 하도록 강요되어서는 안 된다. 교회회의가 충분히 논의한 후, 문제가 되는 결정이 교회 질서에 위배 되지 않는다는 것을 확인하면, 관계된 당사자들은 관계된 교회의 회원으로 있는 한 순복하고 순응해야 한다.

> 제 30 조
>
> 항소권
>
> 회의나 교회 회원이 부당하게 취급을 받았다고 믿거나, 혹은 어떤 결정이 하나님의 말씀과 교회 질서에 상충된다고 믿으면 적법하게 다음 회의에 항소할 수 있다. 항소자는 항소의 방법과 때에 관하여 모든 교회의 규칙을 준수해야 한다.

1. 항소권을 주는 이유

항소권은 교회회의가 그릇된 결의를 할 수 있다는 것을 전제로 하고 있다. 교회회의(당회, 지역회, 총회)는 무오하지 않다. 개인 그리스도인으로 교회적 회의에 참석하는 우리는 실수를 범할 수 있다. 하나님의 말씀은 무오하다. 그러나 교회는 그렇지 못하다. 따라서 어떤 분이 소회의가 판단의 오류나 의무의 등한함으로 실수했다는 것을 확신하게 되면 그는 다음 회의에 항소할 권리를 가지게 된다. 광역회의는 더 많은 수의 형제들로 구성되어 있으므로 불만을 품은 형제를 지지해 주거나 혹은 소회의 입장의 정확함에 관해 항소인을 확신하게 할 수 있다.

항소의 권리는 모든 신자가 그리스도의 삼중직에 참여하게 되는 사실에서 오게 된다. 그리스도인은 모두 그리스도 아래서 선지자와 제사장과 왕이므로 그의 의견과 판단을 나타낼 충분한 권리를 가지고 있다. 이 항소권의 부인은 이따금 큰 해를 초래할 수도 있다. 항소하는 사람이 큰 슬픔을 품고 불안과 분열을 일으킬 수도 있다.

2. 항소권을 사용할 경우

본조 2항이 말하는 것처럼 "회의나 교회 회원이 부당하게 취급을 받았다고 믿거나, 혹은 어떤 결정이 하나님의 말씀과 교회 질서에 상충된다고 믿으면" 항소할 수 있다. 그런고로 모든 부정적인 결정이 항소를 위한 정당한 이유가 될 수는 없다. 그가 부당한 취급을 받았다는 것을 확신하게 될 때만 광역회의에 항소할 수 있다. 당회가 주일 오전 예배시간을 9시 대신 10시로 변경했다 생각하자. 회원 중의 한 분이 이 변경을 좋아하지 않을 수 있다. 그러나 이것이 그가 지역회에 항소할 정당한 이유는 되지 않는다. 새 시간이 자기에게는 예배참석에 지장이 되지만, 다른 대부분 회원은 예배참석을 더 잘할 수 있는 경우라면, 다른 사람들은 모두 부당한 취급을 받게 되기 때문이다. 그러므로 이는 항소를 위한 정당한 이유가 될 수 없다.

이 조항에서 특별히 하나님의 말씀과 교회 질서가 언급되고 있다. 이를 위해서는 선한 이유가 있다. 하나님의 거룩하고 영감된 말씀은 우리 생활에 최고의 신적 권위를 가진다. 하나님의 말씀과 상충되는 어떤 것도 용납될 수 없다. 어떤 신자나 교회회의가 어떤 결정이 하나님의 말씀에 위배된다고 확신하면, 이는 항의와 항소해야 할 문제일 뿐 아니라, 이는 하나님 앞과 그의 교회를 위해 엄숙한 의무이기도 하다.

본 조항에서 하나님의 말씀과 함께 교회 질서가 언급되고 있다. 이는 교회 질서를 하나님의 말씀과 동일하게 보는 것이 아니다. 교회들이 모두 이 교회 질서를 따라 교회를 다스리기로 약속했기 때문이다. 교회 질서는 교제를 위한 합의의 부분이다. 교회 질서는 오류와 비성경적 정치로부터 교회를 보호하기 위한 목적을 가진다. 교회 질서가 준수되어야 한다. 우리가 준수하기로 약속한 규칙을 범하는 것은 항소의 대상이 되어야 하고 교정이 되어야 한다.

3. 항소할 기관

본 조항은 교회 회원과 교회회의는 다음 교회회의에 항소할 수 있다고 한다. 이는 당회의 결정은 지역회에, 지역회의 결정은 총회에 항소할 수 있다는 것을 의미한다. 이것은 피해자들이 다음 교회회의에 바로 항소해야 한다는 것을 의미하지 않는다. 단지 이것이 허용되고 적절하다는 것이다.

개혁교회 정치체제는 회중에게 항소하는 일은 없다. 독립교회 체제(회중교회와 침례교회 등)는 회중에게 항소한다. 이 체제에서는 지역교회의 치리기관의 결정이 도전받을 수 있고 회중 앞에 제출될 수 있다. 그러나 성경에서 이런 사례를 발견할 수 없다. 그리스도는 그의 교회에 대한 치리권을 직분자들에게 맡기셨다. 할례 문제가 사도적인 교회에 혼란을 일으켰을 때, 그 문제가 회중 앞에 제의되지 않고 예루살렘에 있는 사도들과 장로들 앞에 제출되었다(행 15).

4. 규칙을 지킬 항소자의 의무

본 조항은 "항소자는 항소의 방법과 때에 관하여 모든 교회의 규칙을 준수해야 한다."라고 한다. 이 진술로부터 각 지역회가 항소에 대한 어떤 규칙을 가지고 있다고 추론하지 않아야 한다. 이런 세미한 총회적 규칙이 없다. 단지 총회적 절차를 위한 규칙은 항소자가 그의 항소와 관련된 지역회에 항소에 대한 사실을 알려야 한다는 것을 규정하고 있다. 항소자는 그 문서의 사본을 그가 항소하는 상대인 그 회의에 보내주어, 그 회의가 시간에 맞춰 관련된 지역회나 총회 전에 그 항소에 관해 고려하고 논의할 수 있게 해야 한다.

항소에 있어서 때에 관한 제한이 있는가? 어떤 개혁교회는 3주 혹은 6주 안에 항소해야 한다고 규정하고 있다. 그러나 항소자가 부당한 취급을 받았다고 주장하는 그 결정이 있고 난 뒤 가능한 한 빨리 그리고 합리적인 시간이 지나기 전에 항소하는 것이 바람직하다.

항소의 방법에 관하여 얀센은 다음 요점을 포함할 것을 말하고 있다. a. 문제가 되는 건을 항소자 자신의 말로 제시할 것 b. 항소하고 있는 것에 관한 공식적 결정문을 그대로 인용할 것 c. 항소자가 부당한 취급을 당했다고 주장하는 이유를 나열할 것 d. 제시된 이유로 소회의 결정이 잘못이었고 근거가 없다는 것을 광역회의가 선언해 줄 것에 대한 청원 등이다.

한 회원이 광역회의에 항소하면 관련된 소회의는 그 항소 건이 해결될 때까지 관련된 문제에 대한 행동을 정지해야 하는가? 이에 관하여는 그렇다고 긍정적인 답을 하게 된다. 가능하다면 어떤 교회회의도 그 결정을 시행하지 않아야 한다. 그 결정이 올바른가를 광역회의에서 판단되어야 한다. 어떤 분이 어떤 형제를 장로로 임직하는데 대해 반대를 했는데 그의 반대가 거절을 당하고, 그는 지역회에 항소를 하게 되었다고 가정해 본다. 이때 당회가 임직을 진행하고, 몇 주 후에 지역회가 항소자의 손을 들어준다면 그 당회는 매우 어려운 처지에 휩싸이게 될 것이다. 가능하면 항소에 대한 행동은 그 결과를 기다리는 것이 좋다.

광역회의가 소회의의 결정을 무효로 할 수 있느냐라는 문제가 있다. 로마교회에서는 이것이 당연하다. 교파를 한 실제적인 교회 혹은 교회 단위로 보고, 지역교회와 교회의 소회의를 하나의 실제적 교회의 분할된 부분으로 보는 교회들은 그렇게 한다. 그러나 성경의 가르침을 따라 형성된 개혁교회의 교회 개념에 따르면 지역교회가 한 단위이고, 하나의 그리스도의 완전한 교회이다. 광역회의가 확실히 어떤 것을 논의하고 결의할 수 있다. 그러나 그 결정이 소회의가 취한 결정에 반대되면 이 소회의는 광역회의의 결정에 따라야 한다. 그 문제를 재론하든지 묵종(黙從)하든지 해야 한다. 일반적으로 후자의 방법을 따른다. 양자 간에 별 차이는 없다. 소회의는 광역회의의 자문을 따름이 상식이다. 이는 모든 교회가 광회의의 의견에 순복하고 서로 취한 결정을 지키도록 합의했기 때문이다. 하나님의 말씀이 금할 때만 어떤 교회나 교회들의 집단이 광역회의의 결정을 준수하지 않을 수 있다. 이 모든 것을 위해 광역회의는 소회의를 강요할 수 없다. 그리고 광역회의는 소회의의 결정을 무효로 고유한 권리를 가지고 있지 않다. 지역교회나 교회들의 집단은 무조건 순종해야 하는 상위의 어떤 치리회도 갖지 않는다. 그들은 만장일치로 도달한 결론을 받아들이고 그것을 존중한다.

> 제 31 조
>
> 결의된 것에 대한 수정 청원
>
> 한번 결정된 것의 수정에 대한 청원은 결정한 그 회에 제출되어야 한다. 이러한 청원은 재고를 위해 충분하고 새로운 근거가 제시될 때만 존중될 것이다.

1. 수정의 청원을 위한 교회회의

앞 조항에서 항소의 문제를 다루었다. 이제 제31조는 결정된 내용에 불만을 가질 때, 이 결정의 수정을 위해, 혹은 잘못된 것을 바로잡기 위해 항소하는 일에 관해 언급한다. 교회 회원 개인과 교회회의는 전 교회적 모임에 의해 결의된 결정에 변화를 요구할 수 있다. 곧, 이 조항은 수정에 관한 청원에 대해 언급하고 있다.

이 조항은 먼저 수정을 위한 청원을 어떤 교회회의에 해야 하는가에 대한 것이다. 답은 그 결의한 회에 해야 한다는 것이다. 당회가 결의했으면 청원자는 당회에 수정을 위한 청원을 제출해야 한다. 지역회가 결정했고, 어떤 분이 그 결정에 변화가 필요하다고 생각하면, 그는 수정을 지역회에 청원해야 한다. 그것이 총회에서의 결정이라면 총회만 그 결정을 수정할 입장에 있기 때문에, 수정을 위한 청원은 총회에 해야 한다. 결의한 그 회가 결정의 변화를 가져올 책임이 있다.

지역회나 총회의 결정에 변화가 있어야 한다고 생각하는 분은 그가 원하는 변화를 위한 지원을 받기 위해 그의 당회에 지원을 요청할 수 있다. 당회도 총회가 결정한 것에 대한 변화를 청원하는 일에 지역회의 도움을 구할 수 있다.

2. 바라는 결정의 변화를 위한 청원의 조건

"이러한 청원은 재고를 위해 충분하고 새로운 근거가 제시될 때만 존중될 것이다."라고 한다. 관련된 결정에 변화를 위한 요청을 위해서는 이를 지원하는 충분하고 새로운 근거가 제시되어야 한다. 누구도 새롭고 중요한 이유가 나타나지 않는 한 당회, 지역회 혹은 총회가 전에 충분히 논의된 문제를 재론함으로 귀한 시간을 소모할 것이라 기대하지 않아야 한다. 아무도 반복되는 논의를 주장할 자격이 없다.

3. 광역회의에 안건들이 제시되는 길

전 조항 제30조는 항소를 다루고 현 조항 제31조는 수정 청원을 다룬다. 이런 항소, 수정 청원의 방법들에 따라 어떤 안건들이 우리 광역회의의 안건 목록에 오르게 된다. 이 두 방법 외에 안건들이 우리 광역회의에 제출되는 다른 방법이 있다.

첫째, 당회의 지시이다.

광역회의에 오는 대표들은 당회로부터 지시를 받았기 때문에 회의에 능동적인 역할을 한다. 그들의 당회 혹은 지역회가 그들을 파송했다. 이 본체들은 그들의 대표들에게 무엇을 말하고 어떻게 투표할 것을 지시하지 않는다. 이것은 불가능하다. 왜냐하면, 파송하는 교회들이 제시될 모든 안건을 미리 다 알고 있지 않기 때문이다. 이것을 미리 알았다 하더라도 무엇을 말하고 어떻게 투표할 것을 대표들에게 지시하는 것은 해가 된다. 왜냐하면, 교회회의는 심의하는 곳이고 단순히 투표소가 아니기 때문이다. 그러나 각 파송하는 본체는 그 대의원들이 그 회의에 어떤 정보, 의견, 제안을 제시하도록 지시할 권한을 가진다. 이 사안들이 신임장에 기록되거나, 정상적으로 서명된 서면으로 신임장과 동반되어야 한다. 이런 지시의 방법으로 안건들이 광역회의에 제시될 수 있다.

둘째, 제40조의 방법

다음으로 제40조의 방편으로 안건이 지역회에서 논의를 위해 제시될 수 있다. 제40조 6항에 따르면 회의 중에 지역회 의장은 각 대의원에게 "당회가 교회를 올바로 다스리기 위해 지역회의 도움을 필요로 하는 어떤 문제가 있는가?"라고 묻는다. 이 일반적인 물음의 결과로 어떤 안건이 지역회 앞에 제시될 수 있다.

> 제 32 조
> 신임장
>
> 광역회의에 파송된 대표들은 파송자들에 의해 서명된 신임장을 지참해야 한다. 그들은 자신들이나 자신들의 교회가 특별하게 연관된 안건들을 제외하고는 모든 안건에 대한 투표권을 갖는다.

1. 신임장

광역회의는 개인들의 모임이 아니고 교회들의 모임이다. 지역회는 한 일정한 지역 내에 있는 교회들의 대표자들로 구성되는 회의이다. 그러므로 지역회는 상회가 아니고, 본질적으로 교회들의 모임이다. 총회도 마찬가지이다. 이 모든 광역회의의 모임을 구성하는 대표들은 그들을 파송한 교회들의 대표자들이다.

이 대표자들은 회의에 올 때 파송하는 본체(당회 혹은 지역회)가 서명한 신임장을 제시해야 한다. 이 신임장은 어떤 교회(당회) 혹은 교회들의 집단(지역회)이 공식으로 파송했다는 것을 증명하는 것이다. 개혁교회는 1571년 엠덴에서 모인 첫 총회로부터 신임장 제시 제도를 수용했다. 이는 곧 각 교회의 신임장을 가진 자들의 모임인 광역회의가 의결한 결정은 신임장을 주어 대표를 파송한 모든 교회에게 구속력을 가진다는 것을 나타내기도 한다.

  신임장의 내용은 특별한 지시가 포함되지 않는 일반적이어야 한다. 파송되는 대표는 회의에 제출되는 모든 문제를 논의하고 결정하는 일에 협력한다는 것이며, 어떻게 투표를 행사할 것인가 하는 지시는 포함되지 않는다. 회의는 항상 안건을 논의하고, 결의 때 대의원은 양심이 명하는 대로 결의에 참여하기 때문이다.
  광역회에서의 투표권은 목사 혹은 장로라는 직분 때문이 아니고 법적으로 파송을 받은 신임장 때문에 갖게 된다. 바우만은 "투표권이 직분에 있다면 모든 직분자가 자동적으로 광역회의에 참석하게 될 것이다."라고 했다. 당회가 지역회에 보낼 합당한 대표를 발견하지 못할 비상한 경우 교회의 일반회원을 대표로 파송할 수 있다. 이때 그는 직분자가 아니라, 대표로 파송을 받은 법적 권리를 가지고 있으므로 투표권을 행사할 수 있게 되는 것이다.

2. 자신과 그의 교회가 관련된 문제에는 투표권이 없음

  어떤 문제에 자신이 관련되어 있을 때 객관적으로 판단하는 것은 어렵다. 아무도 자기 문제에 심판자가 될 수 없다. 모든 결정은 객관적이어야 한다. 그래서 어떤 문제에 자신과 자기의 교회가 직접으로 관련되어 있을 때 투표하지 아니해야 한다는 것에 교회들은 합의했다. 이것은 상식적이고 공정한 조처라 할 수 있다.

제 33 조
회의 진행과 과업

1. 모든 회의 진행은 주의 이름을 부름으로 시작하고 마쳐야 한다.

2. 모든 회의에는 의장과 서기가 있어야 한다.
의장의 책무는 다룰 안건들을 제시하고 분명하게 설명하며, 발언에 합당한 질서를 지키게 하고, 사소한 문제를 논쟁하거나, 자신을 통제 못하거나, 자기의 강한 감정을 조절하지 못하는 자들에게 발언권을 허락하지 않고, 경청을 거절하는 자들을 훈계하는 것이다.
서기의 책무는 기록으로 남길 가치가 있는 모든 것을 정확하게 기록하고 이를 보존하는 것이다.
광역회의의 이 직분들은 그 회의가 폐회할 때 끝나야 한다.

3. 각 교회회의는 총회가 인정한 규칙에 따라 법인설립을 통해 재산의 보호에 대비해야 한다.

4. 교회회의는 필요한 위원회를 지명하여 결의된 것의 집행이나 혹은 앞으로의 논의를 위한 보고의 준비를 맡길 수 있다.

5. 각 지역회는 지역회의 중간 위원회를 임명하고, 총회는 총

> 회의 중간위원회를 임명해야 한다. 이 위원회는 회에 의한 조치를 기다릴 수 없는 문제에 있어서 회를 대신하여 조치하고, 이에 대한 승인을 위해 다음 회에 보고한다.
>
> 6. 광역회의의 폐회 시에 회에서 책망받을 어떤 일을 행했거나, 소회의의 권면을 경멸한 자들에게 견책을 행해야 한다.
>
> 7. 광역회의들(지역회와 총회)은 각기 다음 회의의 시간과 장소를 결정하고, 그 회의를 위한 소집 교회를 지정하고, 소집 교회는 다음 회의를 위한 모든 준비를 해야 한다.

1. 회의의 진행

모든 회의는 당회, 지역회, 총회를 가리킨다. 이 회의들은 이따금 열리게 되고, 몇 번의 회기를 갖게도 된다. 이 조항은 회의의 모든 회기마다 기도로 시작하고 기도로 마쳐야 한다고 한다. 즉 회의의 회기는 하나님께 기도함으로 시작하고, 하나님께 기도함으로 마쳐야 한다. 회기(session)란 회의가 며칠 동안 계속될 때, 아침부터 정오까지, 정오부터 저녁까지의 일련의 모임을 언급한다. 회의를 모이면

기도하는 것이 당연한데 왜 이렇게 회기의 시작과 끝에 기도해야 한다고 교회 질서는 규정하는가? 우리들의 모든 일은 주의 축복이 없이는 결실이 없기 때문이다. 빛의 아버지께서(약 1:17) 우리들의 마음을 밝혀주시지 않는 한 우리는 여러 문제를 풀 수가 없다. 그렇다면 이 사실에 대한 분명한 언급 없이는 어떤 교회 질서도 완전하지 않을 것이다.

기도를 인도하는 분이 우리 교회 의식서에 포함된 '교회적 회의의 시작과 마침을 위한 기도'를 사용해야 하는가? 그것을 가끔 사용하는 것은 바람직하다. 그러나 이것에 매일 필요는 없다. 교회적 회의가 여러 회기로 계속될 때, 같은 기도의 반복은 기도의 정신에도 도움이 되지 않는다. 일반적으로 자유로운 기도가 공식적인 기도보다 더 바람직하다. 그러나 재능이 매우 제한된 분이 기도 인도를 요청받을 때는 이런 회의를 위해 의식서에 있는 기도를 사용함이 나을 것이다. 그리고 모든 회원이 그 기도에 진심으로 아멘 하기 어려울 만큼 객관적으로 기도하는 것이 어려운 환경이 있을 수 있다. 이런 때에 공식 기도문을 사용하게 되면 누구도 상처를 받지 않게 되고 모든 회원이 그 기도에 진심으로 아멘 할 수 있을 것이다.

이 조항은 교회적 회의에서 신앙적 연설이나 설교를 요구하는가? 교회적 회의는 예배나 교육을 위한 모임이 아니다. 당회, 지역회, 총회는 모두 지역교회 혹은 여러 교회의 일을 다루는 모임들이다. 교회는 하나님의 말씀을 따라 때때로 일어나는 여러 조건에 따라 다스려져야 한다. 이것이 교회적 회의의 일이다. 우리는 영감이 필요하고 지식의 증가가 필요하다. 그러나 이 모든 것은 교회적 회의의 일은 아니다. 그러나 회의가 하나님의 말씀에 기반을 둔 간단한 연설이 바람직하다고 생각하면 여기에 대한 어떤 반대가 있을 수 없다. 하지만 회의에서 연설하는 분들은 하나님의 교회를 다스리는데 직접 관련된 성경 장절을 택하고 연설은 간단해야 한다. 회의가 교훈적인 연설 중심이 되지 않아야 한다. 교회회의를 통한 교회의 바른 정치가 교회의 영적 안영을 위해 매우 중요하다. 그러므로 이런 교회회의의 성격을 변화시켜서는 안 된다.

2. 회의의 임원들

네덜란드에서는 교회적 회의의 임원들을 중재자(moderators)들이라 부른다. 이 말은 라틴어로 'moderamen'이다. 이 말은 어떤 것을 다스리고 관리하는 사람들을 가리킨다. 이 말을 영어로 번역하면 관리자(manager)가 된다. 교회적 회의를 인도하도록 부름을 받은 자들은 목사, 장로, 집사들이 그들의 각각의 위치에서 권위적인 자리를 차지하는 것과 같이 권위적인 자리를 차지하지 않는다. 교회적 회의를 인도하는 분들은 단순히 자치적 모임으로서의 회의를 인도하고 지도할 뿐이다.

본 조항이 말하는 교회회의의 임원은 의장과 서기이다. 개혁교회 교회 질서의 가장 오래된 1571년의 엠덴 판은 의장 외에 그를 돕는 부의장이 있었다. 그러니 회의의 원만한 인도를 위해서는 의장 밖에 부의장을 둘 수 있고, 부서기를 둘 수 있다. 의장이 회에 발언하고자 할 때나 자신과 관계된 문제에 관해 발언하기를 원할 때 그는 부의장에게 회의 인도를 맡길 수 있다. 부서기도 둘 수 있다. 서기는 회의록을 기록하고, 부서기는 간단한 보도자료 문안을 작성할 수 있다. 교회회의가 부의장과 부서기를 택하는 것이 이 조항의 규정에 배치되지 않는다. 수시로 모이는 당회에는 목사가 의장으로 봉사하지만, 일반적으로 부의장을 두어 필요할 때, 예를 들면 목사의 생활비에 관해 논의할 때 당회를 인도하게 된다.

교회회의 집행위원들의 자리의 성격에 관하여 다음 두 가지를 언급하게 된다.

첫째, 이미 앞서 지적한 대로 그들은 다른 형제보다 높은 어떤 권위 있는 자리를 차지하지 않는다. 그들의 자리는 단지 대표의 자리일 뿐이다. 그들은 임원에 선임됨으로 고유한 높은 권위를 가진 직분을 갖지 않는다. 개혁교회 선진들이 라틴어 'moderamen'(중재자)이란 말을 택했을 때 이런 사실을 분명히 강조하기 위해서였다.

둘째, 그들의 일과 사명은 일시적이다. 그들은 그 회의 기간만을 위해 택함을 입었다. 그들의 사명은 그 회의가 끝날 때 끝나게 된다. 따라서 그들은 회의가 해산되었을 때, 다른 형제들과 다른 어떤 위치에 있지 않다. 현재 장로교회는 다음 회의에서 새 회장이 선출될 때까지 그들의 회장이 그 회장의 직분을 보유하고 있음이 상례가 되었다. 그러나 개혁교회에서는 지역회나 총회에 그 회가 끝난 후에 지속되는 임원이 없다.

당회만 항구적인 기반 위에 조직되어 있다. 왜냐하면, 당회는 우리들의 교회적 단위인 지역교회의 치리 기관이기 때문이다. 그래서 당회는 항구적 기관이다. 그러면서도 교회 질서는 한 교회에 한 분 이상의 목사가 봉사하면, 이들은 차례로 사회해야 한다고 규정하고 있다. 개혁교회 질서에는 교권적 지배의 오류로 이끌 수 있는 것은 무엇이든 멀리하고 있다.

3. 의장과 서기의 의무

의장의 의무

첫째, 회의가 다룰 안건을 제시하고 설명한다. 회의 전에 대표들은 이미 의사일정을 받고 안건에 대해 미리 알고 참석한다. 의장은 누구보다 의사일정을 더 잘 알고 있어야 한다. 대표들이 안건의 내용을 알고 있을지라도 의장은 안건을 제시하고, 그것을 가능한 한 분명하게 설명하여 회의가 속히 결정하는 단계에 이르도록 해야 한다. 그는 회의를 지배하지 않아야 하고, 그의 뜻을 회의에 강요하지 않아야 한다. 왜냐하면, 결정할 권한은 회에 있기 때문이다. 다른 편으로 그는 그 안건을 취급하는 일을 재치 있게 이끌어 가야 하고, 방임하지 않아야 한다.

둘째, 각 회원이 발언하는 데 질서를 지키게 한다. 한 분의 목사가 봉사하는 교회의 당회에서는 목사가 안건을 설명한다. 하지만 광역회의에서는 의장이 주로 토론을 이끌기 위해 자신의 한계를 갖게 된다. 어떤 분들은 의장이 토론하는 일에 스스로 관련해서는 안 된다고 한다. 하지만 이것은 지나치다. 그가 발언해야 할 경우가 있을 수 있다. 그가 어떤 사안에 올바른 빛을 비출 수 있는 유일한 분일 때 그는 발언해야 한다. 이때 그는 의장으로가 아니고, 회의의 회원으로 하게 된다. 이때는 부의장이 의사봉을 잡게 된다. 의장은 각 회원의 발언에 질서를 지키게 해야 한다. 단지 제시된 안건에 관해서만 말하게 해야 한다. 회의가 안건에 익숙하면 그는 결정적 요소를 동의로 요약하게 한다. 많은 제의가 있으면 일치에 이르도록 노력한다. 일치가 되지 않으면 여러 제의를 두고 표결하게 한다.

셋째, 작은 것을 가지고 논란하거나, 감정을 억제하지 못하는 회원들에게 발언을 못 하게 한다. 회원 중에는 언제나 예리하게 발언하는 분들과 쟁론을 좋아하는 분들이 있다. 의장은 이런 분들을 조용하게 해야 한다. 일반적으로 부드러운 경고를 하고, 듣지 않으면 상당한 견책을 해야 한다.

의장이 그의 의무를 수행하기는 쉽지 않다. 그래서 의장은 조용한 성격, 선명한 통찰력과 의지의 결단성을 가진 분이어야 한다.

그러면 의장의 의무기간은 얼마 동안 지속하는가? 본 조항은 "광역회의의 이 직분들은 그 회의가 폐회할 때 끝나야 한다."라고 한다. 회의가 끝날 때 의장으로서의 그의 의무기간도 끝난다는 것이다. 그는 어떤 일정 기간 의장으로 임명되지 않고 관련된 회의가 한 회기로 마치든, 10회기로 마치든, 하루로 마치든 일 주로 마치든 그 회의 기간을 위해 선임되었다. 모든 다른 임원도 마찬가지이다. 이 사실은 매우 자연스럽다. 의장직은 일반적 의미에서의 직분이 아니고, 단순히 기능이다. 하지만 이 조문이 선한 이유로 교회 질서에 포함되었다. 말하자면 우리 교회회의의 의장은 우월한 직분자로 여겨져서는 안 된다는 것을 확실히 하기 위해서이다. 우리는 교권적 정치체제의 감독을 가지고 있지 않다. 개혁교회는 사제나 감독에 의해 다스림을 받지 않고, 합당하게 조직된 교회회의를 통해 다스림을 받는다.

한국의 장로교회에서 총회의 의장은 일 년 기간으로 선택이 된다. 택함을 받은 의장은 다음 해 총회에서 그의 계승자가 선택될 때까지 의장으로 인정된다. 많은 사람이 이런 관습은 장로교회의 정치 원리와 일치하지 않는다는 것을 인정한다. 그러면서도 교회는 이것을 당연한 것으로 받아들이고 있다. 개혁교회의 선진들은 교권주의의 폐습과 위험에 대해 매우 두려워했다. 교권적 폐습과 경향을 피하고자 그들은 당회에 목사가 한 분 이상이 있으면 차례로 사회할 것을 규정하고, 같은 형제가 지역회의에서 연이어 두 번 의장으로 선출되지 않아야 한다고도 규정했다.

서기의 의무

서기는 기록할 가치가 있는 것을 정확하고 충실하게 기록하는 것이다. 기록은 후에 같은 것을 다시 다루지 않은 데 필요하고, 결정한 것을 후대를 위해 보존하는 데 필요하다. 서기의 의무기간도 의장처럼 회의가 끝날 때 끝난다. 그러나 당회의 서기는 다르다. 당회는 일시적 기관이 아니고 교회의 영속적인 치리회이기 때문이다.

4. 교회의 법인 설립

본 조의 3항은 "각 교회회의는 총회가 인정한 규칙에 따라 법인설립을 통해 재산의 보호에 대비해야 한다."라고 한다. 제도로서의 각 교회는 땅을 사고 건물을 세우고, 방해를 받지 않고 하나님을 섬기며, 재산을 소유할 권리를 가진다. 정부는 사람들 가운데 하나님이 세우신 제도로서 교회의 자유와 권리를 보호할 의무가 있다. 교회들은 최대한의 보호를 확보하기 위해 – 필요하면 법정을 통해서라도 – 정부 편의 법적 인정을 받아야 한다. 이는 법인을 설립함으로써 가능하다. 각 교회 당회는 재산에 대한 당국의 보호를 받을 수 있도록 주의를 기울여야 한다. 이는 법인을 설립하는 방법을 통해서이다. 광역회의도 교회들의 공유재산이 있을 때 그 재산에 대한 불법한 침해를 막고 보호하기 위해 법인을 설립해야 한다.

5. 위원회의 임명

교회회의가 할 수 있는 것은 위원회에 맡기지 않아야 한다는 것이 개혁교회 정치의 선한 규칙이다. 하지만 교회 일의 효과적인 진행을 위해 어떤 위원회가 필요하다는 사실을 부인할 수 없다. 일반적으로 세 다른 형태의 교회적인 위원회 곧, 상설위원회, 집행위원회, 연구위원회이다. 신학교 운영을 위한 중요한 위원회와 다른(외국) 교회들과의 교제를 위한 위원회는 상설위원회에 속한다. 본조 4항이 언급하는 위원회는 더 일반적이고 가끔 임명하게 되는 위원회들이다. 본 항은 교회회의가 어떤 기회에 임명하게 되는 두 형태의 특별한 위원회에 대해 언급한다.

첫 번째는 집행위원회이다. 이는 교회회의가 어떤 결정을 하고 이를 집행하기 위해 임명하는 위원회이다. 예를 들면, 지역회가 한 새 교회의 조직에 대한 인정을 요구받을 수 있다. 이때 지역회가 이를 인정하면 신자들의 한 집단이 새 교회를 조직하는 일을 돕기 위해 한 위원회를 임명할 수 있다. 어떤 교회에 어려움이 일어났을 때, 이 문제 해결을 돕기 위해 지역회나 총회가 한 위원회를 임명하여 이를 맡길 수 있다.

둘째 형태의 특별위원회는 연구위원이다. 이는 총회적인 차원에서 자주 임명되는 위원회이다. 교회회의가 책임 있는 결정을 하기 전에 연구와 논의를 요구하는 중대한 문제를 당면하게 될 때, 교회회의는 이 문제에 대한 연구 위원회를 임명할 수 있다. 이 위원회는 그 맡은 문제를 철저히 연구하고 그 결과를 글로 작성하여 다음 교회회의에 제시하게 된다. 오늘날에 당면한 현실적인 문제로 여성 직분 문제나 동성 결혼 문제 등을 들 수 있다.

6. 광역회의의 중간위원회(interim committee)

본조 5항에서는 지역회와 총회의 중간 위원회의 임명에 관하여 언급하고 있다. 이런 위원회가 왜 필요하고 그 책무는 무엇인가를 묻게 된다. 지역회의 행동이 급하게 요구되는 문제가 생길 수 있다. 예를 들면, 어떤 목사가 다른 교회에 부름을 받을 때, 그가 봉사한 교회는 그를 풀어 주고, 그에게 선한 증서를 주어야 한다. 이와 함께 지역회도 이 증서에 서명해야 한다. 그의 전 교회와 그 교회가 속한 지역회로부터 이런 공식적인 증서 없이는 그 목사가 부름 받은 그 교회에 취임할 수 없다. 하지만 지역회는 일반적으로 3, 4개월마다 모인다. 한 목사가 지역회가 모인 후 곧 부름을 받는다면, 그는 지역회의 인정을 받기 위해 3, 4개월을 기다려야 한다. 이런 경우 지역회로부터 지역회의 일을 대행하도록 인정을 받은 중간위원회가 지역회를 대신하여 당회의 증서를 살피고 지역회의 일을 수행하게 된다. 이 지역회 중간위원회는 다음 지역회가 모일 때 위원회가 한 일을 보고한다.

총회 중간위원회도 거의 유사한 권리와 의무를 가지고 행사하게 된다. 총회는 일반적으로 매년 한 번씩 모이게 된다. 이 기간에 총회가 해야 할 긴급한 일이 일어날 수 있다. 이때, 총회 중간위원회는 총회가 할 일을 대신하고 총회 시에 보고하게 된다. 이는 물론 선교사들의 여행에 관계된 일 같은 매우 제한된 일에 한한다.

7. 폐회 시의 권책

여기 언급한 견책은 의장이 회의 중 질서를 벗어나거나 합당하지 못한 발언을 한 회원에게 하는 견책과는 다르다. 이는 또한, 당회에서 일반적으로 행해지는 상호견책과도 다르다. 광역회의의 끝 시간 행하는 이 견책은 첫째, 회의 중에 벌을 받을 만한 사람의 행동에 관한 것이고, 둘째로 소회의 충고를 멸시하고 광역회의에 항소가 되었을 때이다. 실제 이런 견책이 일어나는 일은 매우 드물다. 이런 견책에 대한 규율이 있으므로 회의에 참여하는 대표들은 그의 행동에 있어서 더욱 자제하게 된다.

8. 광역회의의 장소

본조 7항은 광역회의 주소에 관해 언급한다. 광역회의는 폐회함으로 그 기능이 끝나고 해산된다. 그러면 누가 다음 회의를 준비하고 의사 일정을 작성하며 소집을 책임질 것인가? 본 조항은 "광역회의들(지역회와 총회)은 각기 다음 회의의 시간과 장소를 결정하고, 그 회의를 위한 소집 교회를 지정하고, 소집 교회는 다음 회의를 위한 모든 준비를 해야 한다."라고 한다. 광역회의는 회의가 끝나기 바로 전에 다음 회의의 소집 교회를 지정한다. 그러면 그 소집 교회가 교신을 위한 주소가 되고 다음 회의를 위한 모든 준비를 하게 된다.

B. 당회

제 34 조
일반 당회와 제한 당회

1. 모든 교회에는 직분자들(말씀봉사자, 장로, 집사)로 구성된 당회가 있어야 한다. 당회는 교회의 일반적 정치를 위한 의무를 진다.

2. 장로의 수가 4명 이상인 곳에서는 모든 직분자들이 속하는 '일반 당회'와 집사들이 참여하지 않는 '제한 당회'로 구분한다.

3. 이렇게 구별할 때, 회중의 감독과 권징은 제한 당회에 속하게 되고, 자비의 사역은 집사들이 이행하게 된다. 집사들은 그들의 사역을 일반 당회에 보고해야 한다. 모든 다른 사건들은 일반 당회에 속한다.

4. 말씀봉사자는 자비의 봉사에 관하여 잘 알고 있어야 하고, 필요하면 집사들의 모임을 방문할 수 있다.

1. 모든 교회에는 당회가 있어야 한다.

개혁교회는 모든 교회가 자체의 당회를 가져야 한다고 주장한다. 이는 성경적인 이유에 근거하고 있다. 먼저 각 지역 교회는 그 자체로 완전한 단위이기 때문이다. 각 교회는 한 완전하고 독립적인 교회이다. 성경은 지역교회로 안디옥에 있는 교회, 고린도에 있는 교회에 관하여 말하고 이 교회들을 그리스도의 보편교회의 완전한 단위로 인정하고 있다(행 13:1, 고전 1:2). 또한, 우리는 각 교회가 자체의 직분자들을 가지고 있음을 발견한다(행 14:23, 딛 1:5). 이 직분자들은 말씀과 성례의 봉사, 순수한 교리의 유지, 권징의 시행, 그리고 가난한 자들을 돌보는 일에 대한 책임을 지고 있다(행 20:28, 딤전 4:14, 행 6:1~6). 더욱이 직분자들은 필요할 때마다 연합적인 행동을 하는 기구를 형성한다(행 15:6, 20:17, 21:17~18). 따라서 디모데전서 4:14에는 확실히 장로들의 조직체를 언급하는 '장로회'(Presbyterium)에 대해서 말하고 있다.

개개 지역교회들의 연대적 연합은 성경적이요, 그리스도 안에서 우리들의 본질적인 연합에 기초하고 있다. 교회들의 연대적 연합은 개개 지역교회들의 안녕을 뒷받침하고 증진한다. 그러나 연대적 연합 없이도 개 지역교회는 교회에 본질적인 모든 것 곧, 신자들, 직분, 말씀과 성례, 권징, 자비사역을 가지고 있다.

칼뱅은 교회의 정치는 궁극적으로 회중에게 주어져 있다고 했다.[10] 베드로전서 2:9에 "그러나 너희는 택하신 족속이요, 왕 같은 제사장들이요, 거룩한 나라요, 그의 소유가 된 백성이니, 이는 너희를 어두

---
10) John Calvin, Institutes of the Christian Religion, vol. Ⅳ, 1

운 데서 불러내어 그의 기이한 빛에 들어가게 하신 이의 아름다운 덕을 선포하게 하려 하심이라."라고 했다. 이 절은 신자들을 선지자와 제사장과 왕으로 나타내고 있다. 우리 교회에서 회중이 항상 직분을 선택하여 세우고, 권징을 시행하는데 참여한다는 사실은 이 원리와 연관되어 있다. 당회는 언제나 회중을 인정하고 회중과 상의해야 한다. 한 교회가 조직될 때 신자들이 이웃 교회들의 협조와 인도 아래 어떤 형제들을 직분자들로 택해 세운다. 그러나 직분자들이 취임하자마자 이 직분자들은 교회의 일들을 다스리고 이끌어가기 시작한다. 뵈티우스가 말한 대로 눈이 그것을 통해 보는 몸의 기관인 것과 꼭 같이, 당회는 교회가 그것을 통해 작용하는 교회의 기관이다.[11]

본 조항은 각 교회의 당회는 교회의 직분자들 곧, 목사, 장로, 집사로 구성된다는 것을 말하고 있다. 어떤 사람들은 당회는 목사와 장로만으로 구성된다고 한다. 한국 장로교회가 이런 개념을 가지고 있다. 개혁교회의 첫 총회인 1571년의 엠덴 총회의 교회 질서 제6조에 모든 교회는 말씀봉사자, 장로, 집사로 구성된 당회가 있어야 한다고 했다. 프랑스 개혁교회도 교회 질서 제24조에 장로들과 집사들의 원로회(당회)가 있고 목사들이 이 회에서 사회한다고 했다.

제34조 1항은 목사, 장로, 집사로 구성된 당회가 교회의 일반적(포괄적)인 다스림을 위한 책임을 진다는 것을 말하고 있다. 이 말은 실제적인 봉사를 위해 당회가 필요에 따라 분야를 나누어 운영할 수 있다는 뜻이다.

---

11) Voetius, Pol. Edccl. 4:893, Bouwman에 의해 인용, op. cit., p.11, 102

2. 당회의 운영

개혁교회 정치는 언제나 아주 적은 수에 의한 정치를 피했다. 성경은 "지략이 없으면 백성이 망하여도 지략이 많으면 평안을 누리느니라."(잠 11:14)라고 한다. 교회 안에서 세 직분 각각이 자체의 특별한 책무를 가지고 있고, 그들이 각기 책무를 이행하기 위해 자신들의 구별된 모임을 가지는 것을 인정하지만, 아주 소수의 직분자들을 가진 작은 교회에서는 따로따로의 모임을 제도화하는 것은 바람직하지 않다.

본 제34조 2항은 "장로의 수가 4명 이상인 곳에서는 모든 직분자들이 속하는 '일반 당회'와 집사들이 참여하지 않는 '제한 당회'로 구분한다."라고 규정하고 있다. 곧, 장로가 3명 혹은 이보다 작은 수가 있는 교회에서는 장로들과 집사들의 구별된 모임을 도입하지 않는다. 그러나 장로가 4명 이상이 있는 교회에서는 모든 직분자들이 함께 모이는 일반 당회 외에 목사와 장로들이 모이는 제한된 당회와 집사들이 모이는 모임을 도입할 수 있다. 그러니, 네 장로를 가진 교회는 원하지 않는다면, 사역을 구분하여 모이는 모임을 도입할 필요가 없다. 이런 교회들은 따로 모임을 도입할 수 있는 때가 올 때까지 계속 함께 모이게 된다. 이때 집사들은 장로들의 치리 봉사에 협조자들이 되고, 장로들은 집사들의 자비 사역에 협조자들이 된다.

제34조 2항의 내용이 적용되는 교회에서는 먼저 목사, 장로, 집사 모두가 참석하는 일반 당회가 있게 된다. 그리고 목사와 장로가 참여하고, 집사들은 참여하지 않는 장로들의 모임 혹은 제한 당회가 있게 된다. 따라서 집사들만 참석하는 집사회가 있게 된다.

3. 여러 당회의 책무

제34조는 회중의 일반적 감독과 권징을 장로들의 회인 제한 당회에 돌린다. 다음과 같은 책무가 이 제한 당회에 속한다.

가정 심방 보고, 비행자에 대한 방문 보고를 포함하는 목사와 장로들에 의한 목자적 관리 문제, 회원 권징의 문제, 예배에 대한 감독, 예배참석, 교리교육반 참석, 여러 클럽에 대한 감독, 말씀과 성례의 집행과 성례에의 참석 허용, 회원의 영입과 기각, 이와 관계된 문제 등이다.

이 조항은 나아가 교회의 자비 사역이 집사들의 과제라고 한다. 집사들은 그들의 모임에서 빈곤한 자들의 필요를 고려하고 행동해야 한다.

이 제34조 3항은 집사들은 그들의 사역을 일반 당회에 보고해야 한다고 명시한다. 집사회는 독립적 기관이 아니다. 집사들은 당회 회원이다. 그리고 장로들은 모든 면에 대한 감독의 책임을 지고 있다. 따라서 집사들은 그들의 봉사에 대한 간단한 보고를 당회에 할 의무가 있다. 당회는 그 보고 중 어떤 것을 인정하기를 원하지 않을 때 그렇게 할 수 있다.

나아가 3항은 "모든 다른 사건들은 일반 당회에 속한다."라고 명시한다. 그럼 어떤 사건들이 일반 당회에 속하는가? 간단히 말하면 다음과 같은 일들이다.

직분자들에 관계된 모든 문제, 그들의 공천, 부름, 취임,

목사에 관해서는 휴가, 퇴임, 은퇴, 부름 수용의 인정,
직분자들에 관하여는 모든 권징문제, 예배순서 문제, 선교와 전도.
모든 당회원은 상호권징의 시행과 지역회 교회 방문자들의 방문 시 참석할 의무가 있다.

4. 말씀봉사자의 집사회 방문

본조 4항은 말씀봉사자는 집사들의 자비 사역을 잘 알고 있어야 하고, 집사회에 이따금 참석할 수 있다고 명시한다. 집사들의 자비 사역에 있어서 집사들과 목사의 상호협력이 필요하다. 목사는 목자적 관리를 하는 가운데 누구보다 교회 신자들의 사정을 잘 알고 있다. 따라서 목사가 집사회에 이따금 방문하는 것이 서로를 위해 유익하다.

> 제 35 조
> 당회의 모임
>
> 1. 당회는 적어도 한 달에 한 번 회중에게 예고한 때와 장소에서 모여야 한다. 목사가 회를 사회하고, 목사가 불참할 때는 장로 중 한 분이 사회해야 한다.
>
> 2. 당회는 매년 적어도 네 번 직분자의 직분적 의무의 이행과 관련된 상호견책(censura morum)을 시행해야 한다.

1. 당회의 빈도

원래 1571년 엠덴 총회는 당회가 매주 모여야 한다는 규정을 만들었다. 하지만, 작은 교회에서는 당회가 매주 모일 필요가 없었다. 현재 대부분 개혁교회에서는 교회의 크기와 일의 양에 따라 두 주에 한 번씩 혹은 매월 한 번씩 모인다. 제한 당회와 집사회를 유지하는 교회에서는 일반 당회가 매월 한 번씩 모이고 제한 당회도 그렇게 모인다. 그리고 집사회는 그들의 일이 요구하는 만큼 자주, 두 주에 한 번 혹은 매월 한 번 모인다.

당회는 비상 당회 외에는 회중에게 장소와 시간을 알려 그대로 모여야 한다. 이는 회원들이 알아야 증명이나 여행증을 적시에 요청할 수 있기 때문이다.

모든 교회에 당회는 적어도 한 달에 한 번 모여야 한다는 것이 이 제37조의 규정이다. 각 교회는 아무리 적더라도 교회의 필요와 사역에 대한 매월의 검토를 요구한다. 그러므로 적어도 매월 한 번은 당회가 모여야 한다. 일을 미루어 두었다가 밤늦게까지 피곤한 마음을 가지고 안건들을 다루는 것은 선한 결과를 위해 합당하지 않다. 이보다 자주 당회를 갖는 것이 교회를 위해 유익하다.

2. 당회의 사회

본 조항은 목사가 당회를 사회해야 한다고 한다. 한 교회에 목사가 한 분 이상 봉사하고 있는 경우에는 차례로 사회한다. 일반적으로 당회는 년 초에 장로 중 한 분을 부의장으로 택하여 필요할 때 사회를 하게 한다. 당회의 사회권을 목사에게 돌리는 것은 목사의 지위가 장로보다 높기 때문이 아니고, 목사는 일반적으로 특별한 교육과 오랜 경험 때문에 사회를 하는데 나은 자격을 갖추고 있기 때문이다.

당회는 목사가 소집하고, 당회의 진행을 조정하다. 그런데 의장은 단순히 형제들 가운데 한 분으로 사회하고 조성한다. 의상은 특별한 당회의 모임을 소집할 권리를 가진다. 그러나 이 특별한 모임은 당연히 모든 회원이 제대로 통보를 받지 않는 한 효과적인 조치를 할 수 없다. 당회의 조치가 효과를 나타내려면 얼마나 많은 회원이 참석해야 하는가? 적어도 전 회원 중 과반수는 참석해야 한다.

3. 상호견책

본조 2항은 당회는 매년 적어도 네 번 상호견책해야 한다고 명시하고 있다. 교권체제인 감독제도를 가진 교회에서는 높은 직분을 가진 분이 낮은 직분을 가진 분들은 감독한다. 감독이 일반 사제들을 감독하고 대감독이 감독들을 감독한다. 그러나 개혁교회는 모든 직분자들은 권위에 있어서 동등하다는 것을 믿는다. 그래서 직분자들은 교회들이 서로 감독하는 것 같이 서로 감독하게 된다. 서로의 감독은 오래전부터 잘 알려져 온 어휘는 라틴어로 'censura morum'이다. 이 말은 검열, 혹은 행위의 시험이란 의미가 있다.

이 상호견책은 직분자들의 직분 이행에 관한 것이다. 어떤 직분자가 의무를 등한하거나, 그의 직분에 잘못 접근함으로 책망을 받을 만하면, 그 문제는 이 상호견책 시간에 제기되어야 한다. 이 항목이 처음 도입되었을 때는 직분자의 '교리와 생활'이 관계되었다. 그러나 후에 직분 수행에 관한 것으로 바뀌었다. 그렇다고 해서 상호견책 시간에 교리적인 문제에는 침묵해야 한다는 것은 아니다. 단지 상호견책은 주로 직분 수행에 관계된다는 것이다.

이 상호견책이 성만찬 전에 해야 하는가? 성만찬과는 아무 관계가 없다. 그럼, 상호견책은 어떤 방법으로 시행되어야 하나? 옛날 개혁교회에서는 한 사람씩 회의실 밖에 나가 있게 하고 모든 직분자가 그의 직분 수행 문제를 솔직하게 논의하고 불러 들여 견책할 것이 있으면 하게 되었다. 그러나 현재 이렇게 하는 당회는 없다. 그렇게까지 할 필요가 없다.

현재 어떤 당회에서는 의장이 직분자들의 이름을 한 분 한 분 들고, 다른 당회원들 각인에게 견책할만한 어떤 것이 있는지 묻는다. 하지만 일반적으로 의장이 직분자들 중 어떤 분이 그의 직분 수행에 관하여 그의 동료 직분자들 중 어떤 분에 대해 말할 어떤 것이 있는지 묻는다. 이 일반적인 물음에 대한 답을 당회원 각인에게 묻게 된다.

이 상호견책이 결코 동료 직분자에 대한 흠잡기로 변해서는 안 된다. 목적이 교회의 유익과 하나님의 영광을 위해 서로 돕는 데 있어야 한다. 우리가 진정한 사랑과 공평한 마음을 가지고 할 때만 우리들의 동역자를 바로 세울 권리를 가지게 된다. 어떤 경우에는 당회에서 서로 마음과 마음을 트고 이야기하는 것이 더 나을 수 있다. 그러나 당회 회원은 상호견책의 시간에 어떤 문제를 꺼낼 완전한 권리를 가지고 있다.

> 제 36 조
> 회중의 모임
>
> 당회는 직분자 선택에 회중의 협력을 구하는 외에, 회중의 감독과 권징에 속한 문제들 외에 다른 중요한 일들에 대한 회중의 판단을 물어야 한다. 이 목적을 위해 당회는 매년 적어도 한 번 투표권을 가진 모든 회원의 모임을 소집해야 한다. 이 모임은 당회가 인도하고, 당회가 제시하는 문제만 논의해야 한다. 당회는 회중이 보인 판단을 충분히 고려할지라도 최종 결정을 하고 집행하는 권위는 교회의 치리회인 당회 자체에 있다.

회중의 당회와의 협력

우리 개혁교회에는 당회, 지역회, 총회라는 세 종류의 교회적 회의가 있다. 회중의 모임은 이런 교회적 회의에 속하지 않는다. 그러면 회중의 모임의 성격과 기능은 무엇인가? 회중의 모임은 당회에 의해 소집된 교회회원들의 모임이다. 당회는 이 모임에 교회와 교회 활동에 관한 문제들을 알리고, 어떤 특별한 문제에 관하여 회원들과 상의하고, 어떤 문제들을 표결에 부치기도 한다. 제36조에 담긴 몇 가지 요소를 생각하게 된다.

1. 회중의 모임에서 다룰 안건들

이 조항이 언급하는 첫째 안건이 직분자들의 선택이다. 제4조에서 "직분으로 부름에 있어서 당회는 적어도 선택되어야 할 수의 배수의 공천을 회중에게 제시해야 한다."라고 했다. 교회의 장로와 집사들의 일정 수가 연말이면 봉사 기간을 마치기 때문에 그들의 자리를 채우기 위해 교회의 대부분이 11월이나 12월에 장로와 집사 선택을 위해 연례적인 회중의 모임을 하게 된다.

나아가, 당회는 다른 중요한 문제들에 관한 회중의 판단을 구하게 된다. 예를 들면 건물이나 건물 부지를 매입하는 일, 교회당이나 목사관을 건축하는 일, 선교사 초빙 등을 회중의 모임에서 다루게 된다. 당회가 교회의 유일한 치리 기관이다. 하지만 회중이 교회의 모든 일과 활동에 중요한 관심과 책임을 지고 있으므로 회중과 상의가 있어야 하고, 어떤 문제는 회중의 표결이 있어야 한다. 이런 문제들은 잠정적으로 당회가 결정하게 되지만 회중의 모임에서 회원의 다수가 그 계획에 찬동하는 것을 조건으로 하게 된다.

본 조항은 또한, "회중의 감독과 권징에 속한 문제들 외에"라고 한다. 이 문제들은 엄격히 당회에 속한 일로 회중의 모임에서 표결을 위해 제시되지 않는다. 이는 회중이 이런 문제들에 관해 어떤 관심을 가지지 않는다는 것을 말하는 것이 아니다. 회중은 당회가 시행하는 권징의 과정에 참여하게 되는 것은 잘 알려진 사실이다. 단지 회중의 감독이나 권징은 회중의 모임에서 논의하거나 표결할 문제가 아니라는 것이다.

2. 연례적인 회중의 모임

본 조항은 "이 목적을 위해 당회는 매년 적어도 한번 투표권을 가진 모든 회원의 모임을 소집해야 한다."라고 명시한다. 그러므로 앞서 든 목적을 위해 당회는 회중의 모임을 적어도 매년 한 번은 소집해야 한다. 일반적인 환경 아래서는 연례의 모임으로 충분할 수 있다. 그러나 목사의 자리가 비어 있을 경우, 공석을 채우기 위해 노력하는 과정에서 당회는 여러 번의 회중의 모임을 소집할 수 있다. 이 외에도 당회는 선교사 초빙이나 교회 건물 매입 혹은 건축 등 중요한 안건을 위해 회중의 모임을 여러 번 소집할 수 있다.

3. 당회의 관장

당회가 회중의 모임을 완전히 관장한다. 당회가 일시와 장소, 의사일정을 정하고 회중의 모임을 소집하게 되며, 당회의 의장이 회중의 모임에서 사회를 본다. 그리고 이 모임은 당회가 제시한 안건만 다룰 수 있다. 이것은 당회가 논의와 표결을 위해 모임에 제시한 안건들만 다룰 수 있음을 의미한다. 하지만 당회는 회중에게 질문시간을 줄 수 있고, 회원들은 어떤 정보를 요구할 수 있으며, 당회에 어떤 제의도 할 수 있지만 모임에 의한 조치는 불가하다. 회중의 모임은 결의권을 가진 모임이 아니기 때문이다. 회중에 의한 어떤 제의는 당회가 고려하게 된다.

회중교회에서는 회중의 모임에서 모든 안건을 다루고 결의하게 된다. 그러나 개혁교회에서는 이와 달리 모든 정치적 문제에 관한 최종 권한이 교회의 치리 기관인 당회에 있다. 예를 들면 회중의 모임에서 다수를 받아 장로로 피선된 분 중 한 분에 대하여 취임 전 주, 갑자기 회중으로부터 근거 있는 반대가 당회에 입수되었을 때 당회는 그를 취임에서 제외할 수 있다.

> 제 37 조
>
> 예배소와 당회의 구성
>
> 1. 당회가 아직 구성될 수 없는 신자들의 모임은 지역회가 지정한 이웃 당회의 돌봄을 받아야 한다. 이런 신자들의 모임을 예배소라 부른다.
> 2. 예배소는 수찬 회원이 적어도 15명 이상이 되거나, 적어도 10가정이 모이게 될 때 당회를 구성할 수 있다. 당회의 구성을 위해서는 먼저 지역회의 승인을 받아야 한다.

개혁교회는 일찍부터 교회를 위해서 직분을 귀중하게 여겼다. 칼뱅은 직분을 세우지 않고 말씀의 봉사와 성례 집행을 도입하는 것을 크게 경계했다. 말씀을 전하고 성례를 집행하기 위해서는 제대로의 감독과 통제가 필요하다고 믿었기 때문이다. 이 때문에 직분을 세움으로 교회를 조직하는 것을 등한하지 않아야 한다.

새로 생긴 도시나 큰 도시의 외곽 지역에 어떤 이유로 같은 개혁신앙을 가진 사람들이 와서 정착할 때도 있다. 또 어떤 도시에 직업이나 다른 사유로 와서 새로 정착할 수도 있다. 그곳에 개혁교회가 없으므로 이 신자들의 집단은 함께 모여 신앙생활을 할 수밖에 없다. 이때 이 신자들의 집단은 지역회에 청원하여 도움을 구한다. 지역회는 그곳과 가장 가까운 곳에 있는 교회 당회에 그 신자 집단의 감독을 맡기게 된다. 이 집단은 지역회가 지명한 당회의 감독을 받으면서 신앙생활을 한다. 이때 목사가 없으니 자연히 자기들이 속한 교회 목사의 설교나 같은 연대한 교회 목사의 설교를 읽음으로 예배를 드릴 수 있다. 교회 질서는 이 예배를 위한 모임을 예배소라 부른다.

하지만, 이 신자들의 집단은 이런 상태를 오래 계속할 수 없다. 어느 정도의 회원 수가 확보될 때 직분을 가진 교회로 조직해야 한다. 이때 이 신자들의 집단은 지역회에 교회 설립(조직)을 청원하게 된다. 이 청원서에는 신앙고백을 한 수찬 회원들의 서명이 있어야 한다. 아니면 지역회가 교회설립위원들을 임명하든지 하여 직분을 세움으로 교회를 세우게 된다. 물론 신자들의 집단은 본질적으로 교회를 조직할 권리를 가지고 있다. 지역회의 승인과 결의가 교회의 참된 존재를 위해 필요하지는 않다. 하지만 이것은 교회의 교제와 안영을 위해 필요하다. 교회가 지역회의 인정으로 서게 되었다면, 비상한 경우, 교회를 해체하게 될 때도 지역회의 승인을 얻어야 한다.

새 교회를 세우기 위해 몇 분의 회원이 요구되는가? 확정된 회원 수를 말하기 어렵다. 얀센은 20가정이나 25가정은 되어야 한다고 했다. 그 수를 정하기 어렵다. 환경에 따라 다를 수 있다. 그러나 교회가 서려면 직분자들이 임직되어야 하고, 말씀봉사자의 사례도 고려해야 한다. 이를 생각할 때 적어도 수찬 회원이 15명은 되고 10가정은 되어야 할 것이다.

그럼 새로 출발하는 작은 교회를 위한 직분자의 수는 얼마나 되어야 할까? 적어도 장로 두 분, 집사 한 분, 목사 한 분은 되어야 할 것이다.

> ### C. 지역회
>
> 제 38 조
> 지역회의 구역
>
> 지역회는 이웃교회들의 집단으로 구성되어야 한다. 새 지역회의 조직과 지역회들 간의 구역 재조정은 총회의 승인을 요구한다.

지역회는 이웃 교회들의 모임으로, 서로 이웃한 여러 교회가 서로 협의하고 도우며 교회들의 공통적인 관심사에 관한 일치된 행동을 위해 모이는 모임이다. 당회는 그 교회의 일들을 다스리기 위해 권한을 인정받은 직분자들의 모임이고, 지역회는 일정한 지역에 속한 여러 교회들을 대표하는 대표들의 모임이다. 교회들은 적절한 신임장을 주어 대표를 파송해야 한다. 당회의 신임장이 그 파송한 교회의 대표자임을 확증하게 된다.

1. 지역회의 구성의 역사와 그 필요성

본 조항은 "지역회는 이웃 교회들의 집단으로 구성되어야 한다."라고 한다. 지역회는 이웃 교회들의 회의이다. 교회들의 회의란 개혁교회 신자들에게는 매우 익숙한 말이다. 로마교회나 감독교회는 교회들의 회의가 없고, 단지 성직자들의 회의만 있을 뿐이다. 그럼 지역회는 몇 교회로 구성되어야 하는가? 이에 관한 어떤 규칙은 없다. 개혁교회 초기에 네델란드에서는 어떤 지역회는 10 교회 미만이었고, 다른 지역회는 30여 교회로 구성된 적이 있었다. 이것은 균형을 잃은 바람직하지 못한 것이었다. 그러나 차츰 새 지역회가 조직되고, 총회에 의해 조정되어 지역회들 간에 교회의 수에 있어서 큰 차이가 없게 되었다.

16세기 교회 개혁시대 초기에 교회의 생활이 조직화하지 못했다. 그러나 남부 네델란드(현재의 벨기에)와 영국에 가서 사는 칼뱅주의 피난민 교회들과 프랑스의 개혁교회들은 곧 지역회를 조직하고 지역적으로 모이기 시작했다. 개혁교회에서는 지역회를 'classis'라고 불렀는데 이 말은 그리스어 동사 'kalein'에서 온 것으로 원래 소집을 의미하는 것이었다. 그런고로 지역회는 '소집된 교회들의 모임', 곧 광역회의를 가리키고 있다. 베젤 공회(1568)전에는 개혁교회가 아직 지역회들이 조직되지 않았다. 그러나 이 공회는 전쟁과 박해의 환경 중에서 사정이 허용되는 대로 곧 지역회가 조직되어야 한다고 선언했다. 바우만은 이런 지역회의 조직의 필요성에 관하여 네 가지 이유를 들었다.

첫째, 그리스도 안에 교회의 일치 때문이요, 둘째, 교회의 존재의 지속, 확장, 신앙과 생활의 순수성을 위해 서로를 필요로 하기 때문이며, 셋째로, 교회의 자유가 유지되어야 하고, 지역회의 조직이 지배적이고 전횡적인 어떤 직분자들의 지배적이고 전횡적인 행위를 방지하게 되며, 넷째로, 교회 내의 모든 일이 하나님의 말씀을 따라 조절되고, 교회 내에 질서와 권징이 유지되기 위해서라고 했다.[12]

네덜란드 개혁교회 첫 총회인 엠덴 총회(1571)는 지역회 조직을 위해 아홉 조항을 초안하고 바로 여러 지역회가 조직되었다. 네덜란드가 에스파냐의 로마교 박해에서 해방되자 교회의 개혁은 빨리 진전되었다. 결과 첫 총회 후 3년째인 1573년에는 네덜란드에만 12개 지역회가 조직되었다. 개혁 신자들에 대한 박해가 물러가자 많은 개혁 신자가 고국으로 돌아왔기 때문이었다.

교회가 지역회에 가담하는 것은 도덕적이요, 강제할 수 있는 것은 아니다. 하지만 지역교회들은 지역회에 가담할 의무가 있다. 한 교회가 연합을 위해 지역회에 가담함으로 연대를 수락했을 때, 연대하고 있는 교회들이 연대의 기반인 말씀을 따른 신앙고백을 부인하지 않는 한 그 연합을 자유롭게 벗어나지 않아야 한다.

2. 새 지역회의 조직과 조정

본 조항은 지역회의 조직과 그 조정은 총회의 승인을 요한다고 한

---

12) H. Bouwman. op. cit., 11, pp.126-127

다. 이 규정은 개혁교회 정치 원리가 요구하고 있는 것은 아니다. 부조리와 현명하지 못한 결의를 피하기 위한 선한 질서를 위한 절차상의 규칙일 뿐이다. 본 조항은 "지역회는 이웃교회들의 집단으로 구성되어야 한다."라고 한다. 어느 교회들이 어떤 목적을 가지고 지역의 한계를 벗어나 지역회를 조직한다면 이는 지역회의 정신을 벗어난 일이다. 한국 장로교회에는 소위 '무지역 노회'라는 것이 거의 정착하다시피 되어 있어 정치적으로 잘못 이용되고 있음을 보게 된다. 총회에 의한 지역회의 조직과 조정의 필요성이 여기에 있다.

제 39 조
지역회 대표, 모임의 빈도, 사회

1. 각 교회 당회는 한 분 목사와 한 분 장로를 지역회에 대표자로 파송해야한다. 목사가 공석인 교회나 목사가 참석 할 수 없는 경우에는 두 장로를 대표로 파송해야 한다. 장로가 파송될 수 없는 비상한 경우에는 집사를 대표로 파송할 수 있다. 한 교회에 두 분 이상의 목사가 봉사하고 있다면 대표로 파송되지 않은 목사들은 회에 자문의 자격으로 참석할 수 있다.

2. 지역회는 적어도 3, 4개월 마다 지난 지역회에 의해 결정된 때와 장소에서 모여야 한다. 하지만 소집교회는 지역회의 소집을 정당화할 수 있는 어떤 안건도 교회들로부터 들어오지 않았을 경우, 이웃 교회와 협의하여 모임을 취소할 수 있다. 그러나 이런 일이 두 번 연속 일어나지 않아야 한다.

3. 이 모임의 사회는 목사들이 돌아가며 하거나, 한 분 목사가 선택을 받아 해야 한다. 하지만 같은 목사가 두 번 연속 선택되지 않아야 한다.

1. 지역회에 대표 파송

엄밀히 말하면 지역회는 지역회의 모임이 아니고, 한 지역 내에 있는 교회들의 모임이다. 지역회는 교회의 영구적 치리 기관이 아니다. 당회만이 영구적인 치리 기관이다. 이것이 장로교회와 개혁교회의 중요한 정치의 다른 점 가운데 하나이다. 장로교회에서는 당회와 노회가 다 영구적인 치리 기관이다. 장로교회에서는 노회가 영구적인 치리 기관이므로 한 노회가 끝나도 노회장과 임원이 그대로 존재한다. 이런 제도 아래서는 어느 정도의 교권적 요인이 잠재해 있을 수 있다. 개혁교회에서는 지역회가 그 회의 의사 일정을 마치면 총회처럼 의장을 위시한 임원의 의무도 완전히 끝난다.

본 조항은 각 교회의 당회가 목사, 장로 각 한 분씩을 지역회에 파송할 것을 규정하고 있다. 목사가 여러분 봉사하고 장로의 수가 많은 교회도 더 많은 수의 대표를 파송할 수 없다. 이것은 개혁교회 정치의 본질이다. 이렇게 함으로 안건을 다루고 결정하는 데 있어서 공정성을 기할 수 있다. 각 교회의 크기에 따라 대의원 수가 다르다면 정치적으로 예리한 사안들의 결의에 있어서 공정성을 잃을 수 있다. 그 뿐 아니라 수에 의한 집단적 교권이 자리를 잡을 수 있다. 목사가 공석인 교회나 목사가 특별한 이유로 참석을 할 수 없는 경우에는 장로 두 분이 파송될 수 있고, 장로 두 분을 파송할 수 없는 비상한 경우에는 장로대신 집사를 파송할 수 있다.

당회는 대표를 파송할 때 회에 제시할 신임장을 주어 파송해야 한다. 신임장에서 대표들에게 모든 다룰 사건을 하나님의 말씀, 신앙고백과 교회 질서를 따라 모든 안건을 다룰 책임과 권한을 부여한다는 것을 언급한다. 신임장이 정상으로 수용될 때 대표들은 회의의 자리에 앉게 된다.

지역회의 참석은 직분자의 자격으로가 아니고, 그 교회를 대표하는 자격으로 파송하기 때문에 현직에 있는 장로와 집사를 파송할 수 없는 비상한 경우에는 일반 신자도 대표로 파송될 수 있다고 본다. 이것이 원리적으로 맞는 주장이지만 이런 일은 천재지변이 일어난 예외적인 경우 외에는 일어날 수 없다.

2. 지역회의 빈도

지역회는 교회의 안영(安榮)을 위해 정한 때에 열려야 한다. 본 조항은 3개월마다 지역회를 규칙적으로 갖는 것을 규정하고 있다. 정당한 이유 없이 지역회를 연기하는 것은 교회에 해를 가져올 수 있다. 하지만 예외가 있다. 교회들로부터 지역회에서 다루어야 할 아무 중요한 안건이 들어오지 않았는데 지역회를 소집하는 것은 불필요한 시간과 경비의 낭비가 될 수 있다. 이런 경우 소집교회는 가장 가까운 이웃 교회와 협의하여 모임을 취소할 수 있다. 그러나 이런 일이 연속 두 번 일어나지 않아야 한다. 회의 사이의 공백이 너무 길 때 교회들의 안영에 손해가 되기 때문이다.

지역회의 끝에 다음 회의의 날짜와 장소가 결정되어야 한다. 그러나 긴급한 문제를 다루기 위해 소집교회는 정한 날 보다 일찍이 지역회를 소집하도록 요청을 받을 수 있다. 이럴 때는 지역회의 규칙에 따라 "지역회적 중간 위원회"(제 33조 회의 진행과 과업 참조)가 그 긴급한 문제를 지역회를 대신하여 우선 다룰 수 있다.

3. 지역회의 사회

지역회의 사회는 "목사들이 돌아가며 하거나, 한 목사가 선택을 받아서 해야 한다. 하지만 같은 목사가 두 번 연속 선택되지 않아야 한다." 개혁교회에서는 광역회의에서 같은 분이 연이어 두 번 사회자가 되는 것이 허용되지 않는다. 교회는 이로써 교권정착의 위험을 피하고, 모든 목사의 동등권을 유지하기를 원한다. 여기 사회하는 일에 관하여 목사만 언급하고 장로는 언급하지 않고 있다. 물론 장로도 목사와 꼭 같이 사회자가 될 권한이 있다. 목사가 장로보다 직위 상 높기 때문에 사회를 목사에게 돌리는 것은 아니다. 일반적으로 목사들이 교회 사안들을 다루는 일에 훈련을 받은 전문인들로 회의를 이끌어 가기에 더 합당한 자격을 갖추고 있는 것으로 여겨지기 때문이다. 서기는 지도적 입장보다 봉사적 입장에 있다. 어떤 지역회에서는 서기를 차례로 목사에게 맡기든지, 젊은 목사들에게 차례로 맡기기도 한다. 목사가 일반적으로 서기로 봉사하나 장로가 할 수도 있다.

4. 지역회의 책무

지역회는 이웃 교회들의 모임으로 교회들 위에 있는 치리 기관이 아니다. 지역교회들의 자주성이 이 지역회로 인하여 침해를 받지 않는다. 지역회는 이웃 교회들이 서로 돕고, 신앙고백, 교회 질서, 권징에 있어서 교회의 일치성을 유지하며, 교회와 회원들의 안녕(安寧)을 증진하기 위해 존재한다. 그러기 때문에 지역회의 활동은 교회들의 생활, 질서를 서로 감독하고, 자문하며, 교회 질서를 따라 제출되는 모든 문제를 논의하고 결의하며, 총회에 대표를 선정하여 파송하는 것에 있다.

지역회가 총회에 대표를 파송할 때 선정하는 대신 차례로 파송하는 것은 바람직하지 않다. 모든 목사 장로가 광역회의에 나아가는 데 합당하다고 볼 수 없다. 모두가 그들의 직분적 사역을 위해서는 합당하다고 볼 수 있으나 광역회의에서 중대한 문제를 다루는 데는 합당하다고 볼 수는 없기 때문이다. 특별히 도르트 회의 때처럼 심각한 교리 문제를 다루게 될 때 이 사실이 분명하게 나타난다. 21세기에는 성경의 무오성, 여성 직분, 동성 관계 등의 중대한 문제가 교회를 위협하고 있으므로 광역회의가 이런 문제를 취급하게 될 때, 당회와 지역회는 이런 문제를 책임 있게 다룰 수 있는 분들을 대표자로 선정하여 파송해야 한다.

개혁교회의 역사를 뒤돌아보면, 지역회가 모일 때 지역회의 의사 일정 가운데 하나는 목사들이 차례로 설교를 하는 것이었다. 이것은 예배를 위함이 아니었다. 16세기 교회 개혁 초기에는 많은 목사가 복음 설교자로서 그들의 직책을 수행하기 위해 별로 훈련을 받지 못했다. 전에 수도사와 사제로 있던 분들이 상당수 개혁 편에 가담하여 설교자로 등장했기 때문이다. 저들은 복음 설교하는 일에 별 훈련을 받지 못했었다. 따라서 지역회는 설교순서를 도입하여 차례로 설교를 하게 하고 그 후 다른 목사들이 그 설교의 형식과 내용에 대해 비판함으로 훈련의 기회로 삼았다. 칼뱅의 제네바에서도 처음에 목사들이 규칙적으로 모여 차례로 설교하고 서로 비판하는 시간을 가졌던 사실이 잘 알려져 있다. 그러나 후에 목사들이 신학교육 기관에서 설교를 위한 훈련을 받게 됨으로 환경이 개선되자 이런 관행이 사라졌다. 교회의 회의는 예배를 위한 모임이 아니다. 그러므로 제33조에 "모든 회의 진행은 주의 이름을 부름으로 시작하고 마쳐야 한다."라고만 했고, 설교를 해야 한다는 말은 없다. 물론 회의의 시작에 의장은 하나님의 말씀을 읽고 몇 마디 교훈적인 짧은 말은 하되 예배 시에 하는 것 같은 설교는 하지 않아야 한다.

제 40 조
의장의 물음

지역회 회기 중에 교회들을 올바로 돕기 위해 의장은 지역회를 대신하여 각 교회의 대표자들에게 다음 것들을 물어야 한다.
1. 당회가 규칙적으로 회집되고 있는가?
2. 교회 권징이 신실하게 시행되고 있는가?
3. 자비의 사역이 잘 행해지고 있는가?
4. 당회는 언약의 자녀를 위한 기독교적 교육의 촉진을 위해 힘쓰고 있는가?
5. 광역회의에서 결의된 것들이 존중되고 있는가?
6. 당회가 교회를 올바로 다스리기 위해 지역회의 도움을 필요로 하는 어떤 문제가 있는가?

1. 지역회에서의 상호감독

지역회는 이웃 교회들의 모임이다. 이 지역회는 일찍부터 교회의 일치와 교회 공통관심사뿐 아니라, 교회 상호 간의 감독 문제가 중요한 자리를 차지했다. 로마교회와 감독교회는 높은 성직자(감독, 대감독)가 낮은 직분자들과 교회를 감독했다. 그러나 개혁교회는 이런 체제를 거절했다. 하지만 개혁교회는 감독의 요소를 유지했다. 개혁교회는 모든 교회와 모든 직분자는 본질적으로 동등하다고 믿는다. 그래서 상호 간의 감독 형식을 도입했다. 교회들은 서로 감독해야 한다. 그래서 상호 간의 감독 사역은 각 지역회에 중요한 항목이 되었다. 후에 이 감독의 사역은 교회 방문자들의 방편을 통해 보충되었다(제42조 참조). 그때부터 지역회에서 이 상호감독의 항목은 그 이전과 같은 특수한 자리를 차지하지 않게 되었다. 하지만 지역회에서 이 상호감독은 한 형식적인 순서로 변질하지 않아야 한다. 지역회에서 이 상호감독은 자체로서의 특수한 성격이다. 왜냐하면, 이는 거기 참석한 모든 교회(대표) 앞에서 행해지기 때문이다. 그런고로 지역회가 특별한 교회 방문자들을 임명하지만 지역회 회기 동안 이러한 상호감독을 위한 자리가 있다. 이 상호감독은 신약 성경의 가르침의 지지를 받고 있다. 로마서 15:14에 "내 형제들아, 너희가 스스로 선함이 가득하고 모든 지식이 차서 능히 서로 권하는 자임을 나도 확신하노라."라고 했다.

2. 의장이 묻는 물음

원래는 지역회가 정식으로 개회한 후 바로 의장이 각 교회의 대표들에게 물었다. 현재는 그렇게 하지 않는다. 의사 일정에 고정된 항목으로 들어 있다. 이때 캐나다 개혁교회와 호주 자유 개혁교회는 세 가지를 묻고 있다. 직분자들의 봉사가 계속되고 있는지, 광역회의 결정들이 존중되고 있는지, 당회들이 합당한 그들의 교회의 정치를 위해 지역회의 판단과 도와야 하는 어떤 문제가 있는지 묻는다. 그러나 북미 기독교개혁교회는 좀 더 구체적으로 묻고 있다. 현 교회 질서는 이들을 종합하여 합당한 여섯 물음을 택하였다.

첫째 물음은 "당회가 규칙적으로 회집되고 있는가?"이다. 아무리 작은 교회라도 매월 한번은 당회가 모여야 한다. 당회가 규칙적으로 모이지 않으면, 그 당회는 의장의 책망을 받아야 한다. 그리스도 교회의 선한 질서와 영적 안영(安榮)은 당회가 규칙적으로 각 교회의 필요를 따라 모이는 데 있다.

둘째 물음은 "교회 권징이 신실하게 시행되고 있는가?"이다. 많은 교회가 허물어지고 있는 큰 이유 중 하나가 그들이 교회 권징을 신실하게 시행하지 않는 데 있다. 사탄은 항상 내부로부터 하나님의 일을 해하기를 추구한다. 교리와 생활에 신실하지 못한 회원들이 교회에서 그대로 용인되면, 악한 자는 벌써 싸움에서 반 이상을 이기고 있다. 불성실한 자를 돌이키고 교회를 보존하기 위해서는 당회가 권징을 시행하는 일에 신실해야 한다.

셋째 물음은 "자비의 사역이 잘 행해지고 있는가?"이다. 이것은 곧 교회가 회중 가운데 가난한 사람들을 잘 돌보고 있는가를 묻는 것이다. 가난한 자가 교회 안에서 등한시될 수 있다. 우리 자비로운 대제사장이신 그리스도의 사랑과 자비는 가난하고 어려운 사람들을 돕게 한다. 교회는 서로의 어려움을 돕는 사랑과 자비의 공동체이다. 이것이 결핍될 때 교회의 아름다운 면모는 사라지게 된다.

넷째 물음은 "당회는 언약의 자녀를 위한 기독교적 교육의 촉진을 위해 힘쓰고 있는가?"이다. 우리 교회의 모든 회원이 인간 중심의 인본주의적인 그리스도 없는 학교 교육의 위험을 충분히 의식하지 못하고 있다. 어떤 교회와 당회는 이 문제에 대하여 별로 관심을 두지 않는다. 당회는 교회에 속해 있는 부모들에게 하나님의 주신 그들의 언약의 자녀들에 대한 책임 있는 교육을 하도록 사명을 일깨워야 한다. 가능하면 개혁신앙에 기반을 둔 학교를 세워 언약의 자녀들을 교육하도록 해야 한다. 이것이 불가능할 때 가정에서의 교육(home school) 등 차선책을 택해 기독교적 교육을 하도록 해야 한다. 당회는 이를 위한 큰 책임이 있다

다섯째 물음은 "광역회에서 결의된 것들이 존중되고 있는가?"이다. 제29조에서 "교회회의의 결정은 하나님의 말씀과 교회 질서에 상충하는 것으로 증명되지 않는 한, 확정적이고 구속력이 있는 것으로 여겨져야 한다."라고 했다. 모든 교회는 광역회에서 결의한 것을 존중하고 그것을 지킴으로 교회의 일치와 안영(安榮)을 촉진할 수 있다. 그러므로 당회는 이 일에 관심을 가지고 온 교회가 광역회의에서 결정한 것을 존중하도록 힘써야 한다.

여섯째 물음은 "당회가 교회를 올바로 다스리기 위해 지역회의 도움을 필요로 하는 어떤 문제가 있는가?"이다. 지역회의 회의의 목적 중 하나가 서로 도움을 요청하고 주는 데 있다. 당회는 교회를 다스려 가는 데 스스로 해결하기 어려운 문제가 있을 때 지역회에 물어 도움을 구해야 한다. 한 사람의 지혜보다 두 사람의 지혜가 더 낫다. 이것은 교회 연대 가운데 사는 생활이 큰 축복인 것을 보이는 것이다. 교회들이 이렇게 서로 감독하고 도움으로 주 예수 그리스도의 교회의 일치의 아름다운 모습을 드러내게 된다.

> 제 41 조
>
> 목사 공석인 교회를 위한 자문 목사
>
> 목사가 공석인 각 교회는 그 교회가 원하는 목사를 고문으로 지명하도록 지역회에 청원해야 한다. 고문 목사는 선한 질서 유지를 위해 당회를 돕고, 특별히 목사를 부르는 일에 도움을 주고, 부르는 문서에 서명해야 한다.

교회들은 필요할 때마다 서로 도울 목적으로 연합하여 연대를 이루고 산다. 어떤 교회에 목사의 자리가 공석일 때 그 교회는 목사를 부름으로 그 자리를 채워야 한다. 이때 그 교회는 교회질서 규정에 따라 지역회의 자문과 도움이 필요하다. 하지만 지역회는 영속적인 치리회가 아니고 3개월마다 열리게 되니 공석인 교회는 늘 지역회의 소집을 기다리기 어렵다. 따라서 본 제41조는 이런 문제를 해결하기 위해 자문 목사를 둘 것을 규정했다.

목사 공석인 교회는 어떤 목사를 택하여 자문 목사로 지명해 줄 것을 요청하거나, 지역회에 자문 목사를 지명해 주도록 요청할 수 있다. 일반적으로 공석인 교회에 가장 가까운 이웃 교회의 목사가 자문 목사로 지명이 된다. 자문 목사는 여러 면에서 자문함으로 그 당회를 돕게 된다. 그런데 목사의 부름은 그의 자문 없이는 할 수 없으며, 부름을 위한 문서에는 반드시 그의 서명이 있어야 한다는 것이 규칙이다. 이것은 당회가 부름을 고려하고 있는 목사 혹은 후보자에 관한 그이 의견을 꼭 물어야 한다는 것을 의미하지 않는다. 자문 목사는 이 점에 있어서 신중히 해야 한다. 자문 목사의 유일한 의무는 목사의 부름이 교회의 질서에 따라 진행되고 있는지를 살피는 데 있다.

공석인 교회가 어떤 목사를 부르기로 최종 결의를 하게 되면, 전 당회원들(장로와 집사들)은 그들이 회중을 위한 법적인 부름의 주체이기 때문에 부르는 공식 문서에 서명하고, 자문 목사는 지역회의 대표로 그 부름이 교회의 질서를 따라 합법적이라는 것을 표하기 위해 거기에 서명을 한다. 자문 목사는 다음 지역회에 자문 목사로서 부름과 관련하여 일한 결과를 서면보고 해야 한다.

제 42 조

교회 방문 위원회

1. 매년 지역회는 경험이 많고 유능한 목사들 가운데 적어도 두 분으로 구성된 위원회를 지명하여 그 해에 모든 교회를 방문하도록 해야 한다.

2. 이 위원회의 책무는 그 교회의 직분자들이 그들이 약속한대로 신실하게 직무를 수행하고 있는지, 건전한 교리를 고수하고 있는지, 채택된 질서가 모든 면에서 준수되고 유지되고 있는지, 회중의 교화와 하나님 나라의 확장을 제대로 촉진하고 있는지를 알아보는 것이어야 한다. 위원들은 태만한 직분자들을 형제같이 권면하고, 선한 권고와 조언으로 도와야 한다.

3. 위원들은 방문에 대한 서면 보고서를 지역회에 제출해야 한다.

1. 교회 방문 제도의 역사

교회 방문은 초대교회 때부터 있었다. 사도 바울이 "수리아와 길리기아로 다니며 교회들을 굳게 하니라."라고 했다(행 14:41). 이후 교회에 감독제도가 도입되었을 때는 감독이 자기 교구 안에 있는 사제들을 감독했다. 그러나 16세기 교회개혁으로 감독제도가 폐지되자 개혁교회는 이를 대신하는 방문 제도를 도입했다.

칼뱅은 1546년에 각 교구에 "선한 권징과 교회의 교리 일치를 유지하기 위해" 연례적인 교회 방문 제도를 도입했다. 시의회 의원 2명과 목사 중 2명, 즉 4명이 선임되어 각 교구를 다니며 목사들의 사역, 교리, 행위를 알아보았다. 녹스도 칼뱅의 예를 따라 교회 방문 제도들 도입했다. 1560년 8월 스코틀랜드 의회가 녹스가 제시한 칼뱅주의 신앙고백을 받아들이고, 교황의 감독체제가 아닌 장로회 체제를 받아들였다. 이어 스코틀랜드 장로교 총회는 1561년에 신앙고백과 제네바 칼뱅의 교회 질서를 따른 '제일 교회 질서'를 수용했다. 스코틀랜드에서는 총회 회원들이 개혁신앙을 진심으로 받아들여 칼뱅주의 개혁 노선에 가담하게 된 것보다는 의회의 정치적 결의를 따라 한 민족교회로 칼뱅의 신앙진용에 가담하게 된 것이다. 당시 스코틀랜드 교회 목사들(로마교회의 사제들)의 대부분은 무식하고 지도를 받아야 할 처지에 있었다. 이때 유능한 목사 12명이 있었는데 이 가운데 7명은 중요한 지역을 관할하도록 배치하고, 5명은 지역을 다니며 새로운 교회조직을 하고, 교회들을 방문하여 목사들의 직분 사역을 총회에 보고하도록 했다. 이들이 감독(Superintendent)이라 불렸다. 이들은 모든 일을 총회에 보고하게 되어 있고, 원리적으로 다른 목사들보다 높지 않다고 했다. 그러나 후에 감독 정치를 복원하려는 운동이 일어났을 때, 이를 근거로 감독 제도를 변호하는 불행한 일이 생겼다. 선한 의도로 세운 감독제도가 후 시대에 감도 체제 도입의 근거를 제공한 것이다.

이 때문에 프랑스와 네덜란드 개혁교회에서는 어떤 의미로도 감독을 세우는 일을 반대했다. 1571년 엠덴에서 모인 네덜란드 개혁교회 첫 총회는 "어떤 교회도 다른 교회를 지배하지 않아야 하며, 어떤 목사도 다른 목사를 지배하지 않아야 하며 ……"라는 내용을 교회 질서 첫 조목에 넣었다. 하지만 개혁교회는 방문자 제도 없이 지낼 수 없었다. 로마의 교권에서 벗어난 많은 교회에 복음을 따라 사는 데 대한 책임의식이 약하고, 많은 지도자가 무식하여 광역회의 감독이 아주 필요했기 때문이다. 차츰 개혁교회는 지역회를 통해 교회를 방문하는 제도를 도입하게 되었다. 1586년에 총회는 교회 방문위원 제도를 두기로 결의했다. 감독직을 계속 위험하게 보고, 지역회가 방문위원을 임명하여 교회를 방문하게 했다. 1618~1619년 도르트 총회가 교회 방문을 모든 지역회가 행하도록 결의하고 방문자들의 책무에 대해 광범하게 기술했다. 교회 방문은 교회에 행정적 문의나 교회 건물에 대한 문의가 아니라, 먼저 교회의 교리, 둘째 교회 질서를 따른 생활, 셋째, 교회들을 선한 자문으로 돕는 데 그 목적을 두었다.

이런 방법으로 하는 교회 방문은 개혁교회 정치원리와 조금도 충돌되지 않는다. 이를 통해 지역 교회의 자주성이나 자유가 조금도 손상되지 않고, 교회의 연대가 더욱 강화된다.

2. 교회방문자들의 책무

본조 2항은 먼저 "이 위원회의 책무는 그 교회의 직분자들이 그들이 약속한 대로 신실하게 직무를 수행하고 있는지" 살피는 것이라고 명시되어 있다. 모든 직분자들은 그들의 의무를 부지런히 수행해야 한다. 교회의 안영(安榮)은 직분자들의 충성과 헌신을 요구한다. 하나님의 백성의 영적 생활은 직분자들이 참되고 부지런하지 않은 한 발전될 수 없다. 직분자들은 직분을 봉사가 없는 명예직으로 삼지 않아야 한다.

둘째로, 직분자들의 교리적인 입장에 특별한 주의를 기울여야 한다. 직분자들 편의 불순하고 거짓된 교리는 매우 위험하다. 이런 분들은 교회에서 절대 관용되어서는 안 된다. 거짓 교리는 교회와 영혼을 파괴한다.

셋째로, 방문자들은 교회에 의해 채용된 질서가 모든 면에서 준수되고 있는지 살펴야 한다. 교회 질서는 모든 교회에 의해, 모든 교회를 위해 채용되었다. 그 기본적인 규정들은 하나님의 말씀에서 가져왔고, 말씀으로 표현된 원리에 기초하고 있다. 다른 것들은 선한 질서를 위해 서로 동의한 규정들이다. 양자를 다 존중하고 준수해야만 한다. 개혁교회 질서는 매우 간명하다. 장로교회는 교회 정치, 예배 모범, 권징조례로 나뉘어 비교적 복잡한 편이다. 그러나 개혁교회는 교회 질서 82조문 속에 그 모든 것이 포함되어 있다. 개혁교회 질서는 원리만 제시하고 상당 부분 교회에 자유를 허용하고 있다. 방문자들은 하나님의 교회를 위해 동의하게 된 규정들이 잘 준수되고 있는지 주목해야 한다.

넷째로, 방문자들은 "회중의 교화와 하나님 나라의 확장을 제대로 촉진하고 있는지"를 살펴보아야 한다. 특별히 교회에서 청소년의 교육은 교회의 미래가 달린 중요한 것이다. 옅은 복음주의가 지배하고, 교리교육이 차츰 무시되는 분위기가 조성되는 오늘의 교회 환경에서 교리 교육은 아무리 강조해도 지나치지 않는다. 그리고 교회가 언약 자녀의 기독교 교육에 관해도 살펴야 한다. 계속되는 각성과 성실한 활동 없이는 교회의 영적 생활은 후퇴할 뿐이다. 그런고로 교회 방문자들은 당회와 대화를 가질 때 특별히 교회 청소년들의 교육을 마음에 두어야 한다.

3. 교회 방문자들의 임명

이 교회 방문자 제도로 개혁교회는 서로의 안영(安榮)을 살피고, 필요할 때 서로 권면한다. 교회 방문은 높은 직분자들에 의해 낮은 직분자들에게 행해지는 감독제도가 아니다. 지역회를 이루고 있는 여러 교회는 모두 똑같은 권위를 가짐으로 서로 감독한다. 따라서 방문자들은 이 일을 위한 그들의 대표자로서 이 교회들에 의해 선임된다. 이 선임은 공식적인 지역회에서 행해진다. 본 조항은 목사들에 대해서만 언급하고 있다. 이 일을 위해 장로들도 지명될 수 있는가? 감독과 자문 봉사는 장로 혹은 감독의 책무요, 목사의 것만이 아니다. 방문자로 행동하는 목사들은 다스리는 장로의 자격으로 하는 것이고, 가르치는 장로의 자격으로 하는 것이 아니다. 따라서 장로가 교회 방문자로 임명될 수 있다. 이 조항이 목사만을 언급한 것은 단지 일반적으로 이 사역을 위해 목사가 최선의 자격을 가진 것으로 보았기 때문이다. 하지만 어떤 지역회가 장로를 방문자로 임명하게 되었을 때 개혁교회의 원리를 훼손하는 것은 아니다. 적은 수로 이루어진 지역회에서 이런 일이 얼마든지 일어날 수 있다.

지역회는 방문자들을 몇 명 선임해야 하나? "매년 지역회는 경험이 많고 유능한 목사들 가운데 적어도 두 분으로 구성된 위원회를 지명하여"라고 한다. 교회 방문자들은 이따금 아주 성가신 문제를 당면하게 된다. 방문자들은 개혁교회 정치의 원리와 실천에 정통한 분들이어야 함이 당연하다. 그들은 선한 교리를 이해하고, 많은 실제적 지혜와 경험이 있어야 한다. 일반적으로 이런 자격은 젊은 목사보다는 경험 많은 목사들에게서 발견된다. 결과 교회 질서는 "경험이 많고, 유능한 목사들"을 명시하고 있다.

4. 방문의 때와 방법

방문자들은 지역회 내의 모든 교회를 매년 한 번씩 방문해야 한다. 특수한 경우에는 한 번 이상 방문할 수 있다. 이 특별한 방문은 관련된 당회의 요청으로 혹은 방문자들의 결단으로 행해질 수 있다. 교회들은 도움이 필요할 때마다 방문자들에게 방문을 요청할 권리를 가진다. 방문자들은 방문요청을 받지 않은 때라도 방문할 권리를 가진다. 물론 방문자들을 이 모든 방문에 대한 보고를 지역회에 제출해야 한다. 방문자들이 그들의 의무를 소홀하게 했다거나 그들이 행사할 권위를 넘어섰다고 생각하는 당회나 당회원들은 지역회에 항소할 수 있다.

교회 방문자들의 정규적인 방문에 관해 당회는 회중에게 공표해야 하는가? 물론 공표해야 한다. 회중에게 어떤 현안에 관하여 당회와 의견 충돌이 있을 때 방문자들이 참석한 가운데 당회에 알리기 위해서이다. 이런 문제에서 방문자들은 다만 양편의 형편을 살펴 자문할 따름이요, 어떤 결의를 할 권리를 가지지 않는다.

방문자들이 참석하는 회의는 사적인가? 공개적인가? 사적이다. 이 회의는 계속 개인적인 문제를 다루기 때문이다. 교회의 참된 안영(安榮)은 어느 정도의 비밀을 요구한다.

교회 방문자들이 참석하는 회의에서 사회는 누가 하는가? 당회의 의장이 한다. 당회 의장은 회의를 개회하고 방문자들에게 그들의 책무를 수행할 기회를 준다. 그러면 그중 한 분이 위원회의 의장으로 질문하고, 다른 분이 서기 역할을 한다. 방문 위원들은 사소한 문제에 많은 시간을 보내지 않고 중요한 문제들을 위해 시간을 아껴 써야 한다. 어떤 문제는 연례의 점검으로 넘어갈 수 있다. 혹 마지막으로 당회가 방문자들에게 제시할 문제를 고려하여 많은 시간을 남겨두도록 조정해야 한다.

교회 방문자들이 각 당회의 회의록에 그들의 방문을 친히 기록해야 하는가? 아니다. 이것은 각 교회의 당회 서기에게 맡겨져야 한다.

이 교회 방문자의 항목은 교회 방문자들이 그들의 사역에 대한 서면 보고서를 지역회에 제출해야 한다고 한다. 그리고 교회 방문 보고는 기록되어 지역회에 보관되어야 한다. 그래서 다음 방문자들이 이 보고서를 참고할 수 있고 어떤 교회의 특별한 환경을 알아볼 수 있게 하기 위해서이다.

> ### D. 총회
>
> 제 43 조
>
> 총회의 구성
>
> 1. 총회는 모든 지역회의 교회들을 대표하는 회의이다. 각 지역회는 두 목사와 두 장로를 총회에 대표로 파송해야 한다.
> 2. 총회는 매년 전 총회가 결정한 시간과 장소에 모여야 한다. 각 총회는 다음 총회를 소집할 교회와 때를 지정해야 한다.
> 3. 총회의 집행위원들이 선출되어야 하고, 위원들은 총회 진행의 규칙을 따라 봉사해야 한다.

1. 총회의 개념

개혁교회들 가운데는 지역회와 총회 사이에 지역대회(Regional Synod)를 두고 있다(네덜란드와 캐나다 개혁교회). 결과 이 교회들은 지역회는 3개월마다, 지역대회는 매년 한 번, 총회(General Synod)는 3년마다 모인다. 그러나 미국 기독 개혁교회(Christian Reformed Church)는 지역대회를 두지 않고 매년 총회로 모인다. 지역대회를 두는 것은 연대한 교회들의 형편에 따라 둘 수도 있고 두지 않을 수도 있다.

본 제45조에 의하면 "총회는 모든 지역회 교회들을 대표하는 회의이다." 이 표현을 모든 지역회들의 모임이라고 잘못 이해하지 않아야 한다. 지역회는 그 지역회를 구성하는 각 교회가 두 대의원을 파송하여 모이는 교회들의 모임이다. 하지만 총회는 개혁교회에 연대한 전국의 지역회들이 각기 같은 수의 대의원들을 파송하여 모이므로 전국의 모든 연대한 교회들의 회의가 된다.

1) 총회의 기원

총회는 교회의 사건들을 협의하고 결의하기 위한 교회 대의원들의 모임을 가리킨다. 총회의 기원은 교회 초기부터 당면한 어려운 문제를 논의하기 위해 자연스럽게 시작된 것으로 보인다. 안디옥 교회가 교리적인 문제로 어려움을 당했을 때 대표를 예루살렘 교회에 파송하여 그곳 사도들과 장로들과 함께 논의한 사실이 원리적으로 총회의 기원이라 할 수 있다(행 15). 그러므로 총회는 교회의 어려운 문제를 서로 논의하기 위해 교회들과 교회 지도자들의 자연적인 필요에서 생겨난 것이다.

개혁교회의 광역회의 조직은 프랑스에서 제일 먼저 1559년에 총회로 모임으로 시작되어 자랐다. 광역회의 조직으로 지역교회들의 독립주의가 방지되고, 교회들이 서로 연대함으로 교권 체제로 떨어지지 않고 교회 일치가 유지되었다. 모든 교회의 권세는 유일한 머리이신 그리스도에게 있고, 이 권세는 지역적으로 당회를 통해 행사되고. 이 교회들은 특별한 사건을 위해 함께 광역회의에서 그들의 권세를 결합하게 된다. 지역회는 네덜란드 교회가 1571년 엠덴에서 도입한 후, 프랑스 교회가 이를 본받아 도입하게 되었다. 결과 프랑스 교회와 네덜란드 교회는 교회의 개혁과 제도 수립에 있어서 서로 공조했다.

광역회의에서는 단지 소회의에서 마칠 수 없는 사건만 취급하고, 그 자체는 아무 권한을 가지지 않고 소회로부터 받은 권한을 행사할 뿐이다. 그 이유는 지역교회들이 법적 대표자들을 통해 하나님의 말씀과 일반적 교회 질서를 따라 공통적인 유익을 위해 그의 권세를 유기적으로 결집했기 때문이다.

2) 대표들의 수

본조 1항에 "각 지역회는 두 목사와 두 장로를 총회에 대표로 파송해야 한다."라고 했다. 대표의 수는 교회의 형편에 따라 총회에 의해 조정할 수 있다. 연대한 교회들의 수가 적을 때는 각 당회가 목사와 장로 각각 한 분씩의 대표를 총회에 보낼 수 있다. 그러나 지역회들이 조직되고 그 수가 많아질 때 자연히 그 숫자를 늘려 각 지역회는 목사, 장로 각기 같은 수의 대표를 총회에 파송하게 된다. 목사 장로 각기 두 사람 혹은 네 사람의 대의원을 보낼 수 있다. 한 지역회가 다른 지역회보다 클 수도 있고 작을 수도 있다. 그러나 각 지역회가 보내는 대표의 수는 같아야 한다. 이는 "어느 교회도 어떤 방식으로든 다른 교회들을 지배하지 않아야 하고"라는 교권을 억제하는 개혁교회 질서의 기본 원리에 따라 어느 한 지역회가 회의를 지배하지 못하게 하기 위함이고, 목사와 장로의 대의원 수를 같게 하는 것도 "어느 직분자도 다른 직분자들을 지배하지 않아야 한다."라는 교권 배제의 원리에 따른 것이다.

총회가 효과적으로 일하기 위해서는 총회가 너무 크지 않아야 한다. 광역회의는 깊이 심의하는 회의가 되어야 하고 원리적인 문제를 논의하기 위한 시간과 기회를 가져야 한다. 대표들의 수가 너무 많은 광역회의는 번잡스럽고 조용한 심의를 하기 어렵다. 필요 이상의 대표들은 불필요하게 회의의 비용만 증가시킬 뿐이다.

3) 대표들의 지명

대표는 지역회에서 무기명 투표로 선정되어야 한다. 어떤 분들은 모든 회원이 광역회의에 참여하여 배울 기회를 얻기 위해 지역회가 대표를 차례로 파송해야 한다고 주장한다. 그러나 이런 생각은 잘못이다. 개혁교회 정치의 권위자인 얀센은 "교회적 회의는 학습과 실천을 위한 학교가 아니라 가장 유능한 분들이 요구되는 정치와 규율을 위한 회의이다. 교권의 위험을 염려하여 자유로운 선거의 유익을 희생시키지 말아야 한다."[13]라고 했다. 지역회는 가장 자격이 있는 분들을 택하여 보내야 한다. 하나님의 말씀은 모든 직분자가 같은 은사를 받은 것이 아니라고 우리에게 분명히 가르쳐 주고 있다(롬 12:6~8, 고전 12:4~11). 우리가 우리 교회를 대표하여 총회에 대표를 선출할 때에 다양한 은사와 자격이 무시되지 않아야 한다. 우리는 성령께서 어떤 분들에게 주신 특별한 사역을 위해 주신 특별한 자격을 기쁨으로 사용할 줄 알아야 한다.

---

13) J. Jansen, op. cit., pp.225-226

총회에서 결의된 것이 잘못되면 개혁교회로서의 교회의 미래가 어려움을 당한다. 결과 총회는 각 지역회의 가장 유능하고 자격 있는 분들로 구성되어야 한다. 총회는 우리들의 최선의 재능을 요구하다. 총회에는 전 총회에 참여했던 분들이 다음 총회에도 대표로 계속 선출될 수 있다. 이것은 이상한 일이 아니다. 합당한 재능을 갖추었기 때문이다. 그리고 총회에는 그 전 총회에 참여하고, 문제를 어떻게 다루어야 할지 경험을 한 상당수의 회원이 있어야 효과적인 작업을 할 수도 있다.

2. 총회의 빈도, 시간, 장소

앞서 언급한대로 어떤 개혁교회 연대는 총회를 3년마다 소집한다. 이런 교회들은 지역적인 대회 제도가 있으므로 매년 모일 필요성을 갖지 않는다. 그러나 본 교회 질서에서는 연대한 교회들의 수를 감안할 때 총회를 매년 갖는 것이 교회의 안영(安榮)을 위해 유익하므로 "매년 전 총회가 결정한 시간과 장소에" 모이는 것으로 규정하고 있다.

다음 총회의 시간과 장소는 전 총회에 의해 결정된다.

3. 총회의 집행위원

각 총회는 전통적으로 의장, 부의장, 서기, 회의록서기, 네 집행위원을 가진다. 이 집행위원들은 대표들의 무기명 투표에 의해 대표 중에서 선택되어야 한다. 유효표의 다수를 얻는 분이 선택된다.

> 제 44 조
> 총회의 업무
>
> 총회의 업무는 신조, 교회 질서, 의식서, 시편 찬송, 예배 순서의 원리와 요소의 채택과 또한, 예배에 사용할 성경 번역판의 지정을 포함한다. 교회들이 제안된 변화의 타당성을 고려할 기회를 먼저 갖지 않는 한, 이 문제에서 어떤 중대한 변경도 총회에 의해 일어나지 않아야 한다.

본 조항은 총회의 업무에 속한 모든 것을 언급하지 않고 업무 가운데 가장 중요한 것만 언급하고 있다.

1. 신조의 채용

우리 교회의 신조는 매우 기릴만한 목적이 있다. 개혁교회 법학자 바우만이 말한 것처럼 그리스도의 교회는 신앙고백적인 문서 없이 정상적으로 작용할 수 없다. 그가 보는 바에 따르면 그 이유로

1) 신조는 교회의 신앙의 표현이요(행 4:20, 고후 4:13), 산 신앙은 물을 내는 산 샘이기 때문이고,

2) 복음 진리를 비난하는 세상에 하나님 말씀의 진리를 선언하는

것이 교회의 의무이기 때문이며(벧전 3:15, 딤후 1:8, 2:25),

3) 신조는 비성경적 이단적 견해를 주장하는 자들로부터 우리를 구별하기 때문이고,

4) 교회생활에서 일치가 신앙에서 일치를 요구하기 때문이며,

5) 신조는 참된 성경적 신앙의 전파와 전달을 위해 필요하기 때문이다.[14]

공식적인 신조(신앙고백) 형태로 분명한 교리적 진술 없이는 제대로 작동하는 교회연대가 있을 수 없다. 한 교파의 신조는 전 교회들에 의해 채용되어야 한다. 신조는 개인에게나 어떤 위원회에 맡길 수 있는 문제가 아니다. 그리고 신조는 교회들의 가장 광범한 대표적 회의에 의해 채용되어야 한다. 교회의 신조는 교제의 합의를 위한 중요한 기본이다. 교회들이 서로 연대하여 한 교파로 연합하려는 교회들은 교리적으로 일치해야 한다. 이 일치는 신경에 표현되어 있다. 이 때문에 본 항목은 총회의 책무 중에 신경의 채용을 가장 중요한 것으로 제일 앞에 나열하고 있다.

2. 교회 질서의 채용

교회 질서는 교회 생활에 매우 중요하다. 교회의 성경적인 정치를 위해 하나님의 뜻으로 모든 교회가 믿는 것을 나타내는 교회 질서 없이는 혼란이 지배하게 될 것이다. 그래서 개혁교회는 처음부터 교회 질서를 유지할 것을 주장했다. 교회 질서는 우리 교회들의 교제를 위한 신조 다음가는 둘째 기반이라고 부를 수 있다. 교회 질서를 귀히

---

14) Dr. H. Bouwman, Christelijke Encyclopaedie, vol. 1, 1925, pp.274-277

여기고 준수하지 않고는 교회들의 참된 교제와 협력이 있을 수 없다. 그런고로 개혁교회의 일치와 연대는 신조와 교회 질서에 의존한다고 말할 수 있다.

교회 질서에 나타난 어떤 규정들은 하나님의 말씀에 직접 근거한 까닭이 아니고 선한 질서가 이들을 요구하기 때문에 포함된 것도 있는 것이 사실이다. 그러나 개혁교회의 직분은 초대교회에서 사도들의 지도로 성령으로 말미암아 서게 된 봉사직인 장로 직분과 집사 직분에 기반을 둔 것이 사실이다. 말씀과 성례의 봉사와 교회 권징의 시행은 직접 성경에 근거하고 있다. 교회가 교회 질서에 포함하고 있는 어떤 질서의 선한 규칙이 하나님의 말씀에 직접 근거하지 않았을지라도 그들은 말씀과 조화되고 그 기본원리에 모순되지 않는다. 벨기에 신앙 고백서에서 우리는 교회와 교회 정치에 관하여 고백하고 (제28항~36항), 고백적 내용의 원리를 따라 교회 질서를 작성하고 이를 준수한다. 이런 의미에서 개혁교회의 질서는 단순한 질서라기보다 준 신앙고백적 성격을 가지고 있다고 보아야 한다. 그래서 전 교회를 대표하는 총회에서 교회 질서를 채용하는 것은 당연한 일이다.

3. 의식서의 채용

의식서는 성례의 집행, 직분자들의 임직, 공적 신앙고백, 권징의 시행 등을 위해 작성된 의식문을 의미한다. 개혁교회는 일찍부터 완전히 작성된 의식문을 사용했다. 이는 성경적 교리적인 정확성을 위해서이다. 이 의식문들은 연대한 교회들의 총회에서 채용되어야 한다. 결과 교리와 예배에서 교회의 일치가 강화된다.

4. 시편 찬송의 채용

개혁교회는 성경의 시편과 구속적 신약 진리를 반영하는 찬송을 귀하게 여겼다. 시편은 하나님이 성경 가운데 우리에게 주신 유일하게 영감된 찬양의 책이기 때문에 개혁교회는 항상 이를 높이 인정했다. 하나님의 백성은 오실 그리스도를 예언하고 하나님의 주권적 구원의 경륜을 기억하는 깊은 영성을 사랑한다. 그러나 그리스도인들의 신앙과 승리를 나타내는 신약 찬송인 성취의 노래에도 큰 가치를 돌린다. 이 때문에 개혁교회는 예배를 위한 공식적인 책으로 시편 찬송을 가지고 있다. 이것이 총회의 결의로 정규예배에 사용되어야 할 유일한 찬송책이다.

우리가 특별히 공식예배에서 사용하는 찬송은 전적으로 성경적으로 교리적으로 건전해야 한다. 그 찬송책은 시적 음악적 표준에 부응해야 하고 언어가 합당해야 한다. 그래서 시편 찬송은 어떤 다른 기관이 아닌 교회의 총회가 택해야만 한다. 많은 교회가 주간의 모임에서뿐 아니라, 공예배에서도 공식적인 시편 찬송이 아니고 질이 낮은 복음송을 부르는 일이 있음을 본다. 이런 일은 우리 자녀로 모든 종류의 질 낮은 2급 노래를 수용하게 하는 기회를 주게 되므로 교회의 속화를 초래하게 할 위험을 안고 있다.

5. 예배 순서의 원리와 요소 채용

성경적 개념에 따르면, 예배에서 삼위 하나님이 그의 백성과 만나고 그의 백성이 그들의 하나님과 만난다. 이것은 개혁교회 신자들이 그들의 예배에 관하여 유지하기를 원하는 질서정연함과 위엄을 설명하고 있다. 바르게 마련된 예배는 일련의 주고받는 활동이다. 하나님은 말씀하시고 그의 백성은 반응하며, 백성이 말하고 하나님이 반응하신다. 결과 예배순서의 마련은 기분과 상상에 의존하지 않고 목적이 있게 마련되어야 한다.

이는 연대하고 있는 모든 교회가 하나하나 꼭 같은 예배순서를 가져야 한다는 것을 의미하지는 않는다. 당회의 의견을 따라 순서상 약간 다를 수 있다. 예를 들면 자비의 사역 순서를 설교하기 전에 둘 수도 있고, 뒤에 둘 수도 있다. 이것을 이상하게 여길 필요가 없다. 하지만 예배순서의 원리와 요소를 지시하고 규제하는 것은 총회의 특권이다. 우리는 이 원리와 요소를 존중해야 한다. 연대 중에 있는 교회들은 될 수 있는 대로 일치성을 지키고 유지해야 한다. 연대한 교회(교파)로서 그리스도 안에서의 일치가 우리가 유지하는 예배 순서의 유사성을 통해 드러나야 한다. 예배는 연대한 교회들(교파)의 얼굴과 같다. 연대한 교회들은 총회에서 받은 예배 순서에 대한 약속을 지켜야 한다.

6. 성경 번역판에 대한 지정

한국교회 역사 초기에는 단지 하나의 성경 번역판이 있을 뿐이었다. 그러나 지금은 여러 성경 번역판이 나왔다. 그런데 모든 번역판이 꼭 같이 건전하지 않다. 어떤 것은 성경의 원래의 히브리어와 그리스어의 정확한 번역으로부터 큰 거리가 있다. 몇몇 경우에는 자유주의의 방향으로 기울어 있다. 교회들이 영감된 성경의 원래의 본문에 가장 가까운 성경 번역판을 사용하는 것은 당연한 일이다. 교회의 총회는 이 문제에 관해 교회를 위해 권위 있는 말을 해야 한다. 교회는 총회의 지시를 따라 같은 성경 번역판을 사용해야 한다.

7. 이 문제들에 대한 중요한 변화

이 항목의 마지막은 교회가 제안된 변화를 고려할 기회를 미리 갖지 않는 한 이 항목에서 언급한 문제들에 대한 총회 결의에 관한 중요한 변화를 가져와서는 안 된다. 달리 말하면 어떤 개교회나 지역회가 신경, 교회 질서, 예배의식 등에 있어서 어떤 중요한 변화를 가져오기 위해 총회에 제의하면, 총회는 모든 교회가 제의된 변화에 대해 미리 타당성을 고려할 시간을 갖지 않는 한, 이런 중요한 변화를 가져오지 않아야 한다. 어떤 총회도 언급된 문제들에 관한 중요한 변화를 가져오기 위한 제의에 행동할 권리를 갖지 않는다. 언급된 문제에 관한 중요한 변화를 가져올 제의는 미래의 총회가 이런 변화를 가져오기 위해 결정할 수 있기 전에 고찰을 위해 교회들에게 보내져야 한다. 이 항목은 중요한 영역에 조급하고 바람직하지 못한 변화를 막음으로 교회를 보호하기 위해서이다.

제 45 조
총회의 대리위원들

1. 총회는 지역회의 추천으로 각 지역회로부터 한 분씩 총회에 의해 명시된 기간에 총회의 대리위원으로 봉사할 목사들을 임명해야 한다.
2. 교회 질서에 규정된 대로 총회 대리위원들의 협력이 요구될 때, 가장 가까운 지역회로부터 적어도 두 대리위원이 참석해야 한다.
3. 다른 곳에서 명기된 책무 외에 대리위원들은 교회의 현실적인 일치, 질서, 건전한 교리가 유지되도록 하기 위해 어려움이 있는 경우, 요청을 받을 때 지역회에 도움을 주어야 한다.
4. 총회의 대리위원들은 그들이 행한 일에 대한 온전한 서면 보고서를 총회에 제출해야 한다.

도르트 총회(1618~1619) 이후 개혁교회의 교회 질서는 총회의 대리위원들을 임명했다. 이들이 하는 여러 일 중에 목회를 위한 후보자들의 지역회의 시험에 참석하고 그들을 인정하는 데 있어서 지역회에 자문하는 임무가 주어졌다. 이 대리위원들은 일반적으로 총회의 시험관 혹은 총회의 대리위원들이라 불렸다. 현 교회 질서에서 이들이 총회의 대리위원들로 불린다.

1. 총회 대리위원들의 책무

본조 2항은 어떤 지역회의 활동에서 총회 대리위원들의 협력이 요구될 때 가장 가까운 지역회의로부터 적어도 두 대리위원이 참석해야 한다고 말한다. 그러면 교회 질서에 따르면 어떤 지역회의 문제들이 총회 대리위원들의 참석과 협력을 요구하는가?

제7조 목사직을 위한 정규 목사후보생을 목사로 허가하는 경우

제9조 다른 개혁교회 목사들이 우리 개혁교회의 목사로 인정받으려 하는 경우

제12조 목사의 교회로부터의 해임

제76조 목사의 면직

이 모든 경우에 총회 대리위원들의 자문이 요구되고 지역회는 총회 대리위원들의 자문을 거슬러 어떤 긍정적 행동을 취할 수 없다. 지역회는 반드시 총회 대리위원들의 동의적 자문을 받아야 한다. 이 문제와 관련하여 총회 대리위원들은 어떤 당회가 다른 교파에 속한 목사를 부름의 대상으로 추천할 때 관련된다.

다음으로 총회 대리위원들의 책무는 본조 3항이 언급한 대로 "다른 곳에서 명기된 책무 외에 총회 대리위원들은 현실적인 일치, 질서, 건전한 교리가 유지되도록 하기 위해 어려움이 있는 경우, 요청을 받을 때 지역회에 도움을 주어야 한다." 지역회가 심각한 처지를 당면하게 되었을 때, 자문을 받기 위해 총회 대리위원들을 부를 권리를

가진다. 이는 현실적인 일치, 질서, 건전한 교리가 유지되도록 하기 위해서이다. 총회 대리위원들이 도움의 요구를 받을 때 가장 가까운 세 지역회의 대리위원들이 이런 요구에 응할 책임이 있다. 그런데 총회 대리위원들은 어떤 지역회에 스스로 무엇을 지울 권리를 갖지는 않는다. 총회 대리위원들의 생각에 지역회가 그들의 도움을 아무리 많이 필요로 할지라도, 지역회가 그들의 도움과 자문을 청하지 않는 한 협력자나 자문가로 행동할 권리를 가지고 있지 않다.

2. 총회 대리위원들의 선택

본조 1항은 각 지역회는 목사 한 분을 지명하고 총회는 이 지명자들을 위에 언급한 특별한 의무를 수행하기 위한 총회 대리위원들을 임명해야 한다고 한다. 노회는 대리위원의 유고 시 그를 대신할 수 있는 분도 선택해야 한다. 이 대리위원들의 봉사 기간은 총회에 의해 정해진다. 총회 대리위원들의 사명은 매우 중요함으로 지역회는 탁월한 분을 무기명 투표를 통해 선택하여 지명해야 한다.

3. 총회에 보고

매년 총회 대리위원들은 그들의 활동의 결과를 그해의 총회에 보고한다. 이 활동보고는 총회에 의해 인정을 받기도 하고, 인정을 받지 않을 수도 있다. 대리위원들은 개인적으로 보고하지 않고 세 분의 총회 대리위원회로서 보고하게 된다. 세 분 사이에 의견 차이가 있으면 다수의 의견이 대리위원들의 의견이요, 자문이다.

> 제 46 조
> 외국 교회와의 관계
>
> 1. 총회는 개혁교회가 다른 개혁교회와 교제를 하고, 예수 그리스도 교회의 일치를 증진하기 위해, 다른 개혁교회와 교신을 할 위원회를 임명해야 한다.
> 2. 총회는 어떤 교회를 교회적인 교제로 받아들여야 할 것인지를 결정해야 하고, 이 관계를 규정하는 규칙을 제정해야 한다. 개혁신앙고백을 견지하는 외국의 교회들과의 교회적(자매교회) 관계는 가능한 범위에서 추구하고 유지되어야 한다. 교회 질서와 교회적인 관례의 사소한 차이점 때문에 외국교회들을 거절하지 않아야 한다.

개혁교회는 일찍부터 비개혁주의적 요소를 물리치고 방지하기 위해 교회 간의 교제를 추구하고 상호 경계심을 나타내 보였다. 이 사실을 1559년의 프랑스 개혁교회의 첫 총회, 1571년 엠덴에서 모인 네덜란드 개혁교회 첫 총회. 1618~1619년에 네덜란드의 도르트에서 모여 아르미니우스 주의를 정죄한 국제적인 총회, 1648년에 모인 영국의 웨스트민스터 회의 등에서 보게 된다. 이와 같은 교회 간의 소통은 교회들이 서로 눈과 손과 발이 되어 돕도록 우리에게 가르치는 하나님의 말씀에 기초하고 있다. 개혁교회는 국경을 넘어서까지 가능한 한 넓은 범위에서 교회들과의 교제와 교회의 일치를 추구할 사명이 있다.

1. 외국교회들과의 관계는 우리 모든 교회와 관련이 된다. 그런고로 이 항목은 총회 의사 일정에 포함되어야 한다. 총회는 "외국교회와 관계 위원회"를 상설위원회로 임명하고 이 위원회는 외국교회와 교신하고, 다음 총회에 이를 보고해야 한다.

2. 총회는 어떤 교회를 교회적인 교제의 상대로 받아들여야 할 것인지를 논의하고 결정해야 한다. 이를 위해서 총회는 이에 관한 규칙을 정해야 한다. 각 교회는 박해, 각종 이단 오류와의 투쟁, 그 이후의 개혁 역사가 있다. 그리고 각 교회는 그 자체의 독특한 문화적 환경 내에 존재하고 있다. 이것이 교회 정치와 의식에 있어서 다양성을 갖게 했다. 신앙고백과 교회 질서도 어느 정도 다를 수 있다. 예를 들면 개혁교회의 벨기에 신앙고백과 장로교회의 웨스트민스터 신앙고백은 근본적으로는 같은 진리를 고백하면서도 강조점에 있어서 차이를 보인다. 그러나 신앙고백과 교회 질서에 있어서 근본적인 신앙의 일치는 있어야 한다. 이 항목의 배경은 주 예수 그리스도의 교회의 세계적인 성격에 관해 벨기에 신앙고백 제27항에서 우리가 고백하는 것이다.

> 제 47 조
>
> 선교
>
> 교회들은 교회의 선교적인 사명을 수행하기 위해 노력해야 한다. 교회들이 이 문제에 상호 협력할 때에, 가능한 대로 한 교회와 지역회의 경계를 지켜야 한다.

1. 교회는 그리스도의 대 명령에 순종하여 선교의 사명을 수행할 사명이 있다. 그리스도의 대 명령은 마태복음 28:19~20에 이렇게 언급되어 있다. "그러므로 너희는 가서 모든 민족을 제자로 삼아 아버지와 아들과 성령의 이름으로 세례를 베풀고 내가 너희에게 분부한 모든 것을 가르쳐 지키게 하라 볼지어다. 내가 세상 끝날까지 너희와 항상 함께 있으리라 하시니라." 그리스도는 승천하기 직전에 그의 제자들에게 이 말씀을 주셨다. 이는 그가 이별할 때에 그의 교회에 주신 의미 있는 부탁이며 약속이다. 그리스도께서 그의 이별사에서 교회들에게 선교 공동체로서 아직 제자가 아닌 자들에게 복음을 전할 사명을 주셨다는 것을 아무도 부인할 수 없다.

그러나 이는 그리스도인 개개인은 선교에 대한 책임이 없다는 것은 아니다. 우리 개개인은 선교단체(교회)를 이루는 회원들이다. 그런고로 우리가 모두 선교의 사명을 받고 있다. 이미 구약시대에 하나님은 이사야를 통해서 "너는 나의 증인이요"라고 하셨고, 그리스도는 그의 승천 직전 그의 제자들에게 "너희가 …… 예루살렘과 온 유다와 사마리아와 땅끝까지 이르러 내 증인이 되리라."라고 하셨다(행 1:8). 신자들인 우리는 말과 행위로, 우리가 하는 일로 그리스도의 증인이 될 사명이 있다. 우리 생활과 우리 생활의 전체의 모습이 진리에 대한 증거와 그리스도로 말미암아 구속받은 생활의 아름다움이 되어야 한다. 그리고 교회의 회원인 우리는 모두 기도와 재정적 지원으로 선교사역에 동참해야 한다.

  2. 선교사역은 단순히 개인이나 어떤 선교단체의 책무가 아니고 교회의 사명이다. 이 일을 수행함에 개교회들은 지역적인 경계의 선을 따라 서로 협력하는 것이 바람직하다. 이것이 질서 있는 일이고 서로 협력하는 분위기를 조성함에 도움이 된다.

> 제 48 조
> 공문서
>
> 당회들과 광역회의들은 공문서들을 적절히 관리하고 보존해야 한다.

　각 교회, 지역회, 총회는 모든 중요한 문서들을 잘 관리하고 보존해야 한다.

　각 교회는 교회의 기원과 역사에 관계된 모든 서류, 문서, 책자들을 보존해야 한다. 이것은 당회의 회의록과 모든 법적 문서들, 회원의 기록, 보고서 등을 포함한다. 그리고 어떤 역사적 의미가 있는 책자, 기사, 문서도 포함되어야 한다. 많은 교회가 이에 등한함으로 어떤 교회의 역사는 거의 알려지지 않았다. 각 교회는 가치 있는 문서들을 보관할 수 있는 내화(耐火)금고를 가져야 한다. 지역회의 교회 방문자들은 방문 시 그 교회의 공식문서 보관에 관하여 물음으로 이에 대한 주의를 환기할 수 있다.

　지역회의 공문서는 모든 가치 있는 문서, 보고서, 역사적 재료 회의록, 총회회의록 등을 포함한다. 각 지역회는 한 교회에 요청하여 지역회의 공문서를 보존하도록 해야 한다.

총회도 한 교회에 총회의 공식문서들을 보존하도록 요구해야 한다. 총회의 공문서도 모든 공식적인 문서들과 회의록뿐 아니라, 우리 교회 연대의 기원과 역사를 다소 직접으로 다룬 역사적 성격을 가진 문서들을 포함한다. 이 문서들을 안전하게 보존하기 위해서는 내화 금고나 보관소를 마련해야 한다.

III. 교회의 책무와 활동

A. 예배

제 49 조

예배

1. 당회는 하나님의 말씀을 듣고, 성례를 받으며, 찬양과 기도에 참여하고 감사의 예물을 드리기 위해 주의 날에 적어도 두 번 예배를 위해 회중을 소집해야 한다.

2. 매년 당회는 주 예수 그리스도의 출생, 죽음, 부활, 승천과 그의 성령의 부어주심을 기념하는 오순절에 예배를 위해 회중을 소집해야 하고, 또한, 추수 감사의 날과 신, 구년이 교체하는 송구영신을 위해서도 그렇게 해야 한다.

3. 교회, 국가, 세계가 재난을 맞는 때에 특별 기도의 날을 이를 위해 지정된 교회에 의해 선언될 수 있다. 이때 당회는 예배를 위해 회중을 소집해야 한다.

1. 주의 날에 관한 개혁교회의 입장

우리 교회는 먼저 주의 날을 지킨다. 주의 날(안식일)은 선한 정책의 한 방편으로가 아니고, 하나님의 명령으로 꼭 지켜야 한다. 십계명은 하나님의 보편적인 법의 요약으로 구약시대뿐 아니라 신약시대를 위해서도 마찬가지로 주어진 것이다. 넷째 계명이 예외가 될 수 없다. 우리는 엿새 중 하루를 하나님께 예배하기 위해 구별해야 한다. 이것은 변치 않는 영원한 원리이다. 하나님은 죄가 세상에 들어오기 전에도 안식일을 자기에게 거룩하게 하셨다.

주의 날에 "하나님의 교회에 부지런히 참석하고, 하나님의 말씀을 들으며, 성례를 사용하고, 공적으로 주를 부르며, 구제금을 드리는 것은" 그리스도인의 특권이요, 의무이다(하이델베르크 교리문답 103문답). 동시에 우리 관심을 딴 데로 돌리게 하고, 그 날을 일반적인 날로 만드는 경향을 가진 불필요한 활동을 하지 않는 것이 우리들의 의무이다.

도르트 총회(1618~1619)가 안식일에 관련하여 받은 여섯 가지를 요약하면 다음과 같다.

1) 십계명 중 넷째 계명에는 한 의식적인 요소와 한 도덕적인 요소가 있다.

2) 창조 후에 일곱째 되는 날에 쉬는 것과 유대 백성에게 특별히 부과된 이 날을 엄격하게 지키는 것은 의식적이었다.

3) 하나님께 예배하기 위해 일정한 날이 구별되고, 이 목적을 위해 하나님을 예배하고 거룩한 사색을 위해 안식을 요구하게 된 것은 도덕적이다.

4) 유대인들의 안식일이 폐기되고 그리스도인들은 주의 날을 위엄 있고 거룩하게 할 의무가 있다.

5) 이날은 사도시대 이후 초대교회에서 항상 지켜져 왔다.

6) 이날은 하나님을 예배하기 위해 거룩하게 되어야 하므로, 그 날에 자비와 현재의 불가피한 일들에 의해 요구되는 것들을 제하고는 모든 육체적인 일에서 쉬어야 하며, 또한, 하나님을 예배하는 것을 막는 모든 오락으로부터 쉬어야 한다.

이 여섯 가지 내용은 우리 교리문답 주의 날38에 표현된 근본적 원리와 완전히 일치한다. 개혁교회는 전통적으로 안식일에 대한 이 개념을 그대로 받아 오고 있다.

2. 주의 날 두 번의 예배

개혁교회는 전통적으로 오전에 한 번, 오후 혹은 저녁에 한 번 주일마다 두 번 예배를 드렸다. 어떤 개신교회들은 로마 가톨릭교회처럼 같은 예배의 반복이 아닌 단지 오전 예배 한 번만 드리고 있다. 이런 차이는 안식일을 어떻게 이해하느냐 하는 데에서 온다. 안식일에 한 번만 예배를 드리는 분들은 "안식일을 기억하여 거룩하게 지키라."라는 제4계명은 구약에 속한 것이며 신약시대에는 그 힘을 잃었다고 말한다. 그래서 주의 날은 선택적인 문제로 지키지 않아도 된다고 한다. 주의 날에 두 예배를 드리는 분들은 넷째 계명을 하나님의 창조를 나타내는 항구한 제도로 믿고, 본질적으로 신약시대에도 효력이 있을 뿐 아니라, 이 계명을 지키는 것이 하나님의 백성의 영적 안영(安榮)에 유익이 되기 때문에 종일 그를 예배하는 일에 관심을 기울여야 한다고 생각한다.

3. 예배의 목적

예배의 목적 중 첫째는 하나님의 말씀을 듣는 것이다. 이상적인 설교는 하나님 말씀의 해설과 적용이다. 하나님의 말씀은 사탄의 거짓과 모든 거짓된 생의 철학에 맞서는 하나님의 진리다. 하나님의 말씀은 이 세상 나그네 생활에서 신자들의 음식이요, 음료이다. 성령께서 우리를 먹이시고 강하게 하는 것은 특별히 예배 중에 하나님 말씀의 선포를 통해서이다.

둘째는 예배의 목적은 성례를 받는 것이다. 성례는 예수 그리스도의 피와 성령을 통해 신자의 죄를 용서하는 것에 대한 표(標)요, 인(印)이다. 삼위 하나님은 성례로 말미암아 죄의 용서를 우리에게 나타내시고 보여주신다. 곧 성례는 하나님의 말씀이 우리에게 선포하시는 것을 나타내고 보여주는 것이다. 성례가 자체에 어떤 마력적인 것을 가지라 있지 않다. 그런고로 성례는 언제나 말씀과 연관하여 집행하게 되고 말씀이 선포되는 예배에서 집행된다.

셋째 목적은 '찬양과 기도'에 참여하는 것이다. 성경은 하나님의 백성이 수없이 주를 찬양하는 것을 보여준다. "나는 항상 주를 찬송하리이다."(시 71:6) "감사함으로 그의 문에 들어가며 찬송함으로 그의 궁정에 들어가서 그에게 감사하며 그의 이름을 송축할지어다."(시 100:4) 이런 표현은 특별히 시편뿐 아니라 다른 책에도 많다. 특별히 찬양은 주의 날에 하나님의 백성의 거룩한 활동의 하나이다. 주의 날에 우리는 찬양과 간절한 기도로 우리 하나님께 나아가야 한다.

넷째는 주의 날에 우리는 감사의 예물을 드린다. 감사의 예물을 드리는 것은 예배의 본질적인 부분이다. 우리는 주일에 하나님의 말씀을 듣고, 언약의 말씀의 표요, 인인 성례를 종종 받으며, 찬양과 기도를 드리고 예배의 행위로 감사의 예물을 기쁨으로 드림으로 우리 헌신의 신실성을 나타내야 한다. 근래에 상당수 교회가 교회당에 들어오면서 헌금함에 예물을 미리 넣고 예배순서 중에 헌금과 관련된 기도만 하는데 이는 바람직하지 않다. 예물은 예배 중에 예배의 행위로 드려야 한다. 그리고 감사하여 드리는 것으로 만족할 것이다. 한국 교회 대부분은 헌금기도에 헌금하는 자를 위해 축복을 기원하고 있다. 여기에는 드리고 무엇을 기대하는 기복적인 이교적 개념이 자리하고 있다.

4. 지켜야 할 특별한 날들

16세기 교회개혁 초기 개혁자들은 주의 날만 지키고, 로마 가톨릭교회가 인정한 모든 특별한 날들을 폐지했다. 츠빙글리와 칼뱅이 모든 교회적인 축일을 거절했다. 제네바에서는 교회개혁이 자리를 잡자마자 모든 축일이 폐지되었다. 칼뱅이 제네바에 오기 전 이미 이것이 파렐(Farel)과 비레(Viret)의 지도 하에서 성취되었다. 칼뱅도 중심으로 이에 동의했다. 스코틀랜드의 녹스도 칼뱅의 제자로 이 확신에 동참했다.

이 탁월한 개혁자들이 이런 입장을 취한 이유는 이 축일들은 하나님이 정하신 것이 아니고, 인간이 지어낸 것이며, 하나님이 정하신 안식일인 주의 날을 최소화하고, 이날을 이교적 축하 행사로 이끌어가고 방탕을 촉진했기 때문이었다. 당시 많은 사람이 이 축일들을 안식일인 주일보다 훨씬 높게 평가했다.

하지만 개혁교회는 차츰 교회 질서에 어떤 축일들을 유지했다. 당시 네덜란드 정부는 많은 사람이 오락을 위해 이날들을 기뻐하였고, 국가 공무원들과 피고용자들은 이날들이 그들에게 쉬고 오락을 즐기는 기회를 주었기 때문에 모든 축일을 폐지하기를 꺼렸다. 그래서 교회는 이날들을 남용과 경박한 생활에 넘겨주는 것보다 어느 정도 환경에 적응함으로 이날들을 기념하는 것을 유익하게 여겼다. 결과 1578년의 도르트 총회는 교회 질서 제75조에 하나님의 법을 따라 주의 날만 지키는 것이 바람직하다는 것을 본질적으로 선언했다. 그러나 크리스마스와 다음날, 부활절과 오순절 다음날, 어떤 곳에서는 신년과 승천일이 정부의 권위에 의한 공휴일이기 때문에 목사들은 이날들에 무실하고 해로운 생활을 거룩하고 유익한 생활로 돌이키기 위해 그 날에 알맞은 설교를 해야 한다고 했다. 동시에 총회는 교회들이 크리스마스, 부활절, 오순절 외에 모든 축일을 폐지할 것을 촉구했다.

현재의 본 교회 질서 제51조는 두 범주의 특별한 날들을 언급하고 있다. 첫 번째는 크리스마스, 수난절, 부활절, 승천절, 오순절로 이날들은 그리스도의 생과 구속사에 관련되어 있다. 이들 중 어떤 날들은 항상 주의 날에 해당한다. 이날들이 주의 날에 해당하든지 안 하든지 교회 질서는 이날들을 지키는 데 있어서 예배를 드릴 것을 명시하고 있다.

본 교회 질서는 특별한 날의 둘째 범주로 추수 감사의 날과 신, 구년이 교체하는 송구영신을 든다. 묵은해를 예배로 하나님과 함께 끝내고 새해를 하나님과 함께 시작하는 것은 아름다운 일이다. 이 송구영신 예배는 일반적으로 그해 마지막 날에 모인다. 이날들의 특별한 예배에 관한 성경적 지시는 없다. 그러나 여러 세기를 통해 교회가 이를 지켜오는 동안 큰 유익을 누려왔다.

5. 특별 예배의 선포

본 항목은 끝으로 교회와 국가와 세계를 위한 큰 긴장과 축복의 때에 특별예배에 대한 선언을 언급한다. 전쟁과 재난의 날에 우리 교회가 특별예배를 드리는 것은 합당하다. 갈등, 오류와 거짓 교리가 위협하는 시대에 교회가 특별 기도회를 하는 것은 좋은 일이다. 다른 편으로 긴장과 전쟁과 파괴의 날들 후에 하나님이 그의 교회와 나라와 세계에 은혜로 복을 주실 때 감사의 예배를 드리는 것이 합당하다. 누가 이를 선언할 것인가? 우리 항목은 이런 책무를 어떤 위원회나 단체에 돌리지 않고 있다. 이는 자연히 당회나, 지역회나 총회가 된다. 각 광역회의는 이 특별 예배를 선언할 교회를 지정해야 한다. 그 교회가 합당하게 볼 때 이런 특별한 예배를 선언할 수 있다. 물론 이는 자기 영역을 위한 선언이다. 당회는 자기 교회를 위해, 지역회는 지역회 영역 내의 교회들을 위해, 총회는 전국 연대한 전체 교회를 위해서이다.

> 제 50 조
> 예배와 당회
>
> 1. 당회는 예배를 관장해야 한다.
> 2. 당회는 반드시 총회가 승인한 성경 번역판, 의식서와 시편 찬송이 사용되게 하고, 총회에 의해 승인된 예배의 원리와 요소가 지켜지게 해야 한다.
> 3. 예배 시에 자비 사역을 위한 구제헌금이 규칙적으로 시행되게 해야 한다.

1. 당회의 예배 관장

예배는 회중의 예배이다. 회중은 모든 예배에 관심을 가진다. 하지만 당회가 예배를 책임진다. 예배를 드리고 예배를 인도하는 책임이 교회 직분자들에게 있다. 당회가 예배 장소를 마련하고, 예배의 시간을 정하고, 건물의 냉난방, 조명시설과 관리를 책임진다.

나아가, 당회가 모든 예배를 위해 예배 인도할 자들을 공급한다. 또한, 당회가 먼저 말씀과 성례 집행을 포함하는 예배를 감독한다. 목사가 성경과 개혁교회 신조를 따라 설교하지 않으면 그를 바로잡는 것이 당회의 의무이다. 목사가 하나님의 말씀을 바로 해설하고 적용하지 않고 종교적 강의를 한다면 그를 바로 잡는 것이 또한, 당회의 의무이다. 상도(常道)를 벗어난 목사에게 당회는 변칙을 버리도록 요청해야 하고, 거절할 때에는 설교를 금해야 한다.

교회에 오류와 거짓 교리는 일반적으로 거의 느끼지 못하게 시작되고 자리를 잡는다는 것을 기억해야 한다. 미끄러지는 차는 가능한 한 시궁창에 빠지기 전에 통제되어야 한다. 하지만 이는 어떤 본문의 특별한 해석이 자기가 이해한 것과 일치하지 않으면 언제나 반대를 제기해야 한다는 것은 아니다. 어떤 본문은 해석에 차이가 있고, 해석 문제가 다르게 마련이다. 설교가 분명히 비성경적 해석을 제시하고 비개혁주의적이라면, 행동을 취하는 것이 당회의 권리와 의무이다.

그러면 이 어려운 의무를 어떻게 시작할 것인가? 먼저 목사와 직접 개인적인 대화를 요구하는 것이 좋다. 대부분은 직접 대화가 어려움을 제거하게 된다. 이것이 효과를 나타내지 않으면 당회가 공평하게 이를 다루도록 당회에 제시해야 한다. 많은 경우에 그리스도인의 선한 뜻이 작용할 때 만족한 해결을 발견하는 것은 어렵지 않다. 그러나 이단설이 관련되어 있다면, 당회는 이에 요구되는 어떤 행동을 취해야 한다. 이런 환경에서 방치하는 것은 큰 죄가 된다.

2. 예배에 관한 당회의 특별한 의무

예배를 위해 당회가 책임져야 할 네 가지가 있다. 이들은 총회적으로 인정한 성경 번역판, 의식서, 예배 시에 부를 찬송과 예배순서의 원리와 요소들이다. 이 네 가지에 관하여 제49조에서 상당히 길게 언급하기 때문에 여기에서는 특별한 점에 관해서만 간단히 되새기려 한다. 제44조는 여러 가지 가운데 신조, 교회 질서, 의식서, 찬송, 예배순서의 원리와 요소를 수용하고 예배에 사용될 성경 번역판을 지정하는 것이 총회의 책무라는 것을 말한다. 제50조에서는 신경과 교회 질서는 언급되지 않고 있다. 총회로 모인 교회들이 이미 신경과 교회 질서를 받아들였다. 결과 이들은 모든 교회에 이미 구속력을 가지고 있기 때문이다. 그래서 당회는 총회가 인정한 성경 번역판, 의식서와 찬송이 사용되고, 총회에 의해 인정된 예배순서의 원리와 요소가 지켜지도록 돌볼 사명이 있다고 한다.

목사는 설교에서 어떤 점을 설명하거나 지지를 얻기 위해 인정되지 않는 성경 번역판의 일부를 읽거나, 언급할 수 있지만, 예배 시 공식적으로 성경의 부분을 읽을 때 다른 성경을 사용해서는 안 된다. 의식문의 사용에 관하여 총회로 모인 교회들에 의해 채용된 것들이 사용되어야 한다. 어떤 부분을 제하거나 더함이 없이 읽어져야 한다. 개혁교회는 항상 이 관습을 지켜왔다. 의식문은 총회가 변화를 허락하지 않는 한 그대로 사용되어야 한다.

앞서 말한 것은 우리 시편과 찬송에 관해서도 마찬가지이다. 우리

시편과 찬송은 예배에 사용되는 유일한 책이다. 어떤 당회도 이점에 있어서 변칙을 용인해서는 안 된다. 개혁교회는 예배 시 합창단의 특별 찬양을 금지하지는 않으나 찬성하지는 않고 이를 오히려 말려왔다. 이는 이로 인해 회중이 함께 드리는 찬송이 줄어들고, 합창단이 부르는 찬양의 내용을 통제하기 어렵기 때문이다. 당회는 예배를 위해 사용된 확실한 순서가 어떤 것이든 총회가 인정한 예배의 원리와 요소를 존중해야 한다.

3. 규칙적인 구제헌금

1) 구제헌금은 예배 중에 드릴 것

구제의 문제가 여기 예배와 연관하여 예배의 요소로서 고려되고 있다. 구제라는 말은 '자비로움'과 그리스도인의 사랑의 선물을 의미하는 그리스어와 관련되어 있다. 예를 들면 성경은 "너는 구제할 때에 오른손이 하는 것을 왼손이 모르게 하여 네 구제함을 은밀하게 하라."라고 했다(마 6:3~4). 본조 3항에서는 구제라는 말이 예배시간에 드려지는 금전의 선물을 가리키고 있다.

예배는 기도, 찬양, 말씀의 선포 같은 요소 없이 완전할 수 없다. 또한, 예배는 사랑과 감사의 예물을 드리는 기회 없이도 완전할 수 없다. 결과 교회 질서는 여기 "예배 시에 자비 사역을 위한 구제헌금이 규칙적으로 시행되게 해야 한다."라고 한다.

2) 구제헌금의 빈도

개혁교회가 구제헌금을 매 주일 예배 중 한 예배에서 혹은 예배 때마다 꼭 드려져야 한다는 주장을 하던 때가 있었다. 지금도 어떤 교회에서는 이를 시행하고 있다. 지난날의 개혁교회가 이렇게 주장했던 이유는 과거에 심한 경제적 불평등 때문에 지속적이고 비참한 고통이 있었던 사실 때문이었다. 그러나 현재는 지난날과 같은 불평등은 어느 정도 개선되었다. 하지만 지금도 회중 가운데는 도와야 하는 가난한 분들이 많이 있고, 자기 능력으로 감당할 수 없는 병원비용이나 특별한 재난을 만난 때문에 어려움을 당하는 분들이 있다. 어려움을 당하는 분들이 있는 한, 당회는 자비와 사랑의 예물을 규칙적으로 드리도록 주선해야 한다. 자기 교회에 도움이 필요한 가난한 자들이 없을 때는 그들의 지역회 영역 내에 있는 어떤 교회에 도움이 필요한지 살펴야 한다. 이 세상에서 동료 그리스도인들 가운데 가난과 병과 주림이 있는 한 어떤 교회도 규칙적인 구제헌금 없이 지내지 않아야 한다. "가난한 자는 항상 너희와 함께 있으니……"(막 14:7)라고 하는 주의 말씀은 지금도 해당한다.

> 제 51 조
> 예배 인도
>
> 1. 말씀봉사자가 예배를 인도해야 한다.
> 2. 교훈적인 말을 전하기 위해 허가를 받은 분과 설교를 읽도록 당회가 지명한 분이 예배를 인도할 수 있다. 하지만 그들은 목사가 하는 직분적인 역할은 하지 않아야 한다.
> 3. 예배에서 설교를 읽는 분은 연대하고 있는 개혁교회 목사들의 설교만 사용해야 한다.

1. 예배 인도

교회에서 예배를 누가 인도할 것인가에 관하여 본 조문은 분명하게 말씀봉사자라고 답한다. 말씀봉사자는 일방적인 하나님의 진리의 증인 이상이다. 그는 하나님으로부터 권위를 받아 그의 말씀을 전하는 하나님의 공식적인 대표자이다. 하나님의 말씀을 전(파)한다는 것은 예고하는 것을 의미한다. 예고는 신약에서 복음 전하는 것을 가리키기 위해 반복적으로 사용된 말이다(딤후 4:1~2). 옛날에 예고자는 그의 상사의 권위로 전쟁, 평화 혹은 다른 권위 있는 선언을 하기 위해 오는 자를 가리켰다. 바울은 그의 동료 전도자들과 함께 그가 받은 권위 있는 사역 때문에 자신을 사신에 비교하며 "우리가 그리스도를 대신하여 사신이 되어 하나님이 우리를 통하여 너희를 권면하시는 것같이 그리스도를 대신하여 간청하노니, 너희는 하나님과 화목하라."라고 했다(고후 5:20). 하나님이 정하신 말씀을 전하는 자의 권위 있는 사신적인 성격은 구약선지자의 의무를 표시하는데도 잘 나타났다. 에스겔 33:7~8에 "인자야, 내가 너를 이스라엘 족속의 파수꾼으로 삼음이 이와 같으니라. 그런즉 너는 내 입의 말을 듣고 나를 대신하여 그들에게 경고할지어다. 가령 내가 악인에게 이르기를 악인아, 너는 반드시 죽으리라 하였다 하자 네가 그 악인에게 말로 경고하여 그의 길에서 떠나게 하지 아니하면 그 악인은 자기 죄악으로 말미암아 죽으려니와 내가 그의 피를 네 손에서 찾으리라."라고 했다. 구약 선지자들은 분명히 인간의 메시지를 가지고 오지 않았고 하나님의 메시지를 가지고 왔다. 그들은 그들 자신의 권위로 오지 않고 그들을 보낸 하나님의 권위로 왔다.

복음 봉사자는 모든 사람에게 공통적인 연약성과 한계를 가진 사람이요, 어떤 봉사자도 다른 사람보다 높거나 낮지 않지만, 참된 봉사자는 교회의 부름을 받았을 뿐 아니라, 먼저 하나님의 부르심을 받았다. 그는 하나님의 이름으로 하나님의 말씀을 전하는 하나님의 특별한 대표자이다. 예배에서 회중을 인도하는 책무가 맡겨진 것은 그의 책무가 말씀의 해설과 적용을 위해 법적으로 임명된 복음의 봉사자들이기 때문이다.

2. 예외의 경우

본 조항은 예배를 인도하는 책무가 말씀봉사자라는 것을 언급한 후에 다음으로 이에 대한 예외를 허용한다. 목사로 세움을 받은 분이 예배를 책임지는 것이 이상적이다. 그러나 예외로 교훈적인 말을 전하는 분(목사 후보생)과 당회가 지명한 분이 예배를 인도할 수 있다. 하지만 "그들은 목사가 하는 직분적 역할은 하지 않아야 한다."라고 본 조항은 언급하고 있다. 목사의 공식적 직분인 역할이란 무엇을 가리키는가? 일반적으로 임직된 목사를 위해 구별된 역할은 세례와 성찬의 집행, 예배 시작 때의 인사와 예배 끝의 축도이다. 나아가, 직분자들의 임직, 공적 신앙고백에 의한 회원의 영입, 하나님 교회의 교제로부터의 출교 세 가지이다. 이 모든 것은 모두 말씀의 공식적인 선포와 다시 관련되어 있다. 임직된 목사만 하나님의 섭리 가운데 그의 대표로 그의 말씀을 선언할 권위가 있다.

특별히 설교를 읽는 것을 포함하여 예배를 인도하는 분은 일반적으로 장로이다. 이때 장로는 목사의 역할을 하지 않아야 한다. 장로가 직분자임에는 틀림없다. 하지만 장로직은 하나님의 교회에서 다스리는 직을 받았지 선지직을 받지 않았다. 본 조항은 장로들만 예배 시에 설교를 읽도록 요구하고 있지 않다. 일반적으로 장로가 설교를 읽으나, 집사나 직분자가 아닌 분이 하도록 요구받을 수 있다. 당회원이 아닌 분이 공적 모임에서 잘 읽는다면 당회는 그분이 설교를 읽도록 요청할 수 있다. 그러나 일반적으로 당회가 당회원 중 한 분에게 이를 맡기는 것이 합리적이고 지혜로운 일이다.

3. 연대하고 있는 교회 목사들의 설교만 사용할 것

예배 시에 읽을 설교는 연대하고 있는 교회 목사의 설교만 사용해야 한다. 가끔 교회는 설교를 읽는 예배를 드려야 할 환경을 맞게 된다. 설교를 읽는 예배란 무엇을 가리키는가? 목사의 자리가 비어 있는 교회나, 혹은 목사가 병고나 다른 이유로 어떤 주일에 설교할 수 없으면, 당회는 다른 조치를 해야 한다. 일반적으로 이런 환경에서 당회는 설교자의 공급을 확보하기 위해 노력한다. 그러나 이는 늘 가능하지 않다. 그럴 때 당회는 그 주일에 읽는 설교를 하도록 결의하게 된다. 한두 장로가 그날을 위해 인쇄된 설교를 읽을 책임을 지게 되고 예배를 인도한다.

이 조항은 이때 설교를 읽도록 책임진 분은 연대하고 있는 교회 목사들의 설교만 예배에서 읽어야 한다고 명시한다. 그 이유가 있다. 시중에는 성경적이 아닌 많은 설교가 있기 때문이다. 많은 분이 성경을 무오한 하나님의 말씀으로 믿지 않으며, 교리적으로 개혁주의 기반에 서 있지 않고, 자유주의 신학을 터로 하고 있다. 그래서 교회 질서는 이런 항목을 마련한 것이다. 일반적으로 읽는 설교를 가끔 하는 교회는 연대한 같은 교회들을 봉사하는 신실한 목사들에 의해 작성된 설교를 사용해 왔고, 이런 목사들의 설교 책을 비치하고 있다. 설교를 읽을 책임을 진 장로는 연대하고 있는 자매교회 설교자의 설교 중 하나를 택하여 사용해야 한다.

> 제 52 조
> 설교
>
> 1. 예배에는 말씀봉사자가 공식적으로 성경을 해석하고 적용해야 한다.
> 2. 주일마다 두 예배 중 하나에서 목사는 정상적으로 차례를 따라 하이델베르크 교리문답에 요약된 대로의 말씀을 설교해야 한다.

1. 목사의 설교

본조 1항은 예배에서 말씀봉사자는 공식적으로 성경을 해석하고 적용해야 한다고 한다. 오늘날 우리 주변에 있는 많은 교회에서 하는 설교들이 종교적 도덕적인 연설 이상이 아님을 본다. 어떤 설교는 성경을 우리에게 주어진 하나님 계시의 진리를 설명하고 제시하기보다 목사 자신의 사색을 소개하거나 경험담을 담고 있다. 근년에 이르러 어떤 설교에는 시대적 흐름을 따라 사람을 즐겁게 하기 위한 희극적 요소가 큰 자리를 차지하고 있기도 하다. 사람들의 관심을 끌기 위해 의도된 시사와 관련된 소위 제목 설교도 있다. 우리들의 유일한 구주의 구원 복음이 전해지지 않고 있다. 그러므로 교회 질서는 "예배에서 목사는 공식적으로 성경을 해석하고 적용해야 한다."라고 명시하고 있다.

말씀봉사자들은 성경에서 긴 혹은 짧은 본문을 택한다. 그들은 이 본문을 회중에게 분석하고 설명하며, 그 진리를 그들에게 적용해야 한다. 목사는 성경을 펴고 거기에 담긴 엄청난 영적 보화를 발굴하여 보여주어야 할 사명이 있다. 하나님의 백성 앞에 약한 자를 돕기 위해 주의 복된 계시의 식음료를 차려 내놓아야 한다. 이 목적은 하나님의 백성에게 말씀의 단순하고 충분한 해설과 간절하고 분명하게 적용함으로 이루어진다.

이 조항이 왜 말씀봉사자들이 "공식적으로" 성경을 해설하고 적용해야 한다고 명시하고 있는가? 이는 목사가 주의 날 예배에서 설교할 때 그는 하나님의 공식적인 대표자로 말한다는 것을 전면에 드러내기 위해서이다. 그는 인간의 권위로 말하지 않고, 그때 그는 모인 회중에게 하나님의 말씀을 해설하고 적용함으로 그의 대변자로 행하는 것이다. 목사는 이 엄한 사실을 의식하고 그의 말씀을 잘못 해석하고 적용함으로 혹 그의 하나님을 잘못 전하지 않을까 두려워 떠는 마음의 자세를 가져야 한다.

2. 매 주일 하이델베르크 교리문답에 요약된 대로의 말씀을 전할 것

하이델베르크 교리문답은 성경에 계시된 대로의 구원의 길에 대한 간단하고 실제적인 요약이다. 그것은 처음부터 끝까지 조직적으로 전 교리영역을 포괄하고 있다. 교리문답은 교회가 성경에 더한 어떤 것이 아니고 성경에 계시된 대로의 간단하고 조직적이고 실제적인 요약이다. 교리문답의 내용은 성경으로부터 수집된 것이고 성경에 기초를 두고 있다. 하이델베르크 교리문답의 요약을 따라 지속적으로, 조직적으로 하나님의 진리를 설교함으로 하나님의 백성은 성경에 계시된 대로 기독교 진리의 모든 근본에 대한 정기적인 교육을 받게 된다. 교리문답 설교는 모든 목사가 하나님의 전 진리를 설교하며, 그들의 개인적인 신념을 따라서가 아니고, 모든 교회의 공통적인 신념을 따라 설교한다는 것을 우리에게 확신시켜준다. 교리문답 설교가 아니었다면, 어떤 하나님 말씀의 진리는 거의 우리 설교에서 다루어지지 않았을 것이라고 말할 수 있다. 모든 목사는 인간이요, 모든 사람은 일방적이고 잊어버리기 쉬운 약점을 가지고 있다. 교리문답에서 발견된 말씀의 요약에 따른 하나님 말씀의 설교는 일방적 설교의 위험에서 교회를 보호한다. 모든 목사는 교리문답에 재현된 대로 하나님의 말씀에 대한 해설에 충실해야 한다.

교리문답 설교는 확실히 교리 설교이다. 우리는 이것이 필요하다. 모든 신자는 교리에 정통한 그리스도인이 되어야 한다. 성경의 중요한 가르침에 정통하지 못한 신자는 강한 그리스도인이 될 수 없다.

특별히 오늘처럼 많은 사람이 옅은 것으로 만족하고 즐기는 시대에 하나님의 말씀에 대한 충분한 이해가 매우 필요하다. 바르게 이해된 성경의 모든 교리는 신자에게 큰 힘과 위로가 된다.

종종 어떤 분들이 교리문답 설교는 하나님의 말씀을 제쳐놓고, 인간의 말을 전하는 것이라고 하며 반대한다. 이런 주장은 매우 잘못된 것이다. 왜냐하면, 매 주일의 교리문답의 구분은 여러 성경 장절의 요약이다. 그러므로 교리문답의 어떤 주의 날 부분을 설교하는 목사는 몇몇 성경 장절에 대해 설교하고 있는 것이다. 그러므로 목사는 회중이 교리문답에 나타난 진리가 정말 하나님의 말씀의 재생이라는 것을 분명히 알도록 그의 설교를 구성해야 한다.

교리문답 설교는 우리는 모든 연대교회에 의해 수용되고 이 교회들의 모든 회원이 동일한 말씀의 요약을 따라 하나님의 말씀을 해설하고 적용하고 있음을 안다. 여기 그리스도 교회의 보편성과 일치가 잘 드러나게 된다.

3. 하이델베르크 교리문답 설교의 역사

하이델베르크 교리문답은 16세기 독일 서남부 팔츠 지역의 수도 하이델베르크에서 그곳 대학의 신학 교수인 우르시누스와 왕정 설교자인 올레비아누스에 의해 저작 출판되어(1563), 먼저 하이델베르크에 있는 교회에서 사용되었다. 이것이 곧 네덜란드어로 번역되어 네덜란드 개혁교회가 사용하기 시작했다. 하이델베르크 교리문답 설교는 오랜 역사가 있다. 네덜란드 개혁교회는 이미 1566년에 이 교리문답을 따라 설교하기 시작했다. 전국교회가 교리문답 설교를 의무화한 것은 1586년 총회 교회 질서에 나타난다. 교회 질서 제61조에 "목사들은 어느 곳이든지 주일 오후 예배에서 네덜란드 교회가 받은 교리문답에 포함된 기독교 교리의 요약을 간단히 설명해야 한다."라고 했다. 당시 교회들은 오랫동안 주일에 한 번만 예배를 드려온 습관이 있어서 이것이 잘 시행되지 못했다. 교회 회원들이 오전 예배에만 관심을 가져 오후 예배에 잘 나오지 않았다. 어떤 목사들은 오후 예배에 참석하는 회원들이 적으므로 오후 예배를 인도하지 않은 곳들도 있었다. 당시 네덜란드 교회는 로마교회를 벗어난 하나의 민족교회가 되어 있었기 때문에 백성이 형식상 개혁교회에 속해 있기는 했지만, 개혁교회 신앙생활에 별 관심이 없는 분들이 많았기 때문이었다. 1618~1619년 모인 도르트 총회는 이에 대해 매우 강력하게 다음과 같이 결의했다. "목사는 참석이 저조하다고 해서 이 예배를 유지하는 것을 등한하지 않아야 한다. 그의 가족만이 참석할지라도 그는 이를 진행해야 한다. 이것이 좋은 모범이 될 것이다." "정부는 백성들이 안식일을 거룩하게 지키고 규칙적으로 교회에 나오는 것을 익히도록 모든 불필요한 주일 노동, 특별히 운동, 주연들을 금할 것을 요구한다." "공식적인 교회 방문자들(지역회)은 모든 교회에 이 문제를 세밀히 살피고, 이에 등한하고 원하지 않는 목사들은 경책을 위해 지역회에 보고되어야 한다. 교리문답 설교에 참여를 거절하는 고백 교인들도 견책되어야 한다."[15] 이후 차츰 교리문답 설교는 네덜란드 개혁교회에 굳게 정착되었다.

---

15) J. Jansen, op. cit., 재인용 pp.295-296

4. 모든 문답을 차례대로 설교해야 한다.

교리 설교는 분명히 개혁교회의 요새들 가운데 하나다. 교리 설교를 위협하는 모든 위험을 경계해야 한다. 목사는 항상 자기의 교리 설교가 참으로 설교가 되도록 주의를 기울인다. 어떤 신학 문제에 대한 강의가 되지 않게 해야 한다. 교리 설교 역시 다른 성경 본문 설교처럼 하나님 말씀의 해설과 적용이 되게 해야 한다.

나아가, 목사는 대강 설교하는 일을 피해야 한다. 교리 설교가 생동감 있고 아주 단순한 사람들에게도 이해가 될 수 있게 해야 한다. 그리고 매주로 나누어져 있는 것을 자세히 하기 위해 여러 번 나누어서 하는 일도 피해야 한다.

그리고 마지막으로 "정상적으로 차례를 따라"라는 말에 주목해야 한다. 어떤 주일에 해당하는 부분이나 어떤 문답이 목사의 생각에 현실적으로 크게 중요하지 않다고 여겨 설교하지 않고 넘어가는 일이 없어야 한다. 예를 들면 주의 날 30에서 주의 만찬과 로마교회의 미사에 대한 차이가 언급되고 있다. 혹 어떤 분들이 이것은 16세기 교회개혁 시에는 필요했서만, 지금은 그렇게 필요한 것이 아니라고 넘어갈 시험을 받는다. 이런 일은 없어야 한다. 여기에 대한 바른 이해는 현재도 유익하다. 이로써 개혁교회의 성만찬이 얼마나 성경적인가를 깨달을 수 있기 때문이다. 어떤 목사도 어떤 문답이나 어떤 부분을 뛰어넘을 권리를 가지고 있지 않다. 모든 목사는 모든 문답을 차례대로 설교해야 한다. 어떤 당회도 이 조항의 규칙을 범하는 일을 허용하지 않아야 한다.

> 제 53 조
> 시편 찬송
>
> 공적 예배 시의 찬송은 대회에 의해서 채택된 운율에 따른 시편과 인정받은 찬송을 불러야 한다.

우리는 종교개혁 이래 교회들이 다시 '시편을 부르는 교회들'이라는 사실로 인해서 감사드린다. 시편은 언약과 하나님의 나라를 노래한다. 이 시편이 회중에게로 되돌려지게 되었다. 시편의 멜로디들은 '선법들'과 관련하여 오랜 역사가 있다. 선법들은 초대교회와 회당과 심지어 성전과 관련되어 있다. 하지만 우리 교회들은 시편만을 고집하지 않으며, 찬송(Hymn)을 노래하는 것에 관하여 부정적인 입장을 취하지 않는다. 심지어 성경은 시편 외에도 몇 가지 노래들을 싣고 있다.

> ## B. 성례
>
> 제 54 조
>
> 성례
>
> 성례는 당회의 권위로 공예배에서 정해진 의식서를 사용하여 말씀봉사자에 의해 집행되어야 한다.

본 조항은 성례 집행 시마다 충족되어야 할 네 가지 조건을 언급하고 있다.

1. 당회의 권위로 집행

개혁교회(장로교회 포함)는 성례가 당회의 권위로 집행된다는 사실을 당연하게 여기고 있다. 그런데도 개혁교회는 왜 이런 조건을 교회 질서에서 말하고 있는가? 우리 주변에는 많은 종파와 의견을 달리하는 집단들이 있고, 이들 중 많은 집단은 하나님의 뜻을 따라 당회에 주신 교회적 권위에 대한 아무런 개념을 갖지 않고 있다. 어떤 느슨하게 조직된 집단에서는 어떤 개인이 스스로 세례와 성찬을 집행하기도 하고(예: 형제교회), 어떤 교회는 이를 전적으로 목사에게 맡기기도 한다. 결과 세례와 성찬에 관하여 다양한 관행과 정책이 있음을 본다. 이런 집단과 교회에 대항하여 본 교회 질서는 성례는 당회의 권위로 집행되어야 한다고 명시하고 있다.

2. 공예배에서 집행

이 항목은 교회당에서 공예배 중에 집행되어야 한다는 것을 의미한다. 가끔 예외의 경우가 있을 수 있으나 성례의 집행은 회중이 모인 자리에서 공예배 중 말씀이 전해질 때 집행되어야 한다. 성례는 말씀에 대한 인(印)이고 오직 말씀의 설교와 연관하여 집행되어야 하기 때문이다

3. 말씀봉사자(목사)에 의해 집행

성례는 말씀봉사자들에 의해 집행되어야 한다. 성례는 말씀의 공식적인 선포에 직결되어 있기 때문이다. 말씀의 선포는 말씀봉사자의 특별한 책무이다. 성례는 하나님께서 그의 말씀에 인을 치시는 상징적인 규례이다. 결과 말씀을 전하는 책임 있는 분이 말씀과 동반하는 인을 치는 의식을 집행할 책임이 있다. 성경적인 개념이 우리 주변 많은 사람에 의해 무시되고 있으므로 우리 교회 질서는 이 원리에 대해 확실히 밝히고 성례 집행을 말씀봉사자들에게만 돌리고 있다.

세례의 성례에 관해서는 최종 분석 연구에서 그리스도께서 친히 세례의 집행자라고 말할 수 있다. 세례 요한이 예수님에게 "내가 당

신에게서 세례를 받아야 할 터인데 ······"라고 했다(마 3:14). 그리고 "예수께서 제자들과 유대 땅으로 가서 거기 함께 유하시며 세례를 베푸시더라."라고 했다(요 3:22). 또 "예수께서 제자를 삼고 세례를 베푸시는 것이 요한보다 많다."라고도 했다(요 4:1). 하지만 다음 절은 예수님이 세례의 집행을 그의 제자들에게 위임했다는 것을 분명하게 알게 한다. "예수님께서 친히 세례를 베푸신 것이 아니요, 제자들이 베푼 것이라."(요 4:2)라고 했다. 후에 사도들이 이 일을 책임지게 되었다(마 28:19, 막 16:15~16, 행 2:38).

말씀의 설교와 성례의 집행은 논리적으로 연대 되어 있다. 성례는 하나님 말씀의 증거에 대한 인이다. 이 때문에 성경은 이 둘을 연합하고 교회역사 초기부터 말씀의 증거와 성례는 말씀을 증거하는 직분자들에 의해 집행되었다. 사도들이 말씀을 전하고 성례를 집행했다. 설교자들은 그들의 논리적인 계승자들로서 복음의 봉사자들이다. 결과 복음의 봉사자들인 목사들만 오늘날 세례의 정당한 집행자들이다. 어떤 개인에 의해 집행된 세례는 무효이다. 16세기 교회 개혁 시대 초기에도 목사 외에 교리 교사나 어떤 분에 의해서도 세례가 집행되지 않았다. 이 때문에 이미 지적한 이유로 신학생이나 목사 후보생이나, 과거에 목사의 경력을 가졌지만, 현재 세상에서 다른 직업을 가지고 목사직에 있지 않은 분에게 세례 집행이 허용되지 않는다.

4. 정해진 의식서 사용

성례를 위한 의식문이 왜 필요한가? 이미 앞서 설명했던 것 같이 성례는 그 자체로서는 어떤 의미를 갖지 않는다. 성례는 그 자체가 어떤 마력을 가지고 있지 않고, 성령을 떠나서는 어떤 은혜를 전달하지 않는다. 성례는 말씀과 성령에 의존한다. 그러므로 성례의 의미에 대한 올바른 이해가 매우 중요하다. 이 때문에 세례의 의미가 세례를 집행할 때 간단히 설명되어야 한다. 설명이 단순히 성례를 집행하는 목사에게 맡겨지지 않아야 한다. 오류가 잠입할 수 있다. 교회의 안전을 위해 공식적인 교회적 회의(총회)를 통해 모든 교회에 의해 인정되고 수용된 간명하고 균형 있는 의식문을 갖는 것이 좋다. 개혁교회 선진들은 성례 집행을 위한 의식문들의 필요성을 바로 느꼈다. 특별히 로마교회가 성례에 대한 크게 잘못된 교리를 가르쳐왔기 때문에 각종 오해와 미신적인 생각이 교회의 저변에 자리 잡고 있었기 때문이다.

유아세례의 의식문은 개혁교회의 첫 총회(1571 엠덴)가 모이기 전 베젤 공의회(1568)에서 이미 교회들은 의식서에 있는 물음들을 문자대로 사용할 것을 권고했다. 이 공의회는 다테누스(Petrus Dathenus)가 쓴 세례 의식문에 언급했다. 그는 하이델베르크 교리문답이 1603년에 출판되자마자 바로 그해에 독일어에서 네덜란드어로 번역했다. 그가 오늘날 개혁교회가 사용하는 세례 의식문을 작성하는 데는 이미 존재했던 칼뱅, 아 라스코, 올레비아누스의 본을 따랐었다.

성인들을 위한 세례의식문은 도르트 총회(1618~1619)로 돌아간다. 이 총회는 유아세례 의식문을 따라 이를 작성했다. 그러므로 이 의식문에 나타난 세례에 대한 교리적인 해설은 유아세례 의식문의 것과 조화가 된다. 합당한 물음과 함께 성인을 위한 세례에 관한 부분이 첨가되었다.

주의 만찬을 위한 의식문의 기원은 어디에 있는가? 얼마 동안 독일 팔츠 지역에서 머문 네덜란드 피난인 목사인 페트루스 다테누스(Petrus Dathenus)가 독일 팔츠 의식문으로부터 이를 번역했다. 그가 몇 곳 약간 변화를 준 것이 있으나 모든 의도와 목적에 있어서 그 의식문의 정확한 번역이라고 할 수 있었다. 선제후 프리드리히 3세(Frederick Ⅲ)가 하이델베르크 교리문답 저자 중 한 분인 올레비아누스(Olevianus)에게 주의 만찬 집행을 위한 의식문을 쓰도록 요구했다. 이 때 올레비아누스는 제네바의 칼뱅을 접촉하고 후에 그가 쓰는 의식문에서 칼뱅의 사상과 어휘를 많이 포함하면서 칼뱅의 의식문을 사용했다. 그러므로 주의 만찬을 베풀기 위한 우리들의 의식문은 우리 의식서 중 어떤 다른 것보다 더 칼뱅 자신에게로 거슬러 올라간다고 말할 수 있다.

올레비아누스의 의식문은 항상 개혁교회에 의해 높이 평가됐다. 이것이 대대로 성만찬의 의미를 가르치기 위한 하나님의 손의 도구였다. 그 안에 철두철미 성경적이고 복음적 따스함으로 빛난다. 그것은 또한, 회개하는 신자를 그리스도 안에서 풍요하게 사유하시는 거룩한 하나님의 임재 앞에 들어 올리며 교제의 기쁨을 즐기게 한다.

성례를 집행하는 목사가 떡과 잔을 분배하기 전에 사용하는 공식 의식문은 성경에 정해진 것은 아니다. 우리는 이것이 여러 말로 기록된 것을 발견한다(마 26:26~28, 막 14:22~24, 눅 22:19~20 고전 11:23~25 참조). 초기 네덜란드 개혁교회는 다테누스와 아 라스코가 사용한 두 공식문 가운데 하나를 자유롭게 택해 사용했다. 다테누스는 팔츠 지방에서 봉사한 네덜란드 피난민 목사였고, 아 라스코는 런던에 있는 네덜란드 피난민 교회의 목사였다. 결국, 네덜란드 개혁교회는 도르트 총회(1618~1619)에서 아 라스코의 것을 공식적으로 수용했다. 그의 공식 의식문의 첫 부분은 고린도전서 10:17의 말에 근거하고 있고 첨가된 말들은 설명적인 권고이다. 이 공식적의 의식문의 표현은 참으로 단순하고, 분명하면서, 아름답다.

> 제 55 조
>
> 유아 세례
>
> 하나님의 언약이 거룩한 세례로 신자들의 자녀들에게 인 처져야 한다. 당회는 가능한 한 속히 세례의 요청이 있고 집행되도록 돌보아야 한다.

1. 세례를 받을 자격이 있는 유아

본 조문은 신자들의 자녀들은 세례를 받아야 한다고 명기하고 있다. 신자의 자녀는 언약의 자녀로서 하나님의 교회에 포함되어 있다 (창 3:15, 17, 행 2:39, 엡 6:1, 고전 7:14b, 막 10:14b, 요일 2:13c). 그러므로 그들은 세례를 받을 자격이 있다. 하지만 유아세례에 있어서 현실적으로 몇 가지 실제적인 문제가 제기될 수 있다.

첫째로 권징 아래 있는 부모들의 자녀가 세례를 받을 수 있는가의 문제이다. 권징 아래 있는 부모는 권징 아래 있지만, 아직 교회 안에 있으므로 그 자녀들이 세례받을 자격이 있다. 하지만 이런 부모는 그들의 신앙생활이 문제가 있으므로 하나님과 교회 앞에 그들의 자녀를 하나님의 말씀을 따라 가르치겠다는 약속할 수 있는 처지에 있지 않다. 그러므로 이런 부모의 자녀에게 세례는 권징이 해제될 때까지 연기되어야 한다. 경우에 따라 조부모나 가까운 친척이 후원자로 서약하고 세례를 받을 수 있다. 이런 경우 그 부모의 권징이 해제되면 그들은 당회 앞에서 서약하고 자녀의 교육에 대한 책임을 돌려받을 수 있다. 부모 중 한 분이 권징 아래 있다면 다른 분이 서약하고 세례를 진행할 수 있다. 이것은 고린도전서 7:14의 "믿지 아니하는 남편이 아내로 말미암아 거룩하게 되고 믿지 아니하는 아내가 남편으로 말미암아 거룩하게 되나니, 그렇지 아니하면 너희 자녀도 깨끗하지 못하니라. 그러나 이제 거룩하니라."라는 말씀에서 분명히 나타난다. 출교된 부모의 자녀들은 세례를 받을 자격이 없다. 이런 부모는 하나님의 언약의 자녀와 교회의 회원으로 간주할 수 없기 때문이다.

2. 사생아와 세례

유아 세례에 관해 가끔 일어나는 다른 문제는 불법적인 유아, 결혼 밖에 출생한 유아들에 대한 것이다. 결혼하지 않은 여자가 믿지 않은 자의 아이를 낳게 되었을 때 그 아이의 어머니는 그 아이를 세례받도록 요청할 수 있는가? 그 여자가 교회의 공적 신앙고백을 한 분으로 그 죄를 진심으로 고백하면 그 아이는 세례를 받게 할 수 있다. 그 아이는 언약의 자녀이고 그 어머니는 세례의 약속을 할 수 있다. 어머니가 유아세례만 받은 회원이면, 그는 먼저 공적 신앙고백과 그의 죄에 대해 고백해야 한다. 그가 특별한 죄에 대해 고백하나, 신앙이 아직 공적 신앙고백을 하기에는 충분하지 못하다면, 7계명을 범한 그의 죄에 관한 회개를 교회에 알리고, 적합한 보증인, 예를 들면 조부모가 그분을 위해 세례의 약속을 떠맡아야 한다. 불법을 범한 부모가 범한 죄에 대해 회개를 하지 않고 불경건한 생활을 하나 그 아이를 하나님을 두려워하는 가까운 친척에게 맡기면 이 친척은 세례를 신청할 수 있고 세례 시 보증인으로 행동할 수 있다.[16] 그 아이는 언약의 씨에 속하고 그 친척은 세례 서약을 떠맡을 수 있다.

3. 양자와 세례

양자된 유아들이 세례를 받을 수 있는가? 그들이 부모가 신자였다면 세례를 받을 수 있다. 그러나 그 아이가 법적으로 신자 부모에 의해 입양되었으나 이방인이나 불신자에게서 출생하였다면 의견의 차이가 있다. 1618~1619년의 도르트 총회는 불신자에게서 출생된 입양아에 대한 세례를 부정적으로 판단했다. 당시 영국의 한 신학자는 긍정적인 이론을 폈다. 그는 창세기 17:12~13에 따르면 아브라함이 이방 자녀들에게 할례를 행했다는 것이다. 하지만 총회는 부정적인 답을 했다. 아브라함이 그 주변에 있는 모든 이방 자녀에게 할례한 것이 아니고, 다만 아브라함의 하나님을 배워 섬기고 먼저 할례를 받은 그의 종들의 자녀에게만 할례를 주었다는 것이다. 불신자에게서 출생한 아이를 신자들이 입양했을 때 그 아이에 대한 세례 문제는 은혜의 언약을 어떻게 이해하느냐에 달려있다고 생각한다. 은혜의 언약이 본질적으로 믿는 자들에게 구원의 약속을 하게 되는 단순한 언약적 형식이 아니고, 하나님과 그리스도 안에서의 그의 백성과의 생명 관계의 연대라고 믿는다면, 불신자들에게서 출생한 아이를 신자들

---

16) J. Jansen, op. cit., p. 250

이 입양했을 때, 세례에 대해 부정적으로 생각할 수밖에 없다. 이럴 때 아이가 구원에 대한 교리로 가르침을 받고 스스로 공적 신앙고백을 할 때까지 세례를 미루는 것이 바르다.

이와 연관하여 다른 문제는 유아 세례를 받았으나 공적 신앙고백을 하지 않은 회원들의 자녀들이 세례를 받을 수 있는가의 문제다. 세례를 받을 수 있다. 하지만 그 아이의 부모는 세례의 서약할 처지에 있지 않다. 이 아이가 세례를 받을 수 있는 유일한 길은 세례 서약을 할 수 있는 만족할 만한 후원자(조부모 등)를 받아들이는 길을 통해서이다.

4. 유아세례는 가능한 한 속히

본 조항은 "가능한 한 속히" 유아 세례를 시행할 것을 명시하고 있다. 성경이 세례에 관해 언급하고 있는 개인과 가정은 그리스도 안에 신앙고백을 한 후 "가능한 한 속히" 세례를 받았다(행 2:41, 16:14~15, 16:33).

세례의 의미를 고려할 때 이 복된 세례는 가능한 한 속히 시행되어야 한다. 세례는 우리 자녀의 죄를 씻는 표요, 인이다. 로마 가톨릭교회도 조속한 세례를 주장한다. 하지만 그 이유는 개혁교회와 전혀 다르다. 로마교회의 조기 세례 습관은 세례로 중생하게 되고, 아이가 세례를 받지 않고 죽으면 구원을 받을 수 없다고 믿기 때문이다.

개혁을 한 교회들도 지체 없이 자녀에게 세례를 주는 관습을 유지했다. 아이가 출생한 후 맞게 되는 첫 예배에 세례를 베푸는 것이 관습이기도 했다. 벨기에 신앙고백의 저자 드 브레는 그의 첫 아이의 세례를 태어난 다음 날에 베풀었다. 이런 습관은 네덜란드에만 한정되지 않았다. 미주의 식민시대에 하나님을 두려워하는 개척자들도 같은 관습을 가졌다. 예를 들면 벤자민 프랭클린도 출생 후 맞게 된 바로 첫 주일에 세례를 받았다.

개혁교회는 말할 필요 없이 로마교회보다 전혀 다른 이유로 지체 없이 "가능한 한 속히" 세례를 베풀었다. 이를 위한 이유는 특별히 다음 두 가지이다. 첫째는 신자들의 자녀는 언약 안에서 출생했다. 그런고로 가능한 한 속히 언약의 증표를 받아야 한다. 둘째로는 이스라엘의 백성은 그들의 자녀를 위한 언약의 표와 인을 받기 전 여드레를 기다려야 했다. 죄와 불순을 가리키는 7일이 할례를 받기 전에 끝나야 했다. 그러나 신약 시대 신자들을 위해서는 이 장애는 제거되었다. 그리스도께서 죽으시고 이 의식적인 명령을 다 이루셨다. 우리는 더 이상 기다릴 필요가 없게 되었다. 신약도 세례를 받을 자격이 있는 분들은 지체 없이 세례를 받았다는 것을 보여주고 있다(행 2:41, 행 16:33).

아이가 출생한 후 지체 없이 "가능한 한 속히" 세례를 받는 것이 옳지만, 일정한 시간에 매일 필요는 없다. 아이의 세례를 위해서는 그 부모가 함께 세례를 위해 참석하고 서약하는 것이 가장 바람직하다. 그러니 산모가 산고로부터 회복될 때까지 기다리고 너무 시간에 쫓길 필요는 없다. 언약은 세례로 맺어지는 것이 아니므로 너무 서두를 필요가 없다. 그 아이는 세례를 떠나 언약의 자녀이다. 어머니는 아이를 낳으면서 매우 중요한 역할을 했으므로 아버지와 함께 그가 산고를 치른 아이의 세례에 참여하는 큰 특권으로부터 제거되지 않아야 한다. 아버지가 가정의 머리요, 어머니가 참석하든 못하든 아이의 세례 시에 어머니를 대표하는 것이 사실이다. 하지만 어머니가 아내로서 공동의 책임을 지고 있다는 것을 잊어서는 안 된다. 더욱이 어머니는 아이를 양육에 매우 중요한 역할을 한다. 그런 고로 가능하면 어머니가 하나님과 교회 앞에 바른 교리로 아이를 양육하기 위해 개인적으로 서약하는 것이 좋다. 그래서 아버지가 산모의 건강이 회복될 때까지 기다리기로 작정할 때, 이것이 성경적 원리를 범하는 것이라 말할 수 없다. 하지만 과도하게 지체하지는 않아야 한다. 특별한 환경으로 산모가 기대 이상 오래 집에 머물러야 한다면, 아버지는 과도히 지체하지 말고 "가능한 한 속히" 아이가 세례를 받도록 해야 한다.

성례는 말씀의 표와 인이다. 그러므로 논리적으로 말씀의 설교가 세례의 성례를 앞서야 한다. 그러나 실제적인 이유로 일반적으로 예배의 첫 부분에서 설교 전에 세례를 집행한다. 이것에 반대할 필요는 없다. 왜냐하면, 유아세례의 의식문이 세례의 의미에 대한 교리적 해설을 충분히 하고 있기 때문이다.

> 제 56 조
>
> 성인세례
>
> 1. 세례를 받은 적이 없는 성인은 공적 신앙고백을 하고 거룩한 세례를 받아야 한다. 이러한 공적 신앙고백을 위해서는 성인세례를 위한 의식문이 사용되어야 한다.
> 2. 다른 기독교회로부터 오는 분의 세례는 그 세례가 그 교회에 의해 공인된 분에 의해 삼위 하나님의 이름으로 시행되었다면 유효한 것으로 여겨야 한다.

1. 공적 신앙고백으로 세례받는 성인들

공적 신앙고백을 하고 세례를 받아야 하는 성인들이 있다. 첫째, 이방인(불신자)으로 있다가 예수를 믿게 된 성인들과 둘째, 그들의 견해로 유아세례를 부인하고 소위 신자의 세례를 주장하는 침례계통의 교회에 속한 부모 아래서 자란 성인들이다. 이들이 우리 개혁교회에 회원 가입을 원하고, 그리스도를 주로 믿는 산 신앙의 증거를 보일 때, 필요한 교육을 한 후에 세례를 베풀고 완전한 회원으로 영입하게 된다. 달리 말하면 성인들은 하나님의 교회에서 공적으로 신앙고백을 하지 않는 한 세례를 받을 수 없다. 신자들의 자녀들은 구약시대의 아이들이 할례로 은혜 언약에 포함된 것처럼, 하나님의 은혜 언약에 포함되므로 유아로서 세례를 받는다. 언약의 자녀로 그들은 언약의 표와 인을 받을 자격이 있다. 그러나 하나님과의 언약 관계에서 출생하지 않는 성인이나 혹은 그의 부모가 그들의 자녀를 위한 언약의 표와 인을 요구하는 일에 등한함으로 유아세례를 받은 적이 없는 성인은 공적 신앙고백을 하지 않고는 세례를 받을 수 없다.

2. 유아세례의 나이 제한

교회가 일반적이고 구속력 있는 유아세례의 나이를 정한 일은 없다. 1세에서 7세까지가 아동기라 할 수 있다. 이 아동기에 속한 자들에 관하여는 유아세례의 올바른 대상자라는데 모두가 동의한다. 그러나 그 이상의 나이를 먹은 자들을 위한 유아세례의 요청을 받아들이는 데는 신중해야 하고, 가능한 대로 신앙고백을 통해서 세례를 받도록 권고하는 것이 바르다.

3. 성인 세례의 의식문 사용

성인이 세례로 개혁교회에 영입되기를 원할 때 그는 먼저 성인 세례의 의식문의 물음에 응답함으로 신앙고백을 하고, 세례를 받음으로 교회에 받아들여지게 된다. 선교지나 교회역사가 짧은 지역에서는 유아세례보다 성인 세례가 더 많이 있게 된다. 성인 세례로 교회에 받아들여지기를 원하는 자들에게 일반적으로 얼마나 많은 교육이 주어져야 하는가? 이는 청원자의 나이, 능력, 환경에 달려있다. 당회는 기독교 신앙의 본질을 익힐 수 있는 젊은이의 경우엔 더 요구해야 할 것이고, 능력이 제한된 나이가 많은 분들에게는 덜 요구하게 될 것이다.

그러나 세례 신청자는 먼저 그가 참으로 그의 죄와 아담 안에서 그의 죄악적인 상태에 관하여 바로 알고 회개하며 그리스도를 유일한 구주로 믿는다는 것을 증거할 수 있어야 한다. 다음으로 그는 그의 능력과 환경을 따라 개혁교회로서 우리가 믿는 중요한 교리를 말할 수 있어야 한다. 그는 하나님의 진리에 대한 개혁주의적인 이해에 따라 신앙고백을 하고 있기 때문이다. 그래서 그는 그들이 이해하고 동의하는 사실에 대해 가능한 한 많이 표명할 수 있어야 한다. 신앙고백을 하고 세례를 받기 전 특별반에서의 일정 기간 교리 교육을 받아야 한다. 이 기간의 길이는 개인의 경우에 따라 다를 것이다. 충분하게 교육해야 하지만 불필요하게 오래 끌지도 않아야 한다. 참으로 회개하고 세례를 받기에 합당한 분은 가능한 한 속히 세례를 받게 해야 한다.

4. 다른 교회에서 시행된 세례의 유효성

세계에는 많은 종류의 기독교회가 있다. 우리 교회가 어떤 교회의 세례를 인정할 것인가? 이 문제에 대해서는 큰 어려움이 없다. 분명히 기독교회의 울안에 있는 교회들, 루터 교회, 감리교회, 침례교회 등의 교회에서 받은 세례에 관하여는 그 유효성을 인정하는 데 어려움이 없다. 그 교회가 기독교 신앙의 근본적인 교리를 유지하고 있는 한 그들이 베푼 세례의 유효성에 관하여 어려움을 갖지 않는다.

하지만 세상에는 기독교의 본질을 떠난 많은 종파가 있다. 이들은 그리스도의 신성, 동정녀 탄생, 속죄, 그의 부활을 부인하기도 하고, 삼위일체와 모든 다른 근본적 진리를 부인하기도 한다. 이들이 어떤 형식의 세례를 베푸나 기독교의 근본진리를 부인하기 때문에 이들이 행한 세례를 인정되지 않아야 한다. 하지만 또 많은 탈선된 교리를 가진 이단이요, 비기독교에 속하지만, 기독교회의 울안에 있는 것을 주장하는 집단들이 있다. 이런 범주에 속한 집단, 혹은 종파들에서 베푼 세례를 유효하게 볼 것인가, 아니면 거기서 세례를 받은 자에게 다시 세례를 줄 것인가 하는 문제에 당면하게 된다. 나아가 어떤 교회에서 공식적으로 임명되지 않는 자칭 목사 혹은 전도자들이 세례를 주는 일도 있다. 이들이 기독교회 근본 진리를 고백하면 그들이 베푼 세례를 인정할 것인가 하는 문제도 있다.

이에 대한 일반적인 개혁교회의 입장을 고려해 본다.

칼뱅, 루터와 다른 개혁자들은 세례의 세계적 보편적 성격을 인정하고, 재세례파처럼 많은 점에서 의견이 다를지라도 교회에서 인정된 직분자에 의해 삼위의 이름으로 세례 의식이 집행되었다면 그 세례를 유효하게 보았다. 바우만 박사는 다음과 같은 개혁교회의 입장을 언급했다.

1) 세례가 그리스도의 제정하심을 따라, 즉 삼위 하나님의 이름으로 물로 집행되었어야 한다.

2) 세례는 삼위 하나님의 교리를 고백하고 교회임을 중단하지 않

은 한 교회에 의해 집행되었어야 한다.

3) 세례가 그가 사역하는 종파에서 한 직분자로 인정을 받거나, 적어도 세례를 베풀 교회적 권위를 받은 분에 의해 집행되었어야 한다.[17]

네덜란드 개혁교회는 일찍이 로마교회에서 받은 세례의 유효성에 대한 문제에 당면했다. 피난지에서 모인 첫 총회인 엠덴 총회(1571)는 로마교회에서 정규로 세례를 받은 분들은 다시 세례를 받을 필요가 없다고 했다. 이 선진들은 비록 로마교회가 많은 오류로 차 있지만, 본질상 그리스도의 교회였고, 그러므로 그 세례가 유효하다고 느낀 것이다. 그래서 세례가 인정된 사제에 의해 물과 삼위 하나님의 이름으로 집행되었으면 다시 세례를 주지 않았다. 그러나 수도사는 세례를 베풀 의무를 받지 않았기 때문에 그들이 준 세례는 인정하지 않았다. 재세례파의 세례는 그것이 삼위 하나님의 이름으로 집행되었을 때 인정을 받았다. 그러나 그들이 가진 삼위 하나님에 관한 그릇된 개념 때문에 늘 인정을 받지는 못했다. 소시니안 주의자들도 기독교의 본질을 떠났기 때문에 저들이 베푼 세례도 거절되었다. 유니테리언, 모르몬교, 여호와의 증인 같은 집단에 의해 집행된 세례도 같은 이유로 인정될 수 없다.

---

17) Dr. H. Bouwman, op. cit., 11. p.337

> 제 57 조
> 주의 만찬
>
> 1. 주의 만찬은 적어도 3개월마다 한 번씩 집행되어야 한다.
> 2. 주의 만찬은 통례로 준비 설교가 있고, 주의 만찬 후에 적용 설교가 따라야 한다.

1. 주의 만찬의 빈도

어떤 분들은 초대 사도적 교회는 매일 혹은 적어도 매 주일에 주의 만찬을 베풀었다고 주장한다. 이런 입장은 사도행전 2:46, 20:7에 근거하고 있다. 하지만 이 구절들이 결코 결론적인 증거는 되지 못한다. "떡을 떼며"라는 표현은 분명히 일반 식사를 하는 데 사용된 말이었다(예: 눅 24:30). 칼뱅이 매주 주의 만찬 베푸는 것에 호의를 가졌지만, 그 구절들이 사도적인 교회가 매일 혹은 매 주일 성례를 베풀었다는 것을 증명하기 위해 사용될 수 있는 것으로 믿지 않았다.[18]

네덜란드 개혁교회는 일찍부터(1574) 2개월마다 주의 만찬을 베풀었다. 그러나 1905년의 교회 질서에서 "주의 만찬을 가능한 한 자주 베풀되 두 달마다 한 번은 베풀어야 한다."라고 했다.

---

18) John Calvin, Institutes of the Christian Religion, vol. Ⅳ, 17:44, 그의 사도행전 주석 참고

로마교회는 미사를 자주 집행하고 있다. 성례를 은혜의 전달 수단으로 보기 때문이다. 칼뱅 같은 지도자도 처음에는 매주 주의 만찬을 선호했다. 우리들의 현재의 교회 질서는 "적어도 3개월마다 한 번씩"을 말하고 있다. 이것이 매우 적절한 빈도라 생각한다. 주의 만찬은 너무 자주 베푸는 것이 주의 만찬의 성스러움과 효과를 손상할 수 있다. 매년 한두 번 베풀어 너무 적게 베푸는 것은 교회가 필요한 복을 잃게 하는 일이 될 것이다. 두 달마다 베푸는 것이나 수난절 혹은 부활절에 주의 만찬을 베푸는 것은 당회가 유익한 것으로 판단하면 이를 반대할 필요가 없다. 우리 교회 질서는 이에 대한 여유를 주고 있다.

2. 주의 만찬을 베푸는 방법

16세기 교회개혁 후 개혁교회가 당면한 실제적인 문제 가운데 하나는 주의 만찬에 참여하는 자가 떡과 포도주를 서서, 앉아서, 무릎을 꿇고 혹은 걸어가면서 받는 것 중 어느 것이 옳은가 하는 문제였다. 어떤 분들은 주의 상에 대한 경의로 그 요소를 받을 때 무릎을 꿇기를 원했다. 로마교회는 주의 만찬 시 떡과 포도주가 본질적으로 주의 살과 피로 변하는 것을 믿기 때문에 이를 향해 기도하고 존숭하기를 원해 무릎을 꿇었다. 개혁교회는 이렇게 무릎을 꿇는 것은 미신의 위험이 있으므로 이런 관습을 거절했다.

목사가 떡과 포도주를 각 사람에게 줄 때, 참여자가 앉아야 받을 것인지 서서 받을 것인지, 혹은 목사의 손에서 이 요소들을 받기 위해 목사 앞을 지나 걸어야 할 것인지는 합당하게 보는 대로 교회의 자유에 맡겼다. 그러나 목사 앞을 지나면서 받는 관습은 곧 폐기되었다. 네덜란드 첫 번째 총회(1571 엠덴)는 서서 받는 것과 앉아서 받는 것 둘 가운데 하나를 택하게 했다.

차이가 있는 문제로 각 교회의 판단에 맡긴 다른 문제는 모든 주의 만찬 참여자가 한 번에 동시에 참여할 것인지 그룹으로 성례를 베풀 것인지 하는 문제이다. 어떤 교회에서는 신자들의 나뉜 그룹이 앞으로 나와 성찬상에 앉아 한 그룹으로 주의 만찬을 베푼다. 첫 번째 성만찬 집행 후에 둘째, 그 후에 셋째 그룹이 같은 주의 만찬을 반복하여 모든 주의 만찬 참여자들이 참여를 마칠 때까지 계속한다. 주의 만찬 참여자가 많은 큰 교회에서는 이 방법이 지나치게 시간이 오래 걸림으로 합당하지 않을 수 있다. 현재 많은 교회는 한 번만 주의 만찬을 집행한다. 모든 주의 만찬 참여자들이 교회 앞을 향하여 앉고 한 몸으로 참여하게 된다.

같은 주의 만찬 예배에서 몇몇 구별된 집행을 하는 옛 그룹 방법이 여러 교회에서 차츰 중단되기는 했지만 지금도 상당수 교회가 계속하고 있다. 이 옛 방법이 장점이 있기 때문이다. 이를 위해서는 주의 만찬에 참여자들이 그룹으로 전 회중 앞에서 특별한 행위로 주의 상에 그들의 자리를 잡기 위해 앞으로 나아간다. 이 행위에는 고백이 있다. 일어나 앞으로 나아가는 자는 "허물 많고 가난한 죄인으로서 저는 그리스도에게로 피합니다. 저는 그리스도를 필요로 합니다. 나는 그를 나의 구주로 믿습니다."라고 행동으로 선언하는 것이다.

서너 그룹(한 그룹 약 3, 40명)의 상으로 나눌 수 있는 크기의 교회는 이 주의 만찬 방식을 사용하는 것이 매우 유익할 것이라고 생각한다. 필자도 호주 자유개혁교회를 시무하면서 한 성찬상에 약 40명씩 네 번 주의 상을 베풀었다. 이렇게 할 때 주께서 성만찬을 설립하실 때의 모습이 그려지고 더욱 유익된 주의 만찬을 베풀 수 있었다.

한 교회가 주의 만찬을 위해 단지 한 번만의 집행을 유지한다면 주의 만찬에 참여하는 분들이 지정된 좌석을 지켜야 한다. 전 교회당을 통해 떡과 잔을 전할 때 당회가 주의 만찬에 참여할 자들과 참여할 수 없는 자들을 분별하는 것이 거의 불가능함으로 자격 없는 자들이 별 어려움 없이 참여할 수 있을 것이기 때문이다.

옛날부터 어떤 교회들은 주의 만찬 시에 이를 통해 주시는 특별한 은혜를 위해 감사예물을 가져와 드리는 관습을 지켰다. 이것은 아름다운 관습으로 유지되는 것이 좋다. 많은 교회는 이 예물을 가난한 자들을 위해 구별했다. 우리가 주의 상에서 주의 몸의 지체를 기억한다는 것은 좋은 일이다.

주의 만찬을 베풂에 있어서 다른 문제는 공동 컵을 사용하느냐 개인 컵을 사용하느냐 하는 문제이다. 마태복음 26:27, 마가복음 14:23에 따르면 주께서 성만찬을 설립하실 때 공동 컵을 사용했음이 분명하다. "또 잔을 가지사 감사 기도 하시고 그들에게 주시며 이르시되 너희가 다 이것을 마시라.", "또 잔을 가지사 감사 기도 하시고 그들에게 주시니 다 이를 마시매"라고 했기 때문이다. 주께서 이를 의도하셨는지는 확실하지 않지만, 공동 컵은 그리스도인의 일치를 표현하고 있다고 믿는다.

그렇다고 개인 컵의 사용이 성례의 본질과는 관계되지 않는다. 이로써 우리는 상징성을 조금 잃으나 주의 만찬의 본질에 관해서는 잃는 것은 없다. 우리가 공동 컵을 사용하지 않고 개인 컵을 사용할 때 우리가 잃게 되는 것이 있지만 얻는 것도 있다는 것도 알게 된다. 전염병이나 감기가 유행하게 될 때 주의 상에서 입에서 입으로 건너는 공동 컵은 적어도 어떤 주의 만찬 참여자들에게는 자연히 주의가 산만해지고 장애를 초래하게 된다. 개인 컵을 사용함으로 이런 것이 제거될 수 있다. 네덜란드 개혁교회는 일반적으로 공동 컵을 사용했다. 그러나 현재는 여러 교회가(특별히 큰 교회) 개인 컵을 사용하고 있다. 공동 컵과 개인 컵 사용이 성례의 본질에 연관되지 않기 때문이다.

본질적인 것으로 고려되지 않는 다른 문제는 성례를 집행하는 목사가 만찬 참여자들이 떡과 포도주를 나누는 동안 합당한 성경 일부를 읽을 것인지 혹은 회중이 합당한 찬송을 부를 것인지 하는 것이다. 대부분은 떡과 포도주가 전해지는 동안 합당한 성경을 읽고, 그룹으로 성만찬을 거행하는 교회는 주의 만찬 참여자들이 성찬상으로 나오거나 혹은 마치고 떠날 때 합당한 시편 찬송을 부른다.

3. 준비 설교와 적용 설교

개혁교회는 출발 시부터 주의 만찬이 있기 전 준비 설교와 후의 적용 설교에 관심을 기울였다. 개혁교회 첫 총회로 모이기 전 1568년 베젤 공의회에서 이미 주의 만찬은 베풀기 두 주 전에 선언되어 회원들이 바르게 준비하게 하며 장로들이 그들의 구역에 사는 회원들을 방문해야 한다고 규정했다. 1574년의 도르트 총회는 준비 설교는 회개, 자기 시험, 하나님과 이웃과 화해와 같은 제목들을 다루어야 한다고 했다. 그러나 준비 설교와 응용 설교가 확고한 교회의 고정된 관습은 되지 않았다. 하지만 주의 만찬이 있기 전 주일에 준비 설교를 하고 주의 만찬을 마친 후에 적용 설교를 하는 것이 매우 바람직하다. 이를 위해서는 합당한 성경 본문을 택해서 할 수 있고, 그 주의 날에 해당하는 교리문답이 이에 합당할 때 교리문답 설교를 할 수도 있다. 이는 당회와 목사의 판단에 맡겨져야 한다.

제 58 조
주의 만찬에 참여할 수 있는 자

1. 유아 세례를 받은 회원은 정한 의식문을 사용하여, 개혁주의 신조에 따른 공적 신앙고백을 한 후 주의 만찬에 받아들여야 한다. 공적 신앙고백 전에 당회는 신앙고백하기 원하는 동기, 교리, 행위에 관해 시험해야 한다. 또한, 신앙고백하기 전에 주의 만찬에 받아들일 자들의 이름이 회중의 동의를 위해 적어도 한 주일 전에 공표되어야 한다.

2. 연대한 다른 개혁교회로부터 오는 고백 회원은 교리와 생활에 대한 그들의 건전성을 인증하는 증명을 제시할 때에 수찬 회원으로 받아들여야 한다. 같은 규범이 우리 개혁교회와 교회적인 교제를 유지하고 있는 다른 교회들로부터 오는 분들에게도 적용되어야 한다.

3. 위에 언급한 교회와 다른 그리스도 교회로부터 오는 분들은 당회가 교리와 행위에 관해 신중하게 시험한 후에만 수찬 회원으로 받아들여야 한다. 당회는 이런 경우에 공적 신앙고백을 요구해야 할 것인지를 판단해야 한다. 그리고 회중의 동의를 위해 그들의 이름이 회중에게 공표되어야 한다.

1. 유아 세례 회원의 주의 만찬 참여

개혁교회는 유아세례를 받은 분들을 교회의 회원으로 본다. 하지만 그들은 세례에 의한 회원이고 아직 완전한 회원은 아니다. 모든 세례 받은 아이들이 세례받은 자로 충실하고 그리스도 안에서 참 신앙을 나타내며 행동으로 그의 말씀에 진실하다면, 분별력을 가진 나이에 이르자마자 먼저 어떤 허락을 요청할 것 없이 주의 만찬에 참여할 수 있다고 본다. 그러나 실제 사정은 그렇지 않다. 언제나 알곡과 쭉정이가 섞여 있다.

나아가, 주의 상에 합당한 참여는 어느 정도의 성숙과 의식적인 신앙을 요구한다. 모든 유아세례를 받은 자들이 주의 상에 참여할 자격이 있는 것으로 봐야 하는 지의 물음에 대하여 철저한 칼뱅주의 신학자 푸티우스(G. Voetius 1589~1676)는 아니라고 답했다. 그에 의하면 믿음이 실제적 신앙으로 아직 발전하지 않고 잠재적으로 존재할 수 있다. 주의 만찬에 합당한 참여를 위해서는 실제 신앙이 필요하다. 신앙의 본질은 중생에 의해 있을 수 있으나 중생의 열매인 회개와 이에 따른 생활이 있어야 한다.[19] 이런 이유로 본 조항은 "유아 세례를 받은 회원은 정한 의식문을 사용하여, 개혁주의 신조에 따른 공적 신앙고백을 한 후 주의 만찬에 받아들여야 한다."라고 명시하고 있다.

개혁교회에서는 모든 사람이 주의 만찬에 오는 것이 허용되지 않는다. 성례는 예수 그리스도의 피와 성령에 의해 우리의 면죄에 대한

---
19) J. Jansen, op. cit., p.271

표요, 인이다. 그러니 참된 신자들만 면죄를 받았다. 결과 면죄의 표와 인은 그들이 참된 신자라고 믿을만한 이유를 나타내는 자들에게만 주어야 한다.

네덜란드 개혁교회에서는 베젤 공의회(1568)에서 이미 누가 주의 만찬에 허용될 것인가 하는 문제가 일어났다. 이때 공의회는 먼저 신앙고백을 하고 교회의 권징에 복종하지 않은 한 누구도 주의 만찬에 허용되지 않아야 한다고 했다. 이런 규정은 이후 총회에서 반복 확증되었다. 이것으로부터 개혁교회는 처음부터 주의 만찬의 참여가 모든 사람에게 자유가 아니라는 것을 주장했다. 이 문제는 개인의 판단에 맡겨질 문제가 아니다. 교회 직분자들은 주의 상의 수호자이다. 그들은 합당하다고 믿는 사람들만 허용해야 한다. 아르미니안 주의의 교리를 믿는 자들은 주의 상에 참석하고 하지 않는 문제는 개인의 양심에 맡겨야 한다고 주장한다. 많은 사람이 이 주장을 따르고 있다. 그러나 이런 생각은 성례의 성격과 신성에 대해 바르게 평가하지 않는데서 나온 것이다.

유아 세례를 받은 사람이 공적 신앙고백을 하기 위해 신청하게 될 때 두 단계를 거치게 된다. 먼저 그는 당회(혹은 당회의 위원회) 앞에서 시험을 치르고, 다음으로 회중 앞에서는 단순히 몇몇 공식 물음에 긍정적으로 답을 하게 된다.

공적 신앙고백이 교회 내에서 모든 사람이 듣고 보는 가운데 행하는 이유가 있다. 신앙고백을 하는 분들이 이런 행위로 성경에서 우리에게 계시된 기독교의 진리에 관하여 거기 모인 회중과 함께 동의한다는 것과 그들의 유일한 소망은 십자가에 못 박히신 예수 그리스도 안에 있다는 것을 선언하는 뜻에서 그렇게 행하는 것이다.

이 조항은 나아가 "개혁주의 신조를 따라" 신앙고백을 할 것을 규정하고 있다.

여기 신조는 일치 신조, 곧 벨기에 신앙고백, 하이델베르크 교리문답, 도르트 신경 셋을 가리킨다. 이 세 고백 문서는 개혁교회의 공식적인 신조를 이룬다. 우리 교회의 미래의 회원이 할 신앙고백은 이 신앙고백적 진술과 하나가 되어야 한다. 어떤 교회는 회원의 조건으로 그들의 특별한 신조에 대한 동의를 요구하지 않는다. 개혁신앙을 표방하는 장로교회도 일반적으로 직분자들에게 교회의 교리에 동의를 요구하지 일반 신자들에게는 요구하지 않는다. 어떤 분들이 개혁주의 교리에 대하여 의문을 제기하고 거절할지라도 회원의 자격을 부여한다. 그러나 한 교회가 개혁주의 근본 교리를 고백하지 않은 분들을 회원으로 받아들인다면 '개혁주의' 교회로 남아 있을 수 없음이 분명하다. 결국, 교회를 이루는 것은 목사나 장로가 아니고 신자 개인들이다. 모든 교회 회원이 이 교리적 표준을 함께 고백할 때 교회의 일치를 이룰 수 있다. 한 교회의 회원들이 그 교회의 교리적 표준을 성경적인 것으로 고백하지 않으면 그 교회는 힘과 존재 이유를 잃게 된다. 회원에게 그 교회의 교리에 대한 동의를 요구하지 않는 교회는 거짓 교리를 옹호하는 자들에게 문을 열어주는 일이 되며, 이설이 침입할 기회를 주는 것이다.

가끔 우리 중에 유아세례를 받은 자들이 공적 신앙고백을 하고 주의 상에 나오도록 허락을 받는 것을 보고 교회에 드디어 가입하는 것으로 생각하고 말하는 일들이 있다. 이는 크게 잘못된 생각이요, 표현이다. 이런 표현은 믿는 부모들의 자녀들에 관한 개혁주의 언약 개념을 갖지 않는 교회들, 예를 들면 침례교회 등에서 나온다. 개혁교회에서는 공적 신앙고백을 한 회원들뿐 아니라 유아세례를 받은 그들의 자녀들이 모두 교회 회원이다. 그들에게 아직 완전한 회원권이 없지만, 그들이 사는 교회의 조직에 그들을 매는 확실한 끈이 있다. 그들은 외인이 아니고, 그들의 세례로 인해 교회 안에 있다. 결과 그들은 공적 신앙고백을 함으로 교회에 비로소 가담하는 것이 아니다. 내가 날 때부터 한 나라의 시민이면, 나이가 들 때 비로소 시민이 된다는 것은 모순이다. 그러므로 공적 신앙고백을 하는 유아세례 교인은 이로써 완전한 회원의 권리를 받고, 의무를 지게 되지만 비로소 교회에 가담하는 것이 전혀 아니다.

2. 공적 신앙고백 전의 시험

본 조항은 "공적 신앙고백 전에 당회는 신앙고백하기 원하는 동기, 교리, 행위에 관해 시험해야 한다."라고 명시하고 있다. 이는 공예배시에 회중 앞에서 공고백을 하는 것에 대한 언급이다. 공고백이 허락되기 전에 몇 순서를 거쳐야 한다. 첫째가 주의 만찬에 참여하기를 원하는 자들을 언급한 세 가지(동기, 교리, 행위) 문제에 관하여 당회가 시험하는 것이다. 당회가 신청자들에게 그들의 동기에 관하여 묻는 것이다. 당회는 신청자들이 왜 주의 만찬에 참여하고 그리스도를 고백하기를 원하는지 물어야 한다. 이 동기에 대한 물음을 당회가 할 수도 있고, 그 구역 장로들이 직접 방문하여서 할 수도 있다. 나아가 당회는 그 신청자가 성경과 신조를 따라 구원의 교리를 알고 이해하는지 그 가르침을 진심으로 믿는지를 스스로 확인해야 한다. 셋째로 당회는 신청자의 생활이 하나님의 말씀과 조화되는지 알아야 한다. 당회는 신청자의 교리와 생활 양자에 대해 합당한 관심을 기울여야 한다. 이를 위해서는 신청자 개개인을 상대하고 물어야 한다. 교리적 지식과 순수성이 중요하나, 개인적인 경건도 매우 중요하다.

3. 이름들을 회중에게 공표함

본 조항은 또 "신앙고백하기 전에 주의 만찬에 받아들일 자들의 이름이 회중의 동의를 위해 적어도 한 주일 전에 공표되어야 한다."라고 명시한다. 당회 앞에서의 신앙고백은 전 회중 앞에 엄숙하게 공적으로 있게 될 참된 신앙고백에 대한 준비일 뿐이다. 이 이유로 당회 앞에서 신앙고백을 하고, 당회가 신앙고백 하도록 허락하게 된 자들의 이름을 회중에게 공적으로 발표된다. 결과 발표된 분들 가운데 어느 분이 완전한 회원권을 받아서는 안 되는 이유를 아는 분이 있다면 그들이 가진 이유를 당회에 알릴 수 있다. 그때 당회는 그 문제를 살펴볼 수 있고, 그 반대의 이유가 타당하다는 것이 발견되면 그를 위해 고려되었던 신앙고백을 취소할 수 있다. 주의 만찬 참여의 승인과 완전한 회원권의 부여는 회중의 동의 없이 주어질 수 없다. 직분자들이 권위를 가지고 다스리고 어떤 최종 결정을 하지만 교회 회원들이 거기에 관해 아무것도 말하지 못하는 별 중요하지 않은 사람들이 아니다. 교회 회원들이 신자들로서 그리스도의 기름 부음에 참여하고 그리스도 아래 선지자요, 제사장이요, 왕이기 때문에 그들의 협의와 동의가 필요한 것이다.

신청자들의 이름이 일반적으로 두 주일 계속 공표된다. 교회 질서는 적어도 한 번의 공표를 요구하고 있다. 작은 교회에서는 한 번으로 만족할 수 있으나, 두 주일 계속 공표하는 일반적인 관습을 따름이 더 낫다.

4. 다른 개혁교회로부터 오는 고백 회원

본조 2항은 "연대한 다른 개혁교회로부터 오는 고백 회원은 교리와 생활에 대한 그들의 건전성을 인증하는 증명을 제시할 때에 수찬 회원으로 받아들여야 한다."라고 한다.

연대된 우리 교회 중의 한 교회의 완전한 회원인 어떤 분이 그가 속한 교회에서 이주하여 주의 상에 허락받기를 원하고 다른 개혁교회에 완전한 회원으로 인정받기를 원할 때, 그는 그가 떠나는 교회의 당회로부터 회원 증명을 요구하고 이것을 그가 가입하기 원하는 교회 당회에 제시해야 한다. 이 증명이 그가 교리와 생활에서 건전하다는 것을 표명하면 교회와 당회는 그에게 어떤 물음 없이 받아들인다. 우리가 상호 간의 회원 증명을 신뢰하고, 교회 회원 증명에 의해 선한 증거를 제시하는 자들에게 완전한 회원의 특권을 주는 것이 우리 교회 간의 상호이해이기 때문이다. 결과 본 조항은 받음직한 증명을 가지고 오는 자들은 수찬 회원으로 받아들인다는 것을 분명하게 규정하고 있다. 개혁교회는 서로의 회원을 서로에 대한 증거의 서신으로 받아들인다. 이런 증거의 서신 없이 어떤 교회도 우리가 연대한 다른 교회들의 하나로부터 회원을 받아들여서는 안 된다. 우리 개혁교회 선진들은 증거의 서신에 대한 전례를 성경에서 발견했다. 사도행전 18:27에 "아볼로가 아가야로 건너가고자 함으로 형제들이 그를 격려하며 제자들에게 편지를 써 영접하라 하였더니, 그가 가매 은혜로 말미암아 믿은 자들에게 많은 유익을 주니"라고 하였고, 로마서 16:1에 "내가 겐그레아 교회의 일꾼으로 있는 우리 자매 뵈뵈를 너희에게 추천하노니"라고 했다.

그러나 한 교회의 지역으로부터 다른 교회의 지역으로 이사하지 않고, 그가 가담하기를 원하는 교회의 당회가 그를 회원으로 받아줄 것을 요구할 권리를 누구도 가지지 않는다. 그가 속한 교회의 지역으로부터 이사하지 않으면서 불충분한 이유로 그 교회를 떠나기를 원하면 그는 그가 받아주기를 원하는 교회의 당회를 강요할 수 없다. 다른 교회를 향해 한 교회를 떠나는 것이 자의적이고 불합리해서는 안 된다. 그리고 우리 교회 내의 회원권은 당회에 의해 통제되고, 당회는 일반 규칙에 의해 지배를 받는다. 개 회원이 당회가 불규칙한 것을 행하도록 강요할 수 없다.

5. 다른 연대된 교파로부터 오는 분들

본조 3항에서는 우리 교회가 연대한 개혁교회가 아닌 다른 개혁교회나 혹은 우리 개혁교회와 완전한 교회적인 교제를 갖지 않는 교회로부터 오는 분들은 당회가 교리와 생활에 관해 그들을 시험한 후에 수찬 회원으로 받아들여야 한다. 종종 장로교회, 침례교회, 감리교회, 순복음교회로부터 찾아오는 분들이 있을 수 있다. 이들은 모두 당회가 그들의 교리적 신앙과 생활에 관해 시험한 후에만 받아들일 수 있다.

일반적으로 우리와 연대한 교회들로부터 오는 분들이 회원권을 신청할 때 당회의 위원들이 방문하여, 당회에 그 결과를 보고하고, 당회가 그 신청자를 수용하는 데 반대하지 않으면, 회중으로부터 반대가 당회에 제시되지 않는 한 그를 다음 주일에 받아들일 것을 밝히면서 교회에 공표하게 된다. 그러나 당회가 필요하다고 여기면 그 신청자는 전 당회 앞에 나타날 것을 요구받게 되고 거기서 심의하게 된다.

개혁교회가 아닌 감리교회, 침례교회 등에서 오는 분들이 회원권을 신청하면, 조심스럽게 다루어야 한다. 나이와 환경을 고려해야 한다. 이런 분들은 교리 교육반을 통해서나 개인적으로 개혁교회의 교리로 철저히 교육을 받아야 한다. 그리고 그들은 개혁교회의 교리에 동의를 표해야 한다. 이를 어떤 방법으로 할 것인지의 문제는 당회의 판단에 맡겨진다. 일반적으로는 공고백을 거치는 것이 합당하다. 모든 회중이 그 신청자가 참된 신앙을 고백한다는 것을 들을 수 있기 때문이다. 모든 경우에 있어서 우리 청소년들이 주의 만찬에 참여하고 회원권 행사의 특권을 신청할 때 하는 것처럼 회중의 동의를 위해 그 이름들이 회중에게 공표되어야 한다.

C. 목자적 보살핌

제 59 조

교회의 교리 교육

1. 각 교회는 청소년들이 공적 신앙고백을 위해 준비하고, 교회와 세상에서 그리스도인의 책임을 다하도록 교회의 신앙고백서들에 표현된 대로 성경을 가르쳐야 한다.
2. 교리 교육은 당회의 감독 아래 행해야 한다.
3. 교리 교육은 말씀봉사자가 담당해야 하고, 필요하면 당회에 의해 지명된 장로나 다른 분의 도움을 받을 수 있다.

1. 교리문답 교육의 대상

교회의 청소년들이 교리문답 교육의 대상이다. 이는 어린 시절부터 성인이 되기까지의 연령층을 포함한다. 부모는 그들의 자녀들을 구원의 길로 가르칠 엄한 사명을 받았다. 하나님은 그의 언약 백성으로 그가 택한 자들에 대한 매우 특별한 요구를 하고 계신다. 하나님과 그의 백성 사이의 은혜 언약은 자녀를 포함하고 있다. 하나님이 그의 언약에 자녀들을 포함하는 것으로 아브라함에게 하신 말씀은 아직도 유효하다(창 17:7). 이 때문에 사도 베드로는 "이 약속은 너희와 너희 자녀와 …… 우리 하나님이 얼마든지 부르시는 자들에게 하신 것이라."(행 2:39)라고 했다. 하나님께서 부모인 구약 신자들에게 주신 명령은 신약 신자들과 부모들에게도 꼭 같이 해당한다. 하나님은 "오늘 내가 네게 명하는 이 말씀을 너는 마음에 새기고 네 자녀에게 부지런히 가르치며 집에 앉았을 때에든지 길을 갈 때에든지 누워 있을 때에든지 일어날 때에든지 이 말씀을 강론할 것"(신 6:6~7)이라고 하셨다. 이 구약의 명령은 신약에서 "아비들아, 너희 자녀를 노엽게 하지 말고 오직 주의 교훈과 훈계로 양육하라."(엡 6:4)라는 말씀으로 확실히 반복되고 있다. 부모는 그들의 자녀를 하나님의 진리로 양육하고 자녀들이 언약의 표와 인을 받을 때(유아세례 시) 한 약속대로 구원의 진리로 양육을 받게 해야 한다.

각 교회는 이 의무에 관한 책임을 이행할 엄한 의무를 지고 있다. 목사와 장로는 특별히 교회 청소년의 교사로서 봉사해야 한다. 직분자들은 하나님이 목자로 세우신 그 교회의 청소년을 포함한 회원들을 지도하고 가르칠 사명을 가진다.

충분한 교리 지식은 결코 이차적이고 중요하지 않은 것이 아님을 알아야 한다. 한 집의 골조(骨組)는 그 집에 극히 중요하다. 그것이 집을 이룩하고 지탱한다. 그것 없이는 집이 굳게 서 있지 못한다. 그러니 교리와 성경의 가르침 없이 하나님의 구원 계획을 알고 바른 생활을 한다는 것은 불가능하다.

2. 교리문답 교육의 주제

교리문답 교육의 주제는 교회의 신경에 표현된 대로의 성경을 가르치는 것이다. 성경에서 우리는 우리 죄와 저주, 우리 구주 예수 그리스도 안에서의 인간의 유일한 구원 계획에 관한 하나님의 무오(無謬)한 계시를 가진다. 그리고 우리는 교회의 신경으로 이 하나님의 계시의 조직적인 서술을 갖게 된다.

하나님의 특별 계시에 관한 많은 오해가 있고 하나님의 진리에 관한 많은 왜곡이 있다. 많은 사람이 성경에서 우리에게 주신 것을 세상의 지혜와 인간 자신의 생각을 따라 해석하고 나타낸다. 하지만 교회의 신경에서 우리는 우리 구원을 위한 하나님의 계획에 대한 신뢰할 수 있는 설명을 발견한다. 그리스도께서 "진리의 성령이 오시면 그가 너희를 모든 진리 가운데로 인도하시리니 그가 스스로 말하지 않고 오직 들은 것을 말하며 장래 일을 너희에게 알리시리라."(요 16:13)라고 우리에게 약속하셨다. 이제 우리는 교회가 성령의 인도를 받아 부지런히 연구함으로 성경에서 발견한 하나님의 계시의 신뢰할 수 있는 요약을 신경에서 가지고 있다. 성경으로부터 수집된 진리의 체계는 벨기에 신앙고백, 하이델베르크 교리문답, 도르트 신경에 나타나 있다. 이것이 일치 신조(Three Forms of Unity)이며, 우리 교회의 청소년들의 성경적인 교육은 이 신경의 공식적인 내용과 조화되어야 한다.

3. 교리문답 교육의 목적

교리 교육의 목적에 관해서는 이미 앞선 단락에서 함축적으로 언급했다. 그러나 교회 질서는 이에 관하여 특별한 답을 주고 있다. "청소년들이 공적 신앙고백을 위해 준비하고, 교회와 세상에서 그리스도인의 책임을 다하도록" 하기 위해서라고 한다. 개혁교회는 우리 청소년들이 주의 만찬에 참여하기 위해 당회의 허락을 받기 전에 그리스도를 구주로 믿는다는 신앙고백을 할 것을 기대한다. 이 신앙고백은 개혁교회의 신조를 따라 하게 된다. 청소년이 이 신앙고백을 책임 있게 하게 하려고 그들은 개혁교리로 가르침을 받아야 한다.

그리고 선한 교리교육 프로그램은 우리 청소년이 교회와 세상에서 기독교인의 책임을 다하기 위해 준비하게 하는 것을 의미한다. 가끔 교리교육의 목적은 우리 청소년을 유아세례로부터 주의 만찬으로 인도하는 것이라 말했다. 하지만 이 제시로서 충분하지 않다. 우리교리반은 우리의 자녀가 언약의 하나님을 위해 빈틈없는 삶을 살도록 준비하게 하는 것을 목적으로 한다. 교회에서 그들은 진리와 오류를 구별할 수 있어야 한다. 세상에서는 주의 편에 항상 서 있고 그의 뜻을 항상 열심히 좇는 신실한 그리스도인으로 나타나야 한다. 인간 삶의 여러 영역에서 그들은 죄와의 타협과 죄악적 행위에 함께 하는 것을 거절하는 하나님의 아들과 딸로 살아야 한다.

교리교육에 대한 철저한 조직은 하나님의 축복으로 이 목적을 이루는 데 크게 이바지하게 될 것이다. 오래전 한 선지자가 이렇게 탄

식했다. "내 백성이 지식이 없으므로 망하는도다."(호 4:6) 오직 하나님의 말씀에 대한 충분한 지식이 우리 교회를 보존할 것이고, 하나님이 신실한 남녀, 아버지 어머니를 통해 그의 교회를 세우기를 기뻐하신다는 사실을 우리는 알아야 한다.

4. 교리교육은 당회의 책임

본조 2항은 교리의 교육은 당회의 감독 아래 행해야 한다고 한다. 교리 교육은 우리 교회가 청소년들에게 주는 공식적인 교회적 교육이다. 이 교육은 목사와 장로들의 의무이다. 필요하면 당회는 다른 분도 이를 위해 지명할 수 있다. 전 당회는 이 중요한 일을 위한 책임을 진다. 당회가 주일에 말씀의 봉사를 감독하는 것처럼, 당회는 교회의 청소년을 위한 교리 교육을 감독한다.

당회는 교육이 신경을 따라 하나님의 말씀과 조화되는지, 사용되고 있는 방법이 추구하는 목적을 이루는 데 효과적인지, 교리반에 할당된 시간이 충분한지, 청소년들이 충실히 참석하는지를 살펴야 한다. 당회는 종종 여러 교리반을 방문하는 위원회를 임명할 수 있다. 혹은 매년 교리반을 방문하는 고정위원회를 둘 수도 있다. 이 위원회는 방문의 결과를 정기적으로 당회에 보고해야 한다. 그리고 당회는 교리교육의 현재 형편에 대하여 잘 알고 있어야 한다.

본조 3항은 교리교육의 의무를 말씀봉사자에게 먼저 돌린다. 그는 주일에 전 회중을 위한 말씀봉사자일 뿐 아니라, 교리반에서 특수한 말씀의 교육을 위한 봉사자이기도 하다. 그는 당회원 중에서 이 교육 영역에 전문인이다. 그는 이 영역을 위해 훈련을 받아왔고 경험을 쌓았다. 하지만 많은 교회에서 목사는 보조 교사를 필요로 한다. 이때 책임은 장로들이 지게 된다. 필요하면 당회는 유능한 다른 분들을 임명할 수 있다. 그러나 할 수 있는 대로 직분자 아닌 분보다는 장로를 우선해야 한다.

> 제 60 조
>
> 기독교 학교 교육
>
> 당회는 반드시 부모들이 최선을 다해 그들의 자녀들을 언약의 요구를 따라 개혁교회 신앙고백서 안에 요약된 대로 하나님의 말씀과 조화되는 교육을 하는 선한 기독교 주간 학교를 조직하고 유지하도록 촉진해야 한다. 이런 학교를 가질 수 없는 형편에 있을 때, 부모들은 최선을 다해 언약의 요구에 따른 자녀 교육의 의무를 다해야 한다.

부모들이 그들의 자녀들이 유아세례를 받을 때 한 약속 중의 하나가 부모가 그들의 자녀에게 교회의 교리와 조화되는 교육을 하도록 주의를 기울이는 것이다. 여기 강조점은 당회가 이에 대해 부모를 감독하는 의무를 지고 있다는 데 있다.

성경의 가르침에 의하면 자녀 교육의 책임은 국가나 누구에게 있지 않고 부모에게 있다(신 6:7, 11:19, 엡 6:4). 아이들은 계속 부모에게 속하고, 교회나 국가에 속한 것으로 언급되어 있지 않다. 그러므로 책임은 항상 부모에게 지워져 있다. 주의 말씀은 어느 곳에도 국가나 교회에게 자녀 교육의 책임을 지우고 있지 않다. 교회에 관해서는 교회의 머리이신 그리스도의 삼직에 따라 교회는 말씀을 전하고, 그의 이름으로 자비를 나타내며, 그의 주권 아래서 그의 교회를 다스린다. 교회는 그의 선지자적 책무 때문에 가르칠 책임을 지고 있다. 그러나 교회가 가르치도록 요구를 받은 주제는 천국의 복음에 속하고, 특별 은혜의 영역에 한정된다. 예외로만 교회가 소위 세속적 과목, 예를 들면 읽기, 쓰기, 등을 가르치도록 허용이 된다. 이유는 이런 것들은 교회의 안영(安榮)에 단지 이차적인 중요성이기 때문이다. 이들은 교회의 핵심에 속하지도 책무에 속하지도 않고, 교회에 절대적으로 필요한 것이 아니다. 그래서 교회는 천국의 복음과 교리에 속한 것만 가르쳐야 한다.

선한 기독교 주간 학교의 조직과 유지는 믿는 부모들이 그들의 자녀들의 유아세례 시 행한 약속을 하나님 앞에 지키기 위해 필수적이다. 그런고로 부모는 이를 위해 최선을 다하고 자녀를 갖지 않은 주변의 회원들도 하나님의 나라 건설에 이바지하는 뜻에서 이에 적극적으로 협력해야 한다.

선한 기독교 주간 학교의 조직과 유지를 위해서는 당회가 가정 심방 때에 부모들이 이를 위해 그들의 최선을 다하도록 설득하고 독려해야 한다. 나아가 당회는 기독교 주간 학교의 필요성과 가능성을 토론하는 모임을 주선하는 것도 좋다. 당회는 목사가 특별히 설교에서 이 문제를 기억하도록 독려해야 한다.

교회 회원들이 수가 너무 적거나 상당수 가족이 한곳에 오래 정착할 수 없는 상황에 있을 때 주간 학교를 조직하고 유지한다는 것은 불가능할 수 있다. 이럴 때는 이차적인 선한 길을 택할 수밖에 없다. 주변에 가장 개혁교회 신조에 가까운 교리를 유지하고 가르치는 학교에 자녀들을 잠정적으로 보낼 수 있고 교회 회원 부모들이 상호 협력함으로 자택에서 교육할 수도 있다. 부모들은 그때를 따라 그들 자녀가 유아세례를 받을 때 약속한 대로 언약에 따른 교육을 하기 위해 최선을 다해야 한다.

> 제 61 조
>
> 클럽활동
>
> 당회는 하나님 말씀의 연구를 위해 회중 안에 클럽(동아리) 활동을 장려해야 하고, 특별히 조언과 충고로 청소년 클럽을 돌봐야 한다. 모든 클럽은 당회의 감독 아래 있어야 한다.

1. 당회의 클럽활동의 장려

개혁교회에는 일찍부터 남 청년회, 여 청년회, 장년회, 부인회 등의 다양한 클럽들이 조직되어 활동했다. 이 클럽들의 목적은 하나님의 말씀에 대한 공동의 연구였다. 이 클럽들은 자주 우리 기독교 생활에 관련된 여러 가지 실제적인 문제를 생각하고 토론했다.

주일에 신실한 교회 출석이 기독교 생활건설을 위해 매우 중요하고 신실한 교리교육도 중요하다. 하지만 교회 안의 여러 클럽도 매우 중요한 자리를 차지하고 있다. 이 클럽이 여러 가지 문제들에 대한 서로 자유로운 생각을 교환하는 토론의 기회를 제공한다. 그리고 회원으로 스스로 생각하고 연구하게 한다.

이 조항은 또한, 당회가 하나님 말씀의 연구를 위해 회중 안에 클럽활동을 장려해야 한다고 한다. 당회는 여러 클럽을 위해 합당한 모일 장소를 마련함으로 클럽 활동을 촉진할 수 있고, 모든 교회 회원이 이 회 중 하나에 가입할 수 있도록 격려함으로 클럽활동을 촉진할 수 있다. 당회원들은 특별히 가정 심방 때에 클럽활동 참여를 격려할 수 있다.

본 조항이 말하는 조언과 충고는 모든 클럽에 적용되지만, 특별히 청소년 클럽에 관계된다. 우리 청소년은 특별히 조언과 충고가 필요하다. 그들은 더욱 성숙한 그리스도인들 보다 덜 안정되어 있다. 목사는 특별히 젊은이들과 친근하고 동정적인 입장에서 사귀고 돕도록 힘써야 한다.

2. 회에 대한 당회의 감독

본 조항은 모든 클럽은 당회의 감독 아래 있어야 함을 언급하고 있다.

교회 내의 클럽들은 다 그 교회에 속해 있으므로 교회에 대한 감독의 권위를 가진 당회가 이 클럽들에 대한 감독권을 가지고 있다. 여기 클럽이라는 것은 당회로부터 인정을 받고, 교회 건물 안에서 규칙적으로 모이며, 그 클럽의 규칙에 대한 승인을 받고, 직접 간접으로 성경의 연구를 중요한 목적으로 하는 모임을 의미한다.

여기 당회의 감독이란 당회가 클럽을 운영한다는 것을 의미하지 않는다. 어떤 당회도 어떤 클럽의 내부적인 일을 다룰 권리를 가지고 있지 않다. 각 클럽은 자체의 계획을 세우고, 자체의 규칙을 가지며, 자체의 운영위원들을 선출하고, 자체의 모이는 시간을 결정한다. 그러나 각 클럽은 당회의 승인과 감독을 받는다. 이는 어떤 때라도 비성경적이고 비개혁주의적인 가르침이 그 클럽에서 있다면 당회는 이를 다룰 수 있는 완전한 권리를 가진다. 이런 일이 계속된다면 연관된 개인들은 당회의 책망과 권징의 대상이 된다.

교회 안에 있는 어떤 클럽이 그들이 전에 시작한 길에서 벗어날 위험이 항상 있다. 하나님 말씀의 연구와 그리스도인들의 생활 원리를 연구하기 위해 조직되고 인정을 받은 클럽이 이 고상한 이념을 망각하고, 모든 종류의 활동에 관여하기 시작할 수 있다. 예를 들면 청소년 클럽이 오락 활동이나 운동경기를 그들 조직의 목적으로 만들 수 있다. 이때 이 클럽들은 그릇된 길에 들어선 것이다. 당회는 곧 이 잘못된 길에 대해 주의를 환기하고 교정에 나서야 한다.

제 62 조

회원 증명서

1. 자매교회로 이동하는 수찬 회원에게는 회중에게 광고한 후에 당회를 대표하여 당회원 두 분(통상적으로 의장과 서기)이 서명한 그 회원의 교리와 생활에 관한 증명서를 주어야 한다.

2. 비 수찬 회원의 경우에는 이러한 증명서를 관련된 교회의 당회에 직접 보내야 한다.

3. 자매교회가 없는 지역으로 이동하는 분들은 그들의 요구를 따라 전 주거지 교회의 회원권을 유지하게 하거나, 가장 가까운 자매교회에 회원증을 보낼 수 있다.

1. 회원 증명서

여기 언급한 회원 증명서는 한 교회를 떠나 다른 교회에 소속을 원하는 분에 관한 한 교회로부터 다른 교회에 보내는 서신을 의미한다. 어떤 분이 한 곳에서 다른 곳으로 옮길 때 정상적인 환경 아래서는 새 거주지에 있는 자매교회에 가담하기를 원한다. 이 목적을 위해 그는 그가 가담하기를 원하는 교회를 위해 그가 떠나는 교회로부터 회원 증명서를 요구한다. 이 회원 증명서는 당사자가 교리와 생활에 있어서 건전하고 그가 가담하기를 원하는 교회의 회원으로 받아들이는데 합당하다는 것을 밝히는 인증서이다.

그러므로 이 회원 증명은 언제나 한 당회가 다른 교회 당회에 보내는 추천서이고 증명서이다. 회원 증명에는 당회를 대표하여 당회원 두 분(통상적으로 의장과 서기)이 서명하게 되고 본인에게 주어 본인이 새 거주지 교회의 당회에 제시하게 된다. 개혁교회가 이 회원증을 청원자에게 직접 주고, 새 거주지 당회로 직접 우송하지 않는 것은 회원들의 신앙인격을 신뢰하기 때문이다.

현재 한 교회에서 다른 인근 자매교회로 옮기려는 분의 회원증 요구에는 당회가 재량을 갖되 그릇된 인간적인 동기는 마땅히 거절되어야 한다. 합당하지 않은 요구를 받은 당회는 그들의 책임을 등한하지 않아야 하고, 교회의 영적 안영(安榮)에 거스르는 것을 행하도록 강요를 받지 않아야 한다. 회원증은 이미 언급한 대로 당회에 의해 발급되고, 내용에 관하여는 당사자의 신앙과 생활에 관한 증서이어야 한다.

2. 유아세례 회원

유아세례 회원들도 그들의 거주지의 세례 회원이 되기 위해서 유아세례의 증명을 받을 자격이 있다. 유아세례 회원은 목자적 보살핌인 그리스도 교회의 교육과 훈계가 필요하다. 이를 위해 그들은 그들 지역 교회의 영적 보살핌 아래 있어야 하고 그 지역의 교회는 이런 회원을 그 교회의 보살핌 아래 두기를 원해야 한다.

수찬 회원의 회원증은 당회가 본인에게 직접 주지만, 유아세례 회원증은 당회가 일반적으로 그들 새 거주지의 교회로 우송하게 된다. 그러나 그가 세례증을 개인적으로 새 거주지 교회에 제시하기 위해 직접 받기를 원하면, 이런 요구는 존중해야 한다. 그러나 당회는 그곳 당회가 신속히 그를 접촉하도록 그 당사자의 이름과 주소를 우편으로 알려주어야 한다. 이는 수찬 회원의 경우에도 회원증은 당사자가 직접 새 거주지의 당회에 제출하도록 주지만 이에 대한 소식은 새 거주지의 당회에 우편으로 알려야 한다. 이런 관습이 연대한 자매 교회 간에 일치를 유지하고, 교회 회원을 영적으로 효과 있게 관리하는 바른 방법이다.

3. 자매교회가 없는 지역으로 주거를 옮기는 회원

자매교회가 없는 먼 지역으로 옮기는 회원들이 현재까지 있는 교회의 회원권을 그대로 유지할 수 있다. 그러나 그들은 하나님 앞에 스스로 설명할 수 있는 특별한 경우나, 환경이 다급한 경우 외에는 이런 이동을 하지 않아야 한다. 이는 자신들에게나 자녀들의 영적 생활에 유익하지 않기 때문이다. 나아가 이런 회원들은 그들의 새 거주지에서 가장 가까운 자매교회가 가끔 예배에 참석할 수 있을 만큼 가깝고, 그 교회의 당회가 가정 심방을 통해 목자적 관리를 할 만큼 가깝다면 그 교회에 가입하는 것이 매우 바람직하다. 만일 그 가장 가까운 교회가 너무 멀다면 자신들과 자신들의 환경을 잘 아는 이동하기 전의 교회에 회원권을 계속 유지할 수 있다. 먼 곳에서 회원권을 유지하는 분은 일정한 간격으로 당회에 그의 현재의 사정과 형편에 관하여 당회에 서신으로 알려야 한다. 그리고 그는 그가 회원권을 유지하는 교회에 주의 일을 위해 드릴 것을 기쁘게 드려야 한다.

> 제 63 조
> 혼인
>
> 1. 하나님의 말씀은 혼인이 한 남자와 한 여자 사이의 결합이라는 것을 가르친다.
> 2. 당회는 교회의 회원은 반드시 주 안에서만 혼인하도록 해야 하고, 당회에 의해 권한이 주어진 목사만이 하나님의 말씀에 일치하는 혼인만 주례하도록 해야 한다.
> 3. 혼인예식은 사적인 예식으로나, 혹은 공예배 중에 행할 수 있다. 이때 혼인 예식을 위해 채택된 의식서가 사용되어야 한다.

1. 결혼은 한 남자와 여자의 결합

결혼은 매우 중요한 창조 시에 하나님이 친히 설립한 것으로 우리가 소중히 여기고 지켜야 할 제도이다. 하나님은 한 남자와 한 여자를 연합하여 둘이 한 몸이 되게 하셨다(창 2:18~24, 막 10:9). 결혼은 철두철미하게 한 남자와 한 여자의 결합이다. 그러므로 남자와 남자, 여자와 여자가 결합하는 것은 하나님이 창조 시에 세우신 제도를 배반하고 순리를 떠나 부끄러운 일을 행하는 것이다(롬 1:24~27). 오늘날 여러 나라가 법적으로 수용하고, 자유주의 신학을 좇는 상당수 교회도 허용하고 있는 동성 간의 동거나 혼인은 하나님이 세우신 제도에 대한 반역이며, 타락한 인간 본성의 추종이다. 교회는 이런 무서운 죄를 크게 경계해야 한다.

2. 주 안에서 결혼

결혼이 사람에게 순수한 복이 되기 위해서는 사도 바울이 우리에게 이른 대로 "주 안에서만" 해야 한다(고전 7:39). 모든 당회는 그들의 영적 보살핌 아래 있는 자들을 주 안에서만 결혼하도록 가르치고 주의 시켜야 한다. 목사는 설교와 교리반에서 때때로 청소년들에게 결혼에 관한 하나님 말씀의 요구에 관하여 가르칠 기회를 가져야 하며, 불신자와 연합할 위험에 있는 자들에게 주의 시켜야 한다. 장로들도 기회가 있을 때마다, 특별히 가정 심방을 할 때 부모와 청소년들에게 이를 타이르고 가르쳐야 한다.

결혼식 집행은 당회가 권리를 부여한 목사만 할 수 있다. 결혼 예식은 공식적인 말씀 봉사와 관계가 있다. 목사가 당회의 허락 없이 누구에게 요구를 받는 대로 결혼 주례를 설 수 없다. 결혼은 교회와 밀접한 관계가 있으므로 교회에 인정을 받아야 하고, 교회가 아는 가운데 진행되어야 한다. 그러므로 결혼 전에 교회에 이에 대해 공표되어야 한다. 교회 회원의 결혼은 교회에 많은 것을 의미하고 있다. 이는 하나님께서 교회의 씨를 통해 언약 안에서 그의 교회를 세우시기 때문이다. 하나님은 출생하게 되는 자녀에 의해 그의 교회를 계속하시고 넓혀 가신다. 그리스도인 가정을 통하지 않고는 교회가 줄어들게 되고 무너지게 마련일 것이다. 그러므로 당회는 회원의 결혼이 주 안에서 이루어지도록 세심한 목자적 지도와 관리를 해야 한다.

3. 두 결혼 예식 중 하나 선택

본 조항은 결혼 예식은 "사적인 예식으로나, 혹은 공예배 중에 행할 수 있다."라고 명시하고 있다. 사적인 예식은 형편을 따라 합당한 장소를 택해서 할 수 있다. 하지만 이런 때도 교회 회원들이 참석할 수 있는 장소와 시간을 고려해야 한다. 공예배 중에 할 수 있다는 것은 교회 공예배를 드릴 때 할 수 있다는 것이다.

결혼 예식을 위해서는 교회가 공식으로 채택한 혼인 의식서가 사용되어야 한다. 이 속에는 결혼에 임하는 신랑과 신부에게 주는 성경적인 훈계와 약속, 기도가 포함되어 있다.

참고: 금지된 결혼

성경은 레위기 18:6~28, 20:10~21에서 금지된 결혼에 관하여 가르쳐 주고 있다. 특별히 근친상간, 반자연적 성관계에 관하여 상세히 다루고 있다. 오늘도 우리는 이 말씀에 귀를 기울여야 한다. 옛날 애굽과 가나안의 도덕 생활의 수준이 매우 낮았던 것처럼, 오늘날 이방인들의 도덕 수준도 낮다. 주의 백성은 이런 수준 낮은 이방 백성들의 죄를 따르지 않아야 한다. 주님은 그의 백성 이스라엘에게 "너희는 내 명령을 지키고 너희가 들어가기 전에 행하던 가증한 풍속을 하나라도 따름으로 스스로 더럽히지 말라. 나는 너희의 하나님 여호와이니라."(레 18:30)라고 하셨다. 이 말씀은 오늘 그의 백성인 우리에게도 주시는 하나님의 말씀이다.

> 제 64 조
>
> 교적부
>
> 당회는 회원들의 이름들과 그들의 출생, 세례, 죽음, 공적 신앙고백, 혼인, 회원의 영입, 퇴거, 권징 등의 날짜들이 올바르게 기록된 교적부를 유지 보존해야 한다.

1. 교적부를 보존할 이유

당회가 회원들의 이름, 출생, 세례 등에 대한 기록을 보존해야 하는 이유는 첫째, 교회는 어떤 청소년이 세례받고 교회에 속해 있는가를 알고 당회가 그들을 영적 보살핌 아래 두기 위해서이다. 둘째는 세례가 언제 베풀어졌는지를 알기 위해서이다. 분별할 나이에 이르고도 은혜로 받은 구원에 감사하지 않는 자들은 책망을 받아야 한다. 이를 위해서 직분자들은 공적 신앙고백을 하지 않는 회원들의 나이를 알아야 한다. 셋째, 청소년들은 종종 부모와 함께 다른 교회로 이동하는 일이 생긴다. 이때 그들의 세례와 세례의 때가 이주하는 가족이 가담하기 원하는 교회에 증명되어야 한다. 이 같은 것이 다른 교회로 옮기는 자들에 관해서도 마찬가지이다.

2. 교적부에 기록되어야 할 사항

"회원들의 이름들과 그들의 출생, 세례, 죽음, 공적 신앙고백, 혼인, 회원의 영입, 퇴거, 권징 등의 날짜들"이 교적부에 기록되어야 한다. 이들 정보가 다 같은 무게를 갖지는 않으나 역사적인 사실은 매우 중요하다. 이 정보 중 어떤 것은 목사와 장로의 목자적인 보살핌에 큰 도움이 될 수 있다. 이는 집사들의 자비의 봉사에도 마찬가지이다. 가끔 정보를 얻는 유일한 원천은 교회 교적부일 수 있다.

회원의 영입은 다른 교회로부터 교회 회원증를 가지고 오는 분을 받아들인 것을 의미하고, 회원의 퇴거는 교회회원증을 가지고 다른 교회로 떠나는 분들을 의미한다.

세례받은 아이들의 이름은 당연히 그들의 부모와 함께 기록되어야 한다. 바른 증명은 부모의 이름이 세례를 받은 자녀의 이름과 함께 기록될 것을 요구한다. 부모는 자녀의 세례 시에 매우 엄숙하고 의미 있는 서약을 한다. 그들은 하나님 앞과 그의 교회 앞에서 그들의 자녀의 양육에 관하여 약속을 한다. 그런고로 부모의 이름은 이 의무를 진 사실에 대한 증거로 기록되어야만 한다.

부모는 그들의 자녀를 위한 이름을 택할 때 모든 종류의 이름으로부터 자유롭게 택할 수 있는가? 교회는 부모가 택한 어떤 이름으로라도 그 아이에게 세례를 줄 수 있는가? 그들의 자녀들에게 이름을 지어주는 것은 부모의 특권이다. 그러나 이것은 어떤 이름이든 마음대로 줄 수 있는 것은 아니다. 예를 들면 어떤 아이도 하나님의 성호와 연관된 이름으로 불리지 않아야 한다. 임마누엘, 예수 같은 이름을 붙여 주어서는 안 되고, 누구도 이런 이름을 가진 아이에게 세례를 주는 데 동의하지 않아야 한다. 그리고 부모는 자녀에게 천사의 이름을 지어 주는 것도 피해야 한다. 어떤 부모도 그들의 아이에게 가인이나 유다나 이사벨이라 부르기를 원하지 않을 것이다.

> 제 65 조
>
> 장례
>
> 장례는 교회적인 일이 아니고 가족적인 일이므로 이에 맞게 행해져야 한다.

1. 장례는 교회적인 일이 아님

로마교회는 교회적인 장례 예배를 한다. 사제가 죽은 자를 위해 기도한다. 교회의 종을 울리는 것도 장례 의식 중에 속한다. 이는 악신을 추방하고, 교우들이 죽은 자를 위해 기도하도록 하기 위해서이다.

개혁교회는 교회적인 장례를 인정하지 않는다. 공식적인 교회 장례는 불필요하다. 교회는 장례 때에 이행할 아무런 기능을 갖지 않는다. 교회는 산자와 더불어 일하고, 산자를 위해 일한다. 하나님은 그의 교회에 산자를 위한 분명한 책무를 주었지, 죽은 자를 위해서는 전혀 책무를 주지 않았다. 먼저 사람의 죽음은 그의 영원한 상태를 결정하기 때문이다. 주 안에서 죽은 자들은 교회에 의한 어떤 일도 더 이상 필요하지 않다. 그들은 연옥에 있지 않고 하늘에 있다. 주 밖에서 죽은 자들은 영원히 잃은 바 되고, 교회가 미칠 수 있는 범위 밖에 있다. 둘째로 교회는 죽은 자의 장례에 관하여 하나님으로부터 어떤 책무도 받지 않았다. 왜냐하면, 죽은 자들의 친족과 형제들이 책임지고 돌볼 문제이기 때문이다.

나아가, 개혁교회는 교회 장례 시에 하는 설교나 추모사 등에서 하나님의 말씀에 배치(背馳)되는 내용이 종종 나타남으로 교회에 유익보다는 손해를 초래하는 것을 보아왔기 때문에 교회적인 장례에 대해 부정적으로 보아 왔다. 한국장로교회에는 교회적인 장례를 치르는 일이 많다. 총회장, 노회장, 교회장이란 이름으로 교회적인 장례를 집행하고 있다. 이때 종종 하나님의 은혜보다는 죽은 자의 공로를 내세우는 일이 많다. 그뿐만 아니라 성경적인 교훈과는 전혀 다른 내용의 추모사 내용을 듣게도 된다.

2. 장례 예배가 아닌 장례

우리가 일반적으로 죽은 자의 장례에 관해 준수하는 근엄한 행사는 전문적인 말로 교회 장례가 아니다. 당회가 이 장례의 책임을 지고 있지 않고, 친족들이 책임을 지고 있다. 우리 집이 충분하게 넓거나 장례 회사가 여유 있는 홀을 가지고 있으면 장례를 위해 교회당을 사용할 필요가 전혀 없다. 목사는 이때 공식적으로 하나님의 말씀을 선하지 않고, 교회 회중에게 말씀을 전하지 않는다. 목사는 단지 슬퍼하는 가족과 그들의 친구들에게 합당한 말을 하는 것이다.

우리 교회가 공식적으로 장례 예배하지 않으나 교회 건물이 장례를 위해 가끔 사용되는데, 이때 당회는 이를 위해 어떤 조건을 제시할 권리를 가진다. 장례를 위해 교회당 사용을 요구할 때, 당회는 일정한 조건하에 그 요구를 허락해야 한다. 예를 들면 장례에서 어떤 세속적인 노래를 부르거나 큰 화환을 가져다 진열하는 일은 허락되지 않아야 한다.

3. 화장 혹은 매장

성경이 죽은 몸을 태우는 것을 금하지는 않으나, 신구약 시대에 매장이 원칙이었다. 족장들이 매장되었다. 하나님이 친히 모세를 묻으셨다(신 34:5~6). 나사로가 무덤에 있었다. 우리 주 예수 그리스도가 친히 무덤에 장사되었고 화장되지 않았다. 고대교회에서 매장이 일반적 관습이었다. 이와는 달리 많은 이방인은 그들 가운데 죽은 자들의 몸을 불로 살랐다. 하나님이 이스라엘 백성에게 불사르게 명하신 예는 큰 죄인의 경우이다(레 20:14, 21:9, 수 7:15). 오늘날 많은 분이 물질 중심의 불신으로 화장을 선호한다. 기독교적 장례는 부활의 소망과 기대를 나타내고 있다. 씨가 뿌려짐 같이 몸은 썩을 것으로 심겨지나, 그것이 썩지 아니할 것으로 다시 일어나게 될 것이다(고전 15:35~49).

IV. 교회의 권징

A. 일반적 항목

제 66 조

교회 권징의 성격과 신자들의 책임

1. 교회 권징은 영적 성질에 속하기 때문에 영적 방법의 사용을 요구한다.
2. 당회에 의한 훈계와 권징의 시행은 사랑 안에서 서로 살피고 훈계하는 신자들의 책임을 동반한다.

1. 교회 권징의 성격

도르트 교회 질서가 원래 교회 권징에 관해 언급한 조항은 다음과 같은 말로 시작되었다. "기독교 권징은 영적인 성격에 속하고, 아무도 정부의 재판이나 당국에 의한 형벌에서 면죄를 받지 못하는 것처럼, 정부의 형벌 외에 교회적 견책이 있다." 개혁교회는 처음부터 교회가 국가를 지배해야 한다거나(로마교회) 국가가 교회를 지배해야 한다(동방교회, 원래 루터의 이념)고 믿지 않았다. 칼뱅은 제네바에서 국가로부터의 교회의 독립성을 강하게 주장했고 여러 해 동안 제네바 교회 질서에 교회 권징의 조항을 보존하기 위해 투쟁했다 그러나 시 당국은 이 조항의 폐기를 원했다. 그래서 1555년까지 제네바에 교회의 성경적 권리와 의무가 확립되지 못했다. 칼뱅은 교회 권징의 필요성을 계속 강조했다. 프랑스 개혁교회와 스코틀랜드 교회도 마찬가지였다. 네덜란드 교회는 첫 번째의 일반적인 개혁교회 모임인 베젤 공의회(1568)가 교회 권징에 관련된 21개 조항을 받아들였다.

하지만, 이로써 개혁교회는 죄인을 형벌할 의무와 권리를 국가로부터 빼앗으려는 것을 의미하지 않았다. 개혁교회는 교회와 국가가 하나님으로부터 받은 주권 영역과 책임이 있다는 것을 주장했고, 지금도 이를 그대로 주장하고 있다. 기독교 권징은 영적 성격에 속하고 누구도 교회의 권징을 받음으로 국가의 재판이나 형벌에서 면제되지 않는다.

교회적인 벌은 영적 성격을 가진다. 그리스도는 그가 세우신 직분자들에 의해 집행되는 영적 권위를 그의 교회에 주셨다(엡 4:11~16, 고전 12:28, 히 5:4). 이 영적인 벌을 집행함에 영적 수단 곧, 책망, 경고, 견책, 유죄선고, 출교가 사용된다.

우리가 주목할 것은 우리 교회 질서는 단순히 교회 권징을 시행할 때 따라야 할 어떤 원리만 가르치고 있다. 교회 질서는 어떻게 조사를 해야 하며, 최종 단계인 출교 전에 얼마 동안 권징해야 할 것인가 하는 데 대해 상세히 말하지 않고 있다. 정부는 안내를 받는 구체적인 형법을 가지고 있다. 교회는 외적인 형벌을 추구하지 않고, 죄인을 구원하고 하나님의 영광을 촉진하기를 구하기 때문에 형법을 가지고 있지 않다. 이 목적을 이루기 위해서는 경우마다 그 자체의 특별한 환경을 따라 다루어져야 한다. 바라는 목적이 이루어지면 교회의 권징은 끝나게 된다.

개혁교회 이념에 따르면 권징은 형벌과 같은 것이 아니다. 국가는 범한 잘못을 바르게 하고, 공의를 지키기 위해 형벌을 준다. 이 원리는 국가가 형벌을 적용하는 데 중요하다. 그러나 교회적 영역에서는 교정의 원리가 중요하다. 이 때문에 교회의 권징은 벌보다는 질책이다.

2. 교회 권징의 필요성

럿거스(F.L. Rutgers)에 의하면 교회가 권징을 시행할 권리와 의무는 다음 네 가지 근거에서이다.[20]

A. 직간접으로 권징을 명하는 성경 장절들

1) 마태복음 18:15~18은 분명히 교회가 견책, 출교할 권리와 의무를 진다는 것을 알려준다.

2) 마태복음 16:16~19에는 그리스도께서 베드로에게 묶고 풀 권세를 주신다. 분명히 그리스도는 여기서 베드로를 모든 사도의 대표로 보시고 말씀하고 있다. 왜냐하면, 요한복음 20:23에 같은 권세가 모든 사도에게 돌려지고 있기 때문이다. 그러나 사도들은 단지 신약교

---

20) F. L. Rutgers, Kerkelijke Adviezen, Tweede Deel, J.H. Kok, 1922, Kampen, pp. 235-316.

회의 대표자들이다. 그러니 우리는 마태복음 16:16~19과 요한복음 20:23에서 그리스도께서는 교회에 권징을 시행할 사명을 주신 것이라 결론을 내릴 수 있다.

3) 고린도전서 5장에 사도 바울은 고린도 교회 안에 있는 큰 죄를 범한 자에게 출교를 명하고, 고린도후서 2:7에는 그를 다시 받아들일 것을 지시하고 있다.

4) 하나님의 말씀은 여러 장절에서 이단들이나 주를 부인하는 자들과 교제하지 말라고 한다(계 3:14~16, 딛 3:10~11, 요이 1:10).

B. 구약은 하나님이 죄인들을 하나님의 회중에서 제거할 것을 명하신다(출22:20, 레 24:11~16).

C. 여러 교부(Cyprianus, Tertullianus 등)가 말하는 대로 초대교회의 사도 시대부터 교회에서 권징이 시행되었다.

D. 여러 고대교회 공의회의 일반적인 증거는 교회가 권징을 시행하지 않는 한 교회의 순수성을 지켜갈 수 없음을 증명하고 있다.

신약교회에서 권징은 특별히 하나님의 명령이다. 그러므로 권징이 교회에서 시행되어야 한다. 앞서 언급한 장절 외에 로마서 16:17, 데살로니가전서 5:14, 데살로니가살후서 3:6, 14, 디모데후서 3:5 등을 인용할 수 있다.

3, 상호권징을 생략하지 않을 것

본 조항은 권징이 개인 신자들로 시작되어야 하고, 당회로 시작되지 않아야 할 것을 요구하고 있다. 첫째로 그리스도께서 마태복음 18:15~18에서 확실한 말로 명하셨기 때문에 이것이 권징의 규칙이다. 둘째로 성경에 많은 장절이 서로의 권징을 명시하고 있다. "피차 권면하고 서로 덕을 세우기를 너희가 하는 것 같이 하라."(살전 5:11, 히 3:12~13, 롬 15:14, 갈 6:1 약 5:19~20 등 참조) 나아가, 성경은 모든 신자는 그리스도 아래 선지자, 제사장, 왕으로 그리스도의 기름 부음에 참여하여 성령으로 기름 부음을 받았기 때문에 서로서로의 권징을 명하고 있음을 알아야 한다(벧전 2:9, 하이델베르크 교리문답 제32문답). 우리 개혁 신자는 모두 기본적으로 직분자라고 말하고 있다.

신약 신자들은 어떤 일에 아무 말도 못 하는 어린이가 아니고, 확실한 권리와 의무를 진 성년으로 취급되어야 한다. 공식적인 교회의 책망과 권징은 단지 신자 상호 간의 권징의 계속이다. 신자 상호 간의 권징이 실패할 때 교회적인 권징이 시작되는 것이다. 교회 회원들이 서로를 향한 그리스도인의 의무를 행하지 않고 더는 서로 책망하지 않고 모든 것을 당회에 맡기기를 원할 때 교회 권징의 핵심이 크게 손상을 입게 된다. 목사의 설교와 개인적인 충고를 통해 신자들이 성경적인 원리를 유지하도록 힘써야 한다. 이점에서 그의 의무를 이행하기를 거절하는 분이나 마태복음 18장의 규칙을 따라 행하기를 완강하게 거절하는 분은 자신을 권징의 해당자로 만드는 것이다. 그런데 우리는 형제자매의 흠을 일부러 잡는 일은 피해야만 하고, 그리스도의 사랑에 지배를 받는 서로를 향한 형제다운 관심을 우리는 모두 품어야 한다.

제 67 조

교회 권징의 목적

교회 권징의 목적은 하나님의 영광을 유지하고, 죄인을 회복시키며, 그리스도의 교회로부터 범죄행위를 제거하는 데 있다.

교회 질서와 교회 권징의 목적

칼뱅은 교회 권징에 관한 세 가지 목적을 말한다. 첫째, 하나님의 이름이 모독당하지 않기 위해, 둘째, 교회의 충성된 회원들을 믿음이 없는 자들로부터 보호하기 위하여, 셋째로, 죄인을 부끄럽게 하고 회개하게 하기 위해서라고 했다.

본 조항은 교회 권징의 첫째 목적으로 하나님 영광의 유지를 언급한다. 하나님은 전적으로 거룩하고 의로우시다. 결과 그는 가장 영광을 받을만하시고 경배를 받으셔야 한다. 그러나 어떤 분이 죄를 범할 때 그는 하나님의 이름을 더럽히고, 그의 이름에 불명예를 가져온다. 더욱이 세상이 우리가 하나님과 그의 계명을 거슬러 범죄하는 것을 볼 때, 우리가 그의 종과 자녀라고 주장하는 하나님을 멸시하게 한다. 불신자들이 하나님 백성의 죄 때문에 하나님의 이름을 더럽히고 조롱하게도 된다. 특별히 교회가 죄에 빠진 신자를 아무 일이 일어나지 않은 것처럼 평안히 지나게 두면 이런 일이 일어난다. 그러므로 교회는 교회의 권징을 통해 하나님의 이름을 옹호하고 유지해야만 한다. 이 첫째 언급한 목적은 앞서 소개한 칼뱅이 첫째로 제시한 하나님의 이름이 세상에 의해 모독을 당하지 않게 하기 위함이라는 목적과 조화된다. 하나님은 다윗에게 선지자 나단을 통해 그의 죄로 말미암아 "여호와의 원수가 크게 비방할 거리를 얻게 하였으니"(삼후 12:14)라고 하셨다. 우리의 죄는 하나님의 이름에 모욕을 가져온다. 교회는 하나님을 거스르는 모든 죄를 공개적으로 물리쳐야 한다.

둘째, 교회 권징의 목적은 죄인을 회복시키기 위함이라고 한다. 죄를 범하고 회개하지 않은 자는 하나님과 다투고 있다. 그가 회개하지 않고 하나님과 화목하지 않은 한 그의 상태는 비정상적이다. 그는 마음에 평화를 갖지 못하며 구원의 기쁨을 누리지 못한다. 그는 하나님과의 교제를 회복하여야만 한다. 죄는 또한, 범죄자와 그의 동료 신자들 사이의 바른 관계를 방해한다. 타락한 자가 슬픈 마음으로 죄를 고백하지 않는 한, 그의 신앙은 문제가 된다. 이 비정상적인 상태는 정정을 필요로 한다. 그는 동료 신자들과 교제의 회복이 필요하다. 권징은 이 이중 회복을 목적으로 하게 된다. 하나님의 사랑과 교제의 회복이요, 형제들의 사랑과 교제의 회복이다. 이 회복과 관련하여 칼뱅은 죄인이 부끄러움을 가지고 회개해야 한다고 한다. 이 부끄러움과 회개는 자체가 불쾌하지만, 하나님과 교회에로의 회복의 아름다운 열매를 생산하게 된다.

셋째, 교회 권징의 목적은 그리스도의 교회로부터 범죄 행위를 제거하는 데 있다.

교회가 범죄자를 그대로 두는 것은 다른 교회 회원을 범죄하게 만드는 것, 곧 다른 사람이 걸려 넘어지게 할 수 있는 걸림돌이 될 수 있다. 사람은 큰 모방자들이다. 한 나쁜 예는 많은 사람이 죄를 범하게 만드는 미끼가 될 수 있다. 한 신자가 범죄하였는데도 그를 바로 잡지 않으면, 그는 곧 다른 많은 사람에게 위험이 된다. 그가 악한 길을 고집하면 그는 교제에서 제거되어야 한다. 그래서 부패한 영향이 멈춰지게 해야 한다. 출교 지점까지의 권징의 시행은 결코 유쾌한 일이 아니다. 이는 기도하는 마음으로 당사자에 대한 사랑을 가지고 시행된다. 그러나 환경이 이를 요구할 때 시행되어야만 하고 등한하지 않아야 한다. 하나님의 이름의 영광이 이를 요구하고 있다. 죄인의 구원과 하나님과 그 백성의 교제 회복이 이를 요구하고 있으며, 구원받은 자들의 모임인 교회로부터 범죄 행위의 제거가 이를 요구하고 있다.

> 제 68 조
> 교회 권징의 대상
>
> 교회의 모든 회원이 교리와 생활에 있어서 교회의 권징의 대상이 된다.

1. 교회의 모든 회원이 권징의 대상

많은 신자가 권징을 좋게 보지 않고 사랑이 없는 일로 생각한다. 이런 입장은 오해 때문이다. 교회 권징은 누구를 해하려는 것이 아니고 유익을 주기 위한 것이며, 추방하는 것이 아니고 구원하려는 것이다. 그러므로 모든 교회 회원은 이 치유적인 권징의 대상이다. 모든 교회 회원이 권징의 대상이라는 것은 모든 회원이 권징에 해당한다는 말이 아니다. 시민인 우리가 모두 체포의 대상이지만, 대부분 시민은 체포되지 않는다. 그래서 우리 교회 질서는 단순히 모든 교회 회원은 그 행위가 권징을 요구할 때 교회의 권징에 해당이 된다는 것을 말하고 있다.

로마교회는 교황을 권징에서 면제하나 개혁교회는 누가 어떤 자리에 있든지 모든 회원은 그리스도의 은혜와 관할 아래 두고 있다. 로마교회는 권징을 건물이나, 땅이나, 책에도 적용하고 있지만, 이는 성경에 어떤 증거가 없다. 교회 권징은 사람에게만 한정되어야 하고 생명이 없는 물건에 적용해서는 안 된다.

교회 권징은 징계를 받을 만한 죄를 범한 교회 회원 남녀에게 적용된다. 교회밖에 있는 자들이나 여러 권면에도 불구하고 교회 회원권 사면을 고집하는 자들에게 교회 권징이 적용되지 않는다. 조직된 교회 안의 회원권은 결국 하나님 앞에서의 개인의 선택과 책임의 문제이다. 어떤 회원이 교회의 권징을 피하고자 회원권을 사면한다면 이는 매우 심각한 죄이다. 이럴 때 당사자가 이를 끝까지 고집하지 않는 한 당회는 이를 쉽게 받아들이지 않아야 한다. 신앙고백 시에 한 약속과 의무는 당회에 출교까지 적용할 권리를 주고 있다. 문제가 된 분이 교회와의 관계 단절을 고집하지 않는 한 당회는 자기 의무를 성실히 이행해야 한다.

자기 행위에 대한 충분한 책임을 질 수 있는 자들만 권징의 대상이 될 수 있다. 정신이 온전하지 못하고 무책임한 행동을 하는 자들에게는 책망은 하나 정규적인 교회 권징이 적용될 수는 없다.

아이들이 권징의 대상이 될 수 있다. 하지만 그들은 아직 불완전한 회원이므로 권징 또한, 불완전하기 마련이다. 그들은 아직 완전히 책임을 질 수 있는 회원이 아니다. 결과 필요하면 책망으로 징계를 받지만, 출교는 해당하지 않는다. 일반적으로 당회는 그 부모가 자녀보다 책망의 대상이기 때문에 거친 아이들의 부모와 대화해야 한다. 하지만 당회는 그런 아이들을 직접 책망하기도 해야 한다(엡 6:1, 골 3:20).

2. 교리와 생활에 관한 권징

16세기 교회개혁 이후 개혁교회는 교리와 생활에 관한 권징을 성경적인 것으로 보았다. 네덜란드 개혁교회 첫 총회(엠덴 1571)는 생소한 가르침과 사악한 생활을 하는 자는 징계 되어야 한다고 했다. 그런데 어떤 음식을 금하는 문제나 어떤 특별한 날을 지키는 문제는 이에 포함되지 않고(롬 14), 거짓 예언이나 가르침(마 7:15, 22~23, 행 20:28~30, 갈 1:8, 9), 분쟁을 일으킴(롬 16:17~18), 죽은 자로부터의 부활의 부인(고전 15:12~17, 딤후 2:16~18, 딤전 1:1~20), 그리스도의 하나님의 아들 되심과 그의 육신을 입음에 대한 부인(요일 2:22, 4:2~3, 요이 1:7~11)등을 포함했다.

그러나 성경은 또한, 불경건한 생활을 하는 자들을 정죄하고, 그런 생활을 고집하는 자들을 교회가 권징하고 교회로부터 제거하도록 명하고 있다. 예를 들면 아나니아와 삽비라의 거짓말(행 5:1~11), 마술사 시몬이 돈으로 성령의 은사를 사려고 한 죄(행 8:18~24=성직매매), 고린도 교회 안에 근친상간의 죄(고전 5:1~5, 13)와 간음, 도적, 거짓 증거 (고전 6:9~10, 갈 5:19~21, 엡 5:3~5, 히 13:4, 계 21:8) 와 같은 모든 종류의 극단적인 죄가 권징에 해당한다.

20세기에 들어와 세계의 개혁교회들은 교회 회원이 세속적이고 비기독교적 노조에 가입할 때 권징 대상이 되느냐는 문제를 다루게 되었다. 일반적으로 노조는 노동자들의 이권 확보를 위해 강력한 투쟁,

파업을 강행한다. 개혁교회는 교회 회원이 비기독교적이고 반기독교적인 노조에 가입하여 활동하는 것은 성경적인 가르침과 조화되지 않는다고 보았다. 성경은 세상으로부터 그리스도인의 분리를 가르치고, 불신자들과 멍에를 함께 메지 말라고 명하고 있다(고후6:14). 그리스도인들이 하나님의 말씀이 정죄한 방법을 통해 의와 공의를 확보하려는 불신자들과 멍에를 함께 메는 것은 하나님 앞에 큰 죄이다. 오늘 한국에는 소위 교회가 직영하는 대학이나 병원의 노조가 극단적인 투쟁을 하는 민주노총과 같은 데 가담하여 활동하고 있음을 본다. 어떤 기관이든 교회적인 기관이라면 거기 기독교적인 원리에서 활동하는 독립적인 조직이 있어야만 한다. 장로교를 포함하는 한국교회는 기독교적 믿음은 있다고 하면서 기독교적 생활은 없다. 목사들과 당회는 이런 극단적이고 폭력적인 노조에 교회 회원이 관련을 갖지 않도록 경계하고, 가입한 자들을 질책해야 한다.

> 제 69 조
> 교회 권징의 대상인 죄
>
> 공적으로 범한 죄와 마태복음 18:15~17의 규칙을 따라 당회의 주목을 받게 된 죄가 교회 권징의 대상이 된다.

1. 권징 받을 만한 죄

공적으로 범한 죄와 범죄자가 마태복음 18장의 규칙을 따라 회개를 하도록 권고를 받았음에도 회개하지 않기 때문에 공적으로 알려지게 된 '비밀스러운 죄'가 교회 권징에 해당한다. 공적이란 말은 일반적으로 알려진 죄를 가리킨다. 어떤 죄는 사람들 앞에서 공공연하게 일어나므로 성격상 공적이다. 어떤 죄는 성격상 공적은 아니지만, 대중매체를 통해 공적으로 알려진다. 신자들에 의해 범한 죄는 그대로 버려두게 되면 다른 사람들을 해이하고 경솔하게 만들기 쉽다. 그 죄들은 쉽게 다른 분들에게 덫과 걸림돌이 된다. 확실히 하나님의 이름의 영광과 죄인의 회복과 범죄행위의 제거를 위해 권징이 요구된다.

한 분이나 몇 분에게 알려진 은밀한 죄는 범죄자가 마태복음 18장의 규칙을 따라 책망을 받은 후에도 회개하지 않을 때 당회의 권징

행동에 해당이 된다. 범죄자의 죄가 다른 분들을 죄로 이끌 경향이 있고, 범죄자가 책망을 거절하고 그의 죄를 고집할 때 교회 권징이 요구된다. 교리와 생활에 있어서 모든 죄가 교회 권징을 요구하는 것은 아니다. 우리는 다 불완전하고, 말과 행위에 있어서 죄를 범한다. 이 죄들은 하나님의 말씀을 전하는 가운데 드러나고 정죄 되어야 하고, 우리는 모두 신자로서 서로 책망하고 책망을 받아야 하며, 가정 심방 때나 특별한 기회에 감독인 직분자들에 의해 책망을 받아야 한다. 공식적인 의미에서의 권징은 문제가 심각하고, 죄인이 회개하기를 거절하지 않은 한 시작되지 않는다.

2. 마태복음 18장의 규칙은 언제 적용되어야 하는가?

공공연히 범한 죄가 아니고 사적인 성격에 속해 있는 한, 마태복음 18장에 주께서 분명하게 가르치신 규칙을 따라야 한다. 이 규칙은 처음부터 교회 질서에 포함되었다. 네덜란드 첫 번째 총회(1571 엠덴)는 마태복음 18장을 성경 교리에 관해 위반자와 함께 기독교 생활에 관한 범죄에도 적용했다.

범죄의 성격이 드러나게 되는 죄가 아닌 한(예를 들면, 도적, 살인죄) 혹은 범죄자의 완고함이 이를 요구하지 않는 한, 일반적으로 알려지지 않은 죄는 들추어 드러내지 않아야 한다. "모든 것을 참으며, 모든 것을 믿으며, 모든 것을 바라며, 모든 것을 견디느니라."(고전 13:7), "무엇보다도 뜨겁게 서로 사랑할지니 사랑은 허다한 죄를 덮느니라."(벧전 4:8)라는 말씀을 기억해야 한다. 범죄한 형제를 회개로 이

끄는 것이 우리의 의무요, 특권이다. "내 형제들아, 너희 중에 미혹되어 진리를 떠난 자를 누가 돌아서게 하면 너희가 알 것은 죄인을 미혹된 길에서 돌아서게 하는 자가 그의 영혼을 사망에서 구원할 것이며, 허다한 죄를 덮을 것임이라."(약 5:19~20)

마태복음 18장이 단지 개인적인 범죄에 대하여 말하는 것이라 할지라도 은밀한 죄와 드러난 공적인 죄를 구별해야 한다. 은밀한 죄는 제한된 몇 사람에게만 알려진 것이다.

마태복음 18장은 은밀한 죄를 범한 형제를 우리가 어떻게 다루어야 할 것인지를 분명하게 알려주고 있다. 형제가 범죄할 때 사적으로 그에게 가서 그의 잘못을 분명히 드러내어 증명해 주어야 한다. 형제의 범죄로 상처를 받은 형제는 그 범죄자가 자기를 찾아올 때까지 기다리지 않고 범죄자에게 가서 그를 죄로부터 구원하기 위해 그의 잘못을 확실히 알게끔 노력해야 한다. "만일 들으면 네가 네 형제를 얻은 것이요."(마 18:15) 만일 목적이 달성되면 모든 문제는 끝나게 된다.

범죄자가 자기 죄를 인정하고 고치기를 거절하면 마태복음 18장은 상함을 받은 형제가 한두 사람의 증인을 데리고 방문을 반복한다. 물론 이 증인들은 신뢰할만한 분들이어야 한다. 두세 증인이 함께하여 세 증인의 말이 인정을 받아야 한다.

죄인이 아직도 회개하지 않고, 세 번째의 책망이 필요하게 되면, 그때는 "교회에 말하게" 된다. 여기서 예수님은 교회를 말씀하실 때 아마도 그를 믿고 신약교회의 핵심을 이룬 자들의 작은 공동체를 생각하셨음이 틀림없다. 죄인이 회개하지 않으면 상처를 입은 편은 범죄자의 잘못을 교회, 특별히 그리스도 자신의 대표자들인 직분자들을 통해 전 교회가 그의 회개를 위해 함께 노력하도록 범죄자의 실수와 처지를 교회에 보고할 것이다. 모든 책망이 헛된 것으로 증명된 후에 그 죄인은 "이방인과 세리와 같이" 여겨져야 한다. 곧 그리스도의 교회와 하나님의 나라 밖에 있는 자로 여겨야 한다.

3. 은밀한 죄와 공적인 죄의 구별

은밀한 죄와 공적인 죄를 엄밀하게 구별하기는 쉽지 않다. 일반적으로 죄가 은밀하게 범해지고, 결과적으로 그 범죄가 알려지지 않았을 때, 그 죄는 은밀한 것이라 말할 수 있다. 은밀하게 범했으나 은밀한 대로 있지 않은 죄는 은밀한 죄로 볼 수 없고 공적인 죄로 간주하여야 한다. 나아가 큰 교회에서는 5, 6명에게 알려진 죄는 은밀한 것으로 간주할 수 있으나 매우 작은 교회에서는 이 죄가 더 이상 은밀한 것으로 생각될 수 없다. 어떤 것이 공개적 비밀이 되게 마련이라면 그것이 아직 단지 몇 사람에게만 알려져 있을지라도 이것을 공적인 죄로 보게 될 수 있다.

공적인 죄는 그 성격상 일반적으로 알려진 죄이거나 죄인이 회개를 거절함으로 당회에 알려야 했던 죄이다. 뭇 사람들 앞에서 범했거나, 신문에 보도된 죄는 공적이고 이런 죄는 당회에 보고되어야 한다. 사람들의 등한함으로 혹은 당회원들이 이 일을 알고 있는 것으로 알려졌으면 아무도 이 일에 관하여 보고하지 않을지라도 당회는 행동을 취해야 한다.

4. 제대로 회개한 은밀한 죄는 당회에 보고하지 않아야 함

마태복음 18장의 그리스도의 규칙을 따라 다루고 범죄자가 회개한 은밀한 죄는 당회에 보고되지 않아야 한다. 권징이 추구하는 목적을 달성하게 되었을 때 권징은 끝나게 된다. 마태복음 18장은 "만일 들으면 네가 네 형제를 얻은 것이요"라고 분명하게 말한다. 범죄자가 회개하기를 거절하는 경우에만 그리스도는 추가 행동을 명하셨다. 범죄자를 책망하는 사람은 그 문제가 밖으로 드러나지 않도록 언제나 고백을 간절히 바라야 한다. 결코, 그는 그 문제를 당회에 보고할 수 있게 된 교회 질서의 길로 서둘러 나가지 않아야 한다. 서로를 교정하고 설득하기를 추구할 때 선한 뜻과 그리스도인의 사랑이 분명히 지배해야 한다. 자만하고 우월한 태도는 상대방을 쓰러지게 하고 죄인을 더욱 완고하게 만든다. 다른 사람을 책망하도록 부름을 받은 자들은 겸손하게 기도하는 마음으로 접근해야 한다.

5. 언제 회원이 어떤 죄를 당회에 보고할 것인가?

하나님의 이름이 세상에 의해 더럽힘을 당하지 않게 하려고, 교회의 회원을 죄로부터 보호하기 위해, 죄인을 부끄럽게 하고 회개하게 하려고 교회의 권징은 시행되어야 한다. 이 삼중 목적이 개인적인 책망과 마태복음 18장의 규칙을 따라 신자들의 노력으로 이뤄지지 않으면, 하나님의 교회의 직분자들(장로)들이 신자 상호권징이 이루지 못한 것을 이루기 위해 노력하도록 당회는 통보를 받아야 한다. 모든 신자의 일반적 직분의 힘으로 행한 사랑의 노력이 결실을 얻지 못할 때, 그리스도께서 세우신 직분자들을 통해 전 교회가 죄를 범하고 있는 회원을 구원하기 위해 노력하고 협력해야 한다.

공적인 죄는 바로 당회에 보고되어야 한다. 이는 모든 신자의 일반 직분이 이 경우에 수행할 의무가 없는 것이 아니고, 범한 공적 범죄가 가능한 한 속히 제거되도록 하기 위해서이다. 하나님의 교회와 그의 이름에 대한 얼룩이 가능한 한 속히 지워져야 한다. 이는 단지 공적으로만 행해질 수 있다. 결과 공적으로 지은 죄는 당회에 바로 보고되어야 한다.

왜 회개하지 않은 은밀한 죄와 공적인 죄가 당회에 보고되어야 하는가? 마태복음 18:7이 "교회에 말하고"라고 주께서 명하셨기 때문이다. 물론 주께서 이 말씀을 하셨을 때 교회가 아직 조직되어 있지 않았다. 후에 그는 사도들을 통해 각 교회에 장로들을 세우시고 이들이 교회를 감독하고 다스리게 하셨다. 장로들(당회)은 그리스도와 그의 교회를 대표한다. 왜냐하면, 그리스도께서 교회를 통해 일하시기 때문이다. 죄인이 회개하지 않으면 전 교회는 당회로부터 한 걸음 한 걸음 통보를 받고 전 교회가 범죄한 회원을 위해 기도하고, 권면하며 당회가 행하는 일에 대해 능동적, 수동적 승인을 함으로써 자기 의무를 다해야 한다. 결국, 권징을 위해서는 전 교회가 행동하게 된다. 직분자들(당회)은 교회가 정상하게 작용하게 되는 매체 기관이고, 신자들은 직분자들의 지도로 행동하게 된다.

6. 당회에 보고하는 방법

　당회는 행동을 취하기 전 범죄 사실이 보고될 때까지 항상 기다릴 필요는 없다. 어떤 죄가 일반적으로 알려져 사실상 당회 전체가 그 사실에 대해 잘 알고 있을 수 있다. 이럴 때 누구도 당회에 보고할 필요를 느끼지 않을 것이다. 장로들은 자기들이 알고 있는 사실에 대해 행동을 취할 수 있다. 나아가 큰 죄를 범한 경우에 죄인이 그 죄가 곧 드러날 것을 알고 스스로 당회에 와서 죄를 고백할 수 있다. 이때 당회는 그 행위가 단순히 범죄자가 하나님 앞과 당회 앞에서 어떤 죄를 고백했다는 것을 교회에 공표할지라도 행동은 취해야 한다. 예를 들면 혼전에 7계명을 범하므로 임신을 하게 된 젊은이들이 당회에 그들의 죄를 고백할 수 있다. 그들의 은밀한 죄가 일반적으로 알려질 것이다. 이럴 때 당회는 하나님 앞과 당회 앞에서의 그들의 죄에 대한 고백과 뉘우침을 수용하고 결혼의 길을 터 주어야 한다. 마태복음 18장에 따라 어떤 형제가 범죄한 형제를 위해 노력했으나 성공하지 못할 때 그는 이를 당회에 알려야 한다.

　자기 이름을 밝히지 않고 어떤 형제에 대한 혐의를 포함하고 있는 편지는 일반적으로 받아들이지 않아야 한다. 그러나 거기 포함된 혐의가 근거가 있다고 생각하거나 그 문제가 심각한 것이라면 조용히 조사할 수 있다. 어떤 형제에 대한 지속적이고 널리 퍼진 소문이 있을 때 당회는 잘못이 없는 형제의 이름을 보호하기 하기 위해 조용히 행동을 취할 수 있다.

> B. 교회회원의 충고와 권징
>
> 제 70 조
> 유아세례를 받은 자의 제명과 재영입
>
> 1. 공적인 신앙고백을 하는 것을 고의로 등한하고 당회의 훈계에 주의를 기울이지 않는 유아세례 교인이 그 죄를 고집하면 그리스도의 교회에서 제명되어야 한다.
> 2. 제명을 당하고 후에 죄를 회개한 유아세례 교인은 공적 신앙고백을 할 때만 교회에 다시 받아들여진다.

1. 고의로 공적 신앙고백을 등한하는 자들

분별력을 가진 나이에 이르고도 고의로 공적 신앙고백을 등한하는 유아세례를 받은 자들도 교회 권징의 대상이 된다. 이들은 훈육과 책망을 받아야 한다. 이들이 계속 무관심하고 불신하면 교회는 최후로 교회에 대한 그들의 관계가 단절되었음을 선언한다. 그들의 이름이 교회 등록부에서 제거된다.

당회는 이해할 수 있는 나이에 이르고도 죄와 예수 그리스도 대한 어떤 관심도 나타내지 않는 남녀에 대해서 맡은 의무를 성실히 수행해야 한다. 그들의 말과 행동이 반기독교적이라면 더욱 과감한 조치를 해야 한다. 이들 가운데 어떤 이들은 아직 어리기 때문에 불완전한 회원으로 간주하게 될지라도 그리스도의 교회는 엄밀하게 말하면 산 회원들만으로 구성되어 있다. 조직된 교회는 가능한 한, 주의 영적인 몸인 그리스도의 교회 지체임을 회원 신분으로 반영해야 한다. 그런고로 교회에는 완전한 회원과 불완전한 회원이 있다. 유아세례 회원이라는 셋째 계층은 없다. 당회는 분별력을 가진 나이에 이른 이런 불성실한 자들을 인내심을 가지고 돌봐야 하고, 만일 회개하지 않고 믿지 않는다면, 이들은 불성실한 언약의 회원이기 때문에 교회의 권징의 대상이 되고, 그들의 이름이 교적부에서 제거되어야 한다. 교회는 이들에게 회원과 유사한 공식 회원 자리를 인정하지 않아야 한다. 당회가 이런 불성실한 언약 회원들의 제명으로 나아가기 전, 그들을 위한 기도의 요청과 함께 교회에 공표되어야 한다.

2. 제명당한 유아세례 회원의 회복

유아세례 회원으로 교회로부터 제명당한 자들이 후에 자기의 죄를 회개하면 공적 신앙고백을 함으로만 교회에 다시 받아들여야 한다. 이런 개인이 그의 제명의 원인이 되었던 지난날의 잘못된 태도에 대해 유감을 당회에 표하는 것으로 만족하지 않아야 한다. 지난날 이런 죄를 범한 자는 하나님의 은혜로 하나님 앞에 모든 죄를 회개하고, 하나님의 교회 앞에 공적으로 신앙고백을 하며, 주의 만찬상에 올 권리를 받는 죄인으로서 교회에 다시 받아들여질 수 있다. 단순히 그들의 생활 태도에 개선을 약속하고 나타내는 자들을 유아세례 회원으로 받아들이는 것은 결과적으로 앞서 말한 대로 완전한 회원과 불완전한 회원 외에 제3의 계층의 합법성을 인정하는 결과를 가져온다.

> 제 71 조
> 수찬 회원들에 대한 권징
>
> 교리와 생활에서 범과하고, 당회의 책망에 호의적으로 응하는 수찬 회원은 회개의 충분한 증거를 보일 때 교회와 화해되어야 한다. 화해의 방법은 당회가 결정해야 한다.

1. 교회와 화해를 요구하는 경우

교회와 화해를 요구하는 경우는 범한 죄가 그 성격상으로 혹은 죄인이 당회의 책망에 귀를 기울이기를 거절하는 결과로 그 범죄자의 죄에 대하여 회중에게 알려져야 했기 때문에 공적으로 드러난 경우만이다. 사적인 죄와 회개한 죄는 드러내지 않아야 한다. 마태복음 18장의 규칙은 이에 대해 분명하게 알려주고 있다. 죄인이 한두, 혹은 그 이상의 회원에 의해 책망을 받을 때 회개하지 않고 당회가 그의 회개를 위해 책망하기를 시작할 때에야 비로소 회개하는 경우이다. 이때 화해는 온 당회 앞에서든 당회의 위원회 앞에서든 죄의 성격과 환경에 따라 사적으로 일어난다. 마태복음 18장의 규칙에 따라 그를 책망했던 신자들이 이 화해에 출석하거나, 화해된 사실에 대한 통보를 받아야 한다.

죄가 그 성격상 교회에 알려지거나 혹은 당회가 권징의 과정에서 범죄자가 회개하지 않으므로 죄를 교회에 알려야 했다면, 교회와 화해가 어떻게 일어나야 하는가 하는 문제가 일어난다. 본 조항은 이에 대한 암시를 주고 있다.

2. 화해를 위한 조건

회개한 죄인의 화해는 "회개의 충분한 증거 위에서" 이루어져야 한다고 본 조항은 명시하고 있다. 어떤 사람은 진심에서가 아니고, 문제를 단순히 외적으로 해결하기 위해 서둘러 고백하는 일이 있다. 이런 범죄자는 같은 죄에 다시 빠지게 된다. 결과 하나님과 그의 이름이 더럽힘을 당하게 된다. 그러므로 당회는 그 고백이 진지한 이유가 없는 한, 액면 그대로 고백을 받지 않아야 하고, 그 고백 후에 그의 행위를 살펴보고 판단해야 한다. 물론 당회는 그 고백자가 이런 의심에 대한 기회를 과거에 준 적이 없는 한, 고백자의 진실성을 의심하지 않아야 한다.

극단적 경우에 당회는 잠깐 회원권의 특권, 특별히 주의 만찬 참여를 보류할 수 있다. 당회의 이 권리는 본 조항에서 "화해는 회개의 충분한 근거 위에서" 이루어져야 한다는 규정에 잘 나타나 있다.

> **제 72 조**
>
> **권징을 받은 자의 교회 회원권 제한**
>
> 교리와 생활에서 범과하고 당회의 책망을 완고하게 거절하는 수찬 회원들은 주의 만찬에 참여하는 것과 세례 시의 물음에 응답하는 것과 다른 회원권을 행사하는 것으로부터 배제되어야 한다.

1. 주의 만찬으로부터 정지를 요구하는 경우

권징으로 인한 주의 만찬 참석의 정지는 개혁교회에서 처음부터 실천되었다. 먼저 이것이 제네바에서 칼뱅의 지도로 시행되었다. 프랑스, 독일, 스코틀랜드와 네덜란드의 개혁교회가 모두 칼뱅의 교회 질서에 제공된 일시적 주의 만찬 정지를 받아들였다. 현 조항의 본질은 네덜란드 첫 번째 총회(1571, 엠덴)의 교회 질서에서 이미 발견된다. 이후 약간 첨가는 되었지만, 본질적인 변화는 없었다.

주의 만찬 참여의 정지의 첫 경우는 마태복음 18장에 따른 신자들 상호권징을 통한 충고를 거절한 자들이 해당된다. 신자 개인의 사적인 책망이 결실을 얻지 못할 때 이것이 당회에 공식적으로 알려지게 된다. 당회는 먼저 한 형제, 혹은 자매에 대해 알려온 주장이 근거가 있는 것인지 살핀다. 당회가 그것이 사실임을 알면 그 범죄자를 거듭 죄를 깨닫도록 책망한다. 그 범죄자가 당회의 책망을 중심으로 받아들이고 회개하면 엄밀한 의미로 교회적인 권징은 필요하지 않다. 그 범죄자로 인해 마음이 상한 편과의 화해가 있게 되고 그 문제는 끝난다. 하지만 만일 그 범죄자가 완고하게 당회의 경고와 책망을 거절하면 그는 주의 만찬으로부터 정지를 당하게 된다. 그러므로 엄밀하게 말하면, 당회의 책망을 완고하게 거절한 후에만 권징이 시작된다.

주의 만찬으로부터 정지되는 둘째 경우는 공적인 죄, 혹은 중대한 죄를 범한 자들에게 해당한다. 당회가 교회 회원 중 어떤 분이 일반적으로 알려진 중한 죄, 혹은 물의를 빚은 충격적인 죄를 범한 것을 발견하면 당회는 그 죄를 고백하고 회개할 때까지, 혹은 그가 회개한 후 당회가 그를 주의 만찬로 다시 허락할 때까지 참여하지 못하도록 결의한다.

어떤 때 당회는 회중 안에 혼란한 관계 때문에 주의 만찬을 베푸는 것이 바람직하지 않다고 판단하고 이를 연기할 수 있다. 그러나 어떤 당회도 참으로 중대한 이유 외에는 주의 만찬을 연기하지 않아야 하나, 많은 혼란이 있을 것으로 판단되면 그렇게 하는 것이 현명하다. 이런 연기는 하나의 권징적인 조처가 아니고 단순히 주의 만찬의 신성함을 더럽히는 일을 방지하기 위해서이다.

2. 본 조항에 따른 주의 만찬 참여 정지의 성격

개혁교회는 마태복음 18장의 그리스도께서 주신 규칙에 따라 같은 신자들에 의해 범죄자에게 행해지거나, 혹은 교회의 대표적이고 공식적인 자격으로 당회에 의해 행해진 권징과 당회에 의한 책망과 거기 더해 회원권의 정지의 권징을 구별한다.

둘째 언급한 권징인 더 엄밀하고 전문적인 의미로서의 권징은 우리 교회 질서의 일반적인 규칙에 따라 두 단계를 가진다. 첫 단계에 당회는 범죄자를 위해 노력하고 그를 주의 만찬과 모든 회원으로서의 특권에서 제외하나, 회중에게 공표는 하지 않는다. 그래서 이를 은밀한, 혹은 '침묵 견책'이라 부른다. 권징의 첫 단계가 이 조항에서 규정되고 지적된다.

교회 권징의 첫 단계인 침묵 견책은 주의 만찬으로부터의 일시적 정지이다. 권징의 둘째 단계는 회중을 향한 세 번의 분명한 공표로 그 특징이 나타난다. 이는 다음 조항에서 다룰 것이다. 이 교회 권징의 둘째 단계는 성격상 주의 만찬으로부터의 분명한 중지이다. 그런데 그 과정은 범죄자의 진정한 회개로 언제든 멈춰질 수 있다. 이때 출교는 일어나지 않는다. 본 조항에서 언급되는 권징의 단계는 '작은 출교'(minor excommunicatio)라 불린다. 범죄자가 일시적으로 교회 회원의 특권을 잃기 때문이다. 다음 조항이 말하는 둘째 단계의 권징은 '큰(중대한) 출교'(major excommunicatio)라 일컬어진다. 이 출교로 범죄자는 회원의 권리를 분명하게 잃기 때문이다.

그러므로 본 조항에서 주어진 주의 만찬 정지는 성격상 권징이다.

가끔 엄밀한 의미로 교회 권징의 대상이 아니지만, 회원이 주의 만찬으로부터 금지를 당한다. 예를 들면 어떤 회원이 주의 만찬 바로 전에 회개한 죄가 많은 사람에게 알려질 수 있다. 그때 당회는 충격을 피하고자 관련된 형제를 그 임박한 주의 만찬 거행에 참여를 금할 수 있다. 다른 경우를 들 수 있다. 주의 만찬 바로 전에 권징 문제가 제시될 수 있다. 당회는 주의 만찬 전에 이 문제를 충분히 조사할 수 없지만, 범죄의 증거는 분명하다고 판단할 수 있다. 이런 경우 당회는 문제 있는 당사자에게 다가오는 주의 만찬에 참여하지 않도록 자문할 수 있다. 이를 일반적으로 '일시 정지'라고 부른다. 이는 권징적인 정지와는 다르다.

가끔 당회는 어떤 회원에게 다가오는 주의 만찬에 참여하지 않도록 자문할 수 있다. 이것은 어떤 분에게 적은 허물이 있을 때 행해진다. 그 문제가 주의 만찬을 금할 만큼 확실하지 않으나 그의 만찬 참여가 다른 사람들을 크게 거리끼게 할 수 있는 경우다. 또 수찬 회원들 사이에 적은 오해가 일어나므로 친교에 큰 지장이 생길 수 있다. 이럴 때 주의 만찬이 가깝다면 당회는 양자 모두를 주의 만찬에 참여하지 않도록 자문할 수 있다. 이런 경우는 단지 당회의 자문일 뿐이고 강요할 수 있는 것은 아니다.

어떤 회원이 자의적으로 주의 만찬에 참여하는 일을 삼갈 수 있다. 그가 적은 수의 사람들에게 알려진 죄를 범했을 수 있다. 그가 회개했지만, 문제를 바로잡을 충분한 시간이 없을 때도 있다. 이럴 때 누구도 그에게 그렇게 하도록 설득하지 않았지만, 주의 만찬 참여를 스스로 보류할 수 있다.

3. 모든 회원권 정지

당회의 책망을 완고하게 거절하는 자들은 세례 시의 문답에 상응하여 주의 만찬의 참가와 다른 회원권의 행사에서 제외되어야 한다. 당회의 책망을 완고하게 거절하는 사람은 악하고 부패한 정신을 나타내고 있다. 어떤 분도 가벼이, 급하게 그의 회원권 행사로부터 제거되지 않아야 하나 사악하게 완고한 태도를 고집하는 자는 교회 회원으로서의 그의 권리를 정지당하는 것이 마땅하다.

회원권의 중요한 특권은 먼저 주의 회중과 함께 주의 만찬에 참여하는 것이다. 또 본 조항은 둘째 특권인 세례 시의 물음에 응답하는 특권을 언급한다. 여기 언급하는 것은 자녀들이 세례를 받을 때와 관계가 있다. 징계를 받는 자는 주의 상에 참여가 허락되지 않고 그의 아이가 세례를 받을 때 세례에 관련된 물음에 응답할 수 없다. 부부가 다 권징에 연루되어 있으면, 아이의 세례는 성찬 참여 금지가 해제될 때까지 아이의 세례를 기다려야 한다. 하지만 부부 중 한편만 연루되었으면 다른 분이 세례를 위한 물음에 응할 수 있다. 그러나 주의 상에 금지를 당한 편은 물음에 응답할 수 없다.

이에 더해 본 조항은 주의 만찬 참석 금지를 당한 회원은 회원의 다른 권리를 행사하는 것으로부터 제외를 당해야 한다는 것을 명시하고 있다. 다른 권리 중에 중요한 것은 회중의 모임에서 투표에 참여하는 권리이다. 권징 아래 있는 분은 회원으로서의 그의 특권이 정지되어 있다. 징계가 해소될 때까지 회중의 모임에서 투표할 수 없다. 주의 만찬 참여 정지를 받은 회원이 부당한 취급을 받았다고 여기면, 그는 항의할 충분한 권리를 가진다. 원하면 그는 지역회와 총회에 항소할 수 있다. 항의의 권리는 권징의 시행 때문에 영향을 받지 않는다.

제 73 조
출교의 절차

1. 주의 만찬 참여가 금지되고, 반복적인 책망 후에도 회개의 열매를 보이지 않는 수찬 회원은 그리스도의 교회에서 출교를 당해야 한다. 이때 출교를 위한 공식문이 사용되어야 한다.

2. 어떤 분을 출교하기 전에 당회는 세 번 공고해야 한다. 이때 그 죄인의 범과의 성격과 완고함을 설명하고, 회중이 그를 위해 기도하고 훈계할 것을 촉구해야 한다.
첫 번째 공고 시에는 범한 계명만 언급하고 범죄자의 이름은 언급하지 않아야 한다.
두 번째 공고는 지역회의 조언을 얻은 후에 해야 하고, 범죄자의 이름과 주소가 언급되어야 한다.
세 번째 공고는 출교 날짜를 밝히고, 그 범죄자가 회개하지 않는 한 그 날에 출교될 것이라는 것을 알려야 한다.

1. 수찬 정지와 책망으로도 회개하지 않을 때 따르게 될 길

수찬 정지와 당회의 책망이 유효하여 회개하게 되면 권징은 그치고 화해가 이루어진다. 그러나 그 죄인이 회원권이 정지된 후에도 모든 경고와 책망을 완고하게 거절할 때 행해져야 할 일을 본 조항은 말하고 있다. 이때 당회는 그에 대한 책망을 계속한다. 얼마나 자주 책망을 해야 하는지는 교회 질서가 규정하지 않고 있으나 끝까지 범죄자는 경고를 받아야 한다. 반복된 경고와 책망이 그에게 전혀 효과가 없을 때, 당회는 '극단적 치유'인 출교의 과정으로 나아가게 된다. 이 '극단적 치유'에 의해서도 교회는 회개가 있기를 소망하고 그가 구원받기를 바란다. 이 출교를 위해서 교회는 이 목적을 위해 받은 공식문을 사용한다. 이 공식문에 의한 출교는 우리 교회에서 자주 일어나지 않는다. 필자는 개혁교회 10년 목회 중 단 한 번 이 공식문을 사용한 적이 있다. 특별히 오늘같이 참 교회와 거짓 교회를 분별하지 않고 교회를 좀 더 순수하거나 덜 순수하다고만 보는 상대주의 교회관이 팽배한 시대에는 교회 회원들이 그 교회가 시행하는 권징에 매우 부정적일 수 있다. 교회 공식적인 출교문이 별로 사용되지 않는 이유는 단순하다. 권징에 당면할 때, 특별히 출교의 과정을 당면할 때 그 범죄자는 이를 피하고자 교회와 관계를 단절하고 회원권을 사면하기 때문이다. 이때 당회는 쉽게 이를 수용하지 않아야 하고 이를 교회에 공표하는 일이 없어야 한다. 그가 스스로 교회에 속했던 교회에서 탈퇴와 하나님 말씀의 시험을 견딜 수 없다는 이유로 그가 속한 교회와 교제를 단절하는 것은 가벼이 볼 수 있는 죄가 아니다. 더욱 교회 회원은 공적 신앙고백 시에 교회에 진실하고, 권징이 필요하게 되면 교회의 권징에 순복할 것을 약속했으므로 권징에 당면하여 이를 피하고자 그 교회와의 관계를 단절하는 것은 매우 중대한 죄이다. 당회는 권징의 대상이 모든 경고와 책망을 불가능하게 만들지 않는 한, 끝까지 그를 구원하기 위해 노력해야 한다.

본 조항은 지역회의 동의를 얻은 후에 출교해야 한다고 명시하고 있다. 이는 지역회의 동의를 언제, 어떻게 구해야 하는지를 말한다. 각 교회와 당회는 권징을 시행할 권리를 가지고 있다. 본질적으로 각 교회는 스스로 다스릴 권리를 가진다. 하지만 교회들은 연대한 교회들로서 어떤 교회도 어떤 문제에 있어서, 특별히 권징문제에 있어서, 다른 교회들의 자문 없이 혹은 자문에 거슬러 행동하지 않아야 한다는 것에 동의했다. 결과적으로 지역회를 통한 이웃 교회들의 자문은 매우 바람직하다. 아무도 지역회의 자문 없이는 출교될 수 없다. 당회가 지역회의 자문이 하나님의 말씀과 교회 질서에 위배된다고 확실히 믿으면 지역회의 자문에 따라 결정하는 것을 그만둘 수 있고 그 사건을 총회에 제기할 수 있다.

그러므로 자문을 위한 청원은 상소가 아니다. 지역회는 스스로 그 일을 심판하는 상소의 법정이 아니다. 지역회는 당회의 일과 결의를 다만 살피고 자체의 판단을 따라 자문을 한다. 징계를 받은 쪽이 당회와 지역회가 잘못되었다고 선언하고 다음 지역회에 항소하는 경우, 지역회는 공정한 결론에 이르기 위해 살핀다. 이런 경우 지역회는 이전의 자문에 매이지 않는다.

2. 고요한 견책에서부터 출교까지의 권징의 경로

본 조항은 당회가 권징을 진행해야 한다고 생각할 때 회중에게 당면한 사건에 대한 간략한 설명이 주어져야 한다는 것을 먼저 밝히고 있다. 이 간략한 설명은 범한 죄에 대한 진술을 포함한다. 이 진술은 일반적인 어휘로 하고 세밀하게 하지 않아야 한다. 가능하면 그 죄는 십계명 중의 하나를 범한 것으로 알려야 한다. 공표는 그에 대해 기울인 배려, 견책, 주의 만찬으로부터의 정지, 반복된 책망에 대한 언급이 포함되어야 한다. 이 모든 것으로 죄인의 완고함이 회중에게 분명해야 한다. 최종적으로 회중이 범죄자에게 말하고 그를 위해 기도할 것을 권고해야 한다. 회중은 그의 이름이 교회에 공표되기까지 그 범죄자에게 말하도록 권고를 받을 수 없다. 이것은 견책의 첫 단계 후 죄인이 그의 죄를 고집하면 하게 된다. 물론 회중은 그 이름이 알려지지 않았을지라도 범죄한 회원을 위해 기도해야 한다. 회중은 어떤 회원이 교리와 생활에 잘못을 범할 때 염려하고 관심을 가져야 한다. 한 지체가 고통스러워하면 모든 지체도 고통스러워하는 것은 자연스러운 일이다.

본 조항의 첫 부분은 권징을 받을 분에 관하여 회중에게 주는 권고를 말한다. 다음으로 얼마나 많은 권고가 있어야 하는지를 말한다. "당회는 출교하기 전에 세 번 공고해야 한다."라고 한다. 이 세 권고는 위에 언급한 대로 가끔 세 단계라 불린다. 이 세 단계의 권면은 범죄자를 향한 것이 아니고 회중을 향한 것이다. 범죄자는 세 번 이상 권고를 받는다. 그는 거듭 회개하도록 권고를 받으나 교회는 적어도 세 번 범죄자를 위해 노력하도록 권고를 받게 된다.

첫 번째 단계에 관하여는 이렇게 말하고 있다. "첫 번째 공고 시에는 범한 계명만 언급하고 범죄자의 이름은 언급하지 않아야 한다." 회중은 범한 죄에 관하여 알게 되고 그 범죄자의 이름은 아직 모른다. 이 첫 번째 공고에서는 단지 그 범죄한 회원을 위해 기도하도록 권고를 받는다. 모든 공고문은 교회 의식서의 공식문집에 나와 있다. 세 권고 간의 간격은 당회가 정하되 각 경우에 따라 다를 수 있다.

교회에 대한 둘째 권고는 "지역회의 조언을 얻은 후에 해야 하고, 범죄자의 이름과 주소가 언급되어야 한다."라고 한다. 둘째 권고는 죄인의 이름이 언급되고 지역회의 조언을 얻어 공표하는 것이 다를 뿐이지 첫 번째 권고의 반복이다. 둘째 권고에서는 그의 이름이 언급되어 회중이 그에게 직접 접촉하고 말할 수 있게 한다. 교회 회원의 선한 이름은 보호되어야 하나 그의 참된 안영(安榮)을 등한하면서 보호되지는 않아야 한다. 지역회의 조언은 편파의 방지와 엄정한 의를 위해 요구된다. 여기 지역회의 조언은 허락을 의미하지 않는다. 왜냐하면, 각 교회는 그리스도 아래 본질적으로 자치적인 공동체이고 엄밀한 의미에서 당회 위에 한 지역교회에 무엇을 명할 수 있는 상급권위는 없다는 사실과 충돌되기 때문이다. "지역회의 조언을 얻은 후에"라는 말은 또한, "지역회가 상의한 후에"도 의미하지 않는다. 이 표현은 "지역회의 조언을 따라, 혹은 지역회의 조언과 조화되게"라는 것을 의미한다. 이것이 개교회가 다른 교회들로부터 독립적으로 그들 자신의 판단을 따르지 않고 상호협의를 위해 지역회와 같은 모든 다른 교회회의의 판단을 따를 것에 동의했던 것 중 하나이다.[21] 그리스도 안의 본질적인 일치를 따라 교회들에 연대(federative bonds)한 개교회는 교회와 당회의 생각에 하나님의 말씀과 연합의 기반을 범한 것으로 판단하지 않는 한 다수의 의견을 따를 것에 동의했다. 그 경

---

21) H. Bouwman, op. cit., 11, p.637, J. Jansen, op. cit., p.336 참고

우에 항소의 길이 열려 있다. 궁극적으로 그 교회는 마침내 묵종하거나 양심이 이를 허락지 않으면 연대를 떠날 수 있다.

지역회가 제시된 사안에 대한 의견을 타진하기 전에, 그 죄가 견책할만한 것인지, 책망과 수찬 정지가 교회 질서를 따라 행해졌는지, 교회에 첫 권고가 정상적으로 행해졌는지, 교회에 첫 번째 공표 후에 당회가 그 범죄자를 위해 충분히 노력했는지를 살피고 확인해야 한다. 지역회가 교회에 둘째 권고를 진행하도록 조언하면 공식적인 문안대로 공표하게 된다.

교회에 하는 세 번째 공표에 관하여는 "출교의 날짜를 밝히고, 그 범죄자가 회개하지 않는 한, 그 날에 출교될 것이라는 것을 알려야 한다."라고 한다. 이 권고는 마지막 공적인 공표이다. 여기서 교회는 문제가 된 범죄자가 완고했다는 것과 그 전에 회개하지 않는 한, 몇월 며칠에 출교될 것이라는 것을 알린다. 이 마지막 공표도 권고라 불린다. 회중은 한 번 더 그 범죄자의 회개를 위해 노력하고 기도하도록 권고를 받는 것이다. 마지막 공표와 실제의 출교 사이에 적어도 3, 4주의 시간 여유가 있어야 한다. 이는 범죄자가 기도와 심사숙고를 위한 충분한 시간을 갖게 하고, 그가 원하면 그 사건에 대한 항소할 기회를 얻도록 하기 위해서이다.

3. 출교

출교는 교회의 암묵적 승인으로 이뤄진다. 당회가 교회에 셋째 공표를 한 후 회중이 말 없는 동의로 출교하게 된다. 암묵적 동의는 원래의 라틴어(tacitis ecclesiae sufragiss)로 교회의 조용한 표결이란 뜻이다. 그러므로 교회는 모든 다른 일에서처럼 출교에서도 능동적인 역할을 해야 한다. 어떤 회원이 당회가 잘못하고 있다는 것을 확신한다면 그는 당회에 그의 반대를 알게 해야 한다. 당회는 제시된 증거를 조심스럽게 살피고 잘못이 있으면 바로 잡아야 한다. 그가 그 문제를 지역회에 호소하기를 원하면 당회는 출교를 진행하지 말고 지역회의 의견을 기다려야 한다. 지역회에 항 호소에 아무 반응이 없고, 당회가 출교를 공표된 날에 집행되어야 한다고 믿으면 당회는 그것을 진행할 수 있다.

> 제 74 조
>
> 출교된 자의 화해
>
> 출교된 자가 교회와 화해하기를 원할 때, 당회가 그 회개의 진실성에 만족하면 이 과정을 회중에게 알려야 한다. 어떤 유효한 반대가 없으면 그는 그리스도 교회의 교제에 회복되어야 한다. 재영입을 위해서는 이를 위한 공식 의식문이 사용되어야 한다.

출교는 '최후의 치유' 혹은 '극단적 치유'라 불린다. 출교하게 되는 이유 중의 하나가 죄인의 구원에 있기 때문이다. 죄인의 구원을 위해 모든 수단을 다한 후에, 교회는 범죄자를 하나님 앞에 진정한 회개로 이끌기 위해 하나님께서 이 최후의 권징 단계를 사용해 주시기를 바라고 기도한다.

그런데 출교당한 자가 정직하게 회개하고 교회의 품에 다시 돌아오게 되는 경우는 매우 적다. 하지만 죄 때문에 교회의 교제로부터 단절된 자가 회개하고 교회의 교제에 다시 받아들여지기를 청원하는 일이 일어나기도 한다. 앞서 필자가 봉사한 개혁교회에서 단 한 번 출교한 일이 있다고 했다. 그 출교를 당한 분은 출교를 당한 후 몇 주 안에 회개하고 교회의 품 안으로 돌아왔다. 그를 재영입한 주의 날은 온 회중이 기뻐한 잔치의 날이었다. 이런 일은 초대 교회에서 거듭 일어났다. 박해시대에 그리스도 교회의 신앙을 버린 자들이 뒤에 교회에 다시 수용되기를 원하는 자들이 있었다. 이단에 유혹을 받아 교회를 떠난 자들이 다시 그리스도 교회의 우리 안으로 돌아오는 일이 있었다. 그래서 교회는 이런 자들이 교회로 돌아오는 기회를 주기 위해 재가입할 길을 열고 이를 위한 공식 문안을 작성하게 되었다.

하나님을 배반하고 범죄한 자들이 죄를 고백하고 정직하기를 원하나 사람들 앞에 겸손하지 않은 일을 가끔 보게 된다. 하나님 앞에 정직하게 죄를 고백하고 뉘우친다면, 사람들 앞에서도 겸손하게 그 증거를 보이고 교회의 교제에 받아들여지기를 원해야 한다.

하지만, 인간의 자만심이 이런 모습을 보여 주지 못한 일이 가끔 있음을 보게 된다. 한국 교회사에서 이런 경우를 발견하게 된다. 일제 강점 시대에 교회의 많은 지도자가 신사참배 강요를 받고 이를 시행함으로 그들의 신앙을 버리고 배교자가 되었다. 이렇게 함으로 그들이 가시적 교회 내에 지도자의 자리를 지켰지만, 실상은 스스로 교회의 교제로부터 단절한 것이다. 하지만 해방 후에 그들 대부분은 하나님 앞에서 개인적으로 배교의 문제를 해결했다고 함으로 교회 앞에서 정직하게 회개하기를 거부했다. 교회의 권징을 무시한 것이다. 결과 한국 교회는 권징이 무시되고 거의 사라지는 교회가 되어버렸다.

1. 출교당한 자의 화해 조건

출교로 말미암아 교회의 교제와 모든 특권에서 금지를 당한 자가 복권되기 전에 두 가지 조건이 충족되어야 한다. 먼저 출교당한 자가 진정한 화해를 원해야 한다. 이것이 가까운 형제나 아내 혹은 남편의 바람으로 동의해서는 안 된다. 자신의 청원과 간절한 소원이어야 한다. 둘째는 그가 화해를 원해야 한다. 화해를 위한 진정성이 참회를 통해 증거되어야 한다. 출교당한 자가 분명한 참회의 증거를 보여주지 않거나, 그의 행위가 그의 고백의 진정성을 의심케 하는 어떤 것을 보인다면, 모든 의심이 제거될 때까지 화해가 일어나지 않아야 한다. 어떤 분이 교회의 모든 권면에도 불구하고 교회 회원권을 사면함으로 교회와의 관계를 단절하고 후에 재가입을 원한다면, 그의 개인적인 원함과 진정한 참회 없이는 재가입을 허용하지 않아야 한다.

2. 회중의 인정

출교당한 자가 교회에 재가입하기를 진정으로 원하면, 이것이 교회에 공표되어야 한다. 이는 죄에 대한 그의 공적인 고백과 함께 회원권이 회복될 수 있기 때문이다. 그러므로 당회는 단순히 정보를 알리기 위해서가 아니라, 회중의 인정을 확실히 얻기 위해 공표하게 된다. 개혁교회 정치는 교회가 이를 하나님이 주신 권리로 본다. 신자들은 미성년자가 아니다. 기본적으로 성령의 기름 부음을 받은 직분자들이다.

공표하는 것은 어떤 회원이 그가 화해할 수 없는 어떤 이유를 알고 있을 때, 이를 당회에 알리도록 하기 위해서이다. 이런 이유를 아는 회원은 그것을 당회에 알릴 의무가 있다. 아무에게서도 재가입에 대한 반대가 없는 전 교회의 인정과 함께 화해가 이뤄진다. 이때 재가입을 위한 공식문이 사용된다.

3. 출교당한 자의 화해의 방법과 시간

이 재가입은 일반적으로 다음 주의 만찬을 베풀게 될 때 혹은 직전에 행하게 된다. 출교자의 재가입을 위해 매우 합당한 때이다. 주의 상에서 교회는 이 지상에서 가장 복된 특권 중의 하나를 즐긴다. 주의 상에서 성도들의 교제와 일치가 가장 아름답게 나타난다.

C. 직분자들의 충고와 권징

제 75 조

직분자에 대한 특별한 권징

목사, 장로, 집사는 일반적인 권징에 복종하는 것 외에, 또한, 정직 면직이 포함된 특별한 권징의 대상이다.

본 조항은 일반 권징과 특별 권징을 구분한다. 일반 권징은 교회의 모든 회원이 대상인 회원 권징을 가리킨다. 이것은 직분자들과 비직분자들에게 꼭 같이 해당한다. 특별 권징은 일반 회원 권징 외에 직분자들에게 가해지는 권징을 나타낸다.

어떤 직분자가 공적인 큰 죄를 범하면 교회에 속한 개인 회원으로서뿐 아니라, 또한, 직분자로서 권징을 받을 만하다. 당회가 교회 질서 제67조의 규칙을 따라 한 직분자를 개인 회원으로 징계하는 것을 필요로 여기면 그는 또한, 직분자로서 징계를 받아야 한다. 전자가 후자를 불필요하게 하지 않고 오히려 그것을 요구하고 있다. 공적인 큰 죄를 범한 자는 주의 상에 허락되지 않아야 할 뿐 아니라, 직분자의 기능을 수행할 수 없다.

디모데전서 5:19은 "장로에 대한 고발은 두세 증인이 없으면 받지 말 것이요"라고 한다. 장로에 대한 권징은 매우 조심해야 한다. 하지만 이 장절은 직분자들에 관한 권징이 교회에서 시행되어야 한다는 것을 함축적으로 가르쳐 주고 있다. 공적인 큰 죄를 범한 직분자는 교회에 수욕을 초래하고 그의 영향력을 잃었다. 그는 그의 직분의 의무를 계속 수행할 수 없다. 죄가 매우 중하면, 그는 면직되어야 한다.

앞서 말한 대로 개인적인 권징이 직분자로서의 권징을 면제하지 않는다. 전자가 필요하면 후자도 필요하다. 하지만 그 반대는 항상 사실이 아니다. 이따금 범한 죄 때문에 어떤 분에게 직분 정지나 면직이 필요할 수 있으나, 개인 회원으로서의 그에게 권징을 적용하는 것이 필요하지 않을 수 있다. 어떤 직분자가 죄를 범했으나 진정한 회개를 보이면 그는 개인 회원으로서 권징을 받을 필요는 없다. 권징은 하나님 앞에서의 회개와 하나님과 그의 교회와의 화해를 목적으로 하고 있다. 하나님의 은혜로 이 목적이 이미 이뤄졌다면 왜 그가 또 개인으로서 견책을 받아야 하는가? 그러나 그의 죄가 큰 충격이 될 만한 성격이어서 적어도 얼마 동안 직분자로서 효과 있게 봉사할 수 없을 때도 있다. 이때 그는 바로 제67조에 따른 권징은 필요하지 않을지라도 직분에서 면직되는 것이 마땅하다. 이런 환경 아래에서 면직은 죄를 범한 직분자가 하나님의 이름과 그의 교회에 가져온 수욕을 가능한 한 제거하는 데 필요하다.

> 제 76 조
> 직분자들의 권징 대상인 죄
>
> 1. 직분자들이 기명 서명한 서약을 위반하거나, 직분을 등한 혹은 남용하는 죄를 범하거나, 건전한 교리와 경건한 생활로부터 심각하게 탈선하면 특별한 권징이 적용되어야 한다. 중대한 죄의 예를 들면, 거짓 교리, 이단 추종, 공적인 교회분열 야기, 성직매매, 직분 유기, 다른 직분 침해, 위증, 간음, 절도, 폭력 행위, 불의한 재산증식 등을 들 수 있다.
> 2. 관련된 당회는 이런 경우를 당면했을 때, 먼저 정직을 하지 않고, 바로 면직해야 할 것이지 결정해야 한다.

1. 직분자들에 대한 권징이 되는 경우

본 조항은 "직분자들이 기명 서명한 서약을 위반"하면 특별한 권징이 요구된다고 한다. 직분자들이 기명 서명한 서약은 매우 심각하고 의미 있는 행위이며, 교리적 문제에 관한 오류와 해이(解弛)에 대해 교회를 보호하기 위해 의도된 것이다. 그러므로 이를 위반한 사람은 직분자로서 권징을 받아야만 한다. 이는 그가 행한 엄숙한 약속과 배치되고 성경에서 우리에게 계시된 하나님의 성경적 가르침과도 어긋나기 때문이다.

또한, 직분자로서 직분을 등한하고 남용할 때 권징에 해당한다. 우리는 모두 직분자로서 실수하고 여러 결점도 가지고 있다. 교회 질서는 모든 실수와 결점이 정직과 면직을 요구한다는 것을 의미하지 않는다. 교회 질서는 분명하고 지속적인 의무를 등한한 것에 대해 언급하고 있다. 충고와 경고 후에도 목사, 장로, 집사로 그의 의무를 충족하지 못하는 분은, 그가 회개하고 그의 태도를 고치지 않는 한, 궁극적으로 면직되어야 한다. 하나님 교회의 직분은 매우 중요하고 신성하므로 누구도 이를 하찮게 여기지 않아야 한다. 중한 죄를 범하고 정직된 자는 필요하면 면직되어야 한다.

나아가, 본 조항은 건전한 교리와 경건한 행위로부터의 심각한 탈선에 관해 언급한다. 목사든, 장로든, 집사든 성경의 교리로부터 탈선한 직분자는 하나님의 진리와 교회의 안영(安榮)을 해친다. 그 때문에 그는 그리스도의 직분자 자격을 상실한다. 신조에 요약된 하나님의 말씀과 분명히 충돌되고, 결과 건전한 교리에서 탈선한 직분자는 이 사실 때문에 특별한 권징에 해당한다.

그리고 불경건한 행동의 허물이 있는 자도 특별한 권징에 해당한다. 그리스도인으로 사는 삶은 하나님께 헌신함으로 경건해야 하며 성령께서 우리 안에 일으키신 중생의 생명과 조화가 되어야 한다. 모든 직분자는 생활로서 다른 사람들에게 모범이 되어야 한다. 그리스도인의 삶을 살지 못하고 세상의 죄와 즐거움을 떠나 살지 않는 자는 직분자로서의 자격을 잃은 자로 면직되어야 한다.

지난날의 교회 질서(캐나다 개혁교회 제72조, 미국 기독 개혁교회

제80조)에 언급된 중대한 죄의 예를 들면 "거짓 교리, 이단 추종, 공적인 교회분열 야기, 성직매매, 직분 유기, 다른 직분 침해, 위증, 간음, 절도, 폭력행위, 불의한 재산증식" 등이 언급되고 있다.

2. 즉각적 면직

어떤 범죄는 매우 분명하고 중대하여 면직 전에 정직이 요구되지 않는다. 이런 경우에 면직은 정직 없이 행해진다. 장로와 집사에 관해서는 그가 속해 있는 당회가 면직을 결정하게 된다. 그러나 이에 관해 당회는 이웃 교회 당회가 동의한다는 의견을 얻어야 한다. 두 당회가 당면한 문제를 고려하기 위해 함께 모여야 한다. 목사에 관해서는 당회가 면직이 적법하다는 지역회의 의견을 얻어야 하고, 지역회가 이를 선언하기 전에 총회 대리위원들이 동의한다는 의견을 얻어야 한다.

복음의 사역자들(목사)에 관하여 당회는 이웃 교회 당회가 동의한다는 의견을 얻어 정직을 결의할 수 있다. 그러나 목사를 정직하는 결의를 유효하기 위해서는 지역회의 인정과 동의한다는 조언이 확보되어야 한다. 다음으로 지역회는 총회 대리위원들이 동의한다는 자문을 확보해야 한다.

장로와 집사에 관해서는 정직 기간이 없이 면직하든지, 먼저 정직을 하게 되든지 결정하는 것은 그 당회와 이웃교회 당회에 달려있다. 목사에 관해서는 당회와 이웃교회 당회가 정직을 결의할 수 있으나, 당회와 지역회가 총회 대리위원들의 동의적 자문을 받음으로 목사의 면직을 결정할 수 있다.

> 제 77 조
> 말씀봉사자들에 대한 권징 과정
>
> 1. 말씀봉사자에 대한 정직은 당회가 그 지역회 내에서 가장 가까운 교회당회의 동의적 판단을 받아 시행되어야 한다.
> 2. 이웃 당회가 관련된 목사에 대한 당회의 입장에 동의를 하지 않으면, 그 당회는 원래의 판단을 수정하거나 그 사건을 지역회에 제시해야 한다.
> 3. 말씀봉사자의 면직은 총회 대리위원들의 동의적 자문과 함께 지역회의 승인 없이는 행하지 않아야 한다.

1. 목사의 정직

본 조항은 목사의 정직과 면직에 대한 문제를 명시하고 있다. 목사의 정직은 앞에 언급한 중대한 죄를 범했을 때 요구된다. 본조항에 있는 교회들의 동의에 따르면 목사들은 현 조항에 명시되어있는 두 당회의 동의로 정직되어야 한다. 그러나 두 당회가 장로와 집사의 면직이 적법하다는 것을 결정할 수 있으나, 이 두 당회는 목사들에 관해서는 정직 이상 더 나갈 수 없다. 목사들의 면직은 지역회의 판단에 달려 있다. 목사가 장로나 집사보다 낫기 때문에 그런 것이 아니고, 그들이 평생 말씀 사역을 위해 바치고 이를 위해 임직되었기 때문이다. 그런고로 목사의 면직에 대한 잘못된 결정은 장로나 집사에 관한 것보다 훨씬 더 심각한 문제가 될 것이다. 더욱이 목사는 모든 교회에 의해 요구를 받으면 설교하고 성례를 집행할 수 있는 권한을 받았다. 그리고 목사들은 모든 교회 대표자들(총회 대리위원들)을 통한 모든 교회의 자문을 받아 목사직에 받아들여졌다. 결과 목사들을 정직하거나 면직하게 될 때는 그 전에 모든 교회와의 협의를 거치는 것이 바르다.

목사의 정직은 일반적으로 적어도 3개월 이상 반년의 기간이 필요하다. 정직 기간 끝에 두 당회는 정직을 해제하거나 복직시킬 수 있고, 정직 기간을 연장할 수도 있으며, 문제가 된 목사를 면직해야만 하는 상항을 맞을 수도 있다. 이런 경우에는 그 문제가 지역회로 가게 된다.

2. 이웃 교회 당회가 동의하지 않는 경우

이 문제에 대한 답은 본 조항이 분명하게 알려주고 있다. 이웃 교회 당회가 문제가 된 목사를 정직하는 결정에 동의하지 않으면, 정직은 시행될 수 없다. 이때 당회에게는 두 길이 열려있다. 당회는 원래의 판단을 고쳐 목사에게 전처럼 계속 봉사하도록 허락하거나, 정직을 그대로 유지하고 해결을 위해 그 사건을 지역회에 보낼 수 있다. 그러면 지역회는 그 문제를 검토하고 문제가 된 목사가 정직되어야 하는지 않는지 당회에 알림으로 지역회 자체의 결론을 낼 수 있다.

3. 목사의 면직

목사직의 면직이 필요하게 생각되어 이것을 지역회에 보내면 총회의 대리위원들이 지역회에 그들의 자문을 주기 위해 참석이 요구된다. 지역회와 총회 대리위원들이 합의에 이를 수 없으면 그 문제는 면직을 위해 총회로 가게 된다. 지역회와 총회 대리위원들이 합의할 수 없으므로 면직이 확정되지 않는 동안 목사의 정직은 그대로 계속된다. 만일 지역회가 면직을 결의하고 총회 대리위원들이 동의하나 그 목사가 총회에 항소하면 그의 경우는 현재대로 총회가 결론을 낼 때까지 그의 정직은 연장이 된다. 지역회는 이런 환경 아래서 면직으로 나아갈 권리를 가진다. 하지만 문제가 긴급하지 않은 이상 기다리는 것이 낫다.

> 제 78 조
> 장로와 집사들에 대한 권징의 과정
>
> 1. 장로나 집사의 정직은 같은 지역회 내에서 가장 가까운 교회 당회의 동의적 판단을 얻어 당회에 의해 시행되어야 한다.
> 2. 이웃 당회가 연관된 장로나 집사에 대한 당회의 입장에 동의하지 않으면, 그 당회는 원래의 판단을 수정하거나 그 사건을 지역회에 제시해야 한다.

1. 장로 집사의 정직

당회원 중의 한 분이 큰 공적인 죄를 범한 것이 발견되면 당회는 그 건을 논의하기 위해 바로 모여야 한다. 정직이나 면직이 합당하다고 판단되면 가장 가까운 이웃교회 당회에 그 당회의 판단이 필요하다는 것을 알려야 한다. 두 당회가 그 건을 의논하기 위해 동시에 함께 모여야 한다. 그때 각 당회는 따로 투표해야 한다. 양 당회가 정직을 찬동하여 투표하면 결정이 되고 당사자는 이 결과에 대한 통보를 받는다. 말할 필요 없이 문제된 형제는 그에 관해 모일 두 당회에 관한 통보를 받고 그는 양 당회 앞에서 자신을 위해 말할 충분한 권리를 갖는다. 일반적으로 정직 기간은 3개월에서 6개월이 된다. 정직된 형제는 아직 직분을 유지하고 있지만 직분자로 행동할 수는 없다. 이유를 포함하는 정직에 대한 판결은 정직된 직분자에게 서면으로 알려 주어져야 하고 교회에 읽혀야 한다.

2. 장로와 집사의 면직

어떤 직분자에 관한 판단을 위해 모인 두 당회가 어떤 죄가 매우 중대하여 문제가 된 형제가 몇 개월의 정직 기간 후에도 효과 있게 교회를 봉사할 수 없다고 보면, 이 두 당회는 그를 면직할 권리를 가진다. 면직을 당한 자는 직분 자체를 잃게 된다. 면직에 대한 결정이 교회에 공표되어야 한다.

본 조항 2항은 이웃 당회가 관련된 장로 집사의 당회의 입장에 동의하지 않으면, 그 당회는 원래의 판단을 고치든지 그 건을 지역회에 보내야 한다. 이 규정은 전 조항과 같다.

3. 참고할 문제

정직의 해제는 정직을 가한 두 연합된 당회가 행해야 한다. 직분으로부터 한번 면직을 당한 자들이 복귀할 수 있는가? 면직된 장로와 집사는 충분한 시간이 지나고, 문제가 된 형제가 그의 잘못을 인식하고 충분한 회개의 증거를 보이며, 범한 죄가 지속적으로 그의 일을 방해할만한 성격에 속하지 않는다면 그는 후보자로 공천을 받을 수 있고 선택을 받을 수 있다. 장로 집사의 복귀는 면직이 철회되고, 그 형제가 아직 유효한 기간을 봉사하기 위해 당회에 그의 자리를 다시 시작하는 것을 허락하는 의미로 복귀할 수는 없다. 그 형제가 아무리 참회를 해도 이런 일은 있을 수 없다. 당회는 면직된 직분자들을 빨리 그리고 쉽게 후보자로 지명하지 않아야 한다. 은퇴 목사도 정직과 면직의 대상이 된다. 그들이 마지막 섬겼던 교회와 그 지역회는 은퇴 목사들이 목회사역은 하지 않을지라도 그들이 마지막으로 섬긴 교회의 목사로 계속 있으므로 징계받을 필요가 있는 은퇴 목사를 위한 책임이 있다. 정직 기간에 목사는 생활비를 받을 자격이 있다. 그러나 면직이 된다면 그 후에는 교회가 더 이상 경제적인 책임을 지지 않는다.

제 79 조

직분자의 해벌

1. 직분자의 정직은 만족한 회개의 증거가 나타날 때만 해제되어야 한다.
2. 정직의 해제는 정직을 가한 당회의 특권이다.

1. 충분한 회개의 증거로만 정직 해제

교회의 어떤 직분자도 충분한 근거 없이 견책을 받거나 정직되지 않아야 한다. 어떤 직분자가 충분한 근거 위에 정직되었을 때 그 정직은 쉽게 해제되지 않아야 한다. 정직은 충분한 회개의 증거 위에서만 끝나야 하고 직분자로서 그의 모든 의무와 권리를 행사하게 복구해야 한다. 그는 그의 회개에 관하여 당회에 어떤 의심도 남기지 않아야 한다. 변명과 협상을 암시하는 태도를 보이지 않아야 하고 자유롭게 진심으로 그의 죄를 고백해야 한다.

2. 정직의 해제는 그것을 가한 회의 책임

목사 장로 집사의 정직은 그 정직이 이웃 교회 당회의 동의로 당회에 의해 가해졌기 때문에 같은 회들에 의해 다시 해제될 수 있다. 한 당회가 한 직분자에게 가한 정직이 해제되어야 한다고 판단하면, 당회는 그 정직을 가하는 일을 도왔고, 자체의 조사 결과를 제시한 이웃 교회 당회와 다시 모인다. 그 이웃 당회도 정직을 해제하는 것을 찬동하여 표결하면 해제는 결정되고 효과를 나타낸다. 항소에 의해서든 혹은 두 당회가 다르고 완전한 문제 해결이 이를 수 없는 경우에만이 지방회가 연루된다.

본 조항 2의 규정은 또한, 지역회가 목사, 장로 혹은 집사의 정직을 가하는 일에 항소에 의해서나 혹은 두 당회가 일치할 수 없었고, 문제가 된 직분자가 속한 당회가 지역회에 판단해 주도록 요청하면, 지역회는 다시 정직을 해제하는 문제에 대해 표결할 정상적인 회가 된다는 것을 의미이다.

> 제 80 조
>
> 직분자의 복직
>
> 1. 면직된 직분자는 진정한 회개의 만족한 증거를 보이지 않는 한 복직되지 않아야 한다. 그리고 복직은 그가 과거의 죄의 장애로 그의 일에 방해를 받지 않고 봉사할 수 있고, 그의 복직이 하나님께 영광이 되고, 교회의 안영(安榮)에 도움이 된다는 것이 분명할 때만 행해야 한다.
> 2. 면직된 목사가 그 후 부름을 받을 수 있다고 선언하게 될 것인지에 관한 판단은 총회 대리위원들의 동의와 함께 그가 면직을 당한 지역회에 의해 행해져야 한다.

교회 질서는 면직된 직분자들에 대한 직분의 복직을 배제하지 않으나 복직 전에 반드시 있어야 할 몇 가지 조건을 언급한다.

1. 순수한 회개

전 조항에서 정직을 당한 직분자의 정직 해제에 관해 말할 때 그의 진정한 회개문제를 언급했다. 그렇다면 면직을 당한 직분자의 복직을 위해서는 이를 얼마나 더 강조해 말해야만 할 것이다. 해당 당회원들의 마음속에 분명히 있어야 할 것 중의 하나는 당사자가 진심으로 회개하고, 그의 죄 때문에 하나님 앞에 참으로 겸손해진 것을 확인하는 것이다. 이것은 특별히 문제가 된 분이 면직을 당함으로 그의 직분을 잃은 전 목사에게 더욱 요구된다. 면직된 장로와 집사는 3, 4년의 기간을 위해 선택된 고로 복직은 별로 고려되지 않을 것이다. 그러나 목사는 임직이 평생을 위한 것이기 때문에 그 입장이 다르다.

정직은 그 성격상 언제나 일시적이다. 그러나 면직은 그 성격상 최종적이고 영구적이다. 면직된 목사는 그의 직분을 영영 잃었다. 이것이 원래의 도르트 교회 질서가 면직된 목사의 복직에 관해 전혀 언급하지 않은 이유이다. 도르트의 선진들은 아마도 큰 죄를 지은 전 목사의 복직 가능성을 암시하는데 큰 위험을 느꼈기 때문이었을 것이다. 푸티우스는 그의 시대에 큰 죄 때문에 면직된 전 목사의 복직을 반대했다. 이들 중에 그는 또한, 목사들이 이따금 면직을 당해야 했던 간음죄를 생각했다. 푸티우스는 이 점에 있어서 타락한 자를 향한 잘못된 동정심을 경계했다.

2. 부가적인 조건

면직을 당했던 목사가 복직된다면 그가 그의 과거의 죄에 장애로 인해 방해를 받지 않고 섬길 수 있어야만 한다. 전 목사가 면직을 당한 공적인 죄가, 특별히 7계명을 범한 죄라면, 일반적으로 교회를 더 이상 봉사하기 쉽지 않다. 이런 분은 어떤 부도덕한 죄에 관해 공적으로 경고하는 일이 어려울 것이다. 어떤 분이 목사직에 회복될 때 일반적으로 말씀과 성례 봉사를 위해 회복된다는 사실을 기억하여야 한다.

나아가 본 조항은 면직된 직분자의 복직은 복직되는 자보다는 일반적으로 하나님께 영광이 되어야 한다고 하며, 교회의 참된 안영(安榮)을 위한 것이 되어야 한다고 밝히고 있다. 죄인에 대한 동정심이 그리스도인이 나타내어야 할 덕일지라도 아무도 개인을 위한 동정심 때문에 직분이 회복되는 일은 없어야 한다. 하나님의 이름의 영광과 그의 교회의 안영이 우선되어야 한다. 가장 큰 죄도 회개함으로 사함을 받지만, 어떤 죄는 하나님의 특별한 일을 함에 그의 유용성을 제한하게 되는 흠을 남김으로 복직을 허용하지 않는 것이 낫다.

3. 목사의 복직을 판단하는 기관

본조 2항은 "면직된 목사가 그 후 부름을 받을 수 있다고 선언하게 될 것인지에 관한 판단은 총회 대리위원들의 동의와 함께 그가 면직을 당한 지역회에 의해 행해져야 한다."라고 명시하고 있다. 면직에 동의했던 지역회는 그 개인을 알고 있고, 그 경우의 사실을 잘 알고 있다. 그러므로 그 지역회가 복직에 대한 신청에 대해 결정해야 한다. 어떤 다른 지역회가 그 신청에 대해 행동하는 것은 허용되지 않는다. 연대한 모든 교회가 총회 대리위원들을 통해 관계되어야 한다. 그들이 동의하는 표결 없이는 면직된 목사의 복직을 위한 어떤 청원도 받아들여질 수 없다.

본 조항은 실상 면직된 목사의 복직에 관해 말하는 것을 자제하지만, 이런 분이 부름 받을 자격이 있다는 것을 선언하는 것에 대해 말하고 있는 것이 주목을 끈다. 어떤 지역회도 면직된 목사의 청원으로 그를 목사직에 복직시킬 수 없다. 지역회는 만일 그가 부름을 받으면 다시 목사로 임직 될 수 있다는 것을 이해하고 이런 분을 부름 받을 자격이 있는 것으로 선언해야 한다. 지역회는 면직된 목사를 부름 받을 자격이 있다고 선언하는 단순한 사실이 그를 한 번 더 목사로 만들지는 않는다. 정규적 부름과 올바른 임직이 어떤 분에게 성스러운 목사직의 권한을 주게 된다.

결론적으로 교회들은 면직된 목사를 복직시키는 일에 매우 조심해야 한다. 특별히 의지력의 약함, 견실한 성격의 부족, 전적인 헌신의 결핍, 간음과 같은 죄를 범하게 되었을 때 더욱 조심해야 한다.

> ### 결론적 조항
>
> 제 81 조
> 지배의 금지
>
> 어느 교회도 어떤 방식으로든 다른 교회들을 지배하지 않아야 하고, 어느 직분자도 다른 직분자들을 지배하지 않아야 한다.

1. 교회들과 직분자들의 동등권에 대한 이 조항의 기원

이 조항의 주된 내용은 네덜란드에서 개혁교회들이 교회 연대를 시작할 때부터 받아들여졌다. 네덜란드 개혁교회에 속한 지도자들이 교회 연대를 이루기 위한 준비로 첫 번째 모인 베젤 공의회(1568, Wezel Convention)가 직분자들은 서로 지배권을 행사할 수 없고, 지역회(Classis)는 높은 치리회처럼 지역 내 교회나 직분자들에게 지배권을 행사할 수 없다고 선언했다. 저들은 개혁교회가 지난날 로마의 교권 체제 아래 정착된 모든 교권적 잔재를 철두철미 배제하기를 원했다. 그 후 3년만인 1571년에 엠덴에서 모인 개혁교회의 첫 번째 정규 총회는 교회 질서 바로 첫 번째 조항에 직분의 동등권과 개교회의 독립성을 보호하기 위해 "어떤 교회도 다른 교회를 지배하지 않아야 하고, 어떤 말씀봉사자나 장로나 집사도 한 직분자가 다른 직분자를 지배하지 않아야 하며, 각자 지배의 의혹과 유혹을 경계해야 한다."라는 규정을 두었다. 이는 곧 개혁교회 소속이나 협력이 전혀 지배를 목적하지 않는다는 것과 한 교회가 다른 교회를 지배하는 것, 혹은 한 직분자가 다른 직분자를 지배하는 것 같은 것을 교회 질서 바로 첫 항목에 밝혀 이는 정죄를 받는다는 것을 밝힌 것이다. 이 조항이 교회 질서의 논리적 순서 때문에 그 위치를 현재와 같이 결론 부분으로 옮겼으나 교회 질서 속에 계속 유지되었다.

이 조항은 개혁교회 질서의 근본원리를 담고 있다. 이 원리는 개혁교회 질서의 지배적 원리가 되어 직분, 교회회의 등 모든 부분에 그대로 반영되어 있다. 하지만 이 조항만을 볼 때 독립교회주의를 옹호하는 느낌을 줄 수 있다. 그러나 광역회의 권징 등의 항목들을 살핌으로 개혁교회 질서는 독립교회주의와 전혀 다르다는 것을 알게 된다.

2. 지배의 의의

개혁교회는 각 지역교회가 그리스도의 몸의 개개의 완전한 계시임을 믿는다. 그리스도 교회의 본질은 모든 개교회에서 발견된다. 결과적으로 모든 교회는 본질적으로 동등하고 한 교회가 다른 교회를 지배하는 것은 용인될 수 없다. 같은 원리가 교회 직분자들에게도 해당한다. 모든 교회와 직분자들은 그들의 권위에 관하여는 동일하고, 주 그리스도 왕적 권위에 종속되어 있다.

개혁교회 정치는 여러 지역교회를 하나로 용해하여 하나의 초대형 교회로 만들지 않는다. 지역 개교회가 자의로 지역회와 총회에서 서로 협력하기 위해 연대하게 되었다. 이는 두 가지 목적 즉 첫째는 그 지역교회가 스스로 결론을 지을 수 없는 문제들과 둘째는 개교회의 공동 관심사에 관해 서로 돕고 협력하기 위해서이다.

교회 연대에 가입하는 각 지역교회는 가입하는 것으로서 지역회와 총회를 통해 작용하는 연합된 교회들의 권위를 인정하는 데 동의를 한 것이다. 그리고 각 지역교회는 그들이 하나님 앞에서 다수의 결론이 성경이나, 교회 질서에 위배되지 않는 한 다수의 의견에 순종하기로 동의를 했다. 교회 연대의 일치는 지역 교회의 자유와 특성을 침범하지 않는다.

이 조항에서 또한, 매우 분명한 것은 개혁주의 이해에 따르면 한 직분이 다른 직분보다 더 높게 간주되지 않는다. 말씀봉사자(목사) 장로의 직분, 집사의 직분은 모두 동등하다. 각인에 맡겨진 사역만 다를 뿐이다. 목사는 장로 위에 있는 감독이 아니다. 장로는 집사들 위에 세워진 감독 같은 역할을 하지 않는다. 집사가 장로로 임직될 때 이것은 결코 승진이 아니다. 한때 집사로 봉사한 분이 장로로 선택되어 봉사할 수 있고, 한때 장로로 봉사한 분이 후에 집사로 봉사할 수 있다. 목사요, 신학교 교수였던 분이 은퇴한 후 지역교회가 필요로 할 때, 장로로 선임되어 봉사하기도 한다. 이것이 교권이 인정되지 않는 개혁주의 교회 생활이다.

3. 직분 동등권의 이유

우리는 성경에서 직분자들 사이의 불평등을 지지하는 예나 명령을 보지 못한다. 사도들이 목사, 장로, 집사들에 대한 어느 정도의 권위를 행사한 것은 사실이다. 사도들은 지역교회의 직분자들에게는 없는 특권을 가졌다. 그러나 우리는 성경 어디에서도 권위와 명예에 있어서 승진하게 되는 장로들과 집사들에 관한 예를 발견할 수 없고, 다른 목사들 이상으로 공식적인 탁월성을 가진 목사에 대한 것을 발견할 수도 없다.

주 예수 그리스도가 그의 교회의 유일한 머리이다. 모든 직분자는 마치 모든 사도가 그들의 의무와 권리에 관한한 동등했던 것처럼, 단지 동일한 권위와 동일한 권리를 가지고 행동하는 그리스도 아래 있는 선지자들이요, 제사장들이요 왕들이다. 베드로가 많은 점에 있어서 제자 중 가장 중요한 분이었던 것은 사실이다. 하지만 그의 탁월성은 로마교회가 주장하는 것처럼 권위의 탁월성을 아니었고, 단순히 능력과 존경 면에서의 탁월성뿐이었다.

직분의 동등권 유지가 바람직한 다른 실제적인 고려도 있다. 불평등은 쉽게 보스 정치와 남용을 초래하게 된다. 불평등은 또한, 시샘과 동역자들 가운데 불경스러운 경생심을 속신하는 경향이 있어 교회에 해를, 하나님께 불명예를 초래하게 된다. 특별히 한국 장로교회에 정착된 담임 목사와 부목사 제도는 위에 언급한 목사들 간의 불평등 위험을 크게 내포하고 있다.

> 제 82 조
>
> 교회 질서의 준수와 수정
>
> 이 교회 질서는 공동합의로 채용되었으므로 교회는 이를 성실하게 준수해야 한다. 이 교회 질서의 수정은 총회에 의해서만 행해져야 한다.

1. 교회 질서의 성격과 목적

교회 질서는 교회의 일들을 규제하기 위한 것이다. 교회 질서의 조항들은 교회적 질서의 규칙이고 이 조항들의 목적은 그리스도 교회 안에 선한 질서를 세우고 유지하는 것이다. 교회 질서는 그리스도 교회의 법적이고 질서가 있는 성경적인 조직을 목적하고 있다. 하나님께서 은혜로 남녀를 그에게로 부르시는 곳마다 직분이 세워지고 말씀과 성례가 집행되어야 한다. 그리고 이 지역교회들은 서로 자문하고 도우며, 하나님이 각 교회에 주신 권위를 인정하며 밀접한 조화 속에 함께 살고 일해야 한다. 교회에는 모든 것이 품위 있고 질서 있게 행해져야 한다.

2. 만장일치로 채용됨

교회 질서의 조항들은 만장일치로 채용되었다. 이는 교회 질서를 채용할 때 총회의 모든 대표 각인이 각 조항의 채용을 찬성했다는 것을 의미하지 않고, 모든 대의원이 다수의 결정을 따를 것에 동의했다는 것을 의미한다.

3. 교회 질서의 수정

교회 질서의 조항들은 필요하면 수정할 수도, 늘릴 수도, 줄일 수도 있다. 조항들은 만장일치로 초안되고 채용되었기 때문에 변경할 수 있다. 교회 질서의 조항은 고칠 수 없는 고정된 규칙이 아니다. 그들은 선한 질서를 유지하고 하나님의 백성의 영적 안영(安榮)을 촉진하기 위한 규칙이다. 선한 질서와 하나님의 백성의 안영이 변경을 요구하면, 변경되어야 한다. 그러나 하나님의 말씀의 불변한 교훈에 근거한 것은 교회들의 유익을 위해 언제나 그대로 있어야 하고, 어떤 분들이 이따금 겉으로 교회의 유익이 변화를 요구한다는 이유로 변화를 원할지라도 이에 응하지 않아야 한다.

합당하고 깊은 고려 없이 변경하지 않아야 한다. 교회 질서의 빈번히고 성급한 변경은 불안정을 초래하고 교회 질서의 권위를 해친다. 빈번한 변경은 불안감을 일으킨다. 모든 변경이 개선이 아니란 것을 기억해야 한다.

4. 수정의 방법

어떤 개교회나 지역회가 교회 질서를 변경할 권리를 가지지 않는다. 교회 질서를 초안하고 채용한 모든 교회를 대표하는 총회만이 변경할 권리를 가진다. 소회의들이 교회 질서를 변경하게 된다면 무질서한 결과를 초래할 것이다. 결과 교회들은 총회를 통하지 않고는 어떤 변경도 하지 않는 데 동의를 했다.

교회 질서에 변경이 필요하다고 여겨질 때 그 문제는 먼저 여러 경로를 통해 토론되어야 한다. 그런 다음 지역회에 제출되어야 한다. 지역회가 그 그것이 총회에서 고려할만하다는 데 동의하면 지역회는 총회에 제의해야 한다. 교회 질서에 변경에 관한 문제는 또한, 개교회 당회가 총회에 직접 제의할 수도 있다. 그러나 일반적으로 그 문제를 먼저 지역회에 제의하는 것이 낫다.

5. 준수할 의무

본 조항은 교회 질서에 관해 "교회는 이를 성실하게 준수해야 한다."라고 명시하고 있다. 그런고로 모든 교회와 지역회는 교회 질서의 규정을 준수할 의무가 있다. 이 규칙들은 교회를 세우기 위해 채용되었고, 무너뜨리기 위해서가 아니다. 그러므로 교회는 총회에 의해서 달리 수정될 때까지 교회 질서의 규정을 지켜야 한다. 모든 교회는 간단하고 단순하며 오랜 세월에 걸쳐 유효성이 증명된 교회 질서의 조항들을 성실하게 준수해야 한다. 교회들이 이에 동의했고 이것이 교회들을 위해 최선의 유익이 되기 때문이다.

부록

동의 서명 양식서

(A)
개교회를 위해 사용되는 동의 서명 양식서

_____에 있는 개혁교회의 말씀봉사자, 장로, 집사인 우리는 우리의 서명으로 주 앞에 진심과 선한 양심으로 벨기에 신앙고백과 하이델베르크 교리 문답과 도르트 신경에 포함된 모든 교리가 하나님의 말씀과 완전히 일치한 것을 선언한다.

그러므로 우리는 부지런히 이 교리를 가르치되, 공적으로나 사적으로 가르치고, 집필함에서 이 교리에 어긋남이 없이 신실하게 이를 변호할 것을 약속한다. 우리는 또한, 이 신앙고백서들에 표현된 교리에 어긋나는 모든 오류를 거절할 것을 선언하고, 이런 오류를 반대하고, 논박하며, 예방에 힘쓸 것을 약속한다.

앞으로 언제라도 우리가 이 교리나 혹은 이 교리의 어떤 부분에 동의하지 않는 일이 생기게 되면, 우리는 공적으로나 사적으로 우리의 의견을 제의하거나, 가르치거나, 설교하거나, 발표하지 않고, 먼저 판단을 위해 이것을 교회회의를 통해 교회에 제출할 것을 약속한다. 우리는 교회회의에 결정에 순복하기를 원한다. 만일 우리가 순복하지 않고 거절하면, 우리는 바로 이 사실로 우리 직분에서 정직을 받게 될 것이다.

언제라도 당회 혹은 지역회가 충분한 의혹을 근거로 교육내용의 일치와 순수성을 지키기 위해 우리에게 우리의 의견에 관한 추가 설명을 요구하면, 우리는 언제나 정직의 벌을 받고 그 요구에 따르기를 원한다는 것을 약속한다.

그러나 우리는 부당하게 취급을 받았다고 생각하면 항소의 권리를 보유한다. 항소기간 동안 우리는 당회나 지역회의 결정에 따르기를 원한다.

(B)
지역회에서 사용되는 동의 서명 양식서

_____지역회에 속한 말씀봉사자들인 우리는 우리의 서명으로 주 앞에 진심과 선한 양심으로 벨기에 신앙고백과 하이델베르크 교리 문답과 도르트 신경에 포함된 모든 교리가 하나님의 말씀과 완전히 일치한 것을 선언한다.

그러므로 우리는 부지런히 이 교리를 가르치되, 공적으로나 사적으로 가르치고, 집필함에서, 이 교리에 어긋남이 없이 신실하게 변호할 것을 약속한다. 우리는 또한, 이 신앙고백서들에 표현된 교리에 어긋나는 모든 오류를 거절할 것을 선언하고, 이런 오류를 반대하고, 논박하며, 예방에 힘쓸 것을 약속한다.

앞으로 언제라도 우리가 이 교리나 혹은 이 교리의 어떤 부분에 동의하지 않는 일이 생기게 되면, 우리는 공적으로나 사적으로 우리의 의견을 제의하거나, 가르치거나, 설교하거나 발표하지 않고, 먼저 판단을 위해 이것을 교회회의를 통해 교회에 제출할 것을 약속한다. 우리는 교회회의에 결정에 순복하기를 원한다. 만일 우리가 순복하지 않고 거절하면, 우리는 바로 이 사실로 우리 직분에서 정직을 받게 될 것이다.

언제라도 당회 혹은 지방회가 충분한 의혹을 근거로 교육내용의 일치와 순수성을 지키기 위해 우리에게 우리의 의견에 관한 추가 설명을 요구하면, 우리는 언제나 정직의 벌을 받고 그 요구에 따르기를 원한다는 것을 약속한다.

그러나 우리는 부당하게 취급을 받았다고 생각하면 항소의 권리를 보유한다. 항소기간 동안 우리는 당회나 지방회의 결정에 따르기를 원한다.

참고문헌

John Calvin, Institutes of the Christian Religion, vol. 4.

Soon Gil Hur, Presbyter in Volle Rechten, De Vuurbaak, Groningen, 1972.

H. Bouwman, Gereformeerde Kerkrect, vols 1, 2. J.H. Kok, 1934, Kampen.

H. Bouwman, Christelijke Encyclopaedie, vol. 1, J.H. Kok, 1925, Kampen.

I Van Dellen, M. Monsma, The Revised Church Order Commentary,

A Brief explanation of the Church Order of the Christian Reformed Church, Zondervan, Grand Rapids, 1967.

H. Bavinck, Gereformeerde Dogmatiek, vol. 4. J.H. Kok, 1918, Kampen.

J. Jansen, Korter Verlaring van de Kerkordening, J.H. Kok, Kampen, 1923.

F. L. Rutgers, Kerkelijke Adviezen, Tweede Deel, J.H. Kok, 1922, Kampen.

저자 허순길 박사(1933~2017)

칼빈학원(1958)및 고려신학교 졸업(1961)

계명대학교 교육학과 졸업(1963)

네덜란드 캄펜 신학대학원 졸업(신학석사 1969, 박사 1972)

대구 서문로교회 목사(1962-1966)

고신대학교 신학대학원 교수(1972-1977)

호주 자유개혁교회 목사(1978-1987)

고려신학대학원 교수 및 원장(1988-1999)

저서

Presbyter in Volle Rechten, (Kampen 1972)

The Church Preserved Through Fires, (Inheritance Publications, Canada & U.S.A, 2006)

PLGRIMAGE BY GRACE ALONE(The Reformed Guardian 2015)

봉사신학개론 (도서출판 영문 1992)

교회 절기 설교 (기독교 문서 선교회 1996)

고려신학대학원 50년사: 고신대학교 신학대학원 (도서출판 영문 1996)

개혁해가는 교회 (총회 출판국 1996)

개혁주의 설교 : 원리와 시행 (기독교 문서 선교회 1996)

개혁교회의 목회와 생활 (총회출판국 1997)

한국장로교회사(고신교회중심) (총회 출판국 2001, 도서출판 영문 2008)

구속사적 신약설교 (SFC 출판부 2005)

구속사적 구약설교 (SFC 출판부 2006)

잘 다스리는 장로 (도서출판 영문 2007)

큰 사건, 큰 인물을 따라 교회사 산책 (총회출판국 2009)

개혁주의 진리와 생활: 사도신경, 십계명, 주기도 해설 설교집 (도서출판 영문 2009)

교리문답 해설 설교: 하이델베르그 교리문답(사랑과 언약 2010)

어둠 후에 빛: 세계 교회 역사 이야기 (셈페르 레포르만다 2014)

은혜로만 걸어온 길: 회고록 (셈페르 레포르만다 2014)

벨기에 신앙고백 해설: 개혁교회 신앙고백(셈페르 레포르만다 2016)

역서

종말론과 정경: J. Kamphuis (도서출판 영문 1992)

본 출판사 2016년 3월 1일 출간 도서

벨기에 신앙고백 해설

개혁교회 신앙고백

84페이지에 심각한 편집 오류가 발견되었습니다.
사과의 말씀을 드립니다.
뒤 페이지를 절취하셔서
벨기에 신앙고백 84페이지에 붙여서
읽으시면 감사하겠습니다.
거듭 사과 말씀드리며
독자 여러분께 감사드립니다.

편집자 올림

통치

하나님은 그의 창조와 보존뿐 아니라 그의 피조물의 통치를 통해서도 자신을 나타내신다. 하나님의 통치는 역사 속에서 현실적으로 존재하는 그의 전능한 권능을 의미한다. 역사의 과정에서 나라들이 일어나고 무너지는 것과 세계의 사건들이 "온전히 그의 장중에 있으므로 그의 뜻이 아니고서는" 아무것도 일어날 수 없다(하이델베르크 교리문답 28). 시편 33:10은 "여호와께서 나라들의 계획을 폐하시며 민족들의 사상을 무효하게 하시도다."라고 한다. 바울이 아덴의 아레오바고에서 그리스 철학자들에게 "인류의 모든 족속을 한 혈통으로 만드사 온 땅에 살게 하시고 그들의 연대를 정하시며 거주의 경계를 한정하셨다."(행 17:26)라고 말했다.

하나님의 우주 창조, 보존, 통치는 하나님의 영광을 반영한다. 우리는 이 세 가지로 하나님이 역사하시는 흔적을 보게 되고, 창조자 하나님에게로 인도를 받게 된다. 하지만 일반계시의 내용은 창조자이신 하나님을 계시할 뿐이고, 우리 주 예수 그리스도의 아버지인 구속주로서의 하나님을 계시하지는 않는다. 하나님은 우주(창조)를 통해 자기를 알게 하심으로(롬 1:20), 마지막 날에 누구도 하나님을 등지고 산 생활에 대한 죄를 변명할 수 없게 하셨다. 일반계시(창조의 책)가 복음은 아니다. 구속의 주를 발견하기 위해서는 다른 계시(성경)가 필요하다.